21 世纪全国高等院校财经管理系列实用规划教材

零售学
（第 2 版）

主　编　陈文汉
副主编　于翠华　李　铤　刘东玲

内容简介

本书从零售管理的相关概念入手，系统地介绍了当今主流的零售业态，从零售企业微观运行的角度介绍了零售企业的店址选择、商品采购、零售定价、零售过程以及人力资源管理等内容，从宏观控制的角度探讨了零售企业自身的发展战略以及零售企业间战略联盟的建立。其中对零售企业跨国零售、零售企业间战略联盟的研究以及微信、微博营销在零售管理中的应用是本书的显著特色。

本书内容新颖，结构合理，语言简洁流畅、生动形象，丰富的案例更增加了本书的可读性。通过对本书的学习，读者不但能掌握相关的零售学理论知识，更能提高自身的职业素质。

本书既可作为高等院校连锁经营管理、电子商务、国际经济与贸易、市场营销等专业的教材，也可作为企业商务人员的自学用书。

图书在版编目(CIP)数据

零售学/陈文汉主编. —2 版. —北京：北京大学出版社，2015.11
（21 世纪全国高等院校财经管理系列实用规划教材）
ISBN 978-7-301-26549-9

Ⅰ. ①零… Ⅱ. ①陈… Ⅲ. ①零售业—商业经营—高等学校—教材 Ⅳ. ①F713.32

中国版本图书馆 CIP 数据核字（2015）第 272889 号

书　　　名	零售学（第 2 版）
	Lingshouxue
著作责任者	陈文汉　主编
策划编辑	刘　丽
责任编辑	陈颖颖
标准书号	ISBN 978-7-301-26549-9
出版发行	北京大学出版社
地　　　址	北京市海淀区成府路 205 号　100871
网　　　址	http://www.pup.cn　新浪微博：@北京大学出版社
电子信箱	pup_6@163.com
电　　　话	邮购部 62752015　发行部 62750672　编辑部 62750667
印刷者	北京溢漾印刷有限公司
经销者	新华书店
	787 毫米×1092 毫米　16 开本　17.75 印张　409 千字
	2009 年 7 月第 1 版
	2015 年 11 月第 2 版　2019 年 1 月第 3 次印刷
定　　　价	39.00 元

未经许可，不得以任何方式复制或抄袭本书之部分或全部内容。
版权所有，侵权必究
举报电话：010-62752024　电子信箱：fd@pup.pku.edu.cn
图书如有印装质量问题，请与出版部联系，电话：010-62756370

第 2 版前言

自本书第 1 版出版 6 年多来，中国零售业发生了很大的变化，实体店的零售业态类型已经转变，网上零售的发展规模和速度更是相当惊人，真是"忽如一夜春风来，千树万树梨花开"。如何适应这一发展变化，抢占先机，在竞争中发展壮大，是当前零售业面临的课题。本书在这样的背景下进行了修订。

本次修订主要从以下 4 个方面进行。

(1) 在保持原有教材框架的基础上，对部分章节内容进行了调整。删掉了原第 4 章、第 5 章、第 13 章，增加了新的第 4 章、第 5 章。这样的目的是简化纯理论部分的内容，增加实践性强的教学内容。另外，为了加强学生的实操技能，每章都增加了技能实训模块。全书各章均删除了本章小结，习题改版为综合练习，对内容、题型都进行了升级。

(2) 对书中的一些章节进行了较大的调整。例如，将原第 13 章零售企业战略联盟的部分内容并入新的第 2 章；原第 4 章的直销内容并入新的第 3 章等。

(3) 对书中一些章节的内容进行了较大的补充。例如，考虑到零售业的新变化，特别是网上零售的发展，对这一部分内容做了更新。对新兴的微博、微信、漂流瓶等营销方式在零售业的运用，也做了介绍。此外，在每一章中都对部分案例进行了更新，增添了不少新鲜案例。

(4) 在本书出版后，将及时更新教辅资源（包括案例、论文、视频、教案、大纲等），供老师选用，具体资源请登录 www.pup6.cn。

本书由陈文汉担任主编，于翠华、李铤、刘东玲担任副主编。具体工作分工如下：第 1、3 章由陈文汉负责编写，第 2、12 章由张秀芳负责编写，第 4、9 章由刘东玲负责编写，第 5、6 章由李铤负责编写，第 7、8 章由陆影负责编写，第 10、11 章由于翠华负责编写。

由于编者水平有限，本书难免存在不足和疏漏之处，敬请广大读者批评指正。主编联系邮箱：cwhan2008@163.com，敬请交流。

编　者
2015 年 8 月

目 录

第1章 零售概述 ... 1
1.1 零售的概念与特点 ... 2
1.1.1 零售的概念 ... 2
1.1.2 零售的特点 ... 3
1.1.3 零售商业及其职能 ... 3
1.2 零售业态的分类及其标准 ... 5
1.2.1 零售业态与零售类型 ... 5
1.2.2 中国零售业态的划分标准 ... 5
1.3 零售学的理论假说与启示 ... 7
1.4 现代零售业态的演进 ... 10
1.4.1 西方发达国家零售业态的演进历程 ... 10
1.4.2 中国零售业发展趋势 ... 11
技能实训 ... 15
综合练习 ... 16

第2章 零售战略管理 ... 18
2.1 现代零售的基本战略 ... 19
2.1.1 成本领先战略 ... 19
2.1.2 差异化战略 ... 22
2.1.3 集中化战略 ... 23
2.2 影响零售战略规划的因素 ... 24
2.2.1 外部环境因素 ... 25
2.2.2 内部环境因素 ... 29
2.3 零售战略规划的制定 ... 31
2.3.1 确定企业使命 ... 31
2.3.2 明确企业目标 ... 32
2.3.3 选择基本战略 ... 34
2.3.4 战略实施 ... 36
2.3.5 战略控制与反馈 ... 37
2.4 零售企业战略联盟 ... 37
2.4.1 零售企业战略联盟的概念与类型 ... 37
2.4.2 零售企业战略联盟可供选择的具体形态 ... 40
2.4.3 中国零售企业战略联盟形式的选择 ... 41
技能实训 ... 43
综合练习 ... 44

第3章 零售业的业态 ... 46
3.1 百货商店 ... 47
3.1.1 百货商店的定义 ... 47
3.1.2 中国百货商店的发展 ... 48
3.1.3 大中型百货商店发展的战略模型 ... 50
3.2 连锁经营 ... 55
3.2.1 连锁经营的类型与特点 ... 56
3.2.2 连锁经营方式的本质特征 ... 59
3.2.3 连锁经营的发展趋势 ... 60
3.3 便利店 ... 62
3.3.1 便利店的定义 ... 62
3.3.2 便利店的特征 ... 62
3.4 无店铺销售 ... 65
3.4.1 无店铺销售的定义 ... 65
3.4.2 无店铺销售的特征 ... 65
3.4.3 无店铺销售的类型 ... 66
3.5 超级市场 ... 69
3.5.1 超级市场的定义 ... 69
3.5.2 超级市场的特征 ... 69
3.5.3 超级市场的分类 ... 71
3.5.4 超级市场的局限性 ... 73
技能实训 ... 73
综合练习 ... 74

第4章 零售商圈的选择 ... 76
4.1 零售店铺的开发 ... 77

  4.1.1 零售店铺经营项目的确定 77
  4.1.2 零售店铺运营资金筹集规模的
    确定 78
  4.1.3 零售店铺投资规模的确定 79
  4.1.4 零售店铺设备购置 79
  4.1.5 零售店铺外观设计 80
  4.1.6 零售店铺开张宣传与造势 82
 4.2 零售商店商圈概述 82
  4.2.1 商圈及商圈分析的意义 83
  4.2.2 商圈的构成、形态与
    顾客来源 84
  4.2.3 商圈调查内容与制约因素 86
 4.3 零售商店位置 89
  4.3.1 零售商店选址的重要性 89
  4.3.2 零售商店位置的类型 90
 4.4 零售商店店址的选择 92
  4.4.1 零售商店店址所在地区的
    选择 92
  4.4.2 零售商店店址所在区域的
    选择 93
  4.4.3 零售商店店址所在地点的
    选择 95
 技能实训 99
 综合练习 100

第 5 章　店铺设计与商品陈列 102

 5.1 零售商店招牌的设计 103
  5.1.1 招牌形式设计 103
  5.1.2 招牌内容设计 104
  5.1.3 招牌颜色设计 104
  5.1.4 招牌情感设计 104
 5.2 零售商店店内设计 105
  5.2.1 店门的设计和引导 105
  5.2.2 色彩的设计和运用 105
  5.2.3 灯光的设计和处理 106
  5.2.4 声音的设计和控制 108
  5.2.5 地板的设计和选择 108
  5.2.6 墙壁的设计和利用 109
  5.2.7 橱窗的设计和布置 110

  5.2.8 货柜货架的设计和效用 111
  5.2.9 天花板的设计和装饰 112
 5.3 商品陈列和布局 113
  5.3.1 商品陈列的基本要求 113
  5.3.2 商品陈列的要领和技巧 114
 技能实训 117
 综合练习 118

第 6 章　零售品牌管理 120

 6.1 零售企业品牌的建立 121
  6.1.1 零售企业品牌 121
  6.1.2 零售品牌的建立 122
 6.2 零售商自有品牌 124
  6.2.1 自有品牌的产生及类型 124
  6.2.2 自有品牌的优劣 125
  6.2.3 自有品牌的发展模式 126
 6.3 零售自有品牌开发中的关系管理 129
  6.3.1 零售商与制造商的关系 129
  6.3.2 零售商与制造商的
    关系管理 130
  6.3.3 制造商选择策略 131
 技能实训 132
 综合练习 133

第 7 章　零售商品采购管理 135

 7.1 零售商品采购的程序与模式 136
  7.1.1 零售商品采购程序 136
  7.1.2 零售商品采购模式 140
 7.2 零售商品采购方式 142
  7.2.1 定量采购方式 142
  7.2.2 定期采购方式 145
  7.2.3 经济批量采购方式 149
 7.3 供应商的选择 152
  7.3.1 供应商选择的重要性和
    相关因素 152
  7.3.2 供应商选择的步骤与方法 155
 技能实训 158
 综合练习 159

目 录

第 8 章 零售定价 161
- 8.1 影响零售定价的主要因素 162
  - 8.1.1 定价目标 162
  - 8.1.2 零售成本 162
  - 8.1.3 市场定位 163
  - 8.1.4 营销组合策略 163
  - 8.1.5 供需状况 163
  - 8.1.6 竞争者的价格与反应 164
  - 8.1.7 其他外部环境因素 165
- 8.2 零售定价策略 165
  - 8.2.1 长期定价策略 165
  - 8.2.2 短期定价策略 167
- 8.3 定价方法 170
  - 8.3.1 成本导向定价法 170
  - 8.3.2 需求导向定价法 172
  - 8.3.3 竞争导向定价法 174
- 8.4 辅助定价行为 175
- 8.5 零售定价涉及的法律问题 177
- 技能实训 179
- 综合练习 180

第 9 章 销售过程与管理 183
- 9.1 零售销售人员应具有的基本素质 ... 184
- 9.2 销售过程 185
  - 9.2.1 接近顾客 185
  - 9.2.2 接待顾客 186
  - 9.2.3 完成销售 187
  - 9.2.4 建立售后关系 188
- 9.3 顾客服务与零售企业服务的定位 ... 188
  - 9.3.1 顾客服务 188
  - 9.3.2 零售企业服务的定位 191
- 9.4 零售促销 192
  - 9.4.1 零售促销的目的和类型 192
  - 9.4.2 制定销售促进方案 194
  - 9.4.3 零售促销方法与技巧 196
- 技能实训 201
- 综合练习 202

第 10 章 零售组织与人力资源管理 203
- 10.1 零售企业组织架构的基本类型 204
  - 10.1.1 简单架构 204
  - 10.1.2 职能型架构 205
  - 10.1.3 平等型架构 206
  - 10.1.4 分布型架构 207
  - 10.1.5 零售企业组织架构的变化趋势 207
- 10.2 零售组织建立程序 209
  - 10.2.1 组织结构设计要求 210
  - 10.2.2 组织结构设计程序 211
  - 10.2.3 组织结构设计注意事项 ... 214
- 10.3 零售企业人力资源的特点与管理 ... 215
  - 10.3.1 零售企业人力资源的特点 ... 215
  - 10.3.2 零售企业人力资源的管理 ... 216
- 10.4 零售企业人力资源管理内容 217
  - 10.4.1 零售企业人员招聘 217
  - 10.4.2 零售企业人员培训 219
  - 10.4.3 零售企业人员考核 223
  - 10.4.4 零售企业人员激励 225
- 技能实训 228
- 综合练习 229

第 11 章 国际零售 230
- 11.1 国际零售的机遇与风险 231
  - 11.1.1 国际零售的机遇 231
  - 11.1.2 国际零售的风险 233
- 11.2 国际零售基本战略 234
  - 11.2.1 多国战略 234
  - 11.2.2 全球化战略 235
  - 11.2.3 跨国战略 235
- 11.3 国际零售方式 236
  - 11.3.1 国际零售商进入海外市场的主要方式 236
  - 11.3.2 不同进入方式的比较 239
  - 11.3.3 影响零售企业选择海外市场进入方式的主要因素 241

11.4 中国零售企业国际化经营的战略思考 246
    11.4.1 创造规模优势为进入国际市场提供拉动力 246
    11.4.2 技术创新是向国外市场扩张的重要推动力 247
    11.4.3 营造产品和服务优势 248
    11.4.4 培养国际市场适应能力 249
技能实训 250
综合练习 251

第 12 章 网上零售管理 253

12.1 网上零售概述 254
    12.1.1 网上零售的概念和类型 254
    12.1.2 网上零售运作中需要注意的问题 256
12.2 网上零售企业品牌的塑造 257
    12.2.1 网上零售企业品牌概述 257
    12.2.2 网络品牌塑造误区 258
    12.2.3 网上零售品牌培养途径 259
12.3 网上商店的建立 261
    12.3.1 网上商店的定位 262
    12.3.2 网上商店整体规划设计阶段 262
    12.3.3 网上商店建设实施阶段 262
    12.3.4 网上商店整合运行阶段 264
12.4 网上零售技巧 264
    12.4.1 网上零售店推广技巧 264
    12.4.2 网上零售营销策略技巧 266
技能实训 271
综合练习 271

参考文献 273

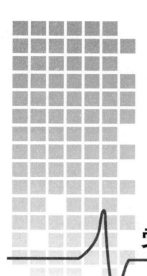

第1章 零售概述

学习要点

- 掌握零售的概念、特点与职能
- 掌握中国零售类型的划分标准
- 了解零售业的演进规律与特点
- 了解零售业演进的一般理论

■ 案例导入

2014年中国零售业大事——物美、大中联手建家电店中店

2014年1月15日起,国美旗下大中电器通过租赁的方式,以店中店形式,接手59家物美超市的家电经营,未来将全覆盖物美所有门店。物美超市内将不再独立经营大家电品类,而是由大中电器全权负责采购销以及配送、售后等全部家电业务。此前,大中电器共有门店56家,进驻物美后,大中电器总门店数量瞬间"翻番"。

"变脸"后的店中店,会根据物美各门店实际情况重新调整产品定位,与周边家电连锁卖场产品进行错位、差异化经营,主营生活型小家电,力求打造社区精品电器店。同时双方将在供应链优化、产品销售、品类互补、售后服务、会员共享等多方面开展深度合作。

通常销售家电的实体店主要有三种:家电卖场、百货、超市。早在电商大肆蚕食这个市场前,超市、百货的各个家电通路渠道就被"边缘化",竞争者正是国美、苏宁等家电连锁,但在网购浪潮的冲击下,他们都受到了不同程度的重创。

化敌为友的商超和家电连锁说是受互联网倒逼也好,自救也好,"店中店"这种"抱团取暖"的方式对双方来说,确实是个不错的选择。商超的地理位置通常要好于电器等专业卖场,而家电卖场在家电商品经营上又比商超有优势,将两种优势结合,不仅可以获得更多的人流量、提升销量,更是一个双赢的举措。

(资料来源:http://ls.sj998.com/qita/444875.shtml)

思考:零售业是社会经济的一个重要行业,也与我们的日常生活密切相关。你了解零售的相关概念吗?零售业是如何演变和发展的呢?

1.1 零售的概念与特点

零售业是国家经济的重要组成部分,零售业的进步是促进国家经济发展的重要因素之一。因此,通过对零售基本概念、业态理论和发展历程的描述,对我们把握和认识零售及其行业的发展具有重要意义。

1.1.1 零售的概念

零售是指把商品或随商品提供的服务直接出售给最终消费者的销售活动。零售业(Retail Business)是指以向最终消费者提供所需商品和服务为主的行业。尽管当前世界各国对零售业态的定义由于侧重点不同而有所区别,但通常认为,零售业态是指零售企业为满足不同的消费需求而形成的不同的经营形态。零售业态的分类主要依据零售企业的选址、规模、目标顾客、商品结构、店堂设施、经营方式、服务功能等来进行。随着我国零售业的迅速发展、流通体制改革的不断深入以及国际零售业发展趋势的影响,我国零售业态发生了很大的变革,零售业态与社会文化、法律环境及消费者需求的关系日益紧密,具有特定要求、特定目标顾客和特定经营管理方式的创新业态相继出现。

从这一基本定义出发可以把零售的概念归结为以下几点。

(1) 零售是将商品及相关服务提供给消费者用于最终消费的活动。如果购买商品不是为了直接消费,而是为了转售或者为了生产加工,这种商业活动就不属于零售活动的范畴。出售商品或服务用于最终消费是零售活动的基本特征。

(2) 零售顾客主要是个人消费者。个人消费者购买的商品包括用于个人消费的商品和用于家庭成员共同消费的商品。另外,集团消费者购买的商品如用于直接消费,也属于最终消费者之列。在我国,集团购买在零售额中所占的比例为10%左右。

(3) 零售不只涉及有形的商品销售,而且还包括服务性劳动。零售商通过提供变化多样的服务来增加商品的价值。例如,为消费者提供信贷保证,让消费者先得到商品,然后再付钱;为消费者展示商品,让消费者在购买前能够认识、测试其性能;向消费者提供有关商品的各种附加信息。另外,零售商提供的服务还包括送货上门、礼品包装、安全保护、维修、更换以及不同品牌商品之间的性能价格比较等。在多数情况下,消费者购买商品时,也买到了某种服务。

(4) 零售不限于在固定的营业场所进行,很多无店铺的销售活动也是零售。适当而有效地采用各种无店铺销售,如上门推销、邮购、自动售货机、网络销售等,利用一些使消费者便利的设施及方式,为销售创造便利条件,也会增加零售活动成功的机会。

【他山之石】

零售是将产品和劳务出售给消费者,供其个人或家庭使用,从而增加产品和服务价值的一种商业活动。人们通常认为零售只是在商店中出售产品,其实零售也出售服务,比如,汽车旅馆提供的住宿,医生为病人进行的诊治,理发,租赁录像带,或是将比萨饼送货上门。

——[美]迈克尔·利维、巴顿·A.韦茨. 零售学精要

所谓零售是将货物和服务直接出售给最终消费者的所有活动,这些最终消费者为了个人生活消费而不是商业用途消费。任何从事这种销售的组织,无论生产者、批发者,还是零售商,都是在开展零售业。

——[美]菲利普·科特勒. 市场营销管理

1.1.2 零售的特点

与批发相比较,零售具有下列特点。

(1) 零售交易的交易规模小,交易频率高。所谓零售,一般是指拆零出售,即批量购进零星销售。由于主要面对的是众多的个人消费者,他们一次需求的量较小,因而每次交易的数量和金额均比较小,但在一定时间内交易的次数比较多。据统计,美国百货商店平均每笔交易额为 54 美元,专业店约为 64 美元,超市约为 32 美元,而在我国一些超市,平均每笔交易额仅为 20 元。这一特征要求零售商严格控制与每笔交易相关的费用,努力增加商店的顾客数量。

(2) 零售范围受零售企业形态影响。传统店面零售的销售范围不如批发的辐射范围广,一般限于所在地点附近或周围的一定地区。而网上零售范围则比较大,没有时空限制。

(3) 当场成交。零售交易的商品均须与消费者直接见面,当场挑选成交,多为一次性完成的现货交易。而制造商和批发商的活动多为看样订货,期货交易。随着网上零售的发展,网上看样选购则是另一种形式的当场成交。

(4) 即兴购买。在零售活动中,许多是无计划的购买,或是凭一时冲动的即兴购买,消费者购买往往呈现出较强的随机性。消费者在惠顾商店过程中发生的购买行为有可能是事先计划好的,也可能是一时冲动而做出的决策。调查发现,大部分消费者在购物前并不注意广告,也不事先准备购物清单,有些消费者即使有购物清单,但受商店气氛的影响,往往也会增加额外购买或转为购买品牌商品。

零售活动的上述特点,要求零售经营者在组织经营活动中必须全面考虑商店位置、商店设计、人员配置、商品陈列、广告宣传、销售方法、服务方式、环境设施及营业时间等各种相关因素,以便吸引消费者购买。

1.1.3 零售商业及其职能

零售商业是指向个人或者最终消费者销售商品或服务的商业。在整个流通体系中,零售商业处于社会再生产过程中交换环节的终端,承担着将商品从生产领域或流通领域向消费领域转移的使命。为了完成这一使命,零售商不仅要满足不同消费者的不同需求,还要协调生产与消费在时间、空间、数量、质量、花色品种和信息等方面的矛盾。社会再生产赋予零售商以下职能。

1. 分类、组合和配货的职能

消费者为了生存与发展，需要衣、食、住、用、行等多方面的生活用品，但消费者不可能自己寻找制造商，去购买自己所需的少量物品，而是需要零售商代替消费者从制造商、批发商那里大量购进商品，并按消费者的需求分类、组合，使消费者不仅易于购买，而且还可以在零售店得到多种需求的满足。

2. 服务职能

零售商在销售商品的同时也向消费者提供各种服务，通过提供服务来方便消费者的日常生活，并且保持零售商与消费者的良好关系。零售商一般只提供与商品销售直接相关的服务，如商谈、包装、免费送货、电话预约、经营礼品、发售商品券等；有的零售商还提供停车场、临时保管消费者物品等服务；还有零售商提供儿童游乐场、食堂、茶室、照看婴儿以及文化展品、画廊等服务。

3. 储存商品及风险承担职能

为了满足消费者随时购买商品的需要，零售商需要储备一定量的各种商品。但是商品在储存期间可能会发生许多风险，如商品可能会发生物理变化，或者遇到自然灾害，还有商品的时尚更新以及技术废弃等。这些风险的损失将由零售商承担。

4. 信用职能

零售商采用信用销售商品的方式，对消费者起到了融资的作用。零售商采取的信用销售，主要有赊销、分期付款等方式。信用销售方式对于消费者来说，不仅可以避免每次购物都要支付现金的麻烦，而且即使手头货款不足也可以购货，使消费者能用将来的收入购买到现在需要的消费品；对零售商而言，也能发展与消费者的良好关系。零售商的这一职能也表现在对制造商和批发商方面。零售商通过预付购货款，使制造商和批发商的商品销售得到预先实现，以促进生产和流通的循环。

5. 信息传递职能

由于零售商处于商品流通的最终阶段，直接连接着消费市场，所以零售商能够最快地获得消费市场上的信息，并将消费者的需求变化迅速反馈给制造商和批发商，使他们能够及时地生产和组织到适合消费者需求的商品。另外，零售商可以通过现场营业传播、售货员的销售活动及其他宣传手段将制造商的新产品信息传递给消费者，激发消费者的购买欲望，并方便消费者购买。

6. 娱乐职能

零售商店不仅是销售商品的场所，也是陶冶消费者情趣并能给消费者提供娱乐的去处。零售商通过商品的艺术陈列、店堂的精美装饰、各种宣传品的艺术造型以及霓虹灯的彩色照明等方式，可创造出具有魅力的环境与气氛，给消费者在购买商品的同时带来美的感受。若同时提供娱乐营业，则更能体现商店的娱乐职能。

1.2 零售业态的分类及其标准

1.2.1 零售业态与零售类型

"零售业态"一词,来源于日语汉字词汇,大约出现在20世纪60年代,原意是指店铺的营业形态,后被翻译为英文"Type of Operation",有人将其扩展为经营形态。日本的学者对其有不同的解释:一是店铺营业形态说,指为满足某一特定目标消费者需求,组合全部零售营销要素而形成的店铺营业形态,直销和直复营销等无店铺零售形态不在其列,按商品品种划分的传统店铺(即称为业种店的菜店、粮店、副食店等)也不在其列;二是经营形态说,指根据满足消费者购物意向组合成的所有零售形式,包括店铺零售和无店铺零售、连锁与特许等更广泛的内容。

在我国长期的零售业研究文献中,都是用"零售类型"或是"零售种类"两个词汇。"零售业态"一词传入中国,始于20世纪80年代我国学者对日本零售业的介绍,在20世纪80年代末期开始有人用其分析我国零售业,20世纪90年代中期被广泛使用。随着"零售类型"一词在学术文章和媒体中使用得越来越少,"零售业态"一词逐渐取而代之。

我国学者对于零售业态定义的理解分为两种观点。一种观点认为,零售业态是指为满足某一特定目标市场需求而形成的零售形态。它主要用于说明各种店铺形态,一般不用来说明无店铺形态。另一种观点认为,零售业态以店铺销售和无店铺销售、面对面销售和自我服务销售以及进货特征为基准,分为多种形式,包括店铺和无店铺零售等多方面的内容。

1.2.2 中国零售业态的划分标准

1. 中国国家标准《零售业态分类》

我国现行国家标准《零售业态分类》(GB/T 18106—2004)还需要进一步完善。完善的方法是在借鉴国际零售业分类通用惯例的基础上,结合我国的实际情况,设定相应的划分标准,并按此标准调整国家零售商业统计指标体系。

国家标准《零售业态分类》主要存在以下问题。

(1) 零售类型分类标准模糊。标准中提到"根据零售经营方式、商品结构、服务功能,以及选址、商圈、规模、店堂设施、目标顾客和有无固定营业场所等因素"对零售业进行分类,显然这个标准过于综合,无法对零售类型进行细分。

(2) 零售类型归类有不合情理之处。例如,简单地将购物中心和百货商店、专业店、超级市场等并列在店铺零售形式中,有些牵强,因为购物中心是集合并经营多种店铺的场所,主要功能是为入驻的店铺提供营销和物业服务,各个店铺自主地进行商品经营,二者不属于同一类零售形式。

(3) 名不副实。一是中英文名称不符,中文名称为"零售业态分类",英文名称为"Classification of Retail Formats",而"Retail Formats"的中文含义并非零售业态,而是零售形态(或类型),它包括店铺销售和无店铺销售的全部零售类型,以及零售商的组织形态和聚集形态等。

2. 中国零售业态划分标准的选择

日本学者把零售业分类的国际惯例归纳为三种方法：一是以营业形态为标志，将零售业分为店铺零售业和无店铺零售业；二是以经营形态为标志，将零售业分为单一店铺形态和多店铺形态(特许、连锁或分店形式)；三是以企业形态为标志，将零售业分为个人、公司、合作等形态。但是，日本通商产业省的商业统计对零售业的分类为：百货店、综合超市、其他综合超市、专业超市、便利店、其他超市、专业店、一般零售店及其他(包括访问销售和通信销售等)。

美国学者常常以所有权以及店铺零售和无店铺零售战略组合为标志，对零售企业进行分类。

(1) 按所有权划分：可以分为独立店、连锁店、特许经营、租赁商品部、垂直营销系统和消费者合作社等。

(2) 按店铺零售战略组合划分：可以分为便利店、超级市场、专业店、百货店、折扣店等。

(3) 按无店铺战略组合划分：可以分为直复营销、直接销售、自动售货机等。

但是美国商务部对零售业的分类，主要以经营商品类别进行划分：诸如建材五金店、食品店、加油站、服装店、家居店、餐饮店、其他等，在其他类中包括药店、酒品店、无店铺销售等。

尽管美日学者也强调零售战略组合和营销组合形态是零售类型分类的重要依据，但是在实际分类应用时，这个依据是模糊的。通过对国际零售类型分类的惯例观察，发现有两个共同点：一是以多种标志作为零售业分类依据，包括有无店铺、组织或所有权形态、经营商品类别等；二是在不同层级使用不同的划分标准，比如大类按场所形态分为店铺零售和无店铺零售，中类按经营商品种类将店铺零售分为食品零售和一般商品，小类按商品组合标志将食品零售分为超级市场和便利店等。这两个共同点是制定中国零售类型划分标准的重要参考。我国零售业聚集状态约定俗成地成为零售类型划分标准，我们便将其列入中国零售类型划分标准之中。由此得出中国零售类型划分的三级标准，如表1-1所示。

表1-1 中国零售类型划分标准表

大类		中类		小类	
标准	分类	标准	分类	标准	分类
场所形态	店铺零售	商品种类	食品零售	商品组合	食杂店、便利店、超级市场、仓储商店、百货商店、折扣商店、专业商店、专卖店、家具商店
	无店铺零售		一般商品		
组织形态	单店经营	信息媒体	服务零售	服务组合	邮政、旅行、清洁、健身、餐饮、房地产
	连锁店		人员		
	特许经营		非人员		
	自愿连锁	股份比例	独资、合资		
聚集形态	独立店	行业	餐饮、食品、服务	人员数量	一对一直销、一对多直销、多层直销
	商业区(街)	主导企业	批发企业、零售企业		
	购物中心	地理位置	城市中心、城市边缘	媒体类型	目录营销、信函营销、电话营销、电视营销、电台营销、报刊营销、网络营销、自动售货机
		辐射范围	邻里型、社区型、地区型和超市型		

1.3 零售学的理论假说与启示

西方零售业起步较早且发展得比我国快,对零售业发展过程的理论研究也比我国深入。目前,在西方有许多有关零售业发展的理论框架可解释零售业态发展的历史和未来趋势。尽管没有一个单独的理论能够解释零售业态发展的所有规律,但至少揭示了零售业态发展的某一方面的规律。现就较流行的7种零售业态演化理论做一些简单的介绍。

1. 车轮理论

零售业态发展的车轮理论(Wheel of Retailing Hypothesis)是由哈佛商学院的零售学权威麦克内尔(McNair, M. P.)教授在1958年首先提出来的。这一理论认为:零售业态变革像一个旋转的车轮一样有着周期性的发展趋势。创新型零售商在开始进入市场时总是以低成本、低毛利和低定位为特点和优势,大量而低价地销售商品。这种经营方式由于获得了消费者的支持,从而在与业内原有零售商的竞争中取得优势。然而,随着这一业态的进一步发展和经营方式相类似的模仿者的出现,开始发生激烈的竞争。创新型零售商为了使自己与其他竞争对手相区别,便开始提高服务和商品的档次,他们会不断购进新的昂贵设备,不断增加新的服务,从而不断提高其经营成本,逐步转化为高成本、高价格和高毛利的传统零售商,并最终发展为衰退型的零售商,同时又为新的零售业态留下生存和发展的空间,而新的业态也以同样的模式发展。零售车轮每转一圈,就会有一个新的零售业态出现。

零售车轮理论符合绝大多数零售业态的发展过程,是一个比较有说服力和被广泛接受的关于零售业态变迁的理论模型。对于这一模式最常见的例子就是百货业的发展。百货公司刚出现时,由于它的低价格和高度便利性而备受消费者欢迎,从而在与小型零售商的竞争中占得先机,成为几十年来占统治地位的业态。而时至今日,百货商店却在与超级市场的较量中处于下风。

2. 生命周期理论

生命周期理论(Retail Life Cycle Hypothesis)是1976年由达卫德森(Davidson, W. R.)、伯茨(Bates, A. D.)和巴斯(Base, S.J.)三人共同提出的。这一理论认为,零售业态具有像人类一样的生命现象,即存在着从产生到消亡的过程,而在各个不同阶段,零售业态表现出不同的特征。生命周期理论将零售业态从产生到消亡的过程分为四个发展阶段。

(1) 创新阶段。在此阶段,新型零售业态出现,由于新型零售业态的许多特点都与传统零售业态不同,因此,新型业态具有差别优势。在创新阶段,企业的投资回报率、销售增长率和市场占有率都迅速提高。

(2) 加速发展阶段。由于新型零售商在竞争中获得优势,因此有大批模仿者开始效法,而最早进入市场的新型零售商也开始进行地区扩张。市场竞争异常激烈,在这一阶段市场占有率和收益率达到最高水平。

(3) 成熟阶段。在此阶段,更新型的零售业态进入市场,原有业态失去朝气和生命力,市场占有率和收益率降低。成熟期可能持续很长时间,处于此阶段的业态可以进行创新以维持中等盈利水平,从而避免被市场淘汰。

(4) 衰退阶段。市场范围明显萎缩，反应迟钝，最终退出市场。

3. 综合化与专业化循环理论

综合化与专业化循环理论(Retail Accordion Hypothesis)又称为零售手风琴假说，主要思想是由布兰德(Brand, E.)于1963年提出的，1966年赫兰德(Hollander, S. C.)将其命名为零售手风琴假说。该假说主要是从商品组合宽度的扩大与缩小的角度来解释新业态的产生。这一理论认为，在零售业态的发展过程中，存在着商品种类由综合化到专业化，再到综合化的循环往复的过程。也就是说，商品系列从注重深度，再到注重宽度的循环往复过程，就像手风琴演奏一样一张一合，不断循环。按照这一理论，他们将美国的零售业发展分为五个阶段：杂货店时期——综合化；专业店时期——专业化；百货店时期——综合化；方便店时期——专业化；商业街、购物中心时期——综合化。从世界零售业总的发展趋势来看，20世纪60年代，零售业界采取综合型营运，百货公司、大型综合零售势力高涨；20世纪70年代，零售业则进入专门化的发展阶段，专门店、连锁店、超市、便利店、自助家庭用品中心等业态相继发展；进入20世纪80年代，大型购物中心等在世界范围内兴起；而20世纪90年代则朝细分化发展，单品店、生活题材馆、无店铺销售、郊外大型专门店、产地直销及家庭购物等兴起。世界范围内零售业的发展轨迹也表明了这种综合化与专业化的循环趋势。

4. 辩证发展假说

辩证发展假说(Dialectic Hypothesis)这一理论由美国的吉斯特(Gist, R. R.)于1968年首先提出。该理论主要来自黑格尔的辩证法思想，与我国古代哲学家老子的思想有异曲同工之妙。该理论认为，任何观念，就其本性而言，均会导致对其本身的否定，起初提出的观念，称之为"正"，对这一观念的否定称之为"反"，同时还会出现"正"与"反"的统一体——"合"，而"合"又重新转变为新的"正"，从而开始新的辩证过程。例如，百货商店是高价格、高毛利、低周转率的零售业态，而其对立面——折扣商店，则以低价格、低毛利、高周转率为特点。而随着零售业的发展，这两种相反特点的融合形成新的零售业态——折扣百货商店。

5. 自然选择论

自然选择论(Selected by Nature Hypothesis)这一理论以达尔文的"适者生存"为基础，认为零售业态的发展必须与社会环境的变化相适应，只有那些能够适应消费者需求以及社会、文化和法律环境变化的零售商才能生存下来。例如，第二次世界大战以后，在美国发生了城市人口向郊区转移的情况，原来的百货商店由于都开设在市中心而发生经营困难。为应对这一变化，百货商店进行了革新，在店内开设专门店，并在郊区的购物中心开设分支机构。又如，近年来，由于妇女参加工作的人数增加，一些零售商为了迎合这一变化而开设了以职业女性为目标市场的女性用品专门店等。

6. 真空地带假说

真空地带假说(Vacuum Hypothesis)这一理论认为，零售业态取决于消费者的偏好，而消费者的偏好主要表现为对零售商提供的价格或服务的偏好。在现实生活中，既有偏好低价格的消费者，也有偏好高服务的消费者，为此有些零售商为了满足偏好低价格消费者的需要，就尽量向低价格的零售业态靠拢；相反，有些零售商为了满足偏好高服务消费者的需要就尽量向高服务的零售业态靠拢。于是就出现了未被满足的"真空地带"，一些创新者就会以这个"真空地带"为经营目标从事零售经营，从而意味着一种新的零售商业形态的出现。

7. 需求满足论

需求满足论研究的角度是消费者，而不是经营者和零售业本身。该理论认为，零售业态的发展必须与社会环境的变化相适应，只有那些以消费者为中心，能够满足和适应消费者需求变化，以及社会、文化和法律环境变化的零售商才能生存下来，才是零售业不断发展的真正源泉。此假说建立的基础理论主要有辩证过程论、生命周期论、顾客价值论和马斯洛的需求论。"需求满足论"假说的阐释如图 1.1 所示，其内容主要包括以下方面。

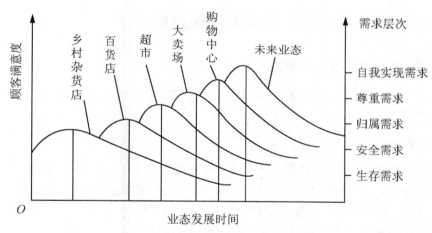

图 1.1 业态发展与顾客满意度关系

(1) 每一种业态都有自己相应的生命周期，从产生到成熟(最高点)再到衰落(下降)，但其衰落后并不意味着完全消失，只是从主导业态中退出，在不同的经济水平下仍有所延续，只是满意度降低，已发生变化的消费者认可程度降低，使得这种业态所获得的利润降低，以致不能处于主导业态的地位。

(2) 新业态的产生起点是旧业态到达成熟后刚开始下降的阶段，新业态是在旧业态的基础上，根据需求的变化，通过对旧业态的扬弃产生的，起点比旧业态高，满意度也高，利润相应就会高，促进其迅速发展到最高点，此时竞争中处于劣势的旧业态自然也就衰退，如此不断地循环下去。

(3) 在业态的演变过程中，每一种业态到成熟期所用的时间是不同的，大的趋势是所用时间在逐渐缩小。每一种业态出现后达到最高点的速度也不同，也是在逐渐缩小，反映在图上为曲线由平缓到相对陡峭。

(4) 在同一经济水平和时间段上，几种业态可以并存，构成主辅的关系，他们给顾客的让渡价值是不同的，满意度自然也有高低之分。即让渡价值大、满意度高的业态更能受到消费者的喜爱，购买行为实现得更多，该业态所获得的利润也就更高，从而成为主导业态；而其他业态相对来讲利润偏低，只能成为辅助业态。

(5) 业态发展的内驱力是以不断地提高顾客满意度，满足其潜意识的需求为目的。具体表现为给顾客的让渡价值越来越大，逐步提高消费层次和质量。新业态的产生即在让顾客价值最大化与顾客成本最小化上做文章，围绕基本元素有所创新，并且这种创新随着需求层次的提高永无止境，永远是有生命力的。

那么业态发展的演变动力到底是什么？一般认为是以"满足消费者的需求"为最有力的动力，把"顾客让渡价值"最大化作为最终目的。这种需求在不同的经济状态下会有不同的具体表现，所对应的业态内容及形式也是不同的。当然利润是企业追求的最大目标，但是如果不能满足消费者需求，得不到消费者的认可，就不能产生购买行为，又何来利润的最大化？其实两者是同样的目的，只不过从不同的角度去思考而已，可是带来的效果则是完全不同的。

1.4 现代零售业态的演进

1.4.1 西方发达国家零售业态的演进历程

历史上，发达资本主义国家的零售业态经历了三次革命性变革，目前正经历着第四次变革。

1. 百货商店

百货商店的产生是零售业的第一次革命。百货商店产生于 19 世纪 60 年代，百货商店的产生之所以被称为零售业的第一次革命，关键在于它与传统店铺相比创造了一种全新的经营方式。这种全新的经营方式具体体现在以下三个方面。

(1) 由传统店铺的单项经营改为百货商店的综合经营。
(2) 由传统店铺的讨价还价改为百货商店的明码标价。
(3) 由传统店铺的商品概不退换制度改为百货商店的自由退换商品制度。

2. 超级市场

超级市场的诞生是零售业的第二次革命。进入 20 世纪 20 年代后，费用上升的百货商店很难适应大萧条的经济形势，于是以低成本、低利润、低价格为竞争优势的超级市场应运而生。真正意义上的现代超级市场出现于 1930 年 8 月，这就是金库伦超级市场。超级市场给零售业带来的革命性变化具体表现在以下三个方面。

(1) 超级市场把现代工业和流水线作业的生产方式运用在商业经营上，实现了商业活动的标准化、专业化、集中化、简单化。
(2) 超级市场使商业经营转变为一种可管理的技术密集型活动，不确定因素大为减少。
(3) 超级市场由传统的柜台经营改为开架陈列，顾客可以自由选购。

3. 连锁商店

连锁商店的兴起与发展是零售业的第三次革命。1859 年，世界上第一家连锁店"大西洋和太平洋茶号"由美国大西洋和太平洋茶叶公司在美国纽约市建成。自此,连锁商店登上了历史舞台,成为西方零售商业第三次革命的旗帜。连锁经营对零售商业的革命性贡献主要有以下三个方面。

(1) 连锁经营要求企业经营和操作高度统一化、规范化、标准化。

(2) 连锁商店实现了现代科学技术的广泛应用,提高了企业效益。

(3) 传统的零售业要同时承担两种职能,而连锁经营则使零售商实现了这两种职能的专业化分离。

4. 无店铺零售

无店铺零售的出现是零售业的第四次革命。无店铺零售最早起源于美国,发展速度也属美国最快。无店铺零售是一种不经过店铺销售而直接向顾客推销的商品销售方式。无店铺零售主要有以下几种形式:直接销售、直复营销(包括目录销售、直接邮购、电话购物、电视购物、网络购物等)和自动售货机销售。

考察西方零售业的四次变革可以发现,业态的演进是零售业适应社会经济和文化技术发展的产物。影响零售业态发展的几大因素都发挥着很大的作用。如百货商店的出现是为了适应西方工业革命大量生产、大量销售和城市化进程的要求而产生的,购物中心则是城市空心化,居住郊区化的必然反应,而无店铺零售则是电子技术和信息技术在流通领域的延伸。更值得注意的是,业态演进越来越受到消费水平的影响。

20世纪20—30年代,在西方那次严重的世界性经济危机之后,超级市场应运而生,超级市场多在郊区,以经营食品和日用品为主,采用开架直销的方式,并且大进大出,从而大大降低了销售成本,降低了商品价格。超级市场一出现就受到广大消费者的青睐,迅速在各国发展起来,从而对百货商店构成了严重的威胁,迫使其在商品种类结构以及档次上进行调整。目前,发达国家的百货商店侧重于经营服装及高档的大件商品类,这也是我国百货商店发展的方向。而超级市场则以经营食品、日常生活用品为主。百货商店、超级市场的广泛发展并没有使众多的小商店失去存在的客观基础,这些小商店多开在居民区内,更加贴近消费者,其便利性是前二者无法具备的。为了同大商店抗衡,众多的中小型商店便走上了连锁经营之路。它渗透到居民区的各个角落,单体规模很小;它可以将成千上万的小商店融合为一体,由总部负责,创造出比其他零售业更大的销售额;它既能适应大生产扩大商品销售的需求,还能以优惠的商品价格、便捷的服务满足消费者的购物要求。研究西方和我国零售业态的发展历程对目前我国零售企业的发展具有深刻的借鉴和启示意义。

1.4.2 中国零售业发展趋势

未来中国零售业发展趋势包括六个方面:消费者不需要更多百货店,零售商发展泛渠道是唯一出路;电商业高增长、高投入下难掩疲态;跨界合作要有产品思维;唯一不变的是发现和引导顾客需求;回归零售本源;社交化购物时代的新型顾客关系。

1. 消费者不需要更多百货店

消费者只为购物去某家百货商场的动力越来越小,再加上品牌雷同和海外代购、网购分流、停车难等问题,百货业正经受考验。一个城市中,能让大量顾客习惯来店的商场已经屈指可数。

未来的百货业,就是在黄金地段做精致商品与服务,或者成为购物中心主力店。拥有娱乐、餐饮业种优势的体验式大型购物中心是实体商场的发展趋势。百货连锁业要转型升级,大数据驱动下的泛渠道发展是其首选策略,其中购物中心是重要布局。企业泛渠道发展,把O2O作为重要手段,以消费者需求为导向,这将让企业无所不在。

一家有实力、有远见的百货连锁企业,应该持续优化百货门店、大力发展购物中心、积极建设电商平台,以及在微信、天猫、APP、京东等渠道拥有不同形式的存在和温度。

2. 电商业高增长、高投入下难掩疲态

据保守估计,目前中国电商平台每获取一名新用户的平均成本接近100元,这样的高投入被行业高增长的繁华所掩盖。

天猫、京东等电商平台在高投入、高增长的同时,正在遇到类似实体零售业巅峰时的困惑和瓶颈:电商份额持续做大,消费者更加挑剔,与供应商的和谐程度或定价权遭受挑战,税收等规范化压力收紧,移动互联网重塑格局等。而实体零售企业做电商,即使破釜沉舟如苏宁易购,标新立异如银泰网,也仍在摸索中。

移动互联网时代,电商在PC时代的优势削弱,消费者网络购物集体冲动降温,线下企业迎来新机遇。

3. 跨界合作要有产品思维

在互联网时代,商业被改变的核心不是营销、渠道,而是产品和框架。新东方董事长俞敏洪近日疾呼:"再不变,新东方就要被BAT玩死!"

BAT是什么?是百度、阿里、腾讯。网友、消费者就在那里!三家平台分别拥有搜索、购物、社交领域的中国最大用户群和数据,远比世界上任一零售巨头市场份额所在国度的占比、全球顾客活跃度高。

传统零售业熟悉的合作,是参与各地采购联盟、协会、国际某组织驻华机构,这是典型的1.0时代的合作,利用某一种就能够聚合、提升大家或高于大家的捆绑经验和思想去服务供应商与消费者。而随着消费者个体主权意识的不断觉醒,传统模式的作用逐渐减弱。

真正要思考的是能跟BAT合作什么。每个业态、每家企业不同阶段的条件不同,能够合作的外部资源平衡和尺度不一,但有一点毋庸置疑:做强自身,开放合作,拥抱移动互联网。

4. 唯一不变的是发现和引导顾客需求

都说"船小好调头",可见大公司转型升级的难处、必要性和优势。实体零售大中型企业发展多年,一些模式难免固化,但拥抱变化几乎是唯一出路,决心致力于发现和引导顾客需求则是唯一不变的企业核心能力。

从企业架构来看,通常的"三驾马车"指的是招商、营运、企划,未来以顾客需求为中心的管理架构先后顺序可能就是企划、营运、招商。企划调研"人"的需求,营运改善"场"的聚客,招商运筹"货"的故事,三者有机联动、互相促进,基于顾客需求调研和发现、把握的职能要开始放在第一位,这符合未来发展。

第1章 零售概述

大企业系统能力的改善,会带动行业、消费、品牌生态的健康发展和员工幸福指数、顾客满意度。这是大数据,也是互联网思维,是最简单、朴素的事。

5. 回归零售本源

零售本质是买卖以及其相应过程和感受,顾客花钱买服务和商品,商家提供物美价廉或尊贵服务。零售商要在商品保障、顾客信任与习惯之余,努力增强顾客体验,与供应商双赢,参与完善社会与城市生活美学。

有些商家传统非常美,如胡庆余堂的匾额"真不二价",这些都是零售本源。

零售商场和超市遇上店庆,永远是循环播放那首著名的《生日快乐》,顾客如何能享受呢?陈列和设计影响顾客的视觉和心灵,卖场音乐和播音影响顾客的听觉和心灵。这是运营能力。

很多时候,明明是商家专柜服务不到位,客户投诉出了问题就总结说这顾客好计较,从不主动检讨、反思和保证下不为例。客户投诉就近处理原则的逻辑本质上就是错的,是给顾客造成困扰,得及时服务和配合。这是服务态度。

宾至如归,才是真正的卖场服务。

6. 社交化购物时代的新型顾客关系

社交化购物时代,在顾客一方,企业必须不断强化自身标签,让顾客记住并且喜欢、信赖自己;而在企业一方,新科技要发挥作用,多发展会员、"粉丝"等"可识别顾客"。

会员和"粉丝"是两套体系,其中有交叉部分,未来的企业会员体系会越来越淡化,"粉丝"生态却越来越壮大。"粉丝"是喜欢你的企业、店、商品、服务、员工中的全部或部分的那些人,你的企业、商品和员工也喜欢他们。普通会员是靠购买建立的实名却缺少情感联系、个性主张的群体。

明星和明星产品的吸引力是最好的例子。优秀零售商必须发展"粉丝"体系和服务。跟顾客一起玩,让顾客之间玩起来,这是发展新型顾客关系的重要路径。

小资料

2015年上半年零售业上市公司营收排名

联商网消息:截至9月底,各上市零售公司陆续公布了2015年上半年业绩,联商网统计了101家零售上市公司(部分企业未获得数据),部分公司数据如表1-2所示。

表1-2 2015年上半年零售业上市公司营收排名(部分)

业态	排名	企业	营收/亿元	增幅	净利/亿元	增幅	门店数
百货购物中心	1	万达商业	308.84	32.87%	51.94	4.60%	
		万达院线	34.86	41.00%	6.28	50.00%	191
		万达广场	63.45	30.53%			112
		☆万达百货	129.9	17.00%			86

续表

业态	排名	企业	营收/亿元	增幅	净利/亿元	增幅	门店数
百货购物中心	2	百联股份	253.92	-4.50%	11.03	49.45%	
		综合百货	92.76	1.77%			
		超市连锁	152.83	-6.53%			
	3	大商股份	165.35	-2.72%	6.15	-18.03%	
		百货业态	93.98	-7.46%			
		超市业态	34.84	2.41%			
		家电连锁	18.33	1.94%			
	4	重庆百货	161.05	-1.04%	4.19	-1.05%	237
		百货业态	72.55	-2.20%			54
		超市业态	48.67	6.59%			152
		家电业态	33.23	-10.88%			31
	5	百盛百货	96.57	-3.00%	25.05	-2.20%	60
超市	1	高鑫零售(大润发+欧尚)	507.08	5.60%	14.76	13.70%	388
	2	华润万家	504	16.30%			4800
	3	永辉超市	208.35	17.69%	5.27	16.30%	341
	4	联华超市	140.78	-6.30%	0.21	-78.46%	4195
	5	物美集团	116.8	12.00%	2.5	-19.50%	586
家电	1	苏宁云商	630.37	23.24%	3.48	146.12%	1637
	2	国美(上市公司)	316.92	8.82%	6.87	15.90%	1791
		三联商社	4.44	5.70%	0.14	-0.71%	
	3	宏图三胞	83.02	8.79%	2.6	183.11%	146
	4	汇银家电	12.22	-20.60%	0.55	33.98%	
服饰	1	雅戈尔	87.13	15.00%	29.03	58.70%	3078
	2	海澜之家	79.3	39.58%	16.7	35.68%	3382
	3	安踏	51.1	24.00%	9.6	20.20%	7340
	4	李宁	36.41	16.05%	-0.29	94.98%	5745
	5	森马	33.69	14.93%	4.23	22.94%	
电商	1	京东	825	61.45%	-12.2		
	2	阿里巴巴	376.7	35.34%	172.37	23.32%	
	3	苏宁易购	181.67	104.65%			
	4	唯品会	176	88.80%	7.67	136.25%	
	5	当当网	45.3	22.53%	-0.814	-266.80%	

统计的101家上市公司营收总额813.74亿,增幅为15.41%,共有51家业绩下滑,占比50.49%;总

计净利额 456.29 亿,增长 12.79%,42 家净利额下滑,占比 41.58%;合计净利率为 5.61%,同比下降 0.13 个百分点,有 55 家净利率下降,占比 54.5%。

(资料来源:http://blog.linkshop.com.cn/u/yiilong/318993.html)

技 能 实 训

【实训目的】

通过案例讨论加深对零售商业的认识。

【实训主题】

理解零售商业的职能与作用。

【实训时间】

为期一周。本章课堂教学内容结束后的双休日和课余时间,或者指导教师另外指定时间。

【背景材料】

广州七大百货端午节吸金过亿

2013 年端午节假期,阴晴不定的天气,丝毫不影响市民出行购物的兴致。特别是端午节、儿童节的节日叠加效应,让这个假期含金量媲美"五一"假期。三天下来,包括广百百货、友谊商店、天河城百货、新大新百货、摩登百货、新光百货及东山百货在内的广州七大百货公司共创下 1.4668 亿元的销售额。

假期里,各大商场里都能看到举家出行购物的购物军团,商家亦大打亲情牌,如广百百货推出的"家庭童乐"活动,友谊商店推出的"幸福家庭欢乐购",吸引了一家老少齐齐出动。电器、家品、服饰等成为家庭采购的主要"战利品",据广百百货不完全统计,家庭购物约占销售额的三成。

据摩登百货介绍,今年端午节商场人流量特别大,儿童、情侣数量同比增加了三倍以上。新光百货则表示,无论是销售额还是客流量,都迎来了 5 月继母亲节后的另一个高峰。

价值不菲的益智类玩具、电玩游戏机、快译通、MP4 等电子产品在今年登上销售热点排行榜。在广百百货,更有不少顾客购买手提电脑作为儿童节礼品。而据广州友谊商店反映,2000~3000 元的轻便婴儿车成了端午节期间的销售热点。

(资料来源:http://www.lingshou.com/GD/Get/gz_bazaar/154844644.htm)

【实训过程设计】

(1) 指导教师布置学生课前预习阅读案例。

(2) 将全班同学平均分成小组,按每组 5~6 人进行讨论。实训组就近选择商场进行调研。

(3) 根据"阅读资料",讨论零售业的职能与作用。

(4) 根据讨论,对当地的零售商业发展状况做出评价。

(5) 各实训组对本次实训进行总结和点评,撰写作为最终成果的《零售管理实训报告》。

(6) 各小组提交填写"项目组长姓名、成员名单"的《零售管理实训报告》,优秀的实训报告在班级展出,并收入本课程教学资源库。

综合练习

一、名词解释

商业　零售商业　零售业态　车轮理论　生命周期理论　真空地带假说

二、单项选择题

1. 车轮理论是(　　)提出的。
   A. 1954 年由麦克内尔教授
   B. 1976 年由达卫德森、伯茨和巴斯三人共同提出
   C. 1963 年由布兰德
   D. 1968 年由吉斯特

2. 以下关于真空地带假说表述正确的是(　　)。
   A. 认为零售业态的发展必须与社会环境的变化相适应，只有那些能够适应消费者需求以及社会、文化和法律环境变化的零售商才能生存下来
   B. 认为零售商业形态取决于消费者的偏好，而消费者的偏好主要表现为对零售商提供价格和服务的偏好
   C. 认为在零售业态的发展过程中，存在着商品种类由综合化到专业化，再到综合化的循环往复过程
   D. 认为零售业态像人类一样具有生命现象，即存在着从产生到消亡的过程，而在每一个不同阶段，零售业表现出不同特征

三、多项选择题

1. 以下属于零售商职能的是(　　)。
   A. 分类、组合和配货职能
   B. 服务与娱乐职能
   C. 储存商品与风险职能
   D. 信用职能
   E. 信息传递职能

2. 以下对西方发达国家零售业态的演进规律表述正确的是(　　)。
   A. 百货商店的产生是零售商业的第一次革命
   B. 超级市场的诞生是零售商业的第二次革命
   C. 连锁商店的兴起是零售商业的第三次革命
   D. 无店铺销售是零售商业的第四次革命
   E. 发达资本主义国家的零售业经历了三次革命性变革，并且正在进行第四次变革

四、问答题

1. 什么是零售？如何理解零售的概念？
2. 与批发活动相比较，零售活动有哪些特点？
3. 零售商有哪些职能？
4. 简述我国零售业的发展趋势。

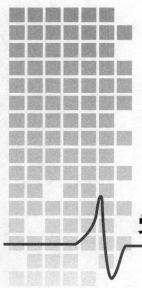

第2章 零售战略管理

学习要点

- 掌握现代零售业的三种基本战略
- 了解零售战略规划中起影响作用的主客观因素
- 掌握制定零售战略规划的具体步骤
- 了解零售战略实施过程中的控制和管理
- 掌握零售战略联盟的含义及其形式

案例导入

万得城黯然离华

万得城电器于2013年3月11日关闭在上海的所有7家门店。其中，万得城上海淮海店将作为主要的客户服务中心运营至2013年4月30日关闭。这也意味着万得城正式宣布退出中国市场。对于关店原因，万得城表示是基于激烈的市场竞争环境以及建立和运营必要业务规模所需的巨大投资而做出的关店决定。简单来说即万得城经营业绩不佳，难以盈利。

分析人士指出，万得城在华采用的海外买断制模式，风险很高，虽然在某地区市场某个时间段获得独家经营权，但现款现货无疑增加了进货成本，也容易出现货品积压。同时，与电商以及其他中国本土电器商城相比，万得城一直没有价格优势，这也导致其流失大量客源。

（资料来源：http://www.zh-hz.com/html/2013/11/18/195619.html）

思考：万得城在华失败的原因是什么？由此可见，零售企业的战略规划对企业的发展有何意义？

第2章 零售战略管理

2.1 现代零售的基本战略

美国管理学家迈克尔·波特在20世纪80年代提出了企业发展的竞争战略理论,通过构建一个竞争战略的模型,分析了决定产业因潜在利润而带来吸引力的五方面竞争优势,并在此基础上提出了赢得竞争优势的三种基本竞争战略:成本领先战略、差异化战略和集中化战略。

2.1.1 成本领先战略

成本领先战略是指企业的经营目标是要成为其整个行业中的低成本厂商。如果企业能够创造和维持全面的成本领先地位,那它只要将价格控制在产业平均或接近平均的水平,就能获得优于平均水平的经营业绩。沃尔玛实施"天天低价"的策略,主要是从多方面进行成本控制,包括从进货成本、物流成本以及其他费用上,即使在细小的环节上也能够体现出来。在沃尔玛的各级管理人员办公室里,看不到昂贵的办公用品、家具和地毯,也没有豪华装修,公司员工始终如一地执行山姆·沃尔顿的经营理念——"比竞争对手更加节约开支"。成本领先是最基本的竞争能力,任何战略都是建立在成本优势的基础之上。换言之,不管企业采取何种竞争战略,成本优势都是其不得不重视的核心问题。

1. 成本领先战略的意义

成本领先战略对零售企业的发展具有以下重要意义。

(1) 实施成本领先战略是零售企业生存的需要。在竞争激烈、优胜劣汰、适者生存的社会里,企业要生存,就必须在竞争中争取主动权,只有掌握了主动权,企业才能取得胜利,零售企业也不例外。如果零售企业在本行业中能够拥有成本领先优势,就能在相同价格水平下获取更高的利润,甚至可以压低价格,既让利于消费者,又打击竞争对手,从而把市场控制权牢牢掌握在自己手中。沃尔玛的成本领先战略就是一个很好的例子。

(2) 实施成本领先战略是零售企业发展的需要。随着信息技术的普及化,社会的发展日新月异。企业是社会的产物,企业的发展速度只有高于社会的发展速度,才能真正拥有生命力,成为百年常青树。而零售企业怎样才能快速发展呢?只有不断创新,才能满足消费者日益变化的需求;只有不断创新,才能追上行业和社会发展的步伐。在创新中需要把新的产品种类、新的销售方式和新的经营业态等作为零售企业发展的加速器。在实施成本领先战略的过程中,应培养员工的创新精神,为零售企业的发展增加动力。

(3) 实施成本领先战略有利于零售企业向国际化扩张。企业运用创新精神实现成本领先,从而不断推出新技术、新产品、新方法、新技巧,而这些新技术、新产品、新方法、新技巧又推动着整个社会向前发展。零售企业一旦成功采取成本领先战略,必将得到本行业发展的优势,向海外市场扩张也是其追求利益最大化和更低成本的必然选择,可见实施成本领先战略有利于零售企业向海外扩张。

2. 成本领先战略的实施

零售企业在实施成本领先战略时应从以下几方面入手。

(1) 分析零售业成本的构成要素。零售业成本是多因素共同影响的结果，概括起来不外乎以下几个因素：规模经济或规模不经济、先进技术的运用、内部协调情况、与合作伙伴的联系、时机的掌握、内部制度建设与执行等。

当零售企业的销售量达到一定规模时成本最低或利润最大。为了适应竞争的需要，中小型零售企业可尝试在不改变现有设施、不进行大量投入的条件下，以连锁经营的形式改造现有的零售组织形式，实行横向一体化经营，冲破单体销售增长的极限，形成规模。或采取兼并重组的方式，形成跨地区、跨部门、跨行业、跨所有制经营的混合型商业企业集团，这也是我国零售企业改革的主要方向。

(2) 运用先进的信息技术提高经营效率。世界零售业的信息化不断前进，从销售管理系统(如电子收款机、销售点系统、商店信息管理系统)，到电子数据交换(EDI)和电子订货系统(EDS)，再到现在的客户关系管理系统(CRM)、物流管理、供应链管理等综合性的信息管理系统，利用先进的数据库技术和数据挖掘技术，实现更为复杂的决策支持系统智能 DSS 管理。在世界企业大规模连锁化经营背后，CRM 是加强其竞争能力的有效手段。利用数据仓库、数据挖掘来了解市场、改进业务流程、加强客户服务和促进销售，可以说这是非常值得国内零售业借鉴的先进经验。零售巨头沃尔玛在科技投入方面不惜代价，配备了一整套先进的供应链管理(SCM)系统，辅助全过程商品管理可提高月平均资金周转次数5～6次，使其平均利润率增加 1～2 个百分点。高科技管理零售数据不仅在采购、分销、后勤等方面做到了精确和及时管理，对顾客和供应商的服务也是按分秒计而不是以时日计，与供应商建立了良好的关系，做到不仅对供应商供货情况了如指掌，而且及时反馈商品销售情况。

(3) 控制内部各环节成本，加强内部管理。由于零售业的物流成本在其总成本的构成中，往往高达 20%以上，所以零售企业一定要在配送环节上投入重金，建立先进的物流配送系统，通过效率化的配送来降低物流成本，减少运输次数，提高装载率及合理安排配车计划，选择最佳的运送手段，以实现商品在时间和空间上的快速流转，达到最大销售量和最低成本。合理选择配送中心的地址，缩短运输距离。在销售环节中，提倡精兵简政，减少人员开支。在商品防损方面，运用高科技的手段将商品损耗降到最低点。严格控制各项管理费用，利用更有效的零售广告媒介，减少不必要的广告开支。例如沃尔玛为了实现"天天平价"的承诺，在采购环节、物流环节、宣传促销环节都体现了成本最小化。将节约的成本让利于消费者，为消费者争取每一分钱，最终赢得了较大市场份额。

(4) 营销手段的创新。零售企业的营销目的、营销手段必须与企业成本领先战略保持一致。

首先，零售企业要准确定位。随着人民生活水平的不断提高，多样化、多层次的需求形成了明显差异，从而也产生了需求各异的消费者群体。任何零售商都不可能全方位地满足多样化、多层次的消费者需求，只能根据自身的经营条件和外部的市场环境选择一个或几个消费者群体作为目标市场，相互错位经营，才能减少同业竞争并获得最大利润。

其次，零售企业要尽可能地实施自有品牌战略。拥有大量的自有品牌，就掌握了成本的决定权，减少了中间环节费用，同时拥有自有品牌还具有销售价格优势、促销优势、独占优势、减小风险优势、名牌优势。欧、美、日等发达国家的大型零售企业中，自有品牌商品所占的比例较高。日本最大的零售企业大荣连锁集团约 40%的商品是自有品牌商品，英国大型超市 30%以上的商品为自有品牌商品，美国的西尔斯公司销售的商品中有 90%以上是自有品牌商品。有的企业甚至只销售自有品牌商品，例如英国马狮集团只销售自有品牌商品。

最后，变革促销手段。对零售业来说促销显然是必要的，但现在促销成本日益上升，取得的效果却逐年下降，促销的回报无法与付出平衡，促销成了众多商家的一块心病。零售业应利用消费心思，巧妙地采用"价格组合"的营销方式，让消费者感觉商品是市场上的低价位。

(5) 处理好与供应商、同行关系，整合资源。在控制营销成本的前提下，零售企业与供应商、同行的合作，会有明显的经济效益。一是降低营销成本，如资源共享可以降低资源成本。例如，两个企业分享仓储、运输等，可充分利用资产以降低成本；两个企业通过合作发布广告，既可以提高广告的效果，又降低了广告的成本；共享进货渠道资源可以形成批量采购，增强讨价还价能力。二是提高营销效率。如与供应商联网实现数据库数据交换，可以减少库存商品资金的占用，加快资金周转。竞争的最高境界就是合作，通过合作各得其所，能避免恶性竞争带来的损失。

(6) 注重控制细节。在竞争中，率先进入该市场的企业可以获得长期的成本优势，如占据有利的经营位置、率先选择优秀员工、得到供应商的优先扶持、迅速占领市场等。但也有后进入市场的企业获得成本优势，他们通过认真观察、学习市场先入者，利用先入者开发取得的成果，仿效先入者的行为模式，以低代价获取市场份额，从而获得成本优势。当今知名的零售企业中，不乏这样的例子，沃尔玛就是从一个后入者逐步发展成为行业的领头羊。虽然目前我国零售企业与国际零售企业相比存在着很多不足之处，但是通过发掘优势，控制好经营管理的细节，我国零售企业也有制胜的招数。例如我国零售业在网点设置上占据有利位置，通过已经建立好的销售网络，深入了解顾客行为习惯和消费偏好，并学习国际零售企业先进的管理方法，这样就有助于实现低成本运行。

一个企业在文化上提倡节俭，并在制度上加以支持，就可以节约成本。如对经理特权的规定、办公设施的配备、差旅费报销标准等制度都会直接影响企业的成本。在制定控制制度时，一是要注意控制制度的导向，二是要对制度的执行进行成本分析。有些制度的制定可能会带来一些收益，但成本却超过了它所产生的溢价，对此企业要进行分析，权衡得失。

【案例 2.1】

沃尔玛在成本控制方面的水平(表 2-1)

表 2-1 沃尔玛在成本控制方面与行业平均水平的对比

项　　目	沃尔玛	行业平均水平
进货费用(占商品总成本的比例)	3%	4.5%～5%
由分销中心供货比例	85%	50%～60%
商店开出订单到得到补货的平均时间间隔	2 天	5 天
管理费用(占总销售额比例)	2%	5%
商品损耗率	1.2%	3%～5%

(资料来源：http://www.cnwnews.com/html/biz/cn_qyyj/gszl/20130225/497903.html)

2.1.2 差异化战略

差异化战略是针对竞争对手的产品或服务,通过独特的市场定位,吸引更多的顾客。这种战略的重点是创造独特的产品和服务。差异化的方式是多种多样的,如产品差异化、服务差异化和形象差异化等。实施产品差异化的零售企业主要是经营比同行业竞争对手有特色的商品组合,以满足顾客群的需要。例如,国际零售商麦德龙之所以进入新兴国家开设超级市场,并选择进口食品、日用品作为主要经营的产品类别,是因为它看中了新兴国家的中产阶级与日俱增的购买力和时尚的消费模式。还有家居店"宜家"的体验营销,向顾客展示了别具一格的购买体验,这都属于差异化服务的策略。

维持差异化战略的零售企业必须通过削减所有不致影响差异化的各方面成本,实现与竞争对手低成本相比能创造相似价值或较高价值的地位。为此,零售企业必须选择有利于展现自己经营特色的服务形式,树立别具一格的形象。

价格领先战略在很大程度上依赖于企业的成本优势。企业若采取差异化战略而提供差异化产品与服务时,在同等条件下,必然会产生额外的成本与费用,这一费用若完全转嫁相关利益群体中的任一方,企业价值公式中其结果都将会为零,企业的差异化战略就将失效。在20世纪90年代初,英国Budgens杂货商店与德国最大的食品零售和批发集团之一的REWE建立了联盟,在英国南部发展Penny折扣店,这种模式失败的主要原因是由于同时追求差异化和成本领先战略。但是,综合成本领先战略和差异化战略有时是可以成功的。例如,戴尔计算机公司通过对公司文化、技术的使用和对高质量产品和服务的承诺,生产出了与众不同的低成本产品。从长远和稳定的角度来看,期望通过定位来完全回避竞争是不切实际的,在日后的激烈竞争中,任何战略形态都会存在竞争对手,同业间的模仿速度也会越来越快。因此,仅仅通过简单的定位,不可能获得长久的竞争优势。企业的竞争归根结底是效率的竞争,也就是谁在差异化过程中做得更加有效,成本更低,谁就可能在竞争中取胜。

【案例2.2】

服务是苏宁唯一的产品——差异化战略

先做市场还是先做服务?当大多数人选择先做市场、后做服务时,苏宁却选择先做服务、后做市场。表面上看,两者没有什么差别,因为都是在做同样的事情,只是先后顺序不一样而已。然而,奥妙和差异就体现在做事的顺序上。先做市场,服务跟在销售后面跑,你买了东西我才提供服务,往往服务跟不上销售,最终拖了销售的后腿;而先做服务,其出发点是先想顾客所想,急顾客所急,将售后的所有问题都想好,解决方案也准备好了,然后再做销售,这样服务不仅可以成为销售的有力支撑,而且有时还会直接拉动销售,甚至服务本身也成了销售的内容之一。

创业初期,大家都在拼货源拼降价促销时,张近东却坚定地认为零售业尤其是家电零售业的本质是服务。当同行们在服务方面都在为省钱、省却管理的麻烦而找第三方公司承担服务时,他明确地提出"服务是苏宁的唯一产品"。

苏宁每进驻一个城市,都是"店门未开,服务先行"——进入社区为居民免费清洗油烟机、灶具,免费检修空调,以真诚的服务,感动各地对苏宁尚感陌生的顾客。苏宁商标也因此成为国内零售连锁业第一个著名服务商标。苏宁所到之处，服务都成为其最基本也是最重要的竞争优势，业内无出其右者。

随着苏宁全国连锁的推进，苏宁"阳光服务"的快车一路从南京开到北京，从上海开到西安，从深圳开到乌鲁木齐……苏宁不只是连锁店开到全国，而且也同步构建了一张独一无二的服务网络。据悉，苏宁目前拥有初级安装工程师 10000 名、中级安装工程师 5000 名、高级安装工程师 1500 名、维修技师 5000 名、维修二级技师 2000 名、维修一级技师 700 名、维修工程师 500 名、维修高级工程师 300 名，这支专业队伍仍在不断壮大成熟。

《哈佛商业评论》于 1996 年发表的一份研究报告指出："再次光临"的顾客可以为公司带来 25%～85% 的利润，而吸引他们"再次光临"的因素中，首先是服务质量的好坏。

服务，让苏宁在整个行业越来越趋于同质化的竞争中，应对自如，独领风骚。

(资料来源：http://read.jd.com/10169/489262.html)

2.1.3 集中化战略

零售企业在实施集中化战略时，首先将经营重点集中在一个狭小的市场空间，即细分市场，然后根据这一细分市场的特点，选择营销战略组合，为这一目标市场服务。通过对目标市场进行战略优化，实施集中化战略的企业致力于寻求其目标市场中的竞争优势，尽管它并不拥有在全面市场中的竞争优势。

集中竞争优势有两种形式——成本领先优势和差异化优势，在成本集中化战略指导下企业寻求目标市场上的成本优势，而差异集中化战略中企业则追求其目标市场上的差异优势。如果实施目标集中化战略的零售企业在其目标顾客心目中没有一个独特的市场定位，那么它所实施的集中化战略就是失败的。谈到广州的摩登百货，大家都知道它的目标顾客群是中青年女性消费者。无论是在商品种类、促销方式还是在店面的设计上都为目标顾客量身定做，这就是一个独特的定位。实施目标集中化战略的主要步骤如下。

1. 细分市场

细分市场是根据具有相同行为或者相似需要的顾客将国际市场分为不同的顾客群。细分市场常用的划分标准有：地理区域细分、人口统计细分、心理因素细分、行为细分、利益细分以及垂直细分等，如表 2-2 所示。

表 2-2　具体细分变量分析

变 量 类 别	具体细分变量
人口统计变量	人口数量、人口增长、性别、年龄、民族、种族、国籍、文化程度、职业、收入、宗教信仰、家庭规模、家庭构成、家庭生命周期阶段等
地理变量	地区(国际、国内、城市、乡镇、沿海、内地、山区、平原等)、地理方位(东、南、西、北、中等)、城市规模、人口密度、气候等
心理变量	生活方式、社会阶层、个性偏好等
生活方式变量	活动指向、兴趣指向和消费模式等
行为变量	购买者的类型、购买行为类型、追求的利益、对产品的态度、对品牌的忠诚度、购买时机、购买准备阶段、使用率、支付方式等

2. 选择目标市场

在选择目标市场时应做好以下工作。

(1) 评估细分市场。零售企业在细分市场后，要对细分市场进行评价和分析，然后结合自身的实力和经营特点，选择将要进入的目标市场。评价细分市场要选择一些指标或标准，一般这些指标要符合一定的原则，主要是以下四个基本原则。

① 可衡量性原则。零售企业选择的细分市场必须是能够明确衡量的，如市场的人口数量、购买力等。可以准确衡量的标准主要有市场规模、收入水平、年龄构成等，因为它们是可以从人口统计资料中得到的。然而，也有一些无法准确衡量的标准，如文化标准就是一个难以衡量的标准。

② 可进入性原则。可进入性原则是指所选的细分市场必须是企业可以有效地到达并能够为之提供满意服务的。可进入性原则的影响因素主要表现在以下几个方面：一是在国际市场上存在一些语言沟通上的障碍；二是由于历史原因存在民族之间的隔阂；三是国家之间在政治体制和价值观念上产生的差距。这些因素都可能影响国际细分市场的可进入性。

③ 获利性原则。获利性原则决定了某一个细分市场是否有价值，是否值得进入的问题。为了使产品适应当地市场的要求，需要投入大量资金进行开拓渠道、经营方式的改进、商业信息沟通。还有进行投入和收益之间的比较，如果经营成本太高，就要考虑放弃进入这一细分市场。

④ 可实施性原则。依靠零售企业的力量，只有在通过制定计划和具体实施能够达到企业的目的时，这一市场细分才有意义；否则，即使通过分析，细分市场符合可衡量性、可进入性和获利性的原则，但如果不符合可实施性原则企业也无法真正实施细分市场的策略。

(2) 确定目标市场。根据评估的结果，对备选市场进行综合分析，最后确定目标市场。一般来说，分析的要素主要包括备选市场的规模和潜力、市场结构吸引力、企业资源。首先，选择细分市场的规模要适当，即与企业的实力相匹配，并且理想的细分市场还应当具有一定的潜力，可以不断开发，只有这样才能够为企业提供长远的发展机会。其次，要综合考虑细分市场的竞争状况，供应商和顾客的讨价、还价能力等各方面的压力是否是企业所能承受的，也就是分析细分市场的吸引力。最后，还要考虑企业进入该市场所需要的各种资源是否具备，是否与企业目标相一致。

3. 市场定位

市场定位是企业在目标顾客心目中确定独特地位的活动过程。有效的市场定位有利于企业树立产品的鲜明特色，有利于企业满足顾客的需求偏好，有利于企业取得目标市场的竞争优势。例如，沃尔玛的市场定位是"天天低价"，广州友谊商店的市场定位是高档、时尚的百货商店。

2.2 影响零售战略规划的因素

在制定零售战略之前，零售企业往往会采用 SWOT 分析法对组织的外部和内部资源进行深入分析，从而找到组织的优势(Strengths)、劣势(Weaknesses)、机会(Opportunities)和威胁(Threats)。影响零售战略的外部因素通常是企业无法改变的环境因素,而内部因素则包括企业管理者的价值观念、企业文化、企业业务流程管理水平等内容。

2.2.1 外部环境因素

影响零售企业的外部环境因素如图 2.1 所示。

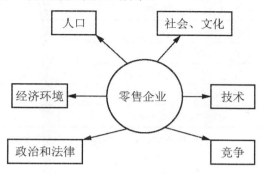

图 2.1　外部环境因素

1. 政治和法律因素

国家政治环境是否稳定以及相关的法律、法规是否健全都会影响零售企业经营的稳定性和长期性,以及零售企业领导者的决策和管理责任。另外,政府的经济政策对零售企业的规划和战略管理也会产生至关重要的作用。例如,零售企业如果对商店的盗窃者进行搜身、体罚等侵犯人身权的行为,这些行为由于触犯法律而可能在法庭上败诉。零售企业必须遵守各国法律的规定,例如超级市场对散装食品的包装规定。当今,零售企业要花更多的时间预测和关注有影响的国家政策,将更多时间用于会见政府官员以及如何与各类公众打交道。

2. 经济环境

对一个国家或地区的经济增长速度、国民收入水平、产业结构、消费收入水平、消费者支出模式、消费者投资和储蓄机会与信贷水平、经济政策等因素进行比较分析,便能分析出这个国家或地区的经济环境。衡量收入水平有多种指标,不同衡量指标对分析市场需求有不同的意义,包括国民收入、可支配收入、购买力等,这些都是可以测量的指标。世界银行(World Bank)每年都会公布世界各国的购买力指数,还有美国《销售与市场营销管理》杂志每年都会公布全美各地和大城市的购买力指数。如果国际细分市场具有优惠的投资经营政策,将会吸引国外更多企业进行经营。例如,我国对外商投资者的优惠政策,使得各大国际零售企业纷纷进入中国。此外,汇率的影响也是一个重要因素,对于零售企业来说,特别是那些大量进口自有品牌商品的零售企业,如果交货期限和支付供应商货款都在未来的数月后进行,零售企业可以按照协议达成汇率购买未来支付的相应货币。如果汇率波动大,企业很难控制交付价格和销售价格。还有各国利息率的高低也会影响零售企业的战略决策,因为利息率过高将限制企业的扩张,同时还会间接影响企业和消费者信心。

GDP 是体现一个国家或地区经济环境的重要指标。根据国外零售业态发展的经验,当某地人均 GDP 达到 6000 美元时,人们就会要求高品质的物质生活;当人均 GDP 达到 9000

美元时,该地区的居民消费水准和消费行为将呈现多元化趋势。人均 GDP 与零售业态的关系如表 2-3 所示。

表 2-3 人均 GDP 与零售业态的关系

零售业态	消费特征	人均 GDP/美元
百货公司	多品种、高质量商品	1000
超级市场	注重便利、快捷	3000
便利店	要求方便时效	6000
仓储商店	追求方便、低价、品种全	10000
购物中心	多元化购物、方便	12000
精品专卖店	休闲增多、高质量消费	15000

(资料来源:巫开立. 现代零售精要. 广东经济出版社,2004:18)

3. 技术因素

管理技术的创新是实现战略成功的关键。对大多数零售企业来说,生产行业所带动的技术发展与它们向消费者个人进行的分销过程相距甚远。零售企业必须确定和形成一个得以提高效率的技术体系以及整合业务流程,才能获得竞争力。通过采用新技术,零售企业才能在日益激烈的市场竞争中创造优势。信息技术不仅在提高规划和控制活动的效率上扮演着重要的角色,而且还通过交互式电视和互联网带来的新分销机会为企业打开新市场。随着网络零售企业的出现,在 B2C 和 B2B 交易中,互联网逐渐成为产品和服务的发布渠道和获得更多产品及服务的分销渠道。随着现代信息技术的发展,新技术在零售业的广泛使用,实体商店的购物方式可能被另一种新的方式所替代。店铺的零售企业也可以通过自身的品牌优势和经济实力发展新型电子零售经营。

4. 社会、文化因素

充分了解文化和社会的状况与结构,可以使零售企业能够把握更多现有的和潜在的市场机会。社会是由具有共同社会利益和文化价值的个人组成的。社会文化因素,包括诸如教育水平、宗教信仰、价值观念、消费习俗、购买习惯等,这些因素的变化趋势影响着当代人的生活、工作和消费方式,进而对新的产品、新的服务和新的企业经营战略有了更高的要求。不同的国家或地区具有不同的文化传统、宗教信仰和生活习惯,能否适应当地的文化直接影响企业生存和发展。一般而言,文化因素是难以衡量的。人们的生活方式呈现出个性化特点,受家庭和文化关系的影响越来越小,日益增强的职业流动性提高了生活方式的个性化水平,同时人们对异国文化的理解和接受程度也不断增强,消费需求出现了国际化发展的新趋势。可见,对社会、文化因素的研究对于选择和设计具有个性化和跨文化特点的零售商品具有深远的意义。

5. 人口因素

市场营销中所提到的市场是指有购买意愿和购买能力的人的集合。一定数量的人口是进行市场营销活动的基础。市场中的人口因素包括人口规模、人口结构、人口增长和人口迁移等要素。其中人口规模，即人口总量，是指一个国家或地区的人口总数。这是一个可以衡量的指标，世界银行定期公布世界各国的人口数量。人口结构对零售企业的营销活动有一定影响。人口结构包括人口的年龄结构、性别结构、家庭结构和社会结构等。不同年龄的消费者对商品的需求不同。目前，欧洲多个国家和地区出现人口老龄化的现象，例如在德国人口平均年龄高达55岁，这就给销售保健用品、营养品和老人生活必需品的企业带来了市场机会。人口的性别不同，对商品的需求也有明显的差异。人口的地理分布与区间流动是另一个主要的评估要素。由于地理条件和经济发展等因素的影响，一个国家的人口分布往往是不均衡的，而人口流动，如到国外经商、观光和学习的中国人越来越多，就给中国零售企业发展国外华人商品市场带来了契机。

6. 竞争因素

任何行业都存在着竞争，但是在同一时期的不同国家或地区竞争的强度有所不同。特别是一些具有发展潜力的零售市场更是众多国际零售企业争夺的焦点。波特提出的著名的"五力竞争模型"表明了决定某一细分市场保持长期利润吸引力的五种因素，如图2.2所示，即市场同行竞争者的数量和实力、市场进入的难易程度以及潜在竞争者的实力、市场有无现实或潜在的替代产品、市场购买者议价能力的高低以及供应商议价能力的高低。

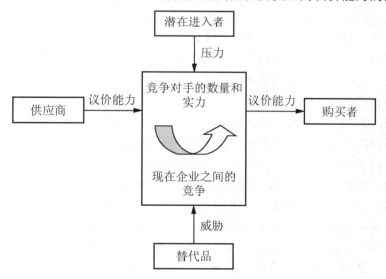

图 2.2 波特"五力竞争模型"

(1) 零售商之间的竞争。如果零售商确定的目标市场已经有很多实力强大、竞争意识强的竞争对手，那么市场就会失去吸引力。如果市场处于稳定或衰退阶段，生产能力不断扩大，固定成本过高，撤出市场的壁垒过高，竞争投资大，那么情况就会更糟糕。在这种情况下，往往会导致价格战、广告战和促销战，使企业付出昂贵的代价参与竞争。例如，在我国节假日期间，就有很多大型百货商场进行降价促销，"买200送100""买300送120"等，都是刺激消费者购物的促销方式。虽然不同业态的零售企业之间目标顾客有所差异，市场定位也不同，但是它们之间争夺顾客同样异常激烈。超级市场、便利店、购物中心的兴起改变了百货商店一统天下的局面，使得百货商店的市场份额逐渐减少，不得不寻求新的发展方向，实施新的战略规划。

(2) 潜在竞争者的威胁。零售业的高利润必然会吸引更多的竞争者进入该行业。这些新进入市场的竞争者必然会抢走一部分顾客，使得零售企业的利润降低，并打破原有的市场竞争格局。国外零售商看中了中国市场的发展前景，纷纷抢滩中国本土市场，必然会对中国零售企业造成巨大的威胁。

(3) 买方讨价、还价能力的威胁。如果零售企业所确定的目标市场的顾客讨价、还价能力很强，就会想方设法压低价格，并对产品质量和服务提出更高要求，就必然使零售企业的利润减少。如果购买者比较集中或有组织，或者该产品在购买者的成本中占有较大比重，或者产品难以实行差异化，或者顾客的转换成本较低，或者是顾客对价格十分敏感，这些因素都起到加强购买者讨价、还价能力的作用。

(4) 供应商讨价、还价能力加强的威胁。如果零售企业的供应商提高价格或降低产品和服务的质量，或者是减少数量，那么零售商就会遭受很大的损失。如果供应商联合起来，或者替代产品减少，或者转换成本高，或者供应商实行前向联合，这些因素都会增强供应商讨价、还价的能力。与供应商保持良好的关系，与供应商沟通关系的协调，对零售企业是至关重要的。

(5) 替代品。替代品是指具有相同功能，或者能满足同样需求从而可以相互替代的产品。比如，石油与煤炭，铜与铝，咖啡与茶叶，天然原料与合成原料等互为替代品。

当行业中的产品存在替代品时，替代品便对产品零售企业形成了威胁。替代产品的价格如果比较低，它投入市场就会使本行业产品的价格上限只能处在较低的水平，这就限制了零售业销售该产品的收益。

波特认为，企业选择竞争战略时应考虑两点：一是选择有吸引力、潜在利润高的产业，一个企业选择朝阳产业要比选择夕阳产业更有利于提高自己的获利能力；二是在已选择的产业中确定自己优势的竞争地位，处于竞争优势地位的企业要比劣势企业更有利可图。

在成本领先战略中，企业的经营目标是要成为其整个行业中的低成本厂商。也就是说，企业要将价格控制在产业平均水平，才能获取优于平均水平的经营业绩；当企业的价位与竞争对手相当或相对较低时，成本领先的低成本地位就会转化为高收益。

对于国际零售企业而言，除以上因素会影响其制订战略规划外，还需要考虑以下两个重要的因素：地理因素和风险因素。地理因素包括一个国家或地区的地理位置、气候、地形地貌、生态环境等。欧洲大型零售企业之所以首先选择邻国作为目标市场，就是由于靠近邻国，人们的双边交易为商品的自由流通奠定了基础；又由于对于邻国地形气候、人文环境有充分的了解，因此进入邻国市场的管理人员可以较快地适应环境，很快就能使企业的运作走上正轨。在一些评估细分市场的数学模型中，通常会使用地理距离这个可以测量的变量。

风险因素包括政治风险、经济风险、地理气候风险等。政府更替、经济危机、海啸、地震等不可预测的因素都会给零售企业经营带来不良影响。例如，2004年的印度洋海啸摧毁了无数的店铺和家园。

2.2.2 内部环境因素

零售企业的经营观念、管理体制与方法、经营目标与宗旨、企业精神与文化、业务流程管理等因素都会影响零售企业的经营活动。所有的业务部门共同构筑实现企业职能的内部环境，各个部门需要在决策层的统一领导与指挥下，进行必要的协调，才能维持高效的运作效率。

1. 管理者的价值观念

沃尔玛的经营理念蕴含于其"天天平价，始终如一"的经营策略中。"天天平价，始终如一"不仅是指一种或若干种商品的低价销售，而是所有商品都以最低价销售；不仅是指在一时或一段时间低价销售，而是常年都以最低价格销售；不仅是在一地或一些地区低价销售，而是在所有地区都以最低价格销售。沃尔玛在零售这一微利行业，力求比竞争对手更节约开支，这一经营理念，成为沃尔玛在零售行业驰骋天下的"杀手锏"，为沃尔玛确立并成功实施成本领先战略提供了先决条件，它使沃尔玛在采购、存货、销售和运输等各个商品流通环节想尽一切办法降低成本，并能够在包含高科技的计算机网络方面和信息化管理方面不惜一切代价，投入重金打造其有助于降低整体物流成本的高科技信息处理系统。在节约开支经营理念的指导之下，沃尔玛最终将流通成本降至行业最低，把商品价格保持在最低价格线上，成为零售行业的成本管理专家和成本领先战略的经营典范。

零售企业的价值观念和经营哲学不但影响零售战略的制定，而且在很大程度上影响了零售企业的发展和扩张的轨迹。实施全球化策略的零售企业在不同的国家采取经营相似的零售业态，取得了最好的经营效益，但是对当地市场做出的反应较慢。而对于文化或地域等方面相似的多个国家，零售企业一般采取多种零售业态混合经营。还有一类跨国零售企业同时在文化或地域差别大的多个国家或地区开展营销活动，将国内成熟的并具有良好发展势头的零售业态"克隆"到目标市场，以求得较好的经济效益。

2. 企业文化

企业文化是企业生存和发展的精神支柱。不管企业的实力是强是弱，文化的运用在整个企业中都有着深刻的影响，甚至影响着企业的每一件事，决定着企业的成败。我国零售企业与沃尔玛的差距十分明显，除规模不大、竞争力不强、技术上落后、员工整体素质不高等差距之外，企业文化建设的落后甚至缺乏，恐怕是一项最不可忽视的瓶颈。总结国外零售企业的成功经验，能够给我们提供更多有益的启示。

"以人为本"是很多企业推行的企业文化。员工是企业的内部顾客，只有当企业具有高度凝聚力时，企业员工之间的关系才能够亲密无间，为同一个战略目标共同奋斗。很多大型零售企业采取的员工持股方式，使员工增添了一个重要的身份——股东，只有努力实现企业的盈利目标才能够获得更多的分红。零售企业"以人为本"的战略思想符合员工的利益，当员工努力工作可以使自己手中的股票升值时，自然就会更加积极地工作。

企业的成功并不是仅仅靠首席执行官的努力就奏效的，它更需要全体员工的献身精神和团队精神，这是零售企业中管理文化的重要组成部分。企业员工为共同目标一起努力，相互尊重，相互信任，畅所欲言。他们有一种自发的工作热情，从那种发自内心的微笑中体现出来。企业应该着力培育和发展企业文化氛围，使他们所赞扬的品质在公司内得以发扬，成为公司发展最可靠的基石。在企业中，如果每位员工都可以得到训练和提升的机会，那无疑是对员工最好的激励措施。许多寓教于乐的内部培训都起到了重要的促进作用。例如，公司企业文化培训——全面灌输企业的经营理念；在岗技术培训——如何使用机器设备，如何调配材料，如何加工面包等；专业知识培训——计算机培训，外语学习等；领导艺术和管理技巧培训，主要针对有不同潜能的管理人员。另外，零售企业还实行轮岗制，要求各级主管定期轮换工作，通过担任不同的工作，接触公司内部的各个层面，相互形成某种竞争，最终把握公司的总体业务，并掌握各种技能。这些都是不错的训练机会。

3. 业务流程管理水平

现代大型零售企业能够准确地将零售新技术运用到各个重要的业务流程中，形成更为紧密、完善的零售价值链。现代零售新技术，其中包括管理信息系统、数据库系统、通用商品代码(UPC)和电子数据交换(EDI)技术的发展，使零售企业超越了信息收集传递和组织管理因跨越国界带来的障碍。沃尔玛投入巨资建立的卫星通信网络系统使其供货系统更趋完美。这套卫星通信网络系统的应用，使分布在世界各地的配送中心、供应商及每一个分店的每一个销售点都能形成连线作业，在短短数小时内便可完成"填妥订单→各分店订单汇总→送出订单"的整个流程，大大提高了营业的高效性和准确性，沃尔玛运用这项新技术实现了它在全球的供应链，从而赢得了巨大的竞争优势。

迫于外资零售企业带来的竞争压力，我国大型零售企业加大了技术投入和人才引进。例如，一些大型零售连锁企业相继建立了计算机网络，采用条码技术和POS系统，对产品的采购、销售、库存实行单品管理，自动补货，大大降低了库存成本。信息技术等新技术的应用在提高了企业竞争能力的同时，也为零售企业在目标市场实施跨国经营赢得了比较优势。

随着现代管理技术和信息技术在我国零售企业中的广泛应用，零售企业的技术含量陡增，这不仅表现为拥有尖端的科技资源，也表现为拥有专业的人力资源。

中国零售企业已经意识到应用信息技术进行供应链管理的重要性，并开始重视物流技术的开发和配送仓库的建设。零售企业通过对适销品类的大批量采购，降低进货成本，实现商品的低价定位策略。零售企业还利用新技术通过与供应商共建联系系统(如信息共享)，辅助供应商降低产品成本，如对供应商的劳动力成本、生产场所、存货控制及管理工作进行质询和记录，迫使其进行流程再造和提高价格性能比，使供应商和零售企业站在同样的角度致力于降低产品成本及供应链成本的运作。

在商品管理、库存管理和门店运营方面都反映出我国大型零售企业运营水平较低，业务流程控制能力不强。很多企业都没有进行商品类别管理，使得在商品的采购、运输、包装和销售等环节出现不协调的局面。建立清晰的价格标识制度和制定有针对性的品牌策略等，对零售企业都是至关重要的。企业通过内部环境分析，可更好地掌握自己的优势和薄弱环节。

第 2 章　零售战略管理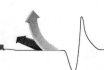

2.3　零售战略规划的制定

零售战略规划的主要步骤包括：明确企业使命，明确相应的企业目标，设计最佳业务组合，以及协调各职能战略。首先，企业要在整体层次上确定总目标和使命，并将该使命转变成指导整个企业的相应的具体目标。然后，由总部决定企业的最佳业务组合、最佳产品单位以及每个业务单位的任务。而且每个业务单位必须制订支持企业总体规划的详细计划以及其他部门计划。

2.3.1　确定企业使命

使命是一个企业行为的指南，它说明了企业存在的目的，同时也是企业战略的基础。零售企业的使命说明了：企业经营什么，打算经营什么，选择什么业态，主要服务于什么顾客，顾客需要什么等。因此，零售企业的使命是企业在零售行业中保持某种地位所承担的长期义务。通常，企业的使命受到以下因素的影响：一是企业的历史背景；二是管理者和领袖人物的文化背景、行为修养和性格偏好，以及他们的人生观和价值观；三是环境的影响，企业在环境变化过程中，如何利用机遇和应对挑战；四是企业的资源优势。

企业在发展过程中积累的一些经验，是企业不可缺少的财富。例如美国的西尔斯百货公司已有上百年的历史，具有很高的品牌知名度，为许多老顾客所熟知，也拥有娴熟的经营技巧和经验丰富的管理者。当企业进行对外扩张和多元化经营的时候，都要根据自己的历史经验和现有的优势，向有利于企业发展的路径前进。

企业主要的管理决策人员，其性格特征、业务所长、文化背景、价值观念和管理风格各自有所不同，并由此形成其对企业当前发展和管理的不同偏好。例如，沃尔玛的管理理念就受到它的创始人山姆·沃尔顿的影响。

【案例 2.3】

经营理念很简单，就是"佣金"模式

"我经营天猫的理念很简单，就是'佣金'模式。如果希望大家都收获丰厚，就必须创造足够庞大的税基。为此，我们需要在此平台上提供尽可能好的服务，这是个正向循环。"张勇，这位非典型性互联网人才制定出一套独具特色的运营规则，希望找到下一个十年中一条清晰并可持续发展之路。"还有太多的事情要做，包括：与合作伙伴的沟通、内部组织管理的制定和未来道路的进一步摸索。"

（资料来源：http://www.investide.cn/news/newsDetail.do?investNewsId=63005）

环境因素包括市场机会和市场威胁。企业的战略任务是充分利用已出现和即将出现的市场机会发展自己，避开和应对威胁，尤其是那种可能对企业具有毁灭性的环境威胁，采取切实的措施或策略来防止其可能对企业造成的危害。现在，我国零售企业就处在这样一个既充满市场机会又面临威胁的环境中，随着人们生活水平的提高和消费习惯的变化，国内出现了欣欣向荣的商业局面，政府的优惠政策以及商业设施的完善，都给我国零售业的长足发展提供了契机。可是，我国的零售市场并不是仅仅属于我国的零售企业独享，国际零售企业纷纷进入我国市场瓜分这块大蛋糕,这对于我们来说就是一个竞争威胁,如何应对这种挑战,需要我国的零售企业通过全盘考虑以制定长远的战略规划。

企业资源,不但包括人、财、物等硬件资源,也包括企业的员工素质、管理水平、社会形象、品牌知名度、开发新技术的能力等软件资源。零售企业在制定战略任务时,必定会受到企业资源的限制,如果制定的是一个毫无资源保证的战略任务,或是制定的战略任务不能充分利用企业资源,就会延缓企业的发展,不仅使企业失去有利的市场发展机会,还造成资源的巨大浪费。为此制定战略任务时,必须既要有充足的资源保证,又要充分利用企业的资源。

2.3.2 明确企业目标

企业使命是一个比较抽象的概念,只有把企业使命转换成具体的目标,才能供企业员工实施操作。零售企业的目标是零售企业长期和短期希望达到的经营目的,为零售企业提供了评价企业绩效的标准。企业的经营目标是多方面、多层次的,管理层和操作层的目标有所不同。在战略制定工作中,制定出的战略目标,往往是一个目标体系包括对不同活动环节所规定的目标,也包括对不同部门和人员所规定的目标。就总体目标而言,常见的有利润率、销售增长率、市场占有率、品牌知名度以及质量等级等。

1. 零售企业的战略目标

战略是指对全局有重大影响的谋略。零售企业战略目标主要包括的内容,如表 2-4 所示。

表 2-4 零售企业的战略目标

市场营销目标	本企业期望达到的市场占有率或在行业中的地位
技术改进目标	进行技术更新,提供新型服务内容的认识及措施
财务资源目标	获得良好的融资途径和金融资源的渠道并能够有效地利用
利润方面目标	使用一个或几个经济指数表明希望达到的利润率
人力资源目标	人力资源的获得、培训和发展,管理人员的培养及其个人才能的发挥
社会责任目标	重视企业对社会产生的影响

零售企业所确定的战略目标应符合以下要求。

(1) 突出重点。对于零售企业而言,需要实现的目标往往不止一个。但在一个战略周期内,由于受到各种条件的限制不可能都实现,而且在多数情况下,甚至某些目标放在一起会发生冲突。例如,零售企业在进行国际化扩张的时候,如果在一个战略时期内,某一个海外市场的经营失利,必将影响企业的整体利润,但是这种情况是短暂的,它对企业的长远良好的发展不构成影响,这时利润率并不能够说明企业的经营状况和发展态势,而这一时期的战略目标并不能以利润为主。

(2) 可测量性。目标必须是具体和唯一的,才能被执行者理解,而且这种理解也应是唯一的。因此要求一般能够定量化的目标应尽量定量化,不能定量化的目标,应清楚地加以说明;否则,所制定的目标既无法真正得到贯彻实施,也无法进行检验,甚至当执行者对所确定的目标按各自的理解执行时,还会造成企业内部的混乱。例如,零售企业在制定营销战略目标时,就应该确定一些可测量的指标供营销人员执行,如本地市场建立多少个销售网点或者市场占有率达到多少等，这些都是比较明确的目标；但是如果企业的目标是争取成为行业的领导者，就是一个模糊的、难以执行和指导员工执行的战略目标。

(3) 可行性。目标的可行性是指它按企业相应的资源条件是可以完成或实现的，但需要经过企业员工付出相应的努力才能实现。目标定得太高，会使员工们感到望尘莫及，失去斗志。同时制定的目标也应对其执行对象具有一定挑战性，必须付出相应的努力才能完成。如果目标定得太低，就会失去激励员工的作用，对企业的发展也毫无益处。

(4) 一致性。目标之间的协调性，就是要求目标涉及对企业营销活动的诸方面要求和规定，各目标是相互协调和相互补充的。如果目标之间是相互矛盾、相互冲突和排斥的，这种目标不是不可能执行就是执行后会造成企业的重大损失和失误。

(5) 时间明确。对于所确定的营销目标，均应规定明确的完成时间，这样才便于进行反馈和控制。有的目标没有提出明确的完成时间，这和没有目标几乎没有差别。

2. 零售企业的总体目标

零售企业所关心的总体目标主要有销售额、利润、企业形象和公众的满意度四项。

(1) 销售额。销售额，或者是营业额，是指零售企业在一定时间内商品和服务销售的货币收入，主要体现了企业在这段时期的销售业绩以及发展的趋势。不同的企业对销售目标的设定持有不同的态度，有的零售企业把销售额作为首要的战略目标，追求短期的利润。当然这与企业的所有权组织形式有一定关系，如果零售企业是有限责任公司，必须给股东呈上年度报告，如果销售业绩不佳的话，难以获得股东们追加投资。

零售企业需要把销售额这个目标放在一个合适的位置，一方面销售额的增长是企业生存和发展的基础；另一方面过分追求销售额的增长，会造成企业盲目扩张经营、外延发展，导致资金供应紧缺、利润下降。只有年销售额和利润处于稳定的增长才是各类零售企业追求的目标。同样，市场份额或市场占有率，也是体现零售企业经营绩效的重要指标。国际零售企业追求在全球范围内对零售市场的控制、进入国家和地区的数目、连锁店的数量等；国内大型零售企业较高的市场份额体现了在国内市场的控制权；小型零售店体现的是对一个地区、一条街道的商业控制状况。

(2) 利润。利润目标的实现与销售额密不可分。零售企业具有较高的销售额，但并不等于它有较高的销售利润或营业利润。因为利润是零售企业通过经营活动所得到的收益减去成本支出。如果没有一定的利润，企业是难以生存和发展的。

零售企业的利润通常用三个指标来表示：一是销售利润率，利润额与销售额之比，也是企业期望通过商品和服务的销售活动所获得的利润；二是资产利润率，或是投资收益率，即用利润额除以全部资产投资额；三是经营效率，具体表示为"1-(销售费用÷企业销售额)"，这个数字越大，企业的经营效率就越高。对于零售企业来说，提高经营效率是相当重要的。

(3) 公众满意度。零售企业面对的公众包括顾客、股东、政府、员工、银行、供应企业和媒体公众等。股东和员工属于企业内部公众，现代的公司都是由股东投资设立的，企业的管理人员受聘于董事会和股东会，必须根据股东和董事会的决议执行任务，使股东满意成为一个重要的目标。员工属于企业的另一内部公众，企业战略和计划的有效实施离不开员工的支持和分工合作，企业与员工关系对企业经营的影响极大，企业更需要遵守法律法规保障员工的人身和财产权利,并通过培训和激励来改善企业投资者与员工的关系,使企业员工满意同样也应成为一个重要目标。

顾客满意战略以顾客满意为中心,统筹企业的生产经营活动,通过使顾客满意来实现企业经营目标的经营战略。要做到使顾客满意,零售企业可以从以下方面入手:充分调查和预测顾客需求、产品价格和顾客接受能力相适应、销售网点的建立要方便顾客以及售后服务要细致周到等。总之,满意的顾客是企业最好的广告,也是最好的推销员。零售企业只要使企业的宗旨和目标适应顾客需要,就能够轻易做到这一点。现代零售企业要设法争夺顾客,顾客满意是公众满意的关键,拟订零售战略目标时,必须将顾客满意放在优先的位置上。

(4) 企业形象。所谓企业形象就是公众对企业的评价,零售企业关心自己在人们心中的印象,把建立企业形象定为目标有其重要的作用。良好的企业形象是一笔无形资产,也是企业竞争优势所在,它能使顾客慕名而来,维持企业的品牌竞争能力。

零售企业在制定战略过程中,都要根据企业的经营宗旨以及内外部环境,确定适合自己的战略发展目标。

2.3.3 选择基本战略

在企业明确了自己的使命和战略目标以后,就要选择和制定零售战略,主要包括三个步骤:一是选择经营的商品和零售业态;二是确定目标顾客的需求;三是制定基本战略。

1. 选择经营的商品和零售业态

在零售企业中从事经营决策的人员,首先要决定企业经营商品和服务的类别,当然在选择经营的商品和服务时,应考虑企业的条件和资源状况能否与这类行业所要求的条件相适应。零售企业因经营的商品和服务类别有所不同,其经营特点也不同。例如,当经营建筑材料和木材店的经营成本高于经营食品店的成本,零售企业就要考虑自己的资金状况究竟适合经营哪种商品类别。还有商店的营业时间与经营商品的类别有很大关系,例如装饰材料店一般的营业时间是从上午11点到晚上7点左右,但是购物中心、百货商店的营业时间是从上午10点到晚上10点,而大多数便利店的营业时间则是24小时。

国际零售企业经营多种零售业态,主要根据不同市场的条件决定进入该市场的零售业态。零售业态是指零售企业为满足不同消费需求而形成的不同的经营形态。零售业态的分类主要依据零售企业的选址、规模、目标顾客、商品结构、店堂设施、经营方式、服务功能等确定。零售业态的内在组成要素也是零售策略组合,包括目标顾客、商品结构、价格策略、服务方式、店铺环境等因素。在零售业态内在组成要素中,目标顾客是指零售店铺所选择的服务对象;商品结构是指零售店铺为满足目标顾客需求,所确定的经营各类商品的比例;服务方式是指零售店铺采取的售货方式和提供服务的内容;店铺环境是指店铺的装饰与商品展示状况;价格策略是指零售店铺所采用的高价或低价的策略。零售业态的实质就是这些要素的组合,其组合不同,业态也就不同。

2. 确定目标顾客的需求

零售企业确定其经营商品和服务的类别后,要确定目标顾客的需求,进而为设计不同的营销战略组合奠定基础。在选择目标市场的策略上有三种基本方式：大量营销、差异营销和密集营销。大量营销方式是向广泛的消费者销售产品和服务；差异营销是针对一两个目标顾客群，提供不同的营销组合策略；密集营销是集中精力服务于一个特定的消费市场。不同的零售业态，其目标顾客会有所不同，顾客的需求各有差异。例如，便利店的目标顾客是白领一族和年轻人，故店铺应选址于人流密集的闹市区，其经营商品的种类不多，主要是满足顾客日常生活急需的日用品、食品等，商品的价格较高；其主要采取集中性营销策略。百货商店、超级市场和购物中心选择服务于大众市场，选择商品种类众多，分别提供不同的价格和差异化的服务满足不同层次顾客的需要；其使用的是差异化营销策略。

选择目标市场实际就是选择消费者群体，如何才能满足这一消费群体的需要，明确目标顾客的需求是店铺选址、确定商品的种类和品种、价格策略、促销策略和推销策略的前提条件。根据企业的经营条件选择目标市场并设法满足目标市场的需求，是零售企业成功经营的必要条件。例如，广州的百货商店就是根据不同的目标顾客群的需求设定营销组合策略。广州友谊商店以高收入的消费者为目标市场，主要开设在环市东路、天河北路等城市的中心商务地带，选择商品的种类以名贵的化妆品、钟表、首饰、古董、衣服鞋帽以及进口食品为主，走高端的市场路线。而广州王府井百货则是以中、高收入注重时尚的消费群体为目标市场，其商品除了以时尚服装、鞋帽、食品为主，还选择全国各地有代表性的产品进行销售，如北京的布鞋、浙江的黄酒等，增加了商店的民族气息。

3. 制定基本战略

零售企业首先要选取一个基本策略，2.1 节介绍了基本战略包括成本领先战略、差异化战略和集中化战略。接着根据基本战略，设计零售策略，其基本内容包括两方面：一是可控制因素，主要是设计营销因素组合；二是对不可控制因素的预测和相对有效的控制。

设计营销战略组合主要包括四个方面。

(1) 店铺的选址和经营领域。零售企业必须要经过充分的市场调研，根据备选地区的竞争状况、交通情况、人口密度、商业设施和与供应商的距离等重要因素，结合零售企业的经营业态和经营商品与服务的种类等做出决策。

(2) 商品和服务的组合。零售企业必须要考虑商品和服务的质量和价格是否与目标消费群的需求相一致，商品种类和品种的广度与深度是否与零售企业的经营业态相匹配。还有零售会计和预算的手续程序如何制定、存货和进货保持在水平上等问题，都需要认真考虑。

(3) 商店的店面管理和促销组合。商店的装修风格、橱窗的设计、装饰物的摆设等都直接反映商店的形象，而这种形象符合目标顾客群的喜好。如果一家仓储式超级市场的装修风格富有小资情调的话，就会显得与它的经营业态格格不入。

(4) 定价策略。零售企业在制定定价策略时，可以选择成本定价、竞争定价和心理定价等方式。

所谓不可控因素是零售企业无法控制的，有时候经过努力也无法改变的因素。对于这类因素，零售企业并不是消极地对待，而是采取积极的态度制定有效的应对措施。零售战略中的不可控制因素包括：消费者、供应商、竞争者、经济、政治和地理等因素。消费者的心理因素和行为习惯都是零售企业所无法控制的，但是零售企业可以通过有效的市场调

研透视出顾客的心理变化，使用可以控制的营销组合策略，迎合目标顾客的需求，吸引更多的消费者购买本企业的产品和服务。供应商的行动直接影响零售企业的经营，如果零售企业不能与供应商进行有效的沟通，就会造成货源短缺、顾客的满意度降低等不良后果。另外，与竞争对手争夺市场份额其结果也是零售企业无法控制的，即使是国际零售巨头也存在着很多暂时无法解决的管理问题。特别是零售企业在国际化扩张过程中，也曾因为忽视当地市场的竞争对手，没有对当地市场进行市场调研、充分了解目标顾客的需求，更没有制定一个理想的营销组合策略而被迫放弃进入该市场。如果零售企业没有建立有效的管理体制和制定危机的预防策略，很难有一个令人满意的销售业绩。经济环境、政治环境等都是零售企业无法控制的因素，一个国家乃至全球的供求关系、通货膨胀、产业调整、国民生产总值的变化以及政权更迭等，都是零售企业所不能改变而只能适应的环境因素。零售企业在制定零售战略的可控因素组合时，必须认真做好关于全国乃至当地、国际的经济状况以及政治风险的预测，以调整零售战略目标。

2.3.4 战略实施

企业在明确了自己的基本战略和目标以后，就要对企业内的每一项业务进行设计和规划，进一步界定企业的业务内涵，以便进行战略管理。企业的业务内涵可以从三个方面加以确认：企业所服务的顾客群、满足顾客的需要和满足顾客需要的技术和方法。例如一家零售企业专门为白领销售休闲服装，那么它的顾客群就是白领上班一族，顾客的需要就是舒适、休闲和具有品位的服装，产品类型包括裤子、鞋帽和上衣等。

零售战略的实施阶段主要是企业根据总体战略的要求，对总体战略的内容予以实施，通过设计不同阶段的营销策略组合，迎合目标顾客的需要，以达到既定的战略目标。这个阶段需要企业根据营销环境的变化实施可控因素组合策略，主要包括商店选址、业务管理、商品管理与定价以及顾客沟通四项内容。

零售企业根据现有的经营业务做出分析并制定整合策略以后，就可以设计本企业现有的经营业务在本战略周期内的业务收入和预期利润。如果本企业现有的经营业务的预期收入和利润额达不到战略任务和目标的规定，或者企业现有的经营业务不能充分利用已出现或由企业所发现的新的市场机会，都可能形成战略计划缺口，就需要开辟新业务，扩大现有的经营领域。为此，在制定战略工作中，需要对新业务发展拟定战略。企业发展新业务，有三种基本战略类型：密集型发展战略、一体化发展战略和多样化发展战略。

密集型发展战略是指企业增大现有经营业务的市场供应量和市场销售量，它适用于企业在现有的市场上尚有扩大现有业务的潜力。例如原来定位于高端的家电卖场为了增加顾客购买产品，可以采取分期付款的方式或者是采购某些功能简化的畅销产品等做法，吸引一些支付能力受到限制的顾客购买。

一体化发展战略是指企业将其业务范围的供应链前向或后向进行其他行业发展，以便进行更有力地控制，保护自己独特的技术，有效地为企业建立较为稳定的营销环境。迪士尼和华纳兄弟就利用这种方法扩展到零售业，以利用源于电影和电视里的人物推销产品和企业。很多零售商投资分销中心、物流中心，承担上游行业的分销工作。零售企业主要控制着销售渠道，其一体化发展的战略是后向一体化和水平一体化。零售企业的后向一体化战略是收购或兼并几家生产企业，开发自有品牌商品，使自己拥有货品供应网络；水平一体化战略是零售企业收购或兼并几家同类型的竞争对手，或者既收购兼并生产商也收购兼并零售商。

多样化发展战略是企业进入目前所未涉足的经营领域和其他的业务范围，也就是企业采取跨行业的多种经营。

2.3.5 战略控制与反馈

战略控制是零售战略制定和实施过程中不可缺少的步骤，以保证战略和策略在实施过程中不断地评价和修正，从而保证战略目标的实现。一般而言，零售企业每半年或一年就对其战略进行评估，针对实施的情况进行修正。根据企业的使命、战略目标和目标市场的需求对已经制定和实施的战略进行评估的过程，称为零售审计，是一种分析零售企业业绩的系统过程。零售审计主要针对以下四个方面展开。

(1) 明确零售企业的目标，各分公司、各职能部门和分支机构的目标是否保持一致。
(2) 检查和评价零售企业战略与制定企业战略方法的科学性和可操作性。
(3) 检查和评价零售战略的执行情况。
(4) 定期分析研究资源配置情况，以便做出控制性调整。

战略控制是制定和实施零售战略规划过程中不可缺少的环节，它是零售管理系统中的自动调节器，也是保证零售战略有效实施的关键。在零售战略的实施过程中，那些执行顺利的部分自然要坚持推行，而在战略实施期间因市场环境变化极大导致战略规划执行发生困难，就需要进行及时修正。这种修正可以随机应变地对目标进行调整，但是不宜做较大的战略调整，以便造成不必要的损失，以及难以对不可控因素进行把握。在零售战略从制定到实施的过程中，每一项策略、每一项经营活动都必须经过充分的信息沟通和信息反馈，才能保证战略目标得以顺利实现。

2.4 零售企业战略联盟

2.4.1 零售企业战略联盟的概念与类型

1. 零售企业战略联盟的概念

零售企业战略联盟是指以零售企业为核心或轴心组成的两个或两个以上的经济主体，为自己特定战略目标而自愿结成的超出市场交易关系的各种合作关系。它满足企业战略联盟的一般特征，又与一般工业相区别，具有零售业的自身特征。

(1) 零售企业战略联盟的主体不仅包括占主导地位的零售企业，还包括上游的工业企业、相关其他经济和非经济组织以及下游的客户。在工业企业战略联盟中，消费者作为一个导向性的外部因素而存在；而在零售企业战略联盟中，消费者直接进入联盟而成为零售企业战略联盟的一个组成部分。

(2) 零售企业战略联盟处于社会再生产过程中的流通环节。商业的产生使原有工业企业的销售职能独立出来；工业企业的核心工作是加工生产，而处于流通领域的采购和销售不再是工业企业的重点。一般工业企业战略联盟是以生产加工为核心形成的各工业与相关企业或经济单位的合作竞争关系;而零售企业战略联盟处于将产成品由工业生产者转给消费者的阶段,其所有工作均围绕商品和劳务的流通展开。有些零售企业也承担科研开发任务,还生产自有品牌商品,但这仅仅是为了弥补有些商品和劳务无法按正常途径流通的缺陷,整个合作竞争系统是以零售业务为核心的。

(3) 增值劳务是零售企业战略联盟的主要服务内容。流通中的商品数量和质量在工业企业的生产加工中已经确定。零售企业战略联盟成员的目标主要是不仅将已成型的商品和劳务传递给客户以实现其工业企业凝结在商品中的价值,更主要的是在直接为顾客提供商品时所附加的增值服务。这种增值服务是依附商品上的有形或无形商品,包括为客户提供的产品信息、附加包装、运输、质量保证与售后安装维修服务等。

2. 零售企业战略联盟的类型

(1) 按产权关系划分。以联盟成员之间的产权关系为标准,可将零售企业战略联盟粗略地划分为股权式联盟和契约式联盟两种类型。前者是合作方以资产占有的方式结成的联盟,主要包括联盟成员共同投资所形成的合资企业以及相互持股方式联盟。这种联盟是在以资本为基础形成的制度规范上建立和运行的,即使各方信任程度不高,也不影响联盟的正常运行。后者主要是合作方以契约而非资产占有的方式构成的联盟形式。这种契约可以是正式合同,也可以是非正式合同,甚至是基于长期合作和信任基础上的承诺。与股权式联盟相比,它适合于联盟成员深入了解和彼此信任度高的情况。股权式联盟的成员关系较为紧密,契约式联盟则较为松散。企业战略联盟作为准市场组织,与一体化相比,更体现松散、灵活的性质,具有节约交易费用和自由选择组织转化成本大小以实现优势互补、资源共享的特点。在这种意义上,前者被称为低级类型,后者为高级类型。

(2) 按核心企业所处的产业部门划分。产业分类具有不同的方法,科林·克拉克(Colin Clark)三次产业分类法将所有产业分为农业、工业和第三产业;联合国制定的《全部经济活动的国际标准产业分类索引》将全部经济活动分为 10 个大项,其中批发与零售业被列入第 6 项。现实中的很多战略联盟一般是根据国际标准产业分类法的细小项分类进行分类的,如电信企业联盟、汽车企业联盟等,本书探讨的零售企业联盟就是按这种分类标准来划分的。对于零售企业战略联盟而言,根据商品类别又可以分为家电零售企业战略联盟、灯具零售企业战略联盟等。由于产业划分的标准不统一,无法列出其所有类型,但提供了一个研究战略联盟的思路与方法。以核心企业所处产业划分联盟类型有利于分析不同产业联盟的自身特点,为企业和产业的健康发展提供理论依据。

(3) 按主导生产要素划分。根据生产要素在企业所处的地位,可以将企业战略联盟划分为资本型(以资本合作为主)、劳动型(以劳动合作为主)和技术型(以技术合作为主)三种类型。我国传统零售企业大多数是劳动密集型的。人们已经对资本联盟、技术联盟(又称知识联盟)有所研究,但对劳动联盟的研究还不多。

(4) 按社会再生产中的职能划分。按联盟在社会再生产中的主要职能,可将联盟划分为开发型、生产型、营销型和消费服务型四个类型。

开发型联盟主要以科技企业或机构作为合作关系的核心,包含基础研究、创新研究的实验及推广普及等环节,包括商品开发、技术开发、流程改进等内容。它是先导性联盟类型,从根本上决定着整个国民经济发展的整体水平。

生产型联盟主要是由生产加工企业组成，将开发型企业战略联盟的开发成果转化为人们生产、生活所需要的现实产品。它是社会再生产中的基础阶段，规模经济相当明显。实现产品价值的销售环节曾被马克思称为"惊险的一跳"。随着专业分工和社会大生产的发展，实现产品和服务价值的职能独立出来，专门由销售企业来承担。

营销型联盟就是以专门承担销售业务的销售企业为核心的合作组织；范围经济的意义较大。

消费服务型联盟是专门为零售商品进入消费阶段提供服务的企业联盟，如汽车修理厂、干洗店等，服务态度与服务方式在消费服务型联盟中占有重要地位。

现实的企业战略联盟是以上四种类型的某种程度的复合，尤其当联盟成员企业为跨环节生产经营时。

营销型联盟与零售企业战略联盟既有区别，又有联系。营销型联盟是以社会再生产中的职能来划分的，而零售企业战略联盟是以其核心企业所处的产业类型划分的。前者的主体不仅包括零售企业，还包括批发企业，后者主要是零售企业。前者的主要职能是销售，后者一般还包括与零售相关的技术开发、特色产品的加工以及售后服务等。其共同点是均以销售活动去实现商品和服务的价值。

(5) 按联盟成员所处社会再生产环节划分。按联盟成员在社会生产流通中所处位置的不同，可将之分为垂直型、水平型和综合型三种类型。

水平型战略联盟的成员处于同一个层次的社会生产或流通环节，产品或服务上具有相似性和替代性。

垂直型联盟的成员处于社会生产流通的不同环节、不同行业，产品和服务差异性很大，甚至一个企业的产出是另一个企业的投入品，各企业呈互补性关系，如生产企业与营销企业的结盟等。

综合型联盟即以上两种类型的复合。水平型联盟成员企业以相同或相似的产品和服务，共同的经营对象、范围及其积累的经营经验通过联盟的叠加作用，使弱小零售企业借助联盟的整体优势实现规模经济(Economy of Scale)与范围经济(Economy of Scope)。其弊端是各成员企业存在直接竞争，经济利益的矛盾和纷争增大联盟的管理与协调难度。垂直型联盟以上下游企业之间协调与信息沟通，使得联盟保证对需求做出灵敏反应，使经营商品适销对路，但一般无法获得规模经济以及社会分工的好处。综合型联盟则可以获取以上两种优势，但其组织和管理比较复杂，协调成本较大。

(6) 按联盟成员企业实力划分。根据零售企业战略联盟成员的实力，可以将其分为三类。第一类是强强联合。在特定环境中，结盟双方的实力均处于行业前列，且势均力敌；双方在自身强大优势基础上形成优势互补。第二类是强弱联合。双方的实力地位和水平是不平衡的，一方强而另一方弱。实力强弱本身使双方形成一种互补：强者主要利用弱者的市场、廉价的原料及劳动资源，弱者主要利用强者的充裕资本、先进技术、良好基础设施以及科学管理经验等。第三类是弱弱联合，也称为"瞎子背瘸子"模式。弱弱联合的双方都比较弱小，经营管理中的问题较多，甚至濒临破产，即将瞎子与瘸子的各自比较优势综合起来，进行资源和组织再造。

2.4.2 零售企业战略联盟可供选择的具体形态

1. 合资企业

合资即双方独立、自愿地共同出资组建的新企业。如果合资后的一方经济主体地位消失,仅存另外一方,则不能作为一种战略联盟形式——失去主体地位的一方已经成为另一方的一部分而实现了一体化。其主要目的还是资金合作,以弥补联盟成员的资源不足。合资企业的建立与解散所带来的组织转化成本较大,一般合作时间较长,组织形态较为稳定。

2. 相互持股

相互持股是合作双方分别占有对方一定比例股份而成为对方股东,进而相互影响对方决策的合作形式。股份交叉把双方的利益捆在一起,加强战略协调动机以调节双方的行动,产生战略协同效应。它以股权方式使双方纳入零售企业战略联盟轨道,并以制度和规范的强约束性保证联盟成员企业的协调行动。它和合资企业一样,是以资本为纽带结成的股权式联盟,一方面体现了以资金这一"硬件"来强化双方的密切关系来达到联盟相对稳定的目的,相互持股通过合同减少机会主义行为带来的损失;另一方面也体现了双方的信任和信心在联盟中不起主要作用。

3. 特许经营

在我国《商业特许经营管理办法》中,"特许经营是指特许者将自己所拥有的商标、商号、产品、专利和专有技术、经营模式等以特许经营合同授予特许者使用,被特许者按合同规定,在特许者统一的业务模式下从事经营活动,并向特许者支付相应的费用"。它可以是单个产品及品牌、科研成果、尖端技术或经营方式的特许权转让。有些特许权转让只要求受许方交纳特许费就可以自由使用;另一些还要求受许方遵循一定的经营模式和统一标准,特许方可能还要对特许权的具体使用方法进行培训和指导。特许经营以特许方具有某方面优势为前提。要么一方将另一方所不具备的优势方面以特许权方式让另一方使用以弥补其缺陷;要么双方以各自优势实现双向的特许经营,实现优势互补。特许权使用费所购买的不是某项技术的所有权,而是一定时期内的使用权,而且一般是非排他性的,特许方或其他企业仍可以继续使用该项技术。

4. 连锁经营

根据我国《连锁店经营管理规范意见》,连锁经营是指经营同类商品,使用统一商号的若干门店,在同一总部的管理下,采取统一采购或授予特许权等方式,实现规模效益的经营组织形式。它通常分为正规连锁经营、特许连锁经营和自由连锁经营三种情况。正规连锁经营是指以单一资本直接经营 11 个商店以上的零售业或餐饮业,它以简单化、标准化、专业化的各种管理系统在企业店面等方面实现统一行动。特许连锁经营实质上就是把特许权与连锁经营结合起来,以特许权的形式实现不同零售企业或店面的统一模式经营。美国商务部对特许连锁的定义为:主导企业把自己开发的商品、服务和营业的系统,以经营合同的形式授予加盟店在规定区域的经销权和营业权;加盟店则交纳一定的营业权使用费并承担规定的义务。自由连锁经营则相对松散得多,按《连锁店经营管理意见》的定义,自由连锁公司的门店均为独立法人,各自的资产所有权关系不变,在总部指导下,共同经营。合作方式比较灵活,如统一订货和送货,统一制定销售战略,统一使用物流及信息设施;经营品种、经营方式、经营策略有很大的自主权,但要按销售额或毛利的一定比例上交加盟金及指导费。正规连锁经营可以视为一个企业或集团企业,其他两种均为独立企业之间的不同程度合作关系,可以直接纳入零售企业战略联盟的范畴。

5. 外包

外包是零售企业根据自身的情况,将非战略环节的业务部分分离出来,转让给其他零售企业或相关企业、机构;并以合同的方式确定双方业务的长期合作关系,保证外包方的业务流程的正常运行。

零售企业的业务外包是有条件的。对外包方来说,这部分业务或流程必须不涉及专有资产,外包后不影响其核心竞争力;这部分业务的实际操作难度不大,承包方有足够能力完成这份外包业务;这部分业务涉及的商品和劳务大多处于非垄断市场中,一旦合作关系解体,外包方能够以市场交易的方式迅速补充因外包而带来的业务缺位。零售企业采用外包方式,既符合专业化和社会分工的需要,将精力集中于核心业务或环节;又以合同的方式确定双方良好的联盟合作关系,减少交易成本。外包方式是一种操作方法较为简单的联盟形态。

6. 单一项目合作

单一项目合作不受产业、部门、经营领域等方面的限制,可以就一个项目展开不同范围、不同层次的合作。如零售企业共同建设所处区域的基础设施,以集体的力量进行广告宣传、共同使用一个物流配送中心等,合作关系极为简单,操作起来也较为简便。可以以较少投资获得联盟整体优势带来的好处。

2.4.3 中国零售企业战略联盟形式的选择

根据规模与实力差别,我国将零售企业划分为大型和中小型零售企业两类。前者是指其规模较大、技术含量较高、总体实力较强,具有较强市场竞争力;而后者是指其规模较小、技术含量较低、总体实力较弱,市场竞争力一般或较弱,经济效益不高。它们在联盟的形式选择上应有所不同。

1. 大型零售企业战略结盟的形式选择

大型零售企业,有些是由原有国有大型零售企业通过建立现代企业制度转化而来,有些是民营企业通过自我发展和改造而来。它们具有较大的资本积累和经营规模,具有较强的市场竞争力,代表着中国零售企业的最高水平,也是与国外零售企业竞争的主力军。大型零售企业之间通过结盟,在相同或相似经营领域中的业务相互叠加和补充,以实现规模经济优势;在比较优势与分工的基础上达到资源优化配置,增强总体实力。

大型零售企业之间有两种适合的战略联盟形式。

(1) 相互持股。不同零售企业以相互持股的方式,使得双方的经济利益休戚相关。股份的相互交叉,给双方一个关心对方发展的"硬约束",以协调双方的经营策略与经营活动。两个实力强大的企业相互持股并制约经济行为的一致性,增强了零售企业的综合影响实力。

(2) 连锁经营。大型零售企业实力较强，其商品和服务品牌具有一定的影响力。不同的大型零售企业在企业品牌、经营模式、店面装修、售后服务等方面采取统一行动，可以节约大量诸如广告、共同设施建设的成本分摊；又可以以更多的店面和服务网点给消费者带来方便，变相创造价值，吸引更多消费者。大型零售企业的连锁经营以更大范围上的行为一致性扩大其整体优势，以聚集足够的资源与国外零售企业争夺。

2. 中小型零售企业战略联盟的形式选择

中小型零售企业，一部分由原有国有中小型企业和国有大型零售企业衰落的结果转化而来；另一部分是刚刚起步的民营零售企业。从国民经济的发展上说，单个企业的意义不大；但企业总量较多，分布广泛，承担着广大居民，尤其是农村地区的商品供应，也吸纳相当数量的劳动力就业。中小型零售企业之间的结盟，主要是利用外部资源实现设施更新、技术改造、改善经营管理，以较低成本带给消费者优良的商品和服务，同时也完成商业资本原始积累。

中小型零售企业也有两种适合选择的战略联盟形式。

(1) 连锁经营。中小型零售企业实力较弱，商品和服务品牌影响力不大，相当部分还在生存线上挣扎。不同的中小型零售企业聚集起来，将各自的资源纳入统一行动，扩大联盟成员的资源边界，为其装备改造、技术升级提供足够的资源，首先解决现存的经营困难，再谋求进一步的发展。它通过统一经营模式的资源重组，弥补单一零售企业无法完成的任务，以集体优势提高零售企业的经营水平。

(2) 单一项目合作。中小型零售企业独自进行技术创新、项目开发及基础设施建设等是有难度的。众多中小型零售企业共同开发或投资基础设施建设还是有可能的。例如，位于同一城区的几十个中小型零售企业组建一个物流中心，以集体身份进行商品采购可以获得价格折扣；集体运输也节约了成本；同一个区域的物流中心便于不同零售企业之间的商品调剂，及时补充脱销商品。单一项目的合作范围可大可小，操作方便易行，适合中小型零售企业的经济实力不强的现实。

3. 大型与中小型零售企业结盟的形式选择

当前我国大型零售企业实力稍强，但为数不多；中小型零售企业实力较弱，但比例较大。两者的发展都是很重要的。参与国际零售企业争夺市场以提升我国的经济总体水平主要由前者来承担，后者主要提供国内众多居民日常生活所需。两者结盟可以相得益彰：大型零售企业通过结盟利用中小型零售企业销售人员、现有店面设施、熟悉的消费习惯等廉价的资源开拓市场；中小型零售企业主要通过结盟利用大型零售企业较为先进的技术、装备及管理经验，实现自身的改造与升级。

两者较好的结盟形式有三种。

(1) 特许经营。它成为实力差距较大的零售企业之间结盟的重要形式。中小型零售企业通过特许经营，一方面可以借助大企业的商品和企业品牌优势提高自身竞争力；另一方面又可以接受特许方的某些管理咨询与培训，提高自身管理水平。对于大型零售企业而言，则可以通过特许经营拓展市场、扩大资金总量，扩大自己商品与企业的影响。

(2) 外包。一般情况外包是单向的，大型零售企业将不具有比较优势的环节分离出去承包给其他中小零售企业。外包必须以较强的实力作为后盾，只有实力较强的零售企业，才有较多的经营内容与环节,也才有战略环节与非战略环节的区分。外包实际上基于比较优势上的分工,大型零售企业可以将主要精力集中于其核心业务上;中小型零售企业则将有限资金集中于范围较小的外包业务的精细经营上。

(3) 单一项目合作。单一项目合作的一般形式是中小型零售企业对大型零售企业某些设施的利用。例如,中小型零售企业利用大型企业的运输工具、物流中心,既可以节省成本,又可以学到一些现代物流科技知识。对于大型零售企业,则可以提高其先进设施设备的利用率。

事实上,零售企业联盟还包括与相关企业及经济单位、非经济单位以及消费者的合作。因而,对零售企业战略联盟形式的考察有待于引入更多的变量。

技 能 实 训

【实训目的】

通过讨论理解零售战略管理的重要性及其实施。

【实训主题】

零售企业发展战略的拟定。

【实训时间】

本章课堂教学内容结束后的双休日和课余时间,为期一周。或者指导教师另外指定时间。

【背景材料】

宜家家居中国发展战略

2013年8月15日,宜家家居位于上海宝山的新店开门纳客,这个被宜家定位为亚洲最大的宜家家居店,是宜家进驻中国15年后开出的第13家店面,相比其他外资零售商动辄上百家门店数量,宜家这一扩张步伐一度被解读为"蜗牛速度"。

然而,从去年起,宜家系开始发力中国市场,尤其是商业地产领域。之所以称之为宜家系,是因为隐秘在"宜家"这一品牌背后的是包括宜家家居以及宜家购物中心等强势业务在内的商业王国,而上述两大板块又共同构筑了宜家"家居卖场+购物中心"捆绑经营模式,这亦是宜家未来在中国的主要经营模式。

"宜家购物中心目前在中国有三个项目在建,总面积有100万平方米,如果找到合适地块,我们计划在北京、上海等地再新增店面。"英特宜家购物中心中国区董事总经理丁晖对中国房地产报记者表示,目前宜家手头上没有一块土地储备,所有项目从拿到地的第一天开始,就进行规划设计,宜家只是一家商业企业。

尽管宜家高层一再强调,宜家所从事的并非地产商角色,但业内人士认为,宜家在中国多年来坚持购地自建,"一不小心"成了在华的最大外资"地主",其土地增值部分蔚为可观。

(资料来源:http://www.chinairn.com/news/20130819/101615465.html)

【实训过程设计】

(1) 指导教师布置学生课前预习阅读案例。

(2) 将全班同学平均分成小组,按每组5~6人进行讨论。

(3) 根据"阅读资料",通过网络收集有关宜家家居的资料,分析宜家的发展战略。

(4) 根据讨论,对宜家发展战略做出评价。

(5) 各实训组对本次实训进行总结和点评,撰写作为最终成果的《零售管理实训报告》。

(6) 各小组提交填写"项目组长姓名、成员名单"的《零售管理实训报告》,优秀的实训报告在班级展出,并收入本课程教学资源库。

综合练习

一、名词解释

成本领先战略　差异化战略　集中化战略　零售企业战略联盟
特许经营　连锁经营　外包

二、单项选择题

1. 成本领先战略是指企业要成为( )的低成本厂商。
   A. 整个地区　　　　　　　　B. 整个行业
   C. 整个国家　　　　　　　　D. 所有企业

2. 差异化战略的重点是( )。
   A. 创造独特的产品和服务　　B. 创造顾客
   C. 创造利润　　　　　　　　D. 融洽关系

3. 正规连锁经营是指以单一资本直接经营( )个商店以上的零售业或餐饮业,它以简单化、标准化、专业化的各种管理系统在企业店面等方面实现统一行动。
   A. 10　　　　B. 5　　　　C. 8　　　　D. 11

三、多项选择题

1. 迈克尔·波特提出赢得竞争优势的基本竞争战略包括( )。
   A. 成本领先战略　B. 差异化战略　C. 促销战略
   D. 垄断战略　　　E. 集中化战略

2. 影响零售企业的外部环境因素有( )。
   A. 经济环境　　　　　　　　B. 人口、文化、社会环境
   C. 政治和法律环境　　　　　D. 技术环境
   E. 竞争环境

3. 波特的五力竞争模型包括( )。
   A. 供应商　　　B. 替代品　　　C. 购买者
   D. 潜在进入者　E. 同行

4. 零售企业战略联盟的形态有( )。
   A. 合资企业　　B. 相互持股　　C. 外包
   D. 特许经营　　E. 单一项目合作

四、问答题

1. 试分析不同业态的零售商以什么作为其主要竞争优势的来源。
2. 国内零售商在实施成本领先战略时容易导致什么样的误区?
3. 试分析某大城市的大型零售商的市场定位有何不同。
4. 购物体验能够形成零售商竞争优势吗?请举例说明。
5. 零售商为什么要定期进行战略控制和反馈?
6. 试述零售企业战略联盟的组织体系。

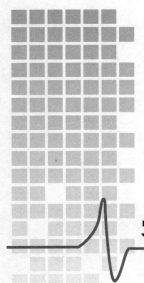

第3章 零售业的业态

学习要点

- 掌握百货商店的定义，了解百货商店的现状及发展趋势
- 掌握大中型百货商店的发展战略
- 掌握大中型百货商店培养忠诚顾客的举措
- 掌握连锁经营的定义、类型和特征，了解连锁经营的发展趋势
- 掌握便利店的定义及其特征
- 了解无店铺销售的方式
- 掌握超级市场特征、分类，了解超级市场的局限性

■ 案例导入

抢占 O2O 领地 加速零售业态升级

经过菜鸟网络、"双十一"等重点项目和活动的试水，阿里巴巴、银泰两家公司看到线上、线下融合的趋势已经快速到来。阿里巴巴 CEO 张勇认为，与银泰商业的联合可以产生乘法效应，对阿里巴巴来说借助合作可以构建一个虚拟和实体经济结合的平台，对银泰而言也能够顺利实现商业形态升级。

阿里巴巴和银泰，作为国内线上和线下零售的代表公司，其管理层已经看到了用户消费习惯、商业环境的快速变化，这种变化在移动互联网环境下快速发酵。简单来说，这种变化包括：线上、线下界限不断模糊，零售服务商对于消费者的服务不再有线上、线下之分，这也直接促成了双方的联合。

在张勇看来，未来的商业形态将朝着广义的消费者社区发展，商家和用户的沟通可以跨空间、跨实体店服务半径，实现多元化交互。给用户提供新的体验，必须实现线上、线下联通。

银泰商业总裁兼首席执行官陈晓东对这种观点表示认同，他认为基于互联网和无线网络，消费者变成了实时在线,银泰的改变也是基于"以客为先"的理念,即跟随用户喜好、习惯的变化而变,此次与阿里巴巴联合之后,可以让银泰积累的商品库、供应链等更好地服务线上用户。

(资料来源:http://www.donews.com/net/201403/2738740.shtm?mobile)

思考:你知道零售业态有哪些吗?零售业态如何实现升级呢?

3.1 百货商店

3.1.1 百货商店的定义

百货商店作为世界零售业的第一次革命,把零售业推向了规模化的发展道路,对世界商业的发展曾经起到积极的促进作用。对于百货商店,不同国家的专家和学者有着不同的定义。

1. 美国对百货商店的定义

美国市场营销学专家菲利普·科特勒认为,在百货商店中一般销售不止一条产品线的产品。例如,服装、家具和家庭用品等,每条产品线都作为一个独立的部门,由专门的采购员和营业员管理。

2. 欧洲国家对百货商店的定义

欧洲国家对百货商店的定义主要有以下四种。

(1) 德国的定义:百货商店是供应大量产品的零售商店,主要产品是服装、纺织品、家庭用品、食品和娱乐品;销售方式有人员导购(如纺织品部)和自我服务(如食品部);销售面积超过 3000m^2。

(2) 法国的定义:百货商店是这样一类零售企业——拥有较大的销售面积,自由进入,在一个建筑物中提供几乎所有的消费品;一般实行柜台开架售货,提供附加服务,每个商品部都可以成为一个专业商店;销售面积至少为 2500m^2,至少 10 个商品部。

(3) 荷兰的定义:百货商店销售面积至少有 2500m^2,最少应有 175 名员工;至少有 5 个商品部,其中应有女装部。

(4) 英国的定义:百货商店应设有多个商品部,至少覆盖 5 大类产品,至少雇用 25 人。

3. 亚洲国家对百货商店的定义

日本通产省对百货商店的定义:从业人员超过 50 人,销售面积通常应超过 1500m^2(大城市要超过 3000m^2)。

中国认为,百货商店是指经营包括服装、家电、日用品等众多种类商品的大型商店。它是在一个建筑物内,根据不同商品部门设销售区,满足顾客对时尚商品多样化选择需求的零售业态。

综上所述,百货商店是供应大量产品的零售商店,拥有较大的销售面积,经营服装、家电、日用品等众多种类商品的大型商店。

(1) 百货商店的分类。中国的百货商店依据规模大小分为以下三类。

① 大型百货商店。营业面积5000～10000m²，职工500～2000人，经营品种1.5万～4万种。

② 中型百货商店。营业面积1000～2000m²，职工300～400人，经营品种1万种左右。

③ 小型百货商店。营业面积200m²左右，职工十几人至几十人，经营品种数百种至数千种。

(2) 百货商店的组织形式。百货商店的组织形式有以下三种。

① 独立百货商店，即一家百货商店独立经营，别无分号。

② 连锁百货商店，即一家大型百货公司在各地开设若干家百货商店，这些百货商店都属于这家百货公司所有，由公司集中管理。

③ 百货商店所有权集团，即有若干个独立百货商店。

3.1.2 中国百货商店的发展

1. 商店的产生和发展

现代意义的商店伴随着18世纪的工业革命而渐具雏形，到19世纪50年代初，因法国人阿里斯蒂德·布西哥创造了崭新的经营方式而正式诞生。在此之前，传统的零售经营方式是以肩挑小贩、摊贩、集市、自制自售、乡村杂货店等形式为特征的。1852年在法国出现了世界第一家百货商店，名叫"邦·马尔谢"商店，它吸引了大量顾客，受到人们的钟爱，当年营业额为45万法郎，之后逐年大幅度增长。"邦·马尔谢"百货商店的成功吸引了一批仿效者，于是在巴黎相继出现了卢浮百货商店(1855年)、市府百货商店(1856年)、春天百货商店(1865年)、撒马利亚百货商店(1869年)、拉法耶特百货商店(1894年)。18世纪中叶，西方世界爆发了工业革命，机器大生产为社会提供了日益丰富的商品，与工业生产相联系的城市也随之迅速膨胀，人口急剧增长。百货商店的出现适应了人们的消费需要，城市繁荣则为百货业提供了机遇。回过头去看历史，可以说1860—1920年，是百货商店发展的黄金时期。西方经济学界把百货商店的出现称为"零售业经营形式的第一次革命"。在这一时期，百货商店以崭新的姿态进入市场，逐步发展成为大型零售业。百货商店的优势具体体现在：拥有大面积营业场地，营业设施趋于完善；以经营日用百货为主，实行综合经营，组织管理系统化；按商品品种、部门组织进货和销售。

然而在中国，百货商店并没有得到充分地发展，只经历了短短几年的黄金时期。从1900年由俄国人在哈尔滨开办秋林百货公司开始，中国才导入了现代百货商店的概念。到了1918—1920年，上海先后开设了永安和新新两家百货公司，标志着中国民族百货业的诞生。但是，由于经济不发达，加上战争的影响，长期以来除几个大城市和沿海地区开设了一些百货商店外，多数地区仍处于萌芽阶段，直到1950年中国百货公司成立时，全国只有48个大型店面，87个门市部。

新中国成立以后，百货商店虽有较大发展，但仍属于缓慢增长期。在计划经济时期，百货公司只是作为计划供应商品以外的拾遗补阙，即国家定量供应以外的商品由百货公司经营，主要是日用品、小百货之类，除大城市外，中小城市基本上是一个地区仅一个百货公司(店)。到1986年全国也只有25个大商场，17000多个百货零售店。

改革开放以后,中国百货商店的发展进入新的历史时期,不仅数量增多了,规模扩大了,而且通过合资改建和新建,档次提高了,面貌也改观了。另外,通过引进先进的管理理念和现代管理模式,百货商店(场)的经营管理水平整体得到提升,并迎来了中国百货商店的第一个黄金时期。1992—1996年大型百货商店零售额平均以21%的速度递增,最高年份的利润增幅高达64%。1991年全国亿元商店只有94家,到1995年增加到624家,即五年的时间数量增长了近6倍,百货百强企业总销售额由318亿元,上升到805亿元,增长了2.5倍。直到1995年全国百货业平均利润仍然高达9.714%。然而1996年下半年以后,由于受到全国银根紧缩的影响,百货商店开始走向低谷,销售增幅下降,利润滑坡,到1997年整体利润只有2.74%,并出现了少数城市百货商店(场)倒闭的现象。据1999年统计,全国239家大商场中竟有149家出现利润负增长,其中亏损的有72家,亏损面达48%。并且随着开放步伐的加快,多种业态开始引入,不少媒体惊呼"百货倒闭年"即将到来,甚至有学者得出"中国百货开始走向衰落""最多还有3~5年生命周期"等悲观结论。

2012年前三季度,超过半数百货店都出现了净利下滑、销售增速放缓的现象,部分高端商场甚至出现负增长。在购物中心领域,由于项目集中入市,在优质品牌资源有限的大背景下,不少商场都陷入两难的经营局面。撤店、转型、调整、创新……百货商店和购物中心都将在谋变中成长。

2. 中国百货商业的发展趋势

随着全球经济一体化、城乡消费升级化、行业竞争激烈化,我国传统百货业正进入转型升级、兼并重组、线上与线下融合的新阶段,中国百货行业发展表现出几大趋势性变化。

(1) 百货店加速购物中心化。当前,"一次购足、游乐整天、吃喝玩乐"一站式的购物体验正成为主流消费方式,而为了应对新的市场格局,业态相对单一的传统百货正向集合丰富业态的购物中心转化。

自1996年国内第一家购物中心落户广州天河城后,国内传统百货向购物中心的转型拉开帷幕。近10年来,我国购物中心数量增长了10倍以上,2014年年底已接近4000家。与百货业颓势不同的是,2014年全国前十购物中心营业收入同比微增0.5%。

未来百货业购物中心化将朝三个方向发展:提升为多业态综合发展的购物中心;"瘦身"为购物中心内的百货店,成为购物中心的主力店和业态组合之一;推动购物中心社区化,以获取在一、二线城市生存与发展的空间和时间。

(2) 全渠道零售:线上与线下融合联动。南京中央商场打造云中央应用平台,将公司商品、优惠和服务信息上传,同时通过智能客服,实现与顾客一对一互动;王府井牵手腾讯,推动微信购物及微信公众平台,与微信支付和支付宝形成合作关系……线上与线下的融合联动正成为传统百货转型的法宝之一。

"百货业适应电商竞争的有效法则就是自身的电商化。"中国百货商业协会会长楚修齐指出,在新一轮的"触网"大潮中,百货企业在立足自身店铺网络和品牌优势的基础上,可通过自建电商平台或联合互联网企业,一方面最大限度地满足消费者网上浏览、线下体验、线上下单的"一揽子"购物行为,将消费者引入一个环环相扣的销售闭环内;另一方面还能帮助传统百货企业抵御劲敌,实现弯道超车。

(3) "联营"向"自营"的特色转化。长期以来,我国百货业以"联营"为主要经营模式,而长期依赖于"联营"导致百货公司逐步退化为单纯的"二房东",对商场中经营的品牌在其商品进、销两端都没有控制权,对品牌和消费者的第一手信息掌握较弱。

而欧美百货则普遍采用买手制,通过将商品低价买入、高价卖出赚取利润。例如,英国玛莎百货等多数商场采取自营模式,综合毛利率超过 40%。专家指出,在百货企业中,自营能力定位于"特色+补充",既是构建商品差异化、提升品牌形象的重要手段,也是令百货企业能够区别于购物中心的核心商业能力。因而,近年来,自营业务被国内众多主流百货企业视作摆脱困境的一剂良方。

(4) 自有物业比重进一步提高。据世邦魏理仕(全球知名的综合性商业地产服务和投资公司)研究表明,过去 10 年,我国主要城市的优质商铺租金年复合增长率达到 6%,物业成本的持续刚性上扬正成为我国百货企业经营困难、竞争力逐渐减弱的内因之一。为了控制租金成本,构建可持续稳增长的基础,不少百货企业正纷纷通过开发或项目收购等形式加大自有物业比重。

目前而言,百货企业主要通过加强与房地产商的战略合作,进行少量的自建项目、定制项目或参股项目,以低成本获取优质物业。预计未来几年,百货企业自有物业比重将会进一步增大。

3.1.3 大中型百货商店发展的战略模型

1. 百货商店发展战略模型的提出

目前国内百货零售企业既面临着严峻的外部威胁和内部经营劣势,又拥有走出困境的环境机遇和自身优势,选择合理的发展战略,赢得竞争的优势地位对百货商场来说显得尤为重要。

20 世纪 60 年代后期,著名的战略管理专家安索夫(H. Lgor Ansoff)曾提出一个一般组织的战略发展框架模型——"产品/市场"组合矩阵,用以描述组织战略发展的可选方向。这一矩阵体现了面向环境的观点,他主张如果组织能充分地利用由环境提供的增长,调整自身的发展方向,那么组织将获得持久性发展和核心能力的提高。零售企业的经营与制造业存在很大区别,零售企业选择何种经营业态、进入什么市场,是关系到企业资源调配和最终盈利能力的战略性因素。将"产品市场"矩阵进行调整,就可以得到一个零售企业战略发展方向选择模型——"零售业态/市场"矩阵,如图 3.1 所示。

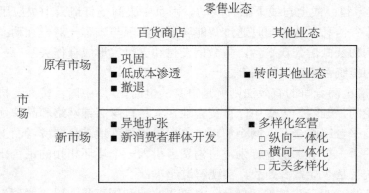

图 3.1 零售企业战略发展方向选择模型

第3章 零售业的业态

在该矩阵中，维度之一"市场"的划分是从零售企业满足消费者的需要角度进行的，包括地理、人口统计变数、消费者心理等因素。在矩阵中可以把零售企业的异地扩张、进入新的经营领域等都认为是新市场的进入。维度之二"零售业态"，简单理解就是指零售业的经营形式和存在方式。通常，区别业态类型可以从三个角度把握：一是从经营商品结构的角度，即各种商品之间的比例关系；二是从经营方式的角度，包括商品摆设、顾客与商品的接触形式、结算方式以及促销手段等；三是从管理模式的角度，即企业对信息、资金、人事和经营过程的管理所采取的形式和方式。为方便分析，将零售企业进行多样化经营列入"新业态"范畴，基本符合区别"零售业态"的三个角度。

2. 百货商店相关战略发展方向的内容及适用性评价

百货商店相关战略发展方向的内容及适用性评价有以下几个方面。

1) 百货商店在原有市场领域的发展战略

百货商店在原有市场领域的发展战略包括巩固战略、低成本渗透战略、撤退战略。

(1) 巩固战略。巩固战略是目前百货企业在竞争中的自卫性反应，其特征是通过对企业内部的业务再造(Business Re-engineering)——从采购、物流、销售过程管理，到售后服务的全过程改造挖掘企业的内部潜力，显著地降低百货商店的经营成本并向顾客提供更为高品质的服务，从而获得企业发展的更大优势。采取巩固战略的企业应具备以下条件：本企业在长期的市场竞争中已经积累了一定的经营优势，通过再造可以强化企业在百货业市场中的竞争地位。对百货商店来说，巩固战略的具体措施包括以下几个方面。

① 在经营定位上，从"正面竞争"转向"错位竞争"，即百货商店应根据实际条件，进行准确的市场定位(目标消费群界定)，突出本企业经营定位的差异化，包括百货业态与其他业态的差异及同一商圈内各百货商店之间的差异，避免经营定位雷同化引起低水平的价格竞争，突出其特色，巩固其地位。

② 在经营方式上，从"购销合一"的传统方式逐步向"购销分离"和"买断经营"的国际通行方式转变。当前很多大中型百货企业采用自20世纪80年代中期以来的"购销合一"的一种新型经营方式，其组织化程度不高，无法形成规模经营优势。一个经营数万种商品的大型企业，往往可以分成十几个甚至更多的商品部，部门经理集进货、销售、结算等业务于一身，成为企业经营成败的关键。但由于部门利益不一、业务人员素质参差不齐，在经营中常常会发生导致企业利益受损的不规范行为。另一些企业采用招商、出租柜台、承包经营等方式，实际上也是一种"购销合一"的表现形式，其最终削弱了百货商店的自营能力。国际商界流行的做法是实行"购销分离、统购分销"和"买断经营"的方式。前者要求百货商店在调整商品结构的基础上，突出一批拳头商品实行统一进货，经销分离，逐渐形成高组织化的规模经营。而"买断经营"的实质，是工商企业按照各自的市场分工，建立起正常合理、风险共担、利益共享的合作关系。这样，既可以促使零售企业提高服务和管理水平、深入研究市场、关注反馈信息，又可以通过提高进货质量，降低经营风险，从而增加效益；工业企业则可以集中精力提高产品质量，开发研制新产品，宣传新产品。这对增强双方市场竞争力都有积极的意义。

③ 在经营方法和管理技术上，向规范化和科学化转变。百货商店应努力建立起一整套适合于本企业"制度化、手册化、定量化、操作化"的管理规范和经营绩效考核体系。在

一线员工的服务水平培训方面,也不能仅仅停留在"微笑服务、百拿不厌"的层次上,而是要致力于提高一线人员的整体素质,使传统的"售货员"角色转变为"顾客消费顾问"的角色,真正提高百货商店的服务水准与服务档次,突出百货业态的核心优势。在管理技术方面,要善于利用现代科技成果,加强对进货、库存、商品流转、资金回笼等的监控,在降低经营成本的同时,提高经营效率。

(2) 低成本渗透战略。低成本渗透战略一般是当企业经营定位良好,发展较为稳定,而受规模有限的制约时,可以考虑采用并购的方式进行低成本渗透,以获得新的发展空间,从而扩大企业的营业面积,达到规模经济的目的。选择低成本渗透战略的优点在于,被收购对象有良好的商圈位置,也有一定的消费群体和销售渠道,但由于经营不善、资金欠缺或规模有限而陷入困境。尤其在经济不景气、市场较为疲软的时候,并购成本比经济繁荣时期要低得多,也比本企业重新兴建一家企业更为经济。适合这种战略的条件是:扩张企业具有明确的经营定位,并在市场中确立了一定的地位,形成了稳定的企业文化,有较强的实力,现金流量稳定且资金充裕,管理基础较好。例如,杭州大厦购物中心在1998年通过资本运营,成功地兼并了当时与之仅一墙之隔的新天龙百货商厦,利用已经树立的鲜明的品牌特色和管理风格,使经营再上一个台阶。目前该企业无论是在销售总额还是在利润率上均位于杭州零售业之首。

实施这种在同一商圈内为寻求单店规模效益的扩张战略时,要注意一个容易产生的"误区":即认为单店规模越大越利于成本的降低,从而赢得越多的利润。事实上并不是这样。由于顾客购物过程中对企业的规模存在生理和心理的承受能力,在企业管理上也有一个超过一定规模而造成"规模不经济"的经济规律。有学者提出,顾客对百货商店营业面积的生理和心理最大承受量约为 $23000m^2$。同时从经验和理论上也能得到,企业营业面积与销售额、利润额的相关关系。如图3.2和图3.3所示,随着企业营业面积的增加,企业销售额、利润额一开始能较快增长,当增加到一定面积时,销售额增长趋缓甚至微量增长,而利润额则是在突破驻点 D 后开始下降,甚至出现亏损的状况。为此,百货商店在进行单店扩张时要防止陷入规模过大这一"陷阱"。

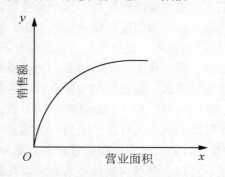
图 3.2 零售企业单店营业额与营业面积的关系

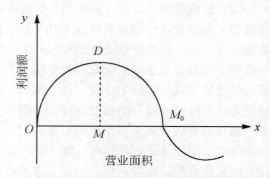
图 3.3 零售企业单店利润额与营业面积的关系

(3) 撤退战略。在有些情况下,百货商店从百货行业中退出来是一种明智的行为,但此方案往往会被忽视,除非该企业被强制性破产清算。当一家百货商店面临严峻的竞争形势,而自身无论是在地理位置、经营特色、进货渠道,还是在管理技术、服务水平等方面均无明显优势,且在近期内也无法加以改变时;或者当企业遇到重大经营失误导致财务状

第3章 零售业的业态

况恶化,投资已无法收回等情况时;或者原经营多种业态(或多元化)的企业在百货商店这一领域平均利润低于其他事业,且又有能力在其他事业上大力发展时,适时地选择从百货业中"撤退"的战略,对最大限度减小损失,保存企业实力或赢得更好的发展空间等都是大有益处的。例如,上海的"宝大祥"百货商厦,面对百货业日益激烈的竞争而自身优势不明显的境况,在审时度势后于1998年5月果断放弃百货业经营,转而经营海派服装专业批发,从而取得了较好收益。

2) 百货商店在原有市场领域内的多业态发展战略

任何单店、单一业态的经营都会受到企业规模、商店聚集和交通便利等因素的影响,这些因素(或优势)的影响对企业来说并不是无限制的,必定要受到其最大饱和点的制约,从目前国内主要城市大中型百货零售企业布局的现状来看也充分说明了这一点;另外,从国际大型零售商业的发展史考察,单店经营和单一业态经营都只是大零售商初涉零售业的选择,随着市场竞争的加剧和企业自身的发展,单店经营和单一业态经营的方式都发生了改变。

多业态战略是指企业在原有的目标市场(顾客群或商圈)内进行的多业态拓展,目的在于在原有市场上利用百货商店已建立的品牌度,通过经营形式的多样化以赢得更多的市场份额,它往往是百货企业横向一体化发展的前奏。但是,这种方式适用性较低,其原因是,即使是在同一商圈内,要使百货商店做到和其他业态顾客群一样或类似也是不大现实的,不同的业态对经营目标市场的选择存在着相异性,甚至有的业态之间目标市场的异质性还很明显。

3) 百货商店的新市场开发战略

新市场开发战略是指百货商店的异地扩张战略。百货商店实施异地扩张战略的优点集中体现在两个方面:第一,可借助大企业在零售管理方面的相对先进性和已有的知名度,进行市场渗透,以扩大市场份额;第二,可以避免在大企业集聚地区由过度竞争而引起平均利润下降趋势,在市场竞争相对平和地区寻找新的增长点。值得注意的是,在大企业的跨地区发展过程中,同样要注意商圈效应的有效性,在营业面积、投资规模、商品定位上寻找到较为恰当的均衡点。要善于借助资本运营的技巧,通过有效并购达到规模扩张的目的,从而增强企业的实力。

大中型百货商店在进行连锁经营时必须着力解决以下几个问题。

(1) 目标区域选择要有针对性,即目标市场要选择空间较大、交通状况有利于配送中心发挥功能、市场有发展潜力的区域。也可以先选择条件较好的重点地区(如人口分布较集中、消费需求较旺盛的地区)发展区域连锁,逐步积聚实力和经验,当条件成熟以后,再向大范围拓展。

(2) 加强总部建设,强化大型零售企业总部的职能定位和管理力度,协调好与分店的关系,使管理逐步走向成熟化、规范化。

(3) 连锁经营的方式多样化。对于一些资金雄厚(如上市公司)、管理基础好、运营机制较完善的零售企业,应充分发挥自身优势,采用直接独资、控股、参股、联合或特许经营、先进企业管理输出等方式,将规模小、实力弱的企业、网点与连锁集团联合起来,进行资源的优化与重组,冲破目前商业流通中以地区分割为特征的流通格局,形成跨地区跨部门的新型商业连锁集团和流通网络。其中,以原有商业网点为基础实行的特许(加盟)连锁是目前较可行,也是资源最节约的一种方式。

(4) 注重人员素质的提高,引进和推行计算机管理。实现现代连锁经营效益目标的两个制约因素是管理技术的硬件支撑体系和人员素质水平的软件支持系统。而目前国内大中型零售企业人员整体文化素质水平、管理素质相对较低,计算机管理技术相对薄弱问题比较突出,这在很大程度上制约了企业的拓展。大型零售企业异地扩张时应着力解决这两个"瓶颈"问题。

4) 百货商店的多样化经营战略

百货商店的多样化经营战略包括横向一体化、纵向一体化和无关多样化战略三种形式。

(1) 横向一体化战略。所谓横向一体化,是指发展那些与公司当前业务活动相互竞争或相互补充、相互支持的业务领域。百货商场的横向一体化是指向批发领域和其他业态形式发展。由于目前流通体制中,批零的界限已趋向模糊,这种方式典型的表现为向配送中心发展,可以简单地认为是业态的一种形式。因而,横向一体化主要表现为多业态经营。

进入横向一体化阶段的大中型百货零售企业,其多种业态经营,是在对消费市场进行细分的基础上产生的。开展多种业态经营,可以扩大企业的目标市场范围,从而扩大企业的销售总额。另外,虽然多种业态经营在经营方式上有所不同,但与其他行业相比,其经营管理仍具有很大的相似性。零售企业发展多种业态经营,可以充分利用现有的人力资源,充分发挥管理者在经营零售业方面的经验优势,在不增加太多人力资本的情况下达到扩张的目的。同时,由于不同业态的目标市场选择是不一样的,从而避免了目前零售企业营业面积受商业布局、交通影响的制约。例如,可利用品牌优势在居民密集区发展面积较小、以日用品为主的折扣商店及便利店;在距离市中心商业区比较远但交通相对便利的区域设立超大卖场等形式。美国的 SEARS 和 PENNEY 等传统百货公司今天就以多业态经营为其主要特色;法国家乐福公司也是通过采用大卖场折扣店、专门店等方式实现其规模扩张的目的。

百货商店在选择零售业态类型时需要考虑以下条件和评价标准。

选择零售业态类型的条件即外部环境,包括以下方面:一是政治、法律环境,即国家或当地政府的政策、法律和法规;二是文化环境,即风土人情以及当地的风俗习惯;三是经济环境,包括宏观经济发展程度和居民个人收入状况;四是技术环境,一国的科技发展水平及其应用、普及程度;五是人口环境,包括人口的分布、性别比例及年龄构成比例等;六是目标消费群体家庭环境,指家庭的构成状态以及家庭的生命周期。这些环境条件制约并影响着零售业态的发展变化。

评价一种零售业态能否采用的标准包括:一是企业效益标准,即企业在零售业态改变的情况下是否能使经营成本降低或销售收入增加,从而引起利润的增加。如果没有自身的效益,企业就没有存在的基础,更无发展的条件。二是社会效益标准,即从整个社会角度来看,新的零售业态必须有利于社会交易成本的节约。如果新的零售业态可以使消费者在购买活动上省钱、省时、省力,既能降低其购买的(广义)成本,又能使其购买满意度增加,那么消费者就会积极支持这种业态,形成需求拉动,以促使该业态发展,从而降低社会交易费用。

(2) 纵向一体化战略。所谓纵向一体化战略，是指以现有的实力为基础，向垂直方向扩大经营领域的战略，也称相关多元化战略，表现在百货业中就是向制造商方向发展的后向一体化战略。

(3) 无关多样化战略。所谓无关多样化战略就是脱离现在的行业，进入那些与目前事业无关的全新经营领域，也称为复合多元化战略。

大中型百货零售企业除了依靠连锁经营的组织方式进行横向拓展，还可以通过寻求多元发展的途径形成以大型零售企业为核心的企业集团，这对拓展企业发展领域，实现大集团的效益具有重要作用。以百货业为龙头的商业企业集团，在发展战略选择上有两个目的：一是以改善企业的经营条件和经营状况为目的，对企业的相关产业进行前后拓展，形成多元化经营的格局；二是以资本运作和资本增值为目的，发展多元化经营，在同一资本控制下，发展和经营多种与企业关联性不大甚至无关的产业。然而，当零售企业在自身实力并不足够强大，在本领域的竞争优势并不突出，而零售业又占据本公司大多数资源的情况下，盲目进行混合多元化发展则会面临极大的风险，国内一些零售企业由于多元化触角过多而导致经营亏损的先例举不胜举。从国外零售商资料考察，结合我国目前的条件和时机，前一种多样化经营方式——纵向一体化，即相关多元化发展是百货商店组建商业企业集团的一种较为理想的选择，最为典型的方式就是向生产领域延伸，创立自有品牌商品。

百货零售企业在推行自有品牌时需要的必备条件是"三高三大"："三高"即原商业企业的知名度高、认知率高、美誉度高；"三大"即市场覆盖面大、经济规模大、综合实力大。同时还要注意几个问题：一是商品选择及推行自有品牌的步骤问题。推行自有品牌是一项系统工程，其成功与否直接关系到零售企业的企业形象。在拓展自有品牌之初，受资金、技术、人员、经验等因素制约，在商品选择上应以购买频率较高、价值量较低、消费者购买品牌意识并不十分强烈的日用商品为主，积累了经验和实力后再向其他领域渗透，努力做到"做一个品牌、创一份名气、保一份市场、添一份实力"。二是进入制造领域的方式问题，应该灵活地采用多种进入方式。百货零售业进入制造领域，既可采用直接投资兴建的方式，也可以采用控股、参股原有制造厂商的方式，还可以采用合作协议、定牌加工的方式。后两种方式更为现实可行，风险也更小，对资源的配置更为经济合理，从国外成功企业的经验来看也是如此。三是在推行自有品牌的过程中，要强化质量意识，培养一批高素质的质检人员和产品开发、设计人员。

3.2 连锁经营

连锁经营是指经营同类商品或服务的若干个门店，通过一定的联结纽带，按照一定的规则，组成一个联合体，在整体规划下进行专业化分工，并在此基础上实施集中化管理和标准化运作，最终使复杂的商业活动简单化，以提高经营效益，谋取规模效益的一种经营方式。连锁商店以连锁经营方式，改变了世界零售业的经营理念和面貌，并经过140多年的发展，形成了世界范围的连锁经营潮流。当今世界，连锁经营方式已在现代零售业和服务业中占据主导地位。超级市场、便利店、专卖店等连锁商店比比皆是，连锁经营已成为当今世界最富有活力、发展最为迅速的一种经营方式。

3.2.1 连锁经营的类型与特点

自 1859 年第一家连锁商店——大西洋和太平洋茶叶公司在美国成立,连锁经营发展至今已有 100 多年历史。特别是近 20 年来,计算机技术的发展和普遍应用,连锁商店得到空前发展,由过去十几家、上百家店铺连锁,拓展为几百家、上千家,甚至上万家店铺的连锁,如今连锁商店已经成为欧美商业中最重要的组织形式。

连锁商店最初以单一所有权形式(即正规连锁形式)出现,随着长期的发展实践,逐渐形成了三种形式并存的局面,即正规连锁、自由连锁和特许连锁,这其中,特许连锁经营发展势头强劲,大有后来居上之势。

1. 正规连锁

正规连锁(Regular Chain)是指总公司直接管辖下属分店,利用其雄厚的资金进行进货和销售,往往还会形成行业垄断。各国对正规连锁商店的分店数有不同的规定:美国规定必须有 11 个分店以上,英国规定必须有 10 个分店以上,而日本规定只需要 2 个分店以上。国际连锁商店协会对正规连锁的定义是:正规连锁是以单一资本直接经营 11 个商店以上的零售业或餐饮业组织。正规连锁主要具有以下特点。

(1) 所有分店必须归一个公司、一个联合组织或单一个人所有,各分店不具有法人资格。

(2) 连锁总部对各店铺拥有全部所有权、经营权、监督权,实施人、财、物与信息流、物流、资金流等方面的集中统一管理,分店的业务必须按总部指令行事。

(3) 整个连锁集团实行统一核算制定,工资奖金由总部确定。

(4) 分店所有员工由总部统一招募,分店经理也由总部委派。

(5) 各分店实行标准化管理,如商店规模、店铺装潢、销售品类、商品档次、售价和服务质量等方面。

正规连锁商店的上层组织形式主要有两种。一种是由母公司直接管理,不再另设连锁总部;另一种是没有母公司,而设立总部,由总部统一管理下属各分店成员。采取正规连锁方式经营的主要优点是:公司总部进行集权管理,统一调配资金,统一执行公司的经营战略和方针,统一进行人事管理,充分规划企业的发展规模和速度,在各方面都能发挥出资源整合优势。但是正规连锁也有一定的缺陷:由于正规连锁以单一资本的形式进行市场的扩展,各分店都由总部投资兴建,这样就会受到资金、人力和时间等方面的限制,因此企业的发展速度和规模都会受到影响。

2. 自由连锁

自由连锁(Voluntary Chain)又称自愿连锁、志同连锁。美国商务部将自由连锁定义为:"由批发企业组织的独立零售集团,即所谓批发企业主导型任意连锁集团。成员零售店铺经营的商品,全部或大部从该批发企业进货。作为对等条件,该批发企业必须向零售企业提供规定的服务。"日本通产省的定义是:"分散在各地的众多的零售商,既维持各自的独立性,又缔结着永久性的连锁关系,使商品的进货和其他事业共同化,以达到共享规模利益的目的。"自由连锁主要是指对中小零售业,依照一定的合同条款,持续地销售商品,并开展有关经营方面的指导事业。

自由连锁在发展中形成了两种类型：一类是以批发企业为核心实现连锁，主要在欧美国家比较多；另一类是以大型零售企业为核心组成连锁，主要在日本较为普遍。

(1) 自由连锁的主要特点。

① 由一个或几个核心企业作为主导企业，既可以是批发企业，也可以是大型零售企业。

② 众多分散的中小型零售企业是加盟成员，各成员是独立的，商店资产归经营者所有。

③ 核心的主导企业与各加盟的成员企业，通过合同联结在一起，合同是各成员之间通过民主协商制定的，不像特许连锁方式采取定式的合同。

④ 加盟成员企业，在所有权、经营权和核算方面，都仍保持着自主性和独立性。但是在统一进货、统一管理、联合行动等方面，必须按照合同规定的内容执行连锁总部的要求，接受总部的领导和指挥。

⑤ 自由连锁总部的职能，包括有制订大规模销售计划、组织共同进货、联合促销、业务指导、组织物流、教育培训、信息利用、资金融通、开发店铺、财务管理、劳保福利和协助成员劳务管理等内容。

(2) 自由连锁的优点。自由连锁的优点在于：加盟店的独立性强，自主权大，直接与利益挂钩，可以充分调动各成员的积极性和创造性；连锁总部的集中管理指导，有利于提高成员店的管理能力和经营技巧；主导企业进行统一进货、促销、联合培训等管理事项，有利于降低各成员的经营成本，获得规模效益和整体资源优势；对于连锁总部而言，投资少、见效快。

(3) 自由连锁的缺点。自由连锁的缺点在于：各加盟企业之间的联系不紧密，凝聚力弱；由于成员企业独立性强，总部集中统一运作的能力受到限制，组织结构不够稳定，发展规模和扩张速度都有局限性；决策速度慢，不利于战略规划的实施。

日本自由连锁协会提出了四项措施以克服自由连锁的基本缺陷：加盟成员相互之间不作为竞争对手；各成员都享受平等的待遇；总部以成员的经济利益最大化为原则；总部和成员企业必须充分合作，保证组织结构的紧密性。总的来说就是要求总部维护成员利益，强化集中统一的一面，克服松散的弊端。

3. 特许连锁

特许连锁(Franchise Chain)又称合同连锁、加盟连锁或契约连锁。美国商务部对特许连锁的定义是："合同连锁是指主导企业把自己开发的产品、服务的营业系统(包括商标、商号、经营技术、营业场合和区域等)，以营业合同的形式，授予加盟店在规定区域内的经销权或营业权。加盟店则交纳一定的营业权使用费，承担规定的义务。"国际特许连锁协会的定义与之相仿，只是更简单一些。日本政府一般是沿用日本特许连锁协会的定义，日本特许连锁协会的定义也是按美国的定义发展出来的，并经过多次修改，其定义是："特许经营权是指特许者同其他事业者之间缔结合同，特许者特别授权特许加盟者使用自己的商标、服务标记、商号和其他作为营业象征的标识和经营技巧，在同样的形象下进行商品销售。此外，加盟者要按销售额或毛利的一定比例，向特许者支付报偿，并对事业投入必要的资金，在特许者的指导及支持下开展事业，双方保持持续性的关系。"

(1) 特许连锁的特点。从上述定义和实际中可以看到，特许连锁具有以下主要特点。

① 首先要有一个特许权拥有者，它是特许连锁的主宰或盟主。

② 盟主拥有特许权，特许权可以是产品、服务、营业技术、商品、商号、标识，以及其他可带来经营利益的特别权力。

③ 盟主与加盟者以特许权授权合同为主要联结纽带。合同是由盟主制定的定式合同，即非双方议定合同，加盟者以接受盟主所制定的合同内容为条件加盟，盟主也承诺相应的授权和义务。合同由盟主与每个加盟者一对一签订。

④ 加盟者对其店铺拥有所有权，店铺经营者是自己店铺的老板。

⑤ 经营权高度集中在盟主总部，加盟者必须完全按照盟主总部的一系列规定进行经营，自己没有经营自主权。

⑥ 总部(盟主)有义务教给加盟店完成事业所必需的所有信息、知识、技术等一整套经营系统，同时授予加盟者使用其店名、商号、商标、服务标记等在一定区域的垄断使用权，并在合同期限内不断进行经营指导。

⑦ 加盟者要向盟主交付一定报偿，通常包括一次性加盟费、销售额或毛利提成等。

⑧ 特许连锁的盟主与加盟者之间是纵向关系，各加盟者之间没有横向关系，这与自由连锁与合作连锁不同。

(2) 特许连锁的分类。特许连锁在自身的发展过程中，又产生了许多具体的形式。

① 从特许权内容的角度划分有两大类：一类是属于"商品的商标特许权连锁"，即盟主将其拥有的某一专门商品或商标的经销权和使用权，授给加盟者；另一类是"经营公式(或系统)特许权"，即盟主将其拥有的可获利的经营诀窍系统，授给加盟者。前一类是初期特许连锁普遍采用的形式，后一类则是现代特许连锁广泛采用的形式，当然，有时也有交叉。

② 从加盟者或特许权承受方经营的角度来看，又可分为五类：一是投资性特许经营体系，即承受商投入大量资金获得一个特许经营权体系，本人控制整体营业策略，同时雇人经营分店。二是职业性特许经营体系，即承受商投入较少资金，获得特许权后，自己以职业者身份，亲自从事业务，如维修、服务、清洗、保安等。三是零售式特许经营体系，即承受商大量投资商业产业设施，利用所获特许权亲自经营零售业，而在自己经营不佳时，可以转卖所获特许权和投资产业。四是管理式特许经营体系，即承受商利用所获特许权亲自经营管理业务，多在财务、人事、咨询、物业管理等行业进行。五是销售与分销式特许经营体系，即在获得授权地区对授权产品进行分销业务。

特许连锁，是目前发达国家中发展最快、覆盖面最广的连锁类型，所占营业额比重也最大。这是因为，特许连锁有着十分明显的优势。对于特许权授予方，可以用较少的资金和有限人员，迅速开展事业，占领市场，扩大经营；可以获得连锁经营体系所带来的规模效益；可以以经营技术、商标、形象标识等无形资产等作为特许权，一次开发投入，多次长期获利；还可以用加盟金和经营额提成等方式获得回报，收益有保障。

而对于加盟者来说，则可以获得以下好处：利用盟主总部成功的经验，经营受到市场欢迎认可的商品和服务，成功机会大，风险小；获得盟主总部持续的业务指导；享受连锁系统的广泛信息、共同性促销活动及总部的信誉和支持，获得规模效益带来的低成本好处。

当然，特许连锁也同样存在着弊端：一是加盟者失去了经营自主性，有碍积极性的发挥；二是标准化的经营要求，限制了经营的灵活性，如进货渠道受到限制等。

3.2.2 连锁经营方式的本质特征

连锁经营与传统的商业组织形式相比，具有以下四个基本特征。

1. 多店铺组织

连锁经营从其形式上来看，是由一个总部和若干个连锁分店所组成的，我国《连锁经营管理规范意见》规定：连锁店应由10个以上门店组成。这些门店如同一条锁链相互连接在一起，称为"连锁商店"。多店铺组织是连锁经营的基本特征。理解这一特征应把握以下几个基本要点。

(1) 连锁门店必须以经营同类商品或提供同类服务为基础。如超级市场的主力商品是"生鲜食品"；便利商店的主力商品是"便利服务"；专卖店的主力商品是具有著名品牌的系列商品等。如果把经营不同商品的店铺组合在一起实行连锁经营，就很难实现标准化管理和规模效益。

(2) 连锁门店与连锁总部具有不同的功能。连锁门店是直接面向顾客的经营单位，其基本功能是销售服务；连锁总部是为连锁门店的经营活动提供必要的条件，并指导与监督连锁门店的管理单位，其基本功能是规划设计、服务指导、监督调控。为了使门店集中精力做好销售服务工作，必须有一个健全而坚强的总部。"强化总部"是实行连锁经营的基本条件。

(3) 多店铺的组织形式根据产权关系和合作程度的不同分为"直营连锁""特许经营""自由连锁"三种。直营连锁是总部直接投资或控股形式下的组织形式；特许经营和自由连锁则是以独立产权为基础的加盟连锁形式。前者称为"授权加盟"，偏重于总部与门店之间的纵向关系；后者称为"自愿加盟"，偏重于门店之间的自愿合作关系。

2. 网络化经营

连锁经营的多店铺组织形式，从其业务营运角度来分析，其实质是网络化经营。连锁公司通过对上游企业的控制建立供货网络，通过门店扩张控制最终市场，并通过信息网络把两者有机地连接起来。

(1) 销售网络的扩张是连锁经营成功的基础。首先，为实现连锁经营的盈亏平衡，必然要求构成销售网络的连锁门店的数量达到一定的规模。如果门店数量达不到基本规模，连锁经营就无任何优势可言。其次，连锁公司的形象对吸引最终消费者具有极为重要的作用，而树立企业形象的基本途径是通过门店的销售服务，门店越多，形象的影响力就越强。最后，门店的数量越多，销售量就越大，对上游企业的吸引力也就越强，越能获得上游企业的支持。

(2) 供货网络的完善是连锁经营利润的重要来源。构成供货网络的基本要素是：统一采购、集货、加工、补货管理及配送，这些活动不仅是为了确保商品质量和持续不断的商品供应，同时还能创造利润。首先，集中统一进货能避免或减少分散采购时普遍存在的不经济行为，以降低进货成本。其次，以大规模的销售网络为交易条件，可以获得巨额的"通道利润"，如上架费、广告费、促销费等。再次，实行产销一体化或定牌监制，能够在维持低价销售的前提下实现高毛利与高利润。最后，通过提高供货网络的效率，能够减少商品库存，加快商品周转，提高现金流量的利用效率，为连锁公司创造丰厚的资金利润。

(3) 信息网络是确保销售网络与供货网络协调平衡的关键。首先，供货网络的一切活动都必须以高效率的销售网络的信息反馈为导向，否则就会降低供货网络的效率。即以信息流指导商流与物流。其次，管理大规模的供货网络和销售网络必须采用现代化的信息技术，否则就难以实现高效率的信息反馈。最后，原始的信息必须经过系统地分析才能有效地发挥出应有的作用。

3. 标准化管理

标准化管理是多店铺组织与网络化流通的必然要求，其目的是为了确保连锁门店的统一形象，保证商品质量和服务质量，简化管理工作，提高管理效率，并控制人为因素对经营管理可能造成的不利影响。对标准化管理的理解应掌握以下两个基本要点。

(1) 标准化管理方式有四层含义：一是建立标准；二是选择合适的人员；三是按标准对人员进行培训；四是把标准与掌握标准的人结合起来，以创造效益。

(2) 推行标准化管理应掌握以下基本原则：一是要把个人经验上升为集体经验，即从实践中积累经验，并用科学的方法将经验汇集为文字，并形成可传授的标准。二是坚持三方面结合，即"凡是要做到的都要写到；凡是写到的都要做到；凡是做到的都要有效"。三是标准化管理应该与信息化相结合，依靠信息技术把标准固化在信息系统中并强调适用性、渐进性和实践性，使标准的合理制定与有效的贯彻实施相结合。

4. 物流技术现代化

连锁经营对物流技术的要求很高：连锁经营总部需要集中配送商品，只有集中配送才能降低成本，提高效率，取得规模效益。集中配送需要建立在3C系统之上，3C系统包括以下三个方面。

(1) TC系统(Transfer Center)，即商品转运中心。对于那些各分店要求大批量供货的商品，工厂根据总部的订单，按各分店需求量分别打捆包装，运送到商品转运中心(TC)，由TC进行检验验收，然后再分货装运到各分店。

(2) DC系统(Distribution Center)，即商品发货中心，或细分货系统。对于各分店一次所要数量较少的商品，由工厂按总部订单总量供货运到DC，DC接货后，有的再按各店要货量开捆分货，配好货后，发运到各分店，所余部分商品则暂时储存在DC，供持续供货之用。因为DC是开装细分商品，所以也称为细分货系统。DC与TC的不同，一是有粗细分货之别；二是DC有暂时储存商品的功能。在实际中，两者往往设置在一起。

(3) PC系统(Process Center)，即生鲜食品加工配送中心，将各分店所订的生鲜食品，由总部大批集中采购至PC后，进行检验、加工、解冻、分割、包装后，运送至各个分店。其机能与DC类似，区别在于处理的是生鲜食品，且要加工处理。上述3C系统是连锁经营的支柱。

3.2.3 连锁经营的发展趋势

1. 连锁经营的电子化

近几十年来，发达国家连锁经营的迅速发展得益于计算机技术和通信技术的发展，得益于条形码的开发和应用,得益于销售时点系统、电子转账作业系统、电子订货系统和物流配送系统等的发展。例如,美国"西尔斯·罗巴克"百货公司投入巨资建立起数百台小型计算机和 5 万多台销售时点系统全日制工作的计算机控制系统,并引进最先进的多媒体技术、卫星通信网络,充分利用计算机使总部与各地的连锁分店以及供应商传递各种信息,做到其所属的连锁分店都处于实时控制管理之下。日本的连锁店在总部(本部)与各连锁分店、物流配送中心之间都实现了计算机网络化,使庞大的连锁店在网络的控制下得以高效运作。日本"西友"公司在国内各地建立了 11 个物流配送中心,承担本公司及邻近地区其他连锁分店的进货、配货和送货任务。日本的"橘高"公司也利用设在全国各地的 23 个物流配送中心,向各加盟店提供近 2/3 的商品。可以断言,随着科学技术的进步,连锁经营手段将更趋于现代化和电子化。电子商务的发展将以更加务实的"供应链管理"或"提供第三方平台服务"的方式管理好连锁经营企业,并得到进一步的发展,形成一定的竞争氛围。

2. 连锁经营方式改变着企业经营管理的模式

连锁企业将逐步摆脱价格战的困扰,竞争方式将表现为集约式的价格竞争取代粗放式的价格竞争,流通领域企业间视市场需求变化,不断开展营销创新、品牌创新以及开发不同获利定位的高价值、附加价值的商品或优良投资环境等集约式竞争将取代单独依靠价格、拼数量或始终如一地以打江山的创业品牌打"持久战""吃老本""拼优惠条件"等的竞争;开放式竞争将进一步取代封闭式竞争,流通领域提供商品和营销技术服务将在相互依赖中产生,国内流通竞争将进一步体现出全球性的有形与无形资产的多种竞争要素有机地结合起来的公开式竞争;信息武装下的专业化连锁企业竞争将取代传统式综合化竞争。在信息流通先于商品流通的时代,流通企业将进一步创新竞争观念,树立企业为消费需求而存在的"经营顾客"的理念,进而获取"前哨信息",聚焦主业经营,以占领市场份额。

3. 连锁经营广泛应用在各种零售业态中

现代化购物中心将在大城市悄然兴起,外资将注入购物中心建设与管理。连锁经营的专卖店、专业店、大型综合超市等将成为现代购物中心的最佳招商对象。商业街的建设、改造将成为大城市增强城市竞争力、走向国际化的举措之一,受到地方政府的重视。商业街将出现共同投资、共同建设、共同管理、共同采购的现象。布局合理、网点多的商业街将成为网络经济发展的最佳选择对象,进而引入连锁经营管理的理念。

4. 零售业态的融合发展

由于零售业态的竞争与发展,以经营鲜活商品、食品等为主的中型超级市场、便利店,将伴随消费者需求的改变,成为提高消费者生活质量的购物好去处,并进一步与大型综合超市和部分餐饮业形成竞争态势。另外,各种商品的大型专业店将呈现更大的发展,并与百货商店形成既竞争又介入的关系,出现工商联手、商农联手,共同开发新产品或创造新型营销方式的趋势。

5. 连锁经营发展高速化

在我国,连锁经营企业强强联合,跨区域、跨省市的合并、兼并等将不断出现,我国将出现真正意义上的全国性连锁大企业,并与外资合资企业形成更加明显的对抗局面。外资连锁零售业的进一步发展,将使传统经营方式的分销商处于更加被动的地位。在流通领域,深化改革、扩大开放、结构重组、完善政策、建章立制等的必要性,显得更加迫切。

6. 对连锁经营人才的争夺

连锁企业间管理人才的竞争,将成为中外连锁企业间市场竞争的核心。既熟知贸易、金融、法律、现代管理、现代营销和专业外语知识和经营技巧,又懂计算机应用的专业人才,将受到中外连锁经营企业的青睐。

7. 连锁经营方式促进各行业的发展

连锁经营方式将进一步促进工商资本相互渗透,主要表现为制造业以品牌为基础发展专卖连锁店;商业企业将以发展专业连锁店方式,吸引国内外著名品牌企业与之合作。工商资本渗透,将促使连锁经营资源的有效利用,连锁经营成功企业的"无形资产"将更有用武之地,甚至被视为"投资手段"得以发展。国家住房改革政策的进一步落实,将促进装饰、装修、建材连锁超级市场的发展,同时也将促进家用电器、厨房等耐用消费品的更新换代,进而带动相关产业的发展。

8. 连锁经营的方式得到政府的大力支持

我国流通基础设施落后将受到政府有关部门的重视,并将受到相应的政策支持。同时,流通具有指导生产、引导消费、容纳就业人员、促进国民经济发展的作用,也将受到政府的重视。进入 21 世纪后,我国零售市场的竞争更加激烈,发展连锁经营,进行规模扩张,是增强流通企业核心能力,持续发展的必由之路。

3.3 便 利 店

3.3.1 便利店的定义

便利店是一种以自选销售为主,销售小容量应急性的食品、日常生活用品和提供商品性服务,以满足顾客便利性需求为主要目的的零售业态。

从总体上来看,超级市场的发展为便利店提供了先进的销售方式和经营管理技术,便利店是超级市场发展到相对较成熟的阶段后,从超级市场中分化出来的一种零售业态。便利店之所以能够出现并迅速发展,一方面是由于超级市场的发展有其自身难以克服的种种障碍;另一方面还在于随着人们生活水平的提高和生活节奏的加快,消费者的生活方式和购物方式发生了很大变化,主要体现在对"购物便利"的强烈需求,而便利店正是能够满足这种需求的零售业态。

3.3.2 便利店的特征

以"小、灵、便"为特征的便利店与"大、全、廉"为特征的超级市场在业态上可以形成互补,两者在商品规模和品种等方面都有很大差异。

1. 便利店的商品特征

便利店的经营特色就是为消费者提供便利,为此在其商品结构定位上具有自身的特点。便利店的商品结构,大致可以分为食品、非食品和服务三大类,商品结构选择标准应考虑顾客的便利性和商店本身的有利性,其选择标准主要有:消费量大、购买频率高、品牌知名度高、销售方法相对简单、品质一致、附加价值高、毛利率高、季节性强的商品以及能按商圈内主要顾客的"STOP"(S 即 Style,指 Life Style:生活方式;T 即 Time:何时需要此商品;O 即 Occasion:需要此商品的主要动机;P 即 Place:在何地消费此商品)来进行综合考虑的商品。

(1) 食品类商品的特征。食品类商品是便利店的主力商品,至少占全店商品构成的 50%以上。在食品类的商品结构中,重点销售的是"速食品"和"饮料"两大类,如面包、方便面、牛奶、清凉饮料、啤酒、咖啡和香烟等。在这些商品中,便利店内的常温性加工食品往往很难与超级市场相竞争,但非常温性的速食品和饮料,不仅能满足消费者快速方便的饮食需要,而且也是毛利率很高、周转快的商品,通常被视为便利店商品销售的重点。而这些商品的个性化和特色也是至关重要的。例如,日本 7-11 便利店在长期经营中得到这样一些非常有价值的经验:第一,独创商品要占到 50%,才能达到 30%的毛利率,才能使商店有独特的个性;第二,保持食品基本是独创的,如 80%的日配品是独创的,20%的加工食品是独创的;第三,只经营常规品牌商品的便利店销售额和毛利率肯定要下降。

(2) 非食品类商店的特征。非食品类商品的销售额占便利店总营业额的比重虽然不高,但品项很多,这是构成便利店商品结构的一个重要方面。如洗涤用品、卫生用品等商品,这类商品保质期长,所以经营者往往会忽视对其进行数量控制,而造成商品积压或缺货。对于那些必备商品应确保供应数量,绝对不允许缺货现象出现,否则会极大地影响消费者对该便利店的忠诚度。

(3) 服务性商品的结构定位。众多富有特色的服务性商品是构成便利店主力商品的内容之一。服务性商品具有很大的发展空间,是便利店经营的一大特色。通常便利店在设置服务性商品时,都事先进行市场调研,评估消费需求的大小,坚持"便利性"与"有利性"相结合的开发标准。开发的项目主要有:服务代收、代理类(如代收公用事业费用、代收广告、快递信件、冲洗相片、名片印刷、为洗衣店代收衣物等);设备服务类(如复印、电话传真、自动提款等);信息提供和其他服务类(如生活娱乐休息、家庭生活咨询等)。在日本,其便利店之所以能在激烈的竞争中发展,服务项目的增加和服务方式的改变是其竞争的利器。除传统的服务项目外,现在国外一些便利店又增加了网上购物(一些无法在门店中销售的商品,如书籍等)、信息查询、下载音乐节目、明星照片下载、旅馆预定、报纸订购、搬家公司预约、大学考试资料查询预定等服务。

(4) 不同商圈便利店的商品结构。便利店所处的商圈性质不同,其商品结构也需要进行相应调整,以体现该便利店的经营特色。例如,日本的 7-11 便利店,其营业面积按总部统一规定,一般为 100m^2,其门店的商圈半径为 300m 左右,选址一般在居民区。商品定位:食品 75%,杂志、日用品 25%。商店经营的品种按总部规定为 3000 个,其品种结构可灵活多变,一般每月由总部商品部门向各门店推荐 5000 个品种,其中有 80 个是新品种,门店可根据市场需求,从中选择3000个比较畅销的商品来经营。由于店内经营的品种经常更换,给顾客以新鲜感,加上门店的建设、管理遵循总部统一管理的四个基本原则:必须品种齐全;严格实行鲜度管理;店内保持清洁、明快;确保亲切、周到的服务,因此,7-11便利店始终保持着骄人的业绩。

2. 便利店的需求特征

便利店的目标顾客主要是那些对新产品特敏感的年轻人,这些人不是通过广告宣传去购买新商品的追"新"族,而是对尚未进行宣传的新商品信息敏感度特别高的人,他们往往是新消费趋势的导向者。此外,便利店的目标顾客还包括上班族、丁克族(即没有孩子的年轻夫妇)、单身族、青少年等,其中男性、儿童、单身顾客较多。便利店主要满足目标顾客以下几个方面的需求。

(1) 适量性需求。便利店提供的便利性商品包装量合适,能满足消费者小容量、多样性选择的需要,包装量合适的商品刚好够用,不会浪费。此外,便利店还经营超级市场无法顾及的商品品种,如需求量较小的特殊商品、特殊服务项目等,从而可以弥补超级市场的品种空隙。

(2) 急需性需求。便利店往往能帮助消费者救急,如家中突然来了客人,该买的东西忘了买或者发现偶尔才用的东西没有了等,这时消费者都会自然而然地想到便利店。

(3) 即时消费需求。便利店能够非常方便地满足消费者的即时需要,如夜半时分,烟瘾犯了,可以马上到便利店去买;肚子饿了,可立即到便利店去买吃的。

(4) 应季性需求。便利店会根据季节的变化而调整商品结构,以满足消费者不同的季节需求。消费者在冬季希望有温热的食品,可立即食用;在夏天希望有冰凉的食品,能迅速地消暑解渴,便利店都会努力地满足消费者这方面的需求。

(5) 调剂性需求。便利店还能够满足这样一类消费者的需求,即他们在感到无聊、寂寞时,想找棋牌和朋友玩牌、下棋,或者想随便翻阅一下书报,便利店就是个好去处。

3. 便利店的营销特征

便利店的营销特征主要体现在"便利"方面,具体体现在以下四个方面。

(1) 时间。便利店靠近居民区,其营业面积在$50\sim150m^2$,营业时间可以达到15小时以上,甚至24小时经营全年不息。由于便利店门店的面积小,商品品种少,商品陈列有序,位置明显,因此顾客在便利店的购物时间一般只占在超级市场购物时间的1/5,而且交易过程迅速,能够非常容易地解决生活急需。

(2) 空间。便利店开店的地点比较自由灵活,通常其商圈半径为250米左右,步行约5分钟,有力地填补了市场的消费空隙。便利店门店的位置极其便利,顾客购物十分方便。

(3) 商品。便利店的经营品种在2000种左右,所销售的商品以消费者日常的必需品及市场新品为主,并且商品质量可以得到完全保障。

(4) 对象。到便利店购物的顾客80%为有目的的购买,在服务对象上,便利店与特定顾客的关系密切,主要为特定顾客提供服务,并且始终保持着良好的信誉。

3.4 无店铺销售

3.4.1 无店铺销售的定义

无店铺销售即不通过店铺销售,而由厂家或商家直接将商品传递给消费者的零售业态。是一种现代营销方式,它是社会经济发展的产物,也是顺应新的消费需求和技术进步的必然结果。无店铺销售包括邮购、网上商店、电视购物、自动售货亭和电话购物等。美国的营销和零售学者认为,当零售商不依赖店铺来达到接触消费者、完成交易的目的时,就可以被认定为在从事无店铺零售。

现代意义上的无店铺销售最早产生于美国,20世纪70年代得到较快发展,随后传播到日本及欧洲各国。无店铺销售比重最高的是美国、英国和德国,分别是15%、8.5%和6.3%。促使无店铺销售方式兴起和发展的因素主要有以下三个方面。

1. 科学技术的进步

无店铺销售的发展与科学技术、生产力的发展相适应。新一代自动售货机科技含量高,能分辨各种钱币,具有找零功能,克服了自动销售商品的价格必须与硬币单位相配伍的难题,自动销售的商品范围得以扩大。快速发展的电子、通信信息工具不断进入家庭,促进了目录销售、电话购物、电视销售、网上购物等高层次购物的发展,消费者可以在家里采购到各种商品和享受到各种服务。高效互联网,为企业的商务行为提供了快捷、廉价的销售手段——Web销售手段。

2. 买方市场的形成和企业竞争的加剧

买方市场条件下,销售者之间竞争由原有的价格竞争向质量、包装、品牌、服务、分销等非价格竞争方向发展。传统分销渠道,商品经过批发、店铺零售等多个环节才能最终传递到消费者手中,渠道各方关系复杂,协调成本高,交易费用大。通过无店铺销售方式,制造商可以不经过中间商和零售店铺,将产品直接销售给消费者;消费者可以更加高效、方便地购买,获得显著的顾客让渡价值。

3. 购买行为的变化

现代社会人们的生活节奏加快,越来越珍惜闲暇时间,希望能在闲暇时间内从事一些有益于身心的活动,客观上越来越要求足不出户就能进行购物。消费者借助无店铺销售既能获得产品的效用,又能获得其他方面的满意和价值。随着就业率的提高,由于职业妇女可支配的货币收入增多,可支配的时间却大大减少,因此更加注重购物的便利性,希望减少上街购物的时间;而老年人大多行动不便,逛街和购物有障碍,也欢迎上门推销;年轻人则更喜欢上网,容易接受新事物,网上购物成为新时尚。同时,随着教育程度的提高、消费的创新意识增强,消费者将普遍接受无店铺销售方式购物。

3.4.2 无店铺销售的特征

1. 流通环节少且交易费用低

无店铺销售的交易行为在店铺外进行,不需要交纳租金,消费者可获得较低的价格实惠。对于新产品上市，如果采用店铺售卖形式，就需要考虑广告费、场地租赁费、进场费等费用大，投资时间长，回报系数不稳定等问题。而无店铺销售在这方面的优势就显得十分明显：厂家直销、现款交易、资金回笼快、费用省、风险系数低，属于稳健型经营，消费者可获得多方面的好处。

2. 销售通过媒体促成，有利于扩大商品销售途径

无店铺销售借助走街串巷、行走叫卖、上门推销等人力媒体，以及报纸、邮寄、电话、电视、互联网等现代媒体，主动将商品推荐给消费者，从而扩大了销售产品的途径和方式。

3. 能够突破顾客购买的时空限制

无店铺销售可以不考虑顾客的购买时间和空间的限制，顾客可以通过信息媒体与销售方频繁沟通，利用电话、传真、互联网以及信函等方式进行订货，签订购物合约，方便消费者购买。销售方能通过各种通信、运输手段将产品送到边远地区的消费者手中，从而可以实现跨城乡、跨地区、跨国界购物。

4. 有利于提高企业和客户的沟通效果

无店铺销售能更好地满足消费者个性化的需求。店铺销售通过促销手段单向传递信息，吸引消费者进店，再通过营业员面对面洽谈成交。无店铺销售在交易发生前，销售者先将销售信息输出，消费者再把购买具体商品的信息反馈给销售者，双方协商互动成交，满足客户的个性化需求。

3.4.3 无店铺销售的类型

1. 电视购物

电视购物是指利用电视媒体对顾客直接推销产品或服务，并以电话、信函或互联网方式获取反应，取得订单的零售类型。电视购物一般采取两种方法：一种是直销公司购买30~60秒的电视节目广告的时间，介绍产品，顾客通过免费电话订购广告宣传的产品；另一种是通过闭路电视或地方电视台播出一套完整的节目，专门销售各具特色的套装产品。

作为一种新兴的购物方式，电视购物节省了大量的渠道费用，将节省下来的成本返还给消费者，保证了产品的低价。此外，通过电视媒介生动的传播，最大化地向消费者传达商品信息，满足消费者的知情权，而电视购物也成为颇受关注的新兴营销模式。与无店铺经营的网上购物相比，在保障消费者隐私权方面和保证交易安全方面，电视购物可以做得更好。网上购物在注册和交易过程中，消费者的隐私容易泄露，而电视购物只需一个电话订购，然后就等送货上门，货到付款，既方便又快捷。然而，由于电视购物的消费者都是通过电视广告的产品介绍了解及订购产品的，与网上购物一样都不是直接看了产品实物后才购买的，肯定会存在个别消费者在收到产品实物后，因发现个人期望值与实物存在一定的差异要求退货，这个问题怎么办呢？在国际上，电视购物公司给消费者提供退、换货服务已经是通行做法，据调查，在国际上电视购物的平均退、换货率为10%~15%，但是在国内却很少有商家这样做。因为退、换货困难，消费者对商家产生了严重的信任危机，这个问题已成为国内电视购物行业发展的"瓶颈"。

第 3 章 零售业的业态

电视购物在一些国家的市场一直保持着快速增长。目前，美国电视购物的销售额约占全国零售总额的 8%，而来自中国广告协会电视委员会的数字显示，在 2005 年全国社会消费品零售总额 67000 多亿元中，电视购物所占份额约为 0.1%，后续的市场发展空间巨大。如何提高电视购物服务水平，使得电视购物更安全、更规范是业界关注的焦点。有专家指出，提升电视购物服务水平的关键是物流，目前国内电视购物销售商在整体物流规模较小、物流效率不高的情况下，提高服务水平的成本巨大，这是造成目前国内电视购物服务水平低下的重要原因。

2．邮购商店

邮购商店是将宣传商品或服务的信件、传单或折叠广告，分别寄给有购买潜力的顾客，顾客可通过函件、电话、网络等媒介表述购买决定，直销商邮寄商品或送货上门的零售类型。它与目录营销的最大区别是前者采取折叠信函的方式，后者采取装订成书的商品目录形式。

邮购商店是发展最早、影响最大的无店铺零售企业之一。它是由投资者设立邮政信箱，通过邮政系统邮寄商品目录或样本，向顾客宣传推销，接受顾客函件订购，通过邮政系统或运输部门向顾客寄送商品。邮购商店方便了边远地区的顾客，开拓了更大范围的市场。

目录样本商店也是从邮购商店发展起来的，它仅在商店内陈列商品样本目录，向顾客分发，接受顾客直接或通过电话订货，负责将商品为顾客送货到家。随着科技手段的现代化，目前有的企业采用电视购物或计算机联网形式，陈列展示商品，供顾客选择。顾客通过计算机系统或传真、电话订货，商店送货到家。

这种新型的无店铺零售企业在我国尚处于起步阶段，目前除少量邮购公司开展零售邮购业务外，一些大型零售企业也开展函购业务，并尝试开展计算机、电视、电话订购业务。但由于法制不健全，送货不及时，人们对此认识不足，因此还存在着发展的障碍。

目前，邮购商店也开展电话订购、计算机联网订购等业务，采用高科技手段向顾客展示、介绍商品，方便顾客，提高效率。

3．网上商店

网上商店是通过互联网将商品或服务信息传达给特定顾客，顾客通过互联网将订单发送给销售商，采取一定的付款和送货方式，最终完成交易的零售类型。

科技的发展对社会生活的影响是人们所始料不及的，计算机技术与网络技术的飞速发展使得网上商店已走进人们的生活。面对网上商店的冲击，传统零售业似乎有些措手不及，但我们发现，他们很快也以自己的方式加入这场网络大战。

从广泛的意义上讲，网上商店的大量涌现，是科技发展、商业竞争、消费者价值文化等综合因素共同影响的结果。

首先，现代化的生活节奏已使消费者用于外出购物的时间越来越少，拥挤的交通和日益扩大的店面延长了购物所耗费的时间，更多地消耗了消费者的精力。商品的多样化也使消费者难以辨别自己所需要的商品，消费者迫切需要新的更加方便快捷的购物方式和服务。

其次，竞争日益激烈的市场迫使制造商和零售商去寻找变革以尽可能地缩短运作周期，以降低商品从生产到销售的整个供应链上所占有的成本。

而对于这些要求，网上商店可谓一举三得。对零售商来说，网上商店降低了库存成本和店面的运作费用；对制造商来说，能够更加迅速地了解市场需求，减少商品积压，降低风险；而这一切又最终会使消费者受益，由于供应链成本的降低，商品售价也相应降低。同时，网上商店又使消费者免受乘车走路之苦，并能在商品的信息海洋中得到最好、最快的服务。

网上商店不同于传统商店之处，在于它不需要物理上的店面及装潢，不需要摆放真实的商品，也不需要售货员等。就经营特点而言，网上商店属于无店铺销售方式，其使用的媒体是互联网。

4. 自动售货亭

自动售货亭是指通过售货机进行售卖活动的零售业态。它是买者向机器中投入特定的交易媒介(钱币或磁卡)，机器自动交付商品和找付零钱的零售类型。自动售货亭，又称自动售货机，已被广泛地运用到多种商品上，包括那些方便性的冲动购买品，诸如香烟、软饮料、糖果、热饮料和报纸等，一般是满足人们临时性需要；也包括一些日常用小商品，诸如点心、热汤、袜子、T恤衫、化妆品、平装书、唱片、胶卷等；另外，自动洗衣机、自动电动游乐器、自动行李架、自动计时停车场也属于此类。

5. 电话购物

电话购物是指通过电话直接向顾客推销商品或与顾客约定时间进行访问推销的零售类型。电话购物一般通过两种方式进行：一是专门提供电话接听服务，通过电话专线接受顾客的订货、咨询或抱怨，由公司负责专线费用；二是提供电话外打服务，以温和的推销方式，礼貌地运用电话方式推销产品或服务。

6. 流动推销

流动推销是指零售企业派遣推销人员划分地区或商品向顾客推销的零售类型。推销员走街串巷，在向顾客推销商品的同时，传授商品使用知识，对商品负责安装调试，甚至开展以旧换新业务。推销员面向直接消费者推销的商品主要有食品、服装、化妆品，还有房屋、汽车、保险等。这种形式方便灵活，不占用场地，市场范围大。

7. 直销

直销顾名思义是直接销售的意思。直销是一种古老的销售形式，也就是在产品的生产者和最终用户之间没有任何中间环节，如农民直接将其生产的农副产品在集市上出售就属于直销的一种形式。这里所讲的直销是一种赋予了全新内容与现代市场相适应的现代营销方式。

直销是指直接在消费者的家中、工作地点或零售商店以外的其他地方进行商品或服务供应，通常采用销售人员直接与消费者接触的方式，在现场对产品作详细说明或示范，进行推广介绍，以达到销售其产品或服务目的的零售业态。包括在消费者家里或其他非商店地点(如办公室)与消费者接触，或是由零售商主动通过电话征求订货。其特点是不通过或者减少中间环节，将商品或者服务直接传递给消费者。直销有多种组织形式和计酬方式，如会员服务、访问销售、家庭聚会销售等。化妆品、珠宝、维生素、家庭用品和服务(如地毯清洁)、奶制品、杂志、报纸等产品经常以这种方式销售。直销战略组合重点强调购物的方便性和人员接触。

3.5 超级市场

在世界零售业的发展史中，零售学者将超级市场当作继百货商店之后的第二次零售变革。超级市场导入了连锁经营机制后，使商业经营转变成为一种可管理的技术密集型活动，使经营过程中的不确定因素随之减少，使超级市场多门店的连锁化经营成为现实。可见，超级市场的出现，丰富了连锁经营科学的内涵，而超级市场的发展离开连锁经营也是无法想象的。

3.5.1 超级市场的定义

超级市场是指实行自助服务和集中式一次性付款的销售方式，以销售包装食品、生鲜食品和日常生活用品为主，满足消费者的日常生活必需品需求的零售业态。超级市场普遍实行连锁经营方式。

3.5.2 超级市场的特征

1. 超级市场的需求特征

超级市场这一零售业态的基本需求特征是满足消费者的日常生活所需，提供给消费者"一次性购足"的商品。超级市场所经营的商品以食品和日用品为主。这些商品消费者购买频率高，选择性较低，消费者喜欢就近购买。可见，超级市场是以满足居民区消费者为主，以家庭为主要销售对象的，其最基本的目标顾客是家庭主妇。同时，随着超级市场经营品种的不断增加，经营规模的日益扩大，其服务对象也出现了多样化趋势，主要体现在以下几个方面。

(1) 双职工小家庭。双职工小家庭顾客没有时间在菜市场购物，回家后料理家务的时间不多，偏好超级市场提供的定量化、包装化的食品和日用品。

(2) 对商品知识或料理方法不太了解的消费者。这类消费者特别喜爱加工食品和熟食。因为超级市场能提供组合配菜，所以会迎合这类消费者的需求。

(3) 追求新鲜、卫生、品质良好的消费者。随着人民生活水平的提高，人们不再满足原有的消费方式和销售服务，而超级市场能够符合这类消费者所需的卫生、新鲜、规范、信誉、方便的要求。

(4) 收入水平或教育水平较高，比较喜欢尝试新、奇、特商品或追求时髦的消费者。这类顾客由于有一定的收入或较高的教育层次，比较注重购物环境的舒适性、购物的自由与便捷，也喜欢尝试超级市场提供的某些新、奇、特的新型商品。

(5) 礼品购买者。礼品购买者的消费特征是所购买的商品选择性较强。超级市场的销售方式正好能迎合这部分消费者的需求。

2. 超级市场的规模特征

超级市场的规模经营不仅仅体现在多门店数量的连锁经营,以及广泛的市场拓展上,还体现在其经营内容、价格政策、批零功能的双向发挥以及劳动力和营业空间的有效利用诸方面,具体体现在以下四个方面。

(1) 超级市场经营品种的规模特征。超级市场的经营范围是以食品为主,兼营其他日用消费品。发达国家的超级市场已经发展到经营几十万种商品,几乎与大型百货商店经营种类没什么两样,甚至已经超过了百货商店。这就表明超级市场这种零售业态在经营的范围上几乎涵盖了整个零售业经营的种类,可以说,超级市场在零售业种向零售业态的转移中最能体现经营品种的规模性。

(2) 超级市场经营方式的规模特征。由于超级市场薄利多销的价格特征,使得它要取得规模经济性,就要采用多门店的连锁经营方式,而连锁经营的中央采购功能、配送中心功能和总部管理功能,大大提高了商品的销售率和商品的库存周转率。而多门店连锁的超级市场,在"量"上是一个较高的市场占有率,在"质"上是就近满足消费者购物便利性的需要,可见超级市场的规模经济性与百货商店大店化的规模经济性是不同的,超级市场是分散的多门店的连锁规模,而百货商店是在一个大店里将分散的消费集中起来的集聚规模。在网点规模上,超级市场较之百货商店(如果没有连锁门店)更贴近消费者。在消费者日益追求购物便利性的趋势中,超级市场的规模经济性将更具有活力和适应性。

(3) 超级市场配销功能的规模特征。超级市场的规模经济性还表现在对工业的渗透和配销功能的增强上。超级市场以连锁模式发展到一定规模时,借助于自己掌握的流通最终通道,以众多的连锁门店作为市场销售依托,开发自有品牌商品,直接加工、生产和销售商品,使超级市场同时取得生产和商业的双重利润。超级市场配销功能的增强是依靠中央采购制和配送中心的联动功能效应建立起来的。通常连锁经营的超级市场较易取得各类商品的代理权和经销权,在既定的销售权力区域内,这些商品就不仅仅是在内部销售网络中出售,而且还可以通过配销将销售渠道发展到系统之外。

(4) 超级市场分工协作的规模特征。超级市场的规模性还表现在营业空间的有效利用和劳动效率的提高上,由于超级市场采用的自助方式,在门店内有大量的开架式陈列货架,同时供超级市场员工陈列补货和顾客挑选商品,而用于面对面售货方式中的封闭式柜台和货架大部分被淘汰,使得商品的出样率可提高30%~50%,商品的投放量可提高20%左右。因此,超级市场的销售是一个各部门、各环节互助分工协作的结果,购销调存各部门是专业化的,员工岗位工作是单纯化的,由此,就在零售业中导入了大工业分工协作的机制,改变了传统零售业的工艺过程,大大提高了超级市场的劳动效率。

3. 超级市场的营销特征

超级市场自助售货和集中结算的销售方式,对零售业传统的销售方式是一次革命性突破。这种突破意味着超级市场可以给消费者带来更多的利益。超级市场的营销特征具体表现在以下四个方面。

(1) 购物的便利性。超级市场通常强调靠近住宅,购物方便。为此超级市场的店址大多选择靠近消费者的居住地区,这样消费者就可以方便地就近购买到商品。同时,超级市场所提供的商品是消费者日常所需的品项齐全的主副食品、日用百货和杂品等,能满足消费者一次购足其日常商品的需要。

(2) 购物的廉价性。实行大众价格,以较低的零售价格出售商品,即以价格低廉取胜,这是超级市场的显著特征。超级市场通过大量进货降低成本、大量销售加快周转、节省资金以及减少营业人员、降低工资成本等多种有力措施,使商品以最低的价格销售,并以此来吸引顾客。因而,超级市场属于低毛利的业态,但这并不会影响超级市场的总体效益,因为低价销售能够带来薄利多销的效应。

(3) 购物的舒适性。超级市场的自助式销售方式除了能为顾客创造良好的购物设施条件,还能使消费者从紧逼性推销方式的压力下解放出来,自由地选购商品,从而增加购物的乐趣,也避免买卖双方可能出现的冲突和不愉快。同时,超级市场注重卖场环境的卫生整洁,合理的卖场商品配置与陈列,以及卖场气氛的营造等,为消费者创造了良好的购物环境,使消费者对购物的舒适性要求得到最大满足。总之,超级市场对消费者的第一利益——挑选的自由性和自主性给予最大满足。

(4) 购物时间的节约性。传统的售货方式实行部门结算和单品结算,而超级市场在结算方式上实行一次性集中结算,大大节省了消费者的购物时间,使购物变得快捷。据有关权威性资料统计,苏联曾在20世纪60年代对10万名消费者做了1年的跟踪性调查,调查显示,到超级市场购物比到其他商店购物,可以节省大约30%的时间。

3.5.3 超级市场的分类

超级市场的业态模式各种各样,绝大多数超级市场的类型都是以价格折扣为导向,这种导向由超级市场经营的商品属性和采取的连锁经营方式所决定,即基本生活所需商品的属性是低价格、高周转,而超级市场连锁经营的方式又使其低价格的销售成为可能。随着市场需求的变化加快,市场竞争日益激烈化,超级市场的业态分化是必然现象,因此能够更好地抓住顾客,满足不同顾客的特定需要是零售业不得不考虑的首要问题。

1. 传统食品超级市场

超级市场是从传统食品超级市场开始的,并在实现消费者一次性购足商品的需求上迈开第一步。传统食品超级市场的营业面积一般为 $300 \sim 500 m^2$,其经营的商品种类一般是食品和日用品。其中食品占全部商品的70%左右,但食品中生鲜食品的构成不足30%。它的功能集中了食品商店、杂货商店、小百货商店、粮店、南北货商店等传统商店各自的单一功能,使之综合化。传统食品超级市场的主要目标顾客是家庭主妇,它是传统小商店的取代者,也是超级市场最初的原始模式。20世纪80年代末90年代初,我国最早发展起来的 $500 m^2$ 左右的超级市场,都属于传统食品超级市场。

由于传统食品超级市场仅仅是对传统小商店的替代,其商品经营的综合度不高,无法真正满足一次性购足所需商品是它的最大缺陷,而这种缺陷集中地反映在无法综合地经营生鲜食品。当新的业态模式如标准食品超级市场和大型综合超级市场纷纷进入市场时,传统食品超级市场就面临着巨大竞争压力而处于劣势。此时,传统食品超级市场具有的唯一优势是距离居民区近,具有购物上的便利性,然而当便利店的规模发展起来后,这种便利优势也就让位于便利店了。从世界范围来看,传统食品超级市场的市场空间缩小是最快的,因此这种超级市场不可能成为超级市场的主力业态。

2. 标准食品超级市场

标准食品超级市场也称生鲜食品超级市场,其经营面积一般在 $1000m^2$,与传统食品超级市场不同的是,它以经营生鲜食品为主,其营业面积的 50%~70% 要用来销售生鲜食品,可以说标准食品超级市场实际是在传统食品超级市场的基础上,强化了生鲜食品的经营,因此它对传统商店是一个内容和形式上较为完整的现代化替代,为超级市场保证消费者基本生活用品的一次性购足创造了最初的、较为完整的形式和内容。

标准食品超级市场虽然初步满足了对消费者一次性购足生活必需品的需要,但同样面临着被大型综合超级市场等替代的危险。从目前中国的情况来看,由于受消费习惯、收入水平、保鲜技术、冷冻技术、农产品加工技术等因素的制约,以标准食品超级市场为发展模式的连锁企业没有一家取得成功,即使是具有很强的经济实力,并在经营生鲜食品方面具有丰富经验的外国公司,如日本的西友、荷兰的阿霍德在 1999 年也被迫退出中国市场。但标准食品超级市场在发展中遇到的这些困难并不影响我们对标准食品超级市场的认识,超级市场要成功发展是不可能超越生鲜食品超级市场这个阶段的,超级市场经营生鲜食品一直是中国超级市场界追求的目标。

3. 大型综合超级市场

大型综合超级市场(General Merchandise Store,GMS)是标准食品超级市场与折扣店的结合体,衣、食、用品齐全,可以全方位地满足消费者基本生活需要的一次性购足。其营业面积可以分为两类:大型综合超级市场营业面积为 $2500\sim6000m^2$;超大型综合超级市场营业面积为 $6000\sim10000m^2$ 或以上。对超大型综合超级市场来说,还需要配备与营业面积相适应的停车场,一般的比例为 1∶1。大型综合超级市场两个最基本的特点是:第一,经营内容的大众化和综合化,适应了消费者购买方式的变革——一次性购足;第二,经营方式的灵活性和经营内容的组合性,它可以根据营业区域的大小、消费者需求的特点而自由选择门店规模的大小,组合不同的经营内容,实行不同的营业形式。

低成本、低毛利、大流量,是大型综合超级市场的经营特色。它不经营品牌商品和贵重商品,一般经营的都是大众日常的消费品,毛利由市场决定,所以价格不高。在这种情况下,大型综合超级市场要想取得盈利,就只能采用低成本的方式经营。例如,员工数量比百货商店少,服务项目也不应比百货商店多;不设导购员,没有送货上门服务等。例如,家乐福在中国一直致力推广"大型综合超级市场"的概念,即"一次购足、超低售价、免费停车、自助服务和新生鲜优质",其卖场面积约为 $10000m^2$,配备员工 500~600 人,人均日购买次数为 1.5 万人次,经营 1.8 万种商品,并越来越多地实现采购当地化。这一全新的经营模式在北京、上海已经获得成功。

目前,中国的大型综合超级市场具有以下几种不同的营业形式。

(1) 日本式。以北京的伊藤洋华堂和上海的佳世客为代表,是生鲜超级市场和百货商店的结合,主体是百货商店,并采取自助服务和自选商品部相结合的销售方式。

(2) 美国式。以深圳的沃尔玛购物广场和上海的易初莲花中心为代表,是生鲜超级市场和综合百货商店的结合,但其主体是超级市场,采取自助服务方式。

(3) 欧洲式。以法国的家乐福为代表,是生鲜超级市场和折扣店(非食品的廉价商品)的结合。

(4) 中国式。以上海的农工商超级市场 118 店为代表,是家乐福经营模式和传统批发商业模式(当场开单,当场配、提货)的结合。

从市场表现看,美国式和欧洲式的大型综合超级市场要优于日本式,因为欧美式是价格折扣型,而日本式是商品选择型。在经济调整时期,价格折扣型当然要大行其道。大型综合超级市场由于其经营内容综合化,能真正满足消费者一次性购足的需要,是超级市场中主力业态模式,也是未来中国零售业的第一主力军。

3.5.4 超级市场的局限性

1. 超级市场经营基本上符合小商品大市场的一种属性

超级市场商品这六个字,限制了一些高端的、向品牌和研发要效益的产品进入超级市场,相对来说,一些中档甚至中低档的产品,在超级市场非常畅销。而高端的、个性化的、独立的、品牌研发的商品,用精品店中店的形式来承载效果更好;那些有个性的、有品位的、要求到位的商品还是去专卖店购买。因此,适合超级市场经营的商品范围受到一定限制。

2. 产品标准化的程度比较高

超级市场这一零售业态由于很多门店的连锁化经营,以及运用现代流通技术和管理手段,其市场地位显示出明显的独立性特征。这种独立性特征就是对生产的主导和对消费的创造。

超级市场因为是一个新鲜的事物,在一开始进入中国时就有很多前卫、时尚的人去消费,但是当这些消费者慢慢对超级市场熟悉之后就会出现新的定位。超级市场满足的是价格比较好,特别是功能性产品,品牌色彩不能太浓,太浓恐怕不符合超级市场商品的属性。就像家乐福二层基本上都是服装、鞋,有的顾客从来不在那里买,这就是超级市场的局限性。

技 能 实 训

【实训目的】
通过案例讨论加深对零售商业业态的认识。

【实训主题】
认识百货商店的经营模式。

【实训时间】
本章课堂教学内容结束后的双休日和课余时间,为期一周。或者指导教师另外指定时间。

【背景材料】

广百百货东山店正式开业开启"百货综合体"经营模式

《信息时报》2012 年 12 月 23 日(记者林建敏、王欢)报道,广百百货以"不关张"形式接手农林下路美东百货，经过 4 个月的调整，2012 年 12 月 22 日，广百百货东山店正式开业。记者了解到，调整后，广百百货首次以"百货综合体"的经营模式进驻农林下路商圈，该店也成为广百百货市区发展的第 18 家门店。

"传统百货千店一面，生存空间越来越小。"在昨天开业仪式上，广百股份董事总经理黄永志表示，随着消费者个性化、多元化需求变化，传统单体百货的吸客能力逐渐减弱，客层被购物中心、城市综合体分流，只有引入新经营元素，才能确保经营能力提升。

据悉，东山店以中高档精品百货为经营定位，在保留原有星巴克、许留山、超级市场、屈臣氏、发廊等配套设施基础上，加入多种生活元素，如中国菜、日本菜等各类餐饮，美甲美容 SPA 馆以及儿童活动天地等，并将不定时组织儿童绘画比赛、儿童理发服务、烹饪交流、美容、化妆艺术等。

据悉，广百百货 2012 年 8 月 23 日接手美东百货，经过 4 个月的调整，原来的 VIP 会员、会员积分、购物卡余额对接更换、品牌商户续签的对接工作已基本完成。黄永志透露，场内品牌调整了 70%，产品线和经营元素幅度都拉宽了。

此外，广百百货还将试水新媒体营销模式，顾客只需在智能手机下载并安装"沃闪"软件，利用软件"拍一拍""摇一摇"功能，即可免费获得丰富奖品。

(资料来源：http://news.winshang.com/news-137117.html)

【实训过程设计】

(1) 指导教师布置学生课前预习阅读案例。

(2) 将全班同学平均分成小组，按每组 5～6 人进行讨论。实训组就近选择百货商场进行调研。

(3) 根据"阅读资料"，讨论百货商场的经营模式有哪些。

(4) 根据讨论，对当地的百货商业发展状况做出评价。

(5) 各实训组对本次实训进行总结和点评，撰写作为最终成果的《零售管理实训报告》。

(6) 各小组提交填写"项目组长姓名、成员名单"的《零售管理实训报告》，优秀的实训报告在班级展出，并收入本课程教学资源库。

综 合 练 习

一、名词解释

　　百货商店　　连锁经营　　正规连锁　　便利店　　无店铺销售　　电视购物　　超级市场

二、单项选择题

1. 以"小、灵、便"为特征的连锁店是(　　)。
   A．便利店　　　　　　　　　　B．百货商店
   C．购物中心　　　　　　　　　D．大型超级市场
2. 便利店会根据季节的变化而调整商品结构，体现了(　　)需求特征。
   A．急需性需求　　　　　　　　B．即时消费需求
   C．调剂性需求　　　　　　　　D．应季性需求
3. "零库存"商店是(　　)。
   A．超级市场的特点　　　　　　B．便利店的特点
   C．网上商店的特点　　　　　　D．百货商店的特点

第 3 章 零售业的业态

4. 收入水平或教育水平较高，比较喜欢尝试新、奇、特商品或追求时髦的消费者是(　　)。
   A．超级市场的需求特征 B．电话销售的需求特征
   C．杂货铺的需求特征   D．菜市场的需求特征
5. 专一化战略是指(　　)。
   A．主攻某个特殊的顾客群、某产品线的一个细分区段或某一地区市场
   B．将公司提供的产品或服务差异化，树立起一些全产业范围中具有独特性的东西
   C．要求企业必须建立起高效、规模化的生产设施，全力以赴地降低成本
   D．严格控制成本、管理费用及研发、服务、推销、广告等方面的成本费用

三、多项选择题

1. 连锁经营与传统的商业组织形式相比，具有的基本特征有(　　)。
   A．多店铺组织 B．网络化经营 C．标准化管理 D．信息化经营
2. 多店铺的组织形式因产权关系和合作程度的不同分为(　　)。
   A．直营连锁 B．特许经营 C．特许管理 D．自由连锁
3. 标准化管理方式的含义是(　　)。
   A．建立标准
   B．选择合适的人员
   C．按标准对人员进行培训
   D．把标准与掌握标准的人结合起来，以创造效益
4. 便利店的营销特征体现在(　　)。
   A．时间 B．空间 C．商品 D．对象
5. 便利店的商品结构大致可以分为(　　)。
   A．服装 B．食品 C．非食品 D．服务
6. 超级市场的营销特征具有(　　)。
   A．购物的便利   B．购物的廉价性
   C．购物的舒适性 D．购物时间的节约性

四、问答题

1. 简述大中型零售企业在连锁经营上必须着力解决哪些问题。
2. 简述自由连锁的优缺点。
3. 与传统商店相比，网上商店主要有哪些特点？
4. 多店铺销售具有哪些主要特征？
5. 超级市场有哪些本质特征？
6. 超级市场的分类有哪些？
7. 简述特许连锁商店的主要特点。

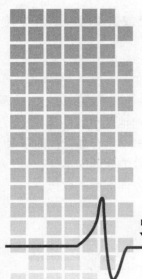

零售商圈的选择

学习要点

- 掌握零售商圈概念
- 学会运用一定方法对商圈构成、形态与顾客来源进行分析
- 了解零售商圈调查内容与制约因素
- 掌握零售商店选址的重要性及零售商店位置的类型
- 掌握零售商店店址的选择

■ 案例导入

武汉八大商圈盘点

武汉三镇被长江汉水自然分割，呈"三镇鼎立"之势。经过多年培育和营造，武汉三镇根据各区域特点的不同，已经基本形成较具规模的8大零售商圈。其中汉口2个：武广商圈、江汉路商圈；武昌4个：光谷商圈、街道口商圈、中南商圈、徐东商圈；汉阳2个：王家湾商圈、钟家村商圈。

近年来，武汉各大商圈呈现出遍地开花的"繁华"景象，在8大商圈之上，又形成了9大新兴商圈，但每个商圈的命运各不相同，有的宝刀未老，有的逐渐没落，有的崭露头角……整体来说，武汉商圈趋于分散发展、分版块布局的特点，商业的档次和规模正在提升。

(资料来源：http://www.winshang.com/zt/whshangquan/)

思考： 你了解你所在的城市的商圈划分吗？划分商圈有哪些必须考虑的因素和方法呢？

零售业是地利性产业，选择一个合适的地理位置对企业的经营成败具有重要影响。本章主要讲述了作为零售商选址的最基本内容——商圈分析与选择。明确了商圈概念、商圈

第 4 章 零售商圈的选择

构成、形态与顾客来源及商圈调查内容与制约因素,以及这些内容对零售商选址的影响,并在此基础上进一步分析了零售商选址的规律与技巧,以便科学地选址,为企业发展创造有利条件。

4.1 零售店铺的开发

每个商业活动都需要计划。如何让一个零售店铺从无到有,这是每个经营零售企业的人都必须考虑的问题。对于零售店铺的开发,业者必须提前做好充分的准备,主要包括:确定零售店铺经营的项目、确定零售店铺的规模、零售店铺的资金运营和对零售店铺的开业宣传与造势。

4.1.1 零售店铺经营项目的确定

1. 常见的零售店铺

要确定零售店铺的经营项目,首先必须了解目前社会上常见的零售店铺类型。主要从零售类型、店址、商品、价格四个方面对常见的零售店铺进行分类。

2. 确定零售店铺的类型和商品品种

在了解多种类的零售店铺的特点基础上,零售商必须通过市场调研去确定零售商店的类型和商品品种。正如在业界中流传的一句话:"如今的零售商所犯的最大错误就是不去光顾其他的商店和制造企业。"对零售商而言,逛街就像律师的取证调查一样。如果不看看外面,零售商怎么能知道顾客喜欢什么呢?

调研能够帮助零售商形成自己的理念,了解市场的行情,因此在调研的时候应尽可能多地光顾制造商和货源地,这有助于零售商了解销售什么和以什么样的进货方式较为适合。经过调研零售商就能够根据市场行情确定自身所经营的项目了,但是在最终确定要采购之前,零售商应该先回答以下几个问题:

(1) 在同一区域都有哪些商店和你经营一致的品种?

(2) 这些商店成功吗?他们处于成长或是扩展阶段?

(3) 你最喜欢的商店是什么样的?谁是你的榜样?

(4) 他们经营什么商品?产品有哪些品牌?

(5) 这些商店都在什么位置?是在市区、商业街还是独立存在?这些区域与你所处的位置有相似之处吗?

(6) 他们的商业模型是什么?他们如何经营?他们打折吗?

(7) 这些商店所在区域政治经济氛围是怎样的?那里的居民老于世故吗?是接受过良好教育还是缺乏教养?

(8) 你所在的区域人口状况和生活方式是什么样的?人们是生活质朴的还是讲究虚荣的?现代的还是传统的?

零售学(第 2 版)

(9) 他们的商圈居民与你的区域居民相似吗?

作为一个成功的零售商,其经营必须建立在识别顾客和市场需要的基础上,然后根据这些需要采购经营商品。

4.1.2 零售店铺运营资金筹集规模的确定

任何一间零售店铺的运营都离不开充足的资金,所以零售店铺运营资金筹集就是每个零售商要面对的重要问题。

首先,零售商必须确定筹资规模。所谓的筹资规模,是指一定时期内商店筹资的总额,通常情况下是以货币形态表示的。

在确定零售店铺的筹资规模时,往往会涉及零售店铺筹资的总规模、自有资金的筹措额以及零售店铺外部资金的筹措额这三个方面的内容。这三者之间的关系是:

自有资金的筹措额+零售店铺外部资金的筹措额=筹资的总规模

零售店铺的主要问题应该是怎样筹措零售店铺外部资金。在筹措规模中,时间因素是非常重要的。零售店铺的投资通常是分段进行的,因此筹资也相应地分成几个阶段。假如筹资的时机选择得不当,就会把原本应该紧密联系的筹资活动分割开来,这样不仅会给投资带来不便,也会对筹资规模做出错误或不准确的判断。

确定零售店铺的筹资规模常用的方法有财务报表分析法、实际核算法和比率分析法。以下对较为常用的财务报表分析法和实际核算法进行介绍。

1. 财务报表分析法

财务报表分析法是指通过对财务报表进行分析,来判断企业的财务状况和经营管理状况,从而确定合理的筹资规模的一种方法。

财务报表主要有四种:第一种是资产负债表,它是反映在一定时期内零售店铺的资金占用以及资金的来源的报表;第二种是留存收益表,它是反映在一定时期内零售店铺的留存收益变动情况的报表;第三种是利润表,它是反映在一定时期内零售店铺的各项收入和费用、成本以及净收益情况的报表;第四种是财务状况变动表,它是在一定时期内反映零售店铺的财务变动状况的报表。

对于财务报表的分析主要应从单项评价、财务比率分析和趋势分析这三方面入手。

单项评价是指对财务报表中的各重要项目进行分析评价,考察其确定性、准确性与合理性,不涉及各项目之间的比例、比率,可以通过单项评价的方法,根据历史经验初步确定筹资的数额;财务比率分析是一种比较复杂的方法,在一般零售店铺中不常用到;而趋势分析法是根据零售店铺连续数期内的财务报表,比较各期有关项目的金额,用以反映当期财务状况和营业情况的增减变化趋势的方法。

财务报表分析法较为复杂,需要财务人员有较强的分析能力,一般在确定投资决策的过程中存在众多不确定因素时运用。

2. 实际核算法

实际核算法是在店铺的投资需要基本确定的前提下,根据实际的投资需要核算出需要筹措的资金额的方法。

第4章 零售商圈的选择

实际核算法的主要特点是简单、精确,但是需要可靠详尽的基础资料。具体的操作步骤有:首先,确定项目投资的需要,主要是确定投资的规模及组合。其次,核算需要筹资的资金总额。在一定的时期内,零售店铺投资额多数情况下并不等于零售店铺的筹资额,因为可能存在本期投资但上期已经筹措到资金的项目,以及下期投资但需要本期筹资的项目。最后通过将各自的数据进行分项汇总,核算筹资总额。计算零售店铺内部筹措额,就是根据内部的资金来源,计算本期能提供的数额。最后通过以下公式就可确定零售店铺筹资规模:

$$零售店铺外部资金的筹措额=筹资的总规模-自有资金的筹措额$$

4.1.3 零售店铺投资规模的确定

投资规模是指一定时期内对店铺的投资总额。影响零售店铺投资规模的因素有很多,其中主要是投资总收益(指零售店铺所有的投资收入)和净收益(指扣除投资成本部分的投资收益)两方面的因素。在计算投资收益的过程中应该考虑到税收优惠、通货膨胀等因素的影响以及投资给零售店铺带来的其他方面的效益(比如:由此获得的资产所有权、控制权以及零售店铺声誉的提高等)。

确定零售店铺投资规模的方法有很多,下面介绍一种常见方法:量本利分析法。

量本利分析法是确定零售店铺生产规模时经常采用的方法。虽然零售店铺的投资规模与生产规模不同,但投资商都存在着规模、成本与效益的联系。投资成本可以划分为固定成本、变动成本和半变动成本,所以依然可以利用量本利分析法来确定投资规模。

量本利分析法的原理是通过对投资成本、投资效益和投资规模变化关系进行综合分析,最终确定最大投资净收益的投资规模。

由于在一定的投资规模以内,固定成本不变,变动成本会随投资规模发生线形变化,所以总成本曲线呈逐渐上升的趋势。但是超出一定投资规模时,固定成本就会随之发生变化,导致投资的总成本曲线出现较为明显的变化。根据总收益和总成本曲线,可先确定净收益曲线,然后再根据投资的最大限额确定合理的投资规模。

决定零售店铺投资规模的各种方法一般只是考虑一种或几种因素,因此零售店铺投资规模是难以精确定量表述的。这就表明通过上面的决策方法,得到的只是一个参考数据,在实际工作中还需要结合定性分析来运用。

4.1.4 零售店铺设备购置

拥有必要数量的物资设备是零售店铺顺利开张的前提和条件。零售店铺的物资设备按照使用场所的不同可以分为两部分:一是用于营业场所;二是用于辅助业务场所。

零售店铺的种类繁杂,不同的店铺需要的设备也不尽相同。下面主要介绍一些常见的用于营业场所的物资设备,包括货架、空调、收银机、冷冻设备等。

1. 货架

货架是商店不可缺少的主要物资设备,目前国内大多数商店出售的商品有 70%~80%以货架形式陈列出来。货架的功能大致可分为:吸引、展示和诱导三方面。

具有吸引力,能激发顾客对货架上的商品产生兴趣,趋之而来;具有丰富感,能使顾客感受到丰富多彩,流连忘返;具有诱导性,能诱导顾客光顾下一个货架,组织合理的消费流,增加商场的销售额。

货架有不同的构造形式和规格,其设计既要讲究实用、牢固、灵便,便于营业员操作,便于消费者参观,又要适应各类商品的不同要求。

2. 空调

空调设备也是现代化店铺所必需的物资设备。店铺安装空调设备可鼓励顾客在炎热的夏季前来购物,有些顾客为了暂时避暑而进店,这样亦可以增加商店的销售额,而且空调设备还可以提高营业人员的士气和效率,有助于保持店内空气和商品的清洁。

一般来说,小型店铺应选柜式空调,较大型店铺应选择分体式空调机,而大型或巨型店铺则应选用中央空调。

3. 收银机

收银机是顾客同意付款交易结算点,是店铺最重要的经营设备之一,它的作用不仅在于提高销售结算速度,减轻收银员的劳动,提高商品营销效率,更为重要的是,它能及时、准确地收集商品和顾客的信息,为经营者的经营决策提供有效的信息服务,对于连锁店要求信息快、结算方便、付款方式统一的特点,收银机显得尤为重要。

市场上各种型号的收银机有很多,零售店铺在选购的时候要注意以下几点:

(1) 功能齐全。不能为了节约资金而只选用功能单一的收银机。
(2) 收银机必须可以连接多种外部设备,如扫描器、读卡机等。
(3) 必须具有小计、现金找零、折扣、加成、立即更正、退货、作废等功能。
(4) 装纸、换纸方便。
(5) 保密性好,忠实记录收银员业务。

4. 冷冻设备

冷冻设备在一些商场是不可缺少的经营设备,尤其是超级市场所经营的生鲜商品,如水果、蔬菜、饮料等。冷冻设备一般有敞开式(又称岛式冰柜)和立式冰柜两种。随着城市居民生活水平的提高,生活节奏的加快,对冰箱的依赖性增强,对食品卫生、营养、方便的要求提高。因此,冷冻设备的投资要一次到位,要选择质量好的。如果冷冻设备出现问题,既影响店铺的正常营业,又会使冷冻商品变质,给店铺造成较大的损失。

4.1.5 零售店铺外观设计

零售店铺设计水平高低,直接体现零售企业的服务形象和经营风貌,影响顾客的满意程度,关系到企业的经济效益和社会效益。精心合理地进行店铺设计,有利于创造良好的经营环境和气氛;有利于突出商品宣传,吸引顾客,激发顾客的购买欲望,并方便顾客挑选和购买;有利于促进商品销售,提高经济效益及树立良好的企业形象;有利于充分利用营业空间,提高营业场地的使用效率,增加单位面积的营业收益。因此,零售店铺设计已成为当前零售企业主要的竞争策略之一。下面介绍零售店铺外观设计的主要内容。

第4章 零售商圈的选择

1. 建筑外观设计

店铺的建筑造型及装饰是顾客接触零售商店的第一环节。建筑外观设计将使顾客产生对店铺的第一印象,也是店铺吸引顾客注意力的第一亮点。因此店铺的建筑造型及装饰必须具有行业特点,独具风格,具有强烈的艺术性和时代感,以创造突出的企业形象效应。同时还要注意与周围的建筑物相协调,并符合城市规划的要求。

店铺外观设计主要考虑因素有:建筑造型及高度、建筑装饰材料及色彩等,具体要求安全、实用、先进、新颖、独特。店铺建筑临街一面应配置绚丽多姿、变幻闪动的彩灯、射灯装饰。每逢重大节日,有经济条件的商店还可在临街的整个墙面用彩灯勾画出巨幅美丽生动的画面。

2. 招牌设计

招牌是展示店名的形式,起到引导顾客来店,又便于加深记忆和传播的作用,是店铺吸引顾客注意力的第二亮点。因此要求店铺的招牌必须醒目突出,能见度高,尽量让顾客在远远望见店铺建筑的同时或再走近些就能看到。招牌字体的选择要与店铺的建筑风格相协调,并且要求用字规范,不可使用繁体字和不标准的简化字。招牌的材质、造型和色彩也要力求新颖艺术,不落俗套。店铺招牌最好配置灯光效果,以在夜晚熠熠生辉,夺目耀眼。

3. 门面设计

门面是指店铺建筑能见度高和顾客主要出入的临街一侧,是店铺建筑外观设计中最重要的部位,是店铺吸引顾客注意力的第三亮点。一般有三种形式:

(1) 封闭型。整个店铺的大门和橱窗都采取封闭式装修设计,从店外完全看不到店内。
(2) 半开放型。通过店门和橱窗可以看到店内。
(3) 开放型。店铺正对大街的一面全部开放,没有大门和橱窗,或全部橱窗为通透式,透过橱窗店内景物一目了然。

店铺可根据自身建筑规模、商品档次、经营特点等具体情况来考虑和选择门面设计的形式。

4. 出入口设计

店铺的出入口是顾客进出商店的必经通道,是店铺吸引顾客注意力的第四亮点,因此,必须设在醒目并且方便顾客出入的位置。从保证客流畅通和安全的角度考虑,店铺必须设两个或两个以上店门。根据商店建筑规模、格局及临街情况,可选择在正面和侧面、两侧和中央位置开设店门。因零售商店顾客流量大,进出频繁,店门设计采取推门而入的形式比较合适。不宜采取旋转式、电动式和自动开启式。进店后的门厅处要留有足够面积的门厅通道,力求宽敞通畅,并且重点进行门厅部分天棚、支柱和地面的装修装饰,显示出商店的品位和气势。

5. 橱窗设计

橱窗可以称作店铺的眼睛,是吸引顾客注意力的第五亮点。它一方面具有广告功能,同时也起到美化店铺门面的作用。因此，橱窗的装潢设计应在构思立意、道具材质、造型和做工、商品陈列技巧、色彩搭配等方面下功夫，力求做到构思新颖、主题鲜明、陈列艺术、装饰美观、整体效果好，展现出店铺的经营风格。对橱窗还应加强日常管理，要定期全面更新以适应季节变化及热点销售需要，平时经常除尘整理保持整洁清新，夜晚必须有灯光照明。好的橱窗设计装潢就是一道亮丽的风景，令人驻足欣赏。

4.1.6 零售店铺开张宣传与造势

俗语有云："好的开始是成功的一半。"这句话对于投资者来说绝对算得上是"金科玉律"。利用零售店铺开张的契机，进行宣传造势，无疑会给店铺以后的经营带来极为有利的影响。以下提供一些常见且有效的零售店铺开张宣传与造势的方法。

1. 邀请众人捧场

在店铺开张当天，可以请来亲朋好友、左邻右舍，为新店捧场。如果可能的话，可以请名人，通过名人效应，来抬高声势；或是请来表演队伍表演节目，凝聚人气。

2. 花团锦簇

开业当天，零售店铺门口可以放满祝贺花篮，用来展示经营者人际关系的良好。还要注意当天店铺的布局，布局要合理、新颖，使顾客有耳目一新的感觉。

3. 特价优惠措施

在开业期间，经营者还可以举行一些"特价优惠"促销活动，这样可以渲染开业当天的气氛。

4. 礼品赠送

从事零售行业本来就是给顾客带来新鲜的感觉、与众不同的满足以及最新的话题。在开张的那一天向顾客赠送有意义的纪念品或特别的礼物，会使顾客得到一种心灵上的喜悦和满足，当顾客回到家后自然就会有最新的话题与家人、朋友分享。如果零售店铺成为人们的"热门话题"，那么在宣传方面就没有什么可担心的。

开业前的准备是越周详越好，这样开业后才会有成功的希望。尤其是要注意开业当天店铺展现在顾客面前的形象，因为人们的观念往往有"先入为主"的特点。

4.2 零售商店商圈概述

零售商店由于主要为最终消费者提供生活所需的各类商品，消费者在购买商品时一般追求方便、便利，所以，零售商的销售活动必然要受到地理条件的制约。在零售商的各种经营要素中，地理位置是比较固定的因素，一旦确定，短期往往很难改变，因此，零售商在开店之前一定要认真地进行商圈分析，选择一个极具地利条件的店址，这对零售商未来的经营影响是非常重大的。

第4章 零售商圈的选择

4.2.1 商圈及商圈分析的意义

1. 商圈的概念

商圈是指一个店铺能够有效吸引顾客来店的地理区域，也就是来店购买商品的顾客所居住的地理范围，它实质上是一个零售商店经营活动的影响范围。

零售商店的销售活动通常都有一定的地理界限，有一个相对稳定的商圈，一般是指以该店所在地点为中心，沿着一定的方向和距离扩展，吸引顾客的辐射范围。

2. 商圈分析的意义

商圈分析，是指商店对其商圈的构成情况、特点、范围以及影响商圈大小的因素进行分析研究。

进行商圈分析对零售商来讲，具有重要的意义，具体表现在以下方面。

(1) 商圈分析是科学的选择店址的前提。任何一家零售商都期望自己能够面对较多的目标顾客，实现较大的销售额和利润，这就需要准确地了解商圈内人口的各种资料，有针对性地进行市场细分与市场定位，科学地计算市场容量，以商圈为基础确定商店的地理位置。

(2) 商圈分析有助于企业制定科学的竞争策略和营销组合策略。顾客的需求是企业营销活动的出发点和归宿，所以，企业的营销行为必须适应消费者的购买与消费行为。通过商圈分析，企业可以了解顾客的构成及其特点，了解消费者需求的变化，更好地适合消费者的需求，从而采取比竞争者更有效的经营策略，增强企业的吸引力，投顾客之所好，赢得顾客信赖，满足顾客现实与潜在的需求，获取竞争的优势。另外，通过商圈分析，可以明确哪些顾客是本店的基础顾客群，哪些是潜在顾客群，他们的需求特点和购买规律如何，从而确定商店的目标市场和经营方针，并随时根据商圈内消费群的变化灵活调整营销组合策略。

(3) 商圈分析有利于加快企业资金的周转，提高资金的使用效果。通过商圈分析，可以深入了解商圈内顾客需求商品的种类、购买能力、消费习惯，从而购进适销对路的商品，缩短商品的流通时间，提高资金使用效率。

(4) 商圈分析是企业制定市场开拓战略的依据。一个企业规模的扩大和其拥有的目标顾客群的数量和地理分布范围的大小是同方向变化的。通过商圈分析，可以帮助企业在保持基本顾客群的同时，力求吸引潜在顾客群，从而扩大商圈范围，有步骤地进行市场开拓。

(5) 商圈分析有利于经营者预测企业的经济效益。企业销售额的多少与商圈内的消费者人数与购买力的大小密切相关。所以，企业可以根据商圈内的总人口的多少、平均购买力的大小以及在本店的购买概率大体测算本店的销售额，为企业制定其他策略提供依据。

【案例4.1】

"立地第一"

地点的优劣往往直接关系到商家发展的成败。

世界最大的快餐店——麦当劳之所以能在全球几十个国家经营成功，取得年营业额高达 80 亿美元的惊人成绩，一个重要的原因就在于它占尽地利。

北京的麦当劳设在王府井的南端入口处，每天数十万人路过这里，想进去开开洋荤的人少不了。倘若麦当劳当初不舍得花钱买下这块金地，只是在一个小胡同里开一家分店，那么它绝对不会食客如云。

日本的麦当劳位于银座三越百货商店的正中央。老板藤田曾说过：犹太人之所以能够致富，就是因为他们非常重视店面地点的选择。银座虽然是个闹市区，但也并不是在银座内任何一个地方开店都会赚钱。倘若当初不是选中这个地方，而是在距离三越百货商店 10 米处开店，那就绝不可能有现在每天 200 万日元的高营业额。所以即使是相距 10 米，也决不能忽视，否则将会"失之毫厘而差之千里"。

（资料来源：http://t.163.com/2747241748）

麦当劳的成功，给了我们一个重要的启示：零售店选择店址对企业的经营有着重大的影响。而有效的选址要从商圈分析入手，可见，了解商圈的构成、掌握商圈的分析方法，对科学的选址决策有着重要的意义。

4.2.2 商圈的构成、形态与顾客来源

由于零售店受其业态、所处的地理位置、交通的便利程度、商店自身的经营条件等影响，使得不同零售店的商圈大小、商圈的形态存在着差别。而且，同一个零售店在不同时期由于受外部环境的影响，其商圈的大小和形状也会发生一定变化。另外，商圈形态由于受城市规划、交通条件等因素的影响，往往表现为各种不规则的多角形。为了便于分析研究，一般可以将零售店的商圈看作是以自身为中心的同心圆。

1. 商圈的构成

商店的商圈一般由三个部分构成，如图 4.1 所示。

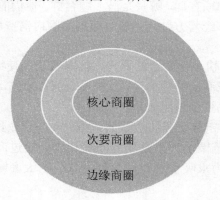

图 4.1 商圈的构成

（1）核心商圈。这是对商店营销活动影响最大的区域，从地理分布上最接近商店并拥有高密度顾客群的区域，商店对该层次的顾客吸引力最大，通常商店 55%～70%的顾客来自核心商圈。

（2）次要商圈。这是位于核心商圈之外、顾客密度较稀的区域，商店对该层次的顾客吸引力不大，包括商店 15%～25%的顾客。

（3）边缘商圈。指位于次要商圈以外的区域，在此商圈内顾客分布最稀，占顾客总数

的5%左右，商店对该层次顾客的吸引力较弱，一般规模较小的超级市场、便利店等在此区域内几乎没有顾客。

2．商圈的形态

商圈的形态是进行商圈分析的基础。一般按照商圈所在地的特点，商圈的形态可分为以下几种。

(1) 商业区。商业区是指零售商业聚集、交易频繁的地区。该区域的特点是店铺数量多、交通便利、商圈大、流动人口多、热闹繁华。消费群体多以购买选购品为主，其消费特点是购买决策快、购买的商品时尚流行、消费者容易冲动购买并且一次购买的商品数额比较高等。

(2) 住宅区。住宅区是指住户聚集的地区。住宅区的特点是固定的住户较多、消费者群比较稳定。其消费特点是对购物的便利性要求较高，商圈较小，消费者主要购买个人或家庭所需的日用必需品，如食品、日用品、杂货等；一次购买数量较少，但购买率较高。

(3) 文教区。文教区是指该区附近有大、中、小学校等。文教区因比邻学校、文化机关，消费群以学生居多，文具、书籍、文体用品和休闲食品需求较大，消费金额普遍不高，但是购买频率比较高。

(4) 办公区。办公区是指办公大楼林立、上班族聚集的地区。办公区的商圈范围较大，消费群体多为次要商圈人口，购物时间比较集中，多为上下班时间，办公区的消费者购物主要追求便利性，往往是顺便购买。

(5) 混合区。混合区是指两种或两种以上形态的有机结合，如住商混合、住教混合、商办混合、办住混合等。混合区往往同时具备多种单一商圈形态的消费特色，消费者购物具有多元化的特点。

3．商圈顾客的来源

根据商圈内顾客的性质，可以将商圈顾客的来源划分为以下三类。

(1) 居住人口。居住人口是指居住在零售店铺附近的常住人口，这部分人口具有一定的地域性和稳定性，是核心商圈内基本顾客的主要来源。他们的忠诚度较高，购买频率高，消费地点比较固定，但是顾客数量和购买力相对比较稳定，扩大销售的潜力较小。

(2) 工作人口。工作人口是指那些不在店铺周围居住而工作地点在零售店附近的人口，这部分人口中有一部分人喜欢利用上下班时间就近购买商品，他们是次要商圈中基本顾客的主要来源。在此商圈内，工作人口越多，商圈的规模就越容易扩张，潜在的顾客数量就越大。

(3) 流动人口。流动人口一般是指除居住人口、工作人口之外，处于交通便利地带、商业繁华地区或公共场所密集地区的过往人口。这部分人口具有明显的不固定性，是构成边缘商圈内顾客的基础。由于流动人口的不固定性，选择消费场所的随意性较大，忠诚度较低，从而较易受到商业竞争对手的影响。因此，经营者要树立良好的市场形象，发挥自己的经营特色，提供优质服务，以扩大自己的商圈范围。

4.2.3 商圈调查内容与制约因素

1. 商圈调查内容

商圈分析既是新店选址的依据，也是企业制定和调整营销策略的基础，所以，进行商圈调查，掌握商圈内人口、购买力、购买动机等相关资料，具有十分重要的意义。根据商圈分析的意义，商圈调查主要包括以下内容。

(1) 有效商圈范围的调查及市场趋势分析。商圈调查的首要内容是要确定商圈的范围，因为只有确定了商圈范围，才能进行商圈内人口、购买力、竞争状况及环境因素的分析。商圈范围的确定需要通过对消费者的调查和对市场趋势的分析来进行。

对消费者的调查，主要应了解顾客乐于接受的往返于商店的距离和花费的时间是多少；一家商店要具备哪些特征才能吸引顾客；顾客每周来店的次数；最可能来商店的人的住址等。根据这些基本问题，判断开店可能吸引顾客的地理范围。

对消费者的调查，最直接的调查方式是实地调查法。实地调查法是通过观察或访问方式，对潜在顾客进行直接调查，搜集资料，进行分析，然后以此划定商圈的一种有效方法。具体调查时可以采取入户访谈、街头拦访、电话访谈、邮寄问卷和通过办理会员卡、提供相应的服务等方式获取消费者的相关资料。

市场趋势分析主要分析商圈未来的发展变化趋势，一般可搜集有关资料，如人口分布的预测、新住宅的兴建计划、公共交通运输条件的变化、城市规划等方面的资料。

根据消费者调查与市场趋势分析所掌握的资料，以商店为中心，描绘出商店的商圈形状，为进一步分析商圈内消费者的特征奠定基础。

(2) 商圈内人口统计资料的调查。主要应了解商圈内人口的规模及特征，包括居住人口数量、工作人口数量、流动人口数量、人口增长率、人口密度、居民户数和企事业单位数量，及相应人口年龄、性别、平均教育水平、职业、收入水平等方面的现状和发展趋势。通过这些统计资料调查，有利于掌握商圈内人口构成的现状及未来人口变动倾向，并为市场细分和企业定位提供有用的第一手信息。

获取商圈内人口统计资料一般可以从政府的人口普查、购买力调查、年度统计报告等资料中获知，也可以通过企业的实地调查获得。

需要注意的是，在商圈分析中，要注意分析有没有人口增加的潜在趋势。一般来说，在一个城市中，新的开发区往往人口呈逐渐增加的趋势，所以，在新开发区开店较易成功；相反，在一个人口逐渐减少的老区开店较易失败。

(3) 商圈内顾客群的购买能力调查。任何一个商圈内的顾客群都分为两部分：一是居住人口；二是流动人口。两种人口的特点不同，对企业销售额的影响不同，调查实施的方法也有所不同。

商圈内居住人口由于相对稳定，所需的人口资料可以从居民委员会获得。在调查时首先可以根据家庭的平均可支配收入来预测每户家庭的平均消费水平，然后，用住户数乘以平均每户消费水平就是当地住户的总体购买能力。

流动人口由于具有很大的随机性，所以，了解流动人口的数量及购买力的资料，则需要进行实地测定，具体步骤如下：

① 测定商圈内流动人口的流量。测定时需要派足够多的专人，到预定商圈范围内的各个交通路口处，测定商店营业时间内由此经过的各年龄段的人数，且持续测定应在10天以上。

② 计算流动人口的平均流量。将测定的流动人口数计算平均值，求出每日每小时的平均人数。

③ 预估不同年龄层可能发生的客单价，即估计每一名顾客来店的购买金额。

④ 估算入店率，即流动人口中入店人数比率。

⑤ 计算流动人口的购买能力，即用客单价乘以入店人数。

商圈内顾客群的购买能力就是将居住人口的购买力与流动人口的购买力相加。

(4) 商圈内竞争状况的调查。随着零售业竞争的加剧，对竞争对手的分析越来越受到企业重视，而且，商圈内竞争状况的分析，比企业竞争环境的分析更为具体、更具有针对性，所以，商圈内竞争状况的分析已经成为商圈分析中一个非常重要的因素。在进行调查时，主要应了解以下内容。

① 分析商圈内竞争者的数量及策略，包括商圈内现有竞争者的数量、商业形式、位置分布、经营规模、营业额、商品组合策略、主要的服务对象等。

② 调查所有竞争者的优势与劣势、近期与长远的发展趋势。通过分析，掌握竞争对手的实力，分析竞争者对自身的影响，以便采取相应的对策。

③ 调查商圈的饱和度。任何一个商圈都可能处于商店过少、过多或者饱和的情况，衡量商圈的饱和度可借助于饱和指数来分析。饱和指数表示一个商圈内一定时期同业态店铺的单位营业面积预计实现的销售额。商圈饱和指数是判断某个地区商业竞争激烈程度的一个指标，通过计算或测定某类商品销售的饱和指数，可以了解某个地区同行业是过多还是不足，以决定是否选择在此地开店。一般来说，饱和指数越小，表明目前商圈内饱和度相对越高，新开店的市场占有率就有可能越低，开店的风险越大；相反，饱和指数越大，表明商圈内饱和度越低，新开店的市场占有率就越高，开店的成功性越大。

例如，一家准备经营日用品的超级市场在开业前进行选址决策，在进行商圈饱和度分析时，获得了相关资料：该地区顾客总量约为20000人，每人每周平均购买日用品的金额是40元，该地区现有经营日用品的商家的总营业面积为8000平方米。那么商圈饱和指数为

$$20000 \times 40 \div 8000 = 100 (元/平方米)$$

计算结果表明，该地区商店每周每平方米营业面积可以实现的日用品销售额为100元。用这个数字与其他地区测算的数字比较，数值越大则开店成功的可能性越大。

根据商圈饱和指数计算的结果，我们可以将分析的零售区域分为商店不足区、商店过多区和商店均衡区。很显然，新店址选在商店不足区域更容易成功。

有些企业在进行商圈调查时，往往只注重商圈内的人口数量和购买力的调查，认为人口多、购买力强的区域比较适合开店，而没有考虑到如果竞争者过多，也会分散消费者的购买力，造成大家都吃不饱，无法实现预期的销售额。

【案例4.2】

商圈重叠导致的选址失误

在上海普陀区长征乡方圆一千米的范围内，几乎同时开了三家大型综合超级市场。开业第一天，三家

超级市场都达到了营业额的最高峰,分别为310万元、140万元和150万元。之后营业额却纷纷回落,按照超级市场的经营理论,正常时期每天的营业额应该为开业当天营业额的一半左右,而该三家超级市场平时营业额均相当于开业当天营业额的30%左右,三家超级市场都没有达到正常营业额水平。

(资料来源:http://t.163.com/2747241748#f=topnav)

由上述案例可以看出,三家超级市场同时选定在一个区域开店,没有考虑到商圈的饱和程度,结果导致有效的商圈范围相互重叠,顾客的购买力分散,各店的营业额均受到影响,这也是零售店选址过程中应注意的问题。

(5) 商圈内环境因素分析。首先要了解商店区位的类型、交通的便利情况、车站的性质等,因为商店的地理位置和交通条件影响客流量的大小。同时,还要对商圈内经济状况进行分析,考察商圈内经济结构是否合理、区域的经济稳定性、在较长时间内居民收入的增长可能性等。如果商圈内经济状况很好,居民收入稳定增长,则零售市场也会增长;如果商圈内产业多角化,则零售市场一般不会因为某产品市场需求的波动而发生相应波动;如果商圈内居民多从事同一行业,往往容易受到经济周期及产品需求变动的冲击,该行业波动会对居民购买力产生相应影响,商店营业额也会相应受影响,因此追求稳定经营的零售商通常要选择行业多样化的商圈开业。另外,企业开店还要注意到商圈外部条件可能发生的变化,如人口搬迁、交通重建及城市规模等。

2. 商圈形成的制约因素

影响商圈形成的因素是多方面的,可以归纳为企业外部环境因素和内部环境因素。主要有以下内容。

(1) 商店的业态。商圈的大小受商店业态的影响,不同业态形式由于经营的商品种类不同,目标顾客不同,因而具有不同的商圈范围。借鉴国外经验,一般而言:仓储式商场实行会员制度,许多消费者都是成批购买商品,商圈的范围最大,可达到50千米;大型综合超级市场卖场面积大、经营商品种类丰富,因而可吸引远距离的顾客,商圈也可达到15~20千米;而标准食品超级市场主要经营食品,商圈一般为5千米;传统食品超级市场经营的商品种类少,商圈为1~3千米;便利店因为经营商品种类少,而价格又比其他的超级市场高,消费者购买主要是为了寻求方便,因而商圈只有500米左右。

(2) 商店规模。商店规模越大,商品的种类、品种越全,服务质量越好,服务项目越多,其市场吸引力就越强,吸引顾客的范围也就越大;反之则相反。

(3) 经营商品的性质。按照消费者的需求特点,企业经营的商品主要有三类,即日常生活必需品、周期性需求的选购商品和耐用消费品及特殊性需求的商品。

日常生活必需品,大部分为同质商品,价格较低,消费者购买频繁,购买时选择性不强,同时,在购买过程中,寻求方便的心理明显,喜欢就近购买,追求购物的便利性,希望以尽可能短的路程,花尽可能少的时间去实现购买。所以,经营这类商品的商店应最大限度地接近顾客的居住地区,一般商圈较小,只限于附近的几个街区。

消费者对周期性需求的选购商品往往是定期购买,在购买时,购物时间较长、挑选仔细,需要对比之后才能选择出适合自己需要的商品品种。为满足消费者的选择性需要,经营这类商品的商店应选择在商业网点相对集中的地区为宜,通过商店的积聚,加强对顾客的吸引力,因而经营这类产品的零售商其商圈范围较大。

对于耐用消费品，消费者往往一次购买长期使用，购买频率低，顾客在购买时，一般已有既定目标，在反复比较权衡的基础上再做出选择。对特殊需求的商品，消费者购买的偶然性较大，购买频率更低，顾客比较分散。所以，经营这些类别商品的商店，商圈范围更大，应设在客流量更为集中的中心商业区或专业性的商业街道，以吸引尽可能的潜在顾客。

(4) 商店的经营水平及信誉。一个经营水平高、信誉好的商店，由于具有较高的知名度和信誉度，其对顾客的吸引力较大，因而，商圈范围较大；反之则较小。

(5) 促销力度。商圈的大小还受企业促销力度的影响。一般来说，企业若广泛使用广告、人员推销、营业推广、公共关系等形式大力度地进行促销，则有利于赢得顾客，从而扩大商圈范围。

(6) 竞争对手的位置。竞争对手的位置对商圈大小也有影响。如果两家同业的商店相距有一段路程，顾客就要按距离的远近进行分流，则两家商店的商圈都会缩小。如果几家同业商店相邻而设，一方面会使消费者能在同类商店中进行商品质量、价格、款式及服务的比较，从而加剧商店之间的竞争性；另一方面，商店的集聚又会产生集聚放大效应，吸引更多的消费来商业区购物，从而有效地扩大购物商圈。

一般经营选购品的企业比较适合集聚，而经营日用品和食品的企业则适合分散。

(7) 交通状况。交通条件也影响着商圈的大小，交通条件便利，会给消费者的出行和购物带来方便，容易吸引较远地区的消费者，会扩大商圈范围；反之则会缩小商圈范围。

4.3 零售商店位置

零售业的服务具有明显的地域性，因此，店址的选择对商店经营的成功与否关系重大。

4.3.1 零售商店选址的重要性

由于特定的开设地点决定了商圈的大小，决定了一个企业可以吸引多少潜在的顾客，从而决定了该店销售收入的高低。因此，店址的选择是影响经营效益的重要因素。其重要性主要表现在以下方面。

1. 选址是零售业的一项长期性投资

零售企业要通过一定的营业场所为顾客提供售货服务，而且，不管是租借的营业场所还是自己投资建成的营业场所，一经确定，就需要投入大量现金去营建店铺。另外，当外部环境发生变化时，不像人、财、物等经营要素可以做相应的调整，而是店址一旦选定，一般短期内很难发生变化，具有长期性、固定性的特点。因此，选址是一种长期性投资，关系着企业的发展前途。

由于选址对企业的影响重大，所以，在选择店址时不仅要研究所在区域的现状，还要能够正确预测未来，特别是要对竞争的态势做出评估，保证所选的地址具有一定的发展潜力，在以后的一定时期内有利可图。

2. 选址是零售商店确定经营目标和制定经营策略的重要依据

零售商店确定经营目标和制定经营策略的基础在于了解服务对象,不同地区的社会环境、人口的自然状况、地理环境、交通条件会有一定的差异,因此,不同地区的零售商店,顾客的来源及需求特点也有所不同,从而决定了零售店对经营的商品类别、价格、促销售活动的选择也不相同。如在商业区开店和居民区开店,在工薪阶层居住区开店和富人居住区开店,企业的营销策略都会有差别。为了使企业的策略具有可实施性和目标的可实现性,经营者在确定目标和制定经营策略时,必须要考虑店址所在地区的特点。

3. 选址是影响零售店经济效益的一个重要因素

企业的店址选择得当,就意味着其享有"地利"优势,集客和聚客就多,商品销售额就大,实现的利润额就高。在同行业商店之中,如果在规模相当、商品构成、经营服务水平基本相同的情况下,好的店址必然享有较好的经济效益。

4.3.2 零售商店位置的类型

商店的位置一般分为三种基本类型:独家店、无规划的商业区和规划的商业购物中心。

1. 独家店

所谓的独家店是指单独坐落在一定的区域,独立开店,邻近没有其他竞争对手与之分享客流。

这类店的优势在于单独设店,无竞争对手,开店的成功率较高;如果采用租用营业场所,租金较低,开店费用低;单独设店,一般都会选择公路或街道旁边等能见度高的地方;建筑物单独设立,经营成功后有选择和扩大规模的潜力。

但是,如果这类商店规模不够大,商品种类较少,就不容易吸引远距离的消费者,商圈较小;广告费用必须独立承担,广告费较高;大多数情况下,商场建筑一般不能租用而必须新建,开店的前期投入较高;独立设店,消费者的选择余地较小,因此,购买选购品时,消费者更愿意去店铺集中的商业中心区购物。

由于独家店的特点,一般比较适合开设大型综合超级市场和仓储商店。因为大型综合超级市场和仓储商店经营商品种类齐全,价格低,具有较大的主动吸引顾客能力,能够满足顾客"一次购足"的需要,顾客一次购买量较大,需要较多的停车位以满足开车购物者。我国近几年兴起的大型综合超级市场,大多都选择在城乡接合部的交通方便地点独立选址,都比较成功。

2. 无规划的商业区

所谓无规划的商业区是指两个或两个以上的零售商店相距较近,未经总体布局或长期规划而自然发展起来的商业中心。如很多城市在发展中,由于交通条件、地理环境等因素自然而形成的比较繁华的商业区。

这种自然形成的商业中心又可以分为中心商业区、次级商业区、邻里商业区和商业街四种类型。

(1) 中心商业区。中心商业区是一座城市商业网点最密集的购物区,也是整个城市的最大购物区，吸引着来自整个市区的消费者。

中心商业区由于店铺林立，商品丰富，有较大的选择余地，交通方便，客流量大，在此开店，可以借商店的积聚效应吸引较多较远的顾客群，有利于扩大商圈；中心商业区店铺的种类设施齐全，具有一定的互补性，开店的成功性较高。

不足的地方在于：中心商业区往往地处闹市区，建店费用和租金都很高，开办费用高；公交线路较多，容易形成交通拥堵；场地狭小，基本没有停车场，不利于开车族购物；一旦需要扩大规模，扩展潜力小。

中心商业区比较适合开设百货商店或专卖店。

(2) 次级商业区。次级商业区是分散在一座城市的无规划的多个繁华程度较低的购物区域，通常位于两条主要街道的交叉路口，至少有一家百货商店或大卖场和几家专业店或专卖店。

次级商业区主要是面向城市的某一区域的消费者，交通比较便利，客流量较大；商品的花色品种比较齐全，便于消费者选购；比中心商业区更靠近居民区，顾客群比较稳定。但是与中心商业区相比，供应的商品和服务不均衡，难以吸引较远的顾客。

次级商业区比较适合开设以销售家庭用品和日常用品为主的商店，商品在档次上略低于中心商业区的商品，以满足大量工薪阶层人士的消费需要。

(3) 邻里商业区。邻里商业区是为了满足住宅区居民购物和服务方便而自发形成的小型商业区，主要由若干小商店组成。

由于邻里商业区的商店数量相对较少，基本不存在同种业态的店铺，竞争程度较低；邻里商业区往往在住宅区的主要街道上，最接近顾客，顾客群最为稳定；营业时间较长，便于顾客购买。

但是邻里商业区的商圈较小，客流量较少；商品种类相对比较单一，不利于消费者选择；价格相对较高。

(4) 商业街。商业街是由一组经营类似商品的商店未经规划聚集在一起而形成的小型购物区。

商业街与独立店往往具有类似的特点，店铺的规模较小，投资较少，而且租金较低，经营灵活。商业街内的店铺具有一定的互补性，有利于消费。但是，由于店铺分布相对集中，客流量又较少，所以，同类店的竞争较为激烈。

商业街比较适合开设小型专业店。

3. 规划的商业购物中心

这是经过统一规划设计、产权集中的商店群，统一兴建完工后再把各商店出租或出售给零售企业，集中进行管理的购物区域。

这种事先规划的商业中心具备完善的设施，规划协调，商品和服务品种组合合理，拥有宽敞的停车场，以及统一规划的购物中心形象，容易形成较大的商圈。但是，受管理者的制约，经营的灵活性较差；竞争相对比较激烈。

规划的购物中心在国外发展较快，在我国则刚刚起步。由于兴建统一规划的商业购物中心投资较多，回收期较长，因此，兴建统一规划的商业购物中心一定要慎重。

4.4 零售商店店址的选择

【案例 4.3】

华润万家 VanGo 便利店进驻杭州地铁

正所谓"地铁一响,黄金万两"。地铁的出现,改变的不仅仅是城市的格局,还有商业的版图。昨天,华润万家正式宣布,VanGo 便利店再次成功取得地铁 2 号线东南路段、4 号线首通路段的 23 个站点 12 家站厅商铺经营权。这些地方都将开设 VanGo 便利店,截至目前,华润万家 VanGo 便利店在杭门店数为 39 家,2 号线、4 号线的门店开业后整体规模达到 52 家,其中地铁店 38 家。

(资料来源:http://www.ebrun.com/20140527/100150.shtml)

从上述案例中可以看出,店址的选择是企业成功的基础。一个零售商店店址的选择从范围的大小划分,主要有地区选择、区域选择和地点选择。地铁,对于一座城市来说如同一条日夜流动着的金脉,因此形成的商圈更是被业内人看好。商业的生命力源于客流的聚集,之所以拿下这些地铁店,无疑是看中地铁里的集聚效应,不仅可以吸引顾客驻足,更是企业实力和形象方面的一种展示。

4.4.1 零售商店店址所在地区的选择

零售商店店址所在地区的选择,就是从大方面决定企业要进入的地点。地区选择的不同,将会决定零售店未来大的环境,进而影响企业的各项策略的制定。例如,同为快餐业的肯德基和麦当劳,在中国开设首家店时的选址是不同的,肯德基选择了北京,麦当劳则选择了深圳,两家快餐店后来发展的结果也不同。所以,在进行选址决策时,首先应根据企业的自身条件和外部环境,决定进入哪个地区。由于地区的发展往往以城市为依托,因此,对于一般企业而言,地区位置的选择往往就是要选择具体进入的城市。

在进行城市选择时,主要应结合自身的实力、知名度、竞争对手情况、城市的人口环境、经济环境等进行分析,选择能够发挥企业优势的城市进入,一般应从以下几个方面进行分析和选择。

1. 从城市规模分析

按照城市人口数量的多少,一般将城市划分为大城市、中等城市和小城市。城市的规模越大,人口越多,购买力越强,市场潜力越大;但是,另一方面,竞争往往也更加激烈。所以,企业在选择进入哪个地区时,一定要根据企业自身的条件,不是最大的城市就是最好的地区。

【案例 4.4】

独特的选址

1962 年,世界零售业的老大——沃尔玛的第一家店在阿肯色州乡村小镇诞生。世界最大的企业,就这样创造了至今仍继续着的商业神话。

与沃尔玛相似的是，全球第二大零售商——家乐福于1943年在巴黎南郊开出了第一家分店，从此，也开始了征战世界之路。

(资料来源：http://t.163.com/2747241748#f=topnav)

从上述案例中可以看出，世界零售业的两大巨头首家商店的选址都选择了在小镇开店，创造了星星之火可以燎原的神话。

2. 从城市类型分析

由于城市的地理位置、地形、自然资源、交通条件等的差异，不同的城市有不同的发展优势，逐渐形成了工业城市、商业城市、旅游城市或混合型城市等类型。不同的城市类型特点不同，对零售业的影响也不同，如单一产业结构的工业城市，其零售业的兴衰受城市的产业生命周期影响较大；而商业城市和旅游城市，流动人口较多，市场容量受流动人口的影响较大。选择在不同类型的城市建店，其商店的布局、商品的经营范围、企业的营销策略都要有所区别。

3. 从城市的作用分析

从城市的作用来分，可以将城市分成中心城市和卫星城市。不同的地区在发展过程中，受自然因素和社会因素的影响，在一定的区域范围内往往形成以某个城市为中心，带动周边的一些中小城市而形成一定的发展区域，如东北地区就以沈阳、长春、哈尔滨为中心城市，带动了周边的一些中小城镇的卫星城市共同发展而形成了一定的区域。从城市的作用分析，中心城市往往是该地区的政治、文化或经济中心，无论是常住人口数量，还是流动人口数量相对都较大，商机较多，往往也是大型零售企业的必争之地。卫星城市虽然从人口的数量及发达程度与中心城市无法比拟，但是与中心城市往往毗邻，环境因素具有相似性，处于进可攻、退可守的位置，如果在卫星城市开店成功，则可直接进驻中心城市；如果失败，损失较小，且不会伤及中心城市的市场，回旋余地较大。

可见，进入不同的地区、选择不同的城市，都会对企业产生有利的影响或不利的影响，企业要审时度势，选择适合自己企业发展的区域。

4.4.2　零售商店店址所在区域的选择

零售商店店址所在地区位置确定后，接下来就要确定零售店的区域位置。一般来说，为了适应人口分布、顾客流向等情况，方便顾客购物，同时也为了扩大企业销售，零售商店可以选择的区域位置有城市繁华的中央商业区、人流必经的城市要道和交通枢纽地区、城市居民区商业街和郊区购物中心。

1. 城市中央商业区

这是全市最主要的、最繁华的商业区，全市性的主要大街贯穿其间，交通便利，客流量大，在商业区内各种业态的商店云集，著名的酒店、星级宾馆、影剧院和办公大楼分布其中。这一地区往往是客流量最大的地区，不仅吸引本地人口，还吸引着大量的外地人口。尤其是在一些较小的城镇，中央商业区往往是该地区唯一的购物区，比较适合大型百货商店、专卖店的选址。

2. 城市交通要道和交通枢纽地区

这是大城市的次要的商业街。一般包括城市的直通街道、地下铁道的大中转站等。这些地点是人流必经之处，交通便利，流动人口较多，尤其是节假日、上下班时间客流量非常大，店址选择在这些地点就是为了方便来往人流购物，便利的交通条件，给零售商店带来了很大商机。一般比较适合中型百货商店、专卖店和超级市场的选址。

3. 城市居民区商业街

城市居民区商业街主要位于居民区内，其顾客主要是附近的居民，在这些地点设置商店是为了方便附近居民就近购买日用百货、杂品等。一般比较适合中小型超级市场和便利店的选址。

4. 郊区购物中心

我国的郊区购物中心是近几年发展起来的新生事物，郊区购物中心往往分布在城市的边缘地带。郊区购物中心近几年发展速度很快，其原因主要有两方面：一方面来自零售商自身的原因，主要是市中心的地价越来越高，在市中心开店的成本越来越高，在郊区开店成本低，有利于降低价格，提高企业的竞争能力；另一方面，来自外部环境的变化，随着私人汽车大量增加，高速公路的发展，一部分城市中的居民迁往郊区，形成郊区住宅区，为适应郊区居民的购物需要，不少零售店铺设到郊区住宅区附近，形成郊区购物中心。一般比较适合大中型超级市场、仓储商店和会员店的选址。

【案例 4.5】

超级市场的区域位置选择

国外的大超级市场，一般建于城乡接合部，是建立在高速公路密集和"车轮经济"的前提之下的。

例如，家乐福的法文是 CARREROUR，它的意思是"十字路口"。在欧洲，家乐福超级市场的选址一般是在城市边缘的城乡接合部，为了靠近城区和大型居住区，因此通常开在十字路口。而麦德龙在选址上更注重靠近高速公路或主干道，因为它以集团消费为主。

但是，这些大型连锁超级市场刚刚移植到中国后，由于没有了上述前提条件，大型超级市场更喜欢在市中心、次中心和大型小区中落地生根。但最近几年，由于家用轿车拥有量的增加和高速公路的修建，许多大城市的居民纷纷迁往市郊居住，形成了新的大型居住区，许多超级市场的选址也发生变化，一部分大型超级市场将店址选择在城市中的大型居民区或城乡接合部等地带。

(资料来源：http://t.163.com/2747241748#f=topnav)

从上面的案例中可以看出，零售店区域位置的选择受城市的人口、经济的发展、购买力的强弱、交通条件等多种因素的限制，并且随这些条件的变化而变化。因此，在不同的时期、不同的国家和地区，选择店址是不同的。例如，在我国的一些中小城市开店，人口较少，购买力有限，则市中心就属上上之选。而如果在上海这样的大城市，由于地价太贵，市中心并非大超级市场的最好地段，而内外环间交通便利的地区是最理想的地点，一些新建的大型居民区也是上佳之选。

第 4 章 零售商圈的选择

4.4.3 零售商店店址所在地点的选择

零售商店店址所在地区位置、区域位置确定后,接下来就要确定零售商店的具体地点。零售商店店址所在地点的选择,往往决定了零售商店未来发展的小环境,对企业的影响往往是更具体的。于是人们会常常看到这样的现象,一家店红红火火,而另一家店仅与其一道之隔,生意却很冷清,正所谓"一步差三市"。

1. 零售商店店址所在地点的选择原则

(1) 方便顾客购买。这就是指以方便购物为原则,满足顾客需求是零售商店经营的宗旨。因此,确定零售商店的位置时,必须首先考虑能方便顾客购物,因为有顾客,才会有一切。商店地址一般应选择在交通便利的地点,该地应该具有较密集、较发达的公交汽车路线,并且各公交路线的停靠点能够均匀、全面地覆盖整个市区。当前在我国私家车没有普及的情况下,这一点尤为重要,它直接关系到消费者购物的便利程度。

(2) 方便货品运送。该地交通网络是否通达,商品从运输地运至商店是否方便。道路是否畅通不仅影响商品的质量和安全性,而且影响商品的运达时间和运输费用。所以,在进行网点设置时要考虑是否有利于货品的合理运送,降低运输成本,保证及时组织所缺货物的供给。

(3) 有利于竞争。商店的网点选择应有利于发挥企业的特色和优势,形成综合服务功能,获取最大的经济效益。大型百货商店可以设在区域性的商业中心,提高市场覆盖率;而小型便利店则越接近居民点越佳,避免与中大型超级市场形成正面竞争。

(4) 有利于网点扩充。商店取得成功后,单体店往往发展成为连锁店,企业要不断地在新的区域开拓新的网点,所以,在网点布置时要尽量避免商圈重叠、在同一区域重复建设。否则相隔太近,势必造成自己内部相互竞争,影响各自的营业额,最终影响总店的发展。

(5) 有充足的购买力。一家具备优良店址的商店必须拥有一批稳定的目标顾客,这就要求在其商圈范围内拥有足够多的户数和人口数,了解其商圈范围内的核心商圈、次级商圈和边缘商圈内各自居民或特定目标顾客的数量和收入程度、消费特点与偏好。

【案例 4.6】

<h3 style="text-align:center">华润万家精品超市选址定位一、二线城市高端社区</h3>

据《深圳商报》2012 年 9 月 13 日报道,近日,零售巨头华润万家再次推出新的超市业态品牌"V+城市精品超市"。据介绍,华润万家"V+城市精品超市"项目以一、二线城市社区的中产阶级为目标客户。

据了解,华润万家"V+城市精品超市"将重点经营生鲜食品、个人护理用品类,以优选、健康有机的组合,通过欧式卖场设计、情景式的商品展示以及细致、贴心的服务配套,经营两万个丰富的品种,满足消费者对日常生活品质的需求。从目前看,华润万家首家"V+城市精品超市"是继华润万家 Ole 和 Blt 后推出的又一高端超市业态。"V+城市精品超市"不论在定位还是经营方面都是新的尝试。

华润万家方面确认,"V+城市精品超市"经营面积超过 7000 平方米,定位为中高端消费人群。此外,"V+城市精品超市"强调情景式购物体验,会增加进口商品的总占比,满足时尚消费人群的高品质生活追求。

(资料来源:http://house.china.com.cn/commercial/view/567921.htm)

从上面的案例可以看出,零售商店地点的选择是一个非常复杂的决策,需要综合考虑各方面因素的影响。

2. 零售商店店址所在地点选择的影响因素

一个新设商店在做好地区和区域位置的选择后,还要切实考虑多种影响和制约因素,做出具体设计地点的选择。

(1) 分析交通条件。交通条件是影响零售商店选择开设地点的一个重要因素,决定企业经营的顺利开展和顾客购买行为的顺利实现。商场选址必须调查交通情况,要考虑距离车站的远近、道路状况、车站的性质、在开设地点或附近是否有足够的停车场、商品运至商店是否容易,分析市场交通管理状况所引起的有利与不利条件,如单行线街道,禁止车辆通行街道,与人行横道距离较远都会造成客流量在一定程度上减少。

(2) 分析客流规律。主要调查分析商场所在地的客流量、客流类型和客流的目的、速度、停留时间以及分析街道特点与客流的关系。

① 分析客流量大小。客流是商店经营成败的关键性因素,一家商店若要获得成功,必须有足够的顾客来源。客流包括现有客流和潜在客流,商店选择开设地点总是力图处在潜在客流最多、最集中的地点,以使多数人就近购买商品。人口最多的区域往往产生最多的潜在顾客,未来人口增长的趋势决定着商店未来的发展规模。但是也要注意,客流规模大,并不一定与销售额成等比例变化,具体问题还需要具体分析。如火车站附近,客流量较大,但不一定形成购物客流。

② 分析客流类型。一般来说,任何一家商店的客流都可分成三种类型:自身客流、分享客流和派生客流。

自身客流是指那些专门来店购买某商品的顾客所形成的客流。这是商店客流的基础,也是商店销售收入的主要来源,因此,自身客流的形成和发展是零售企业获得经营成功的重要因素。大中型商店的客流大部分属于自身客流。一般新设商店在选址时,都重点评估自身客流的大小及发展规模。

分享客流是指一家商店从邻近商店形成的客流中获得的而不是本身产生的客流,这种分享客流往往产生于经营互补商品的商店之间,或大商店与小商店之间。如邻近大商店的小商店,顾客主要目的不是到小商店来选购商品,而是专程到大商店购买,顺便进入邻近的小商店逛逛。不少小商店靠近大店而设,就是利用这种分享客流。

派生客流是指顾客到某地并不是专程购买商品,只是由顺路进店的顾客所形成的客流。在一些旅游点、交通枢纽、公共场所附近设立的商店,其大部分客流就是这种派生客流。

③ 分析客流目的、速度和停留时间。不同地区的客流规模虽然可能相同,但其目的、速度、停留时间各不相同,因此首先要进行具体分析,然后再进行最佳地址选择。例如,火车站的客流很大,但客流目的不是购物,客流速度快,停留时间较短,是商店的派生客流,有时会顺便或者冲动地购买一些商品,因此只有进行一些特殊宣传,才能吸引他们的目光。机关、工厂、学校、公园附近,客流很大,但客流目的不定,也很难形成购物客流。而在商业集中的繁华街道,客流的目的一般以购买商品为主或为与购买商品有联系的观光浏览,即为以后购买做些准备。这些客流多表现为速度缓慢,停留时间长,因此这种客流目的对商店最为有利。

④ 分析街道特点与客流的关系。即使是同一条街道，由于交通条件、光照条件、公共设施等因素的影响，两侧的客流规模往往也不均衡。另外，由于行走方向习惯、居住区范围等因素的影响，一条街道的不同地段客流量也不同，有些街道由于两端的交通条件不同或通向地区不同，客流主要来自街道一端，表现为一端客流集中，纵深处逐渐减少的特征，这时候店址宜设在客流集中的一端。还有些街道，中间地段客流规模大于两端，相应地，店址放置中间地段就更能招揽潜在顾客。可能有人走到这里该拐弯，则这个地方就是客人到不了的地方，差不了几步路，但生意差很多。因此在选择店址时要分析街道客流的特点，选在客流较多的街道一侧或地段。另外，人们骑车、步行或驾驶汽车都是靠右行，往往习惯光顾行驶方向右侧的商店。鉴于此，开设地点应尽可能选择在客流较多的街道一侧。还有就是选址时一定要考虑人流的主要流动线会不会被竞争对手截住。例如，某个社区的马路边有一家肯德基店，客流主要自东向西走。如果往西一百米，竞争者再开一家西式快餐店就不妥当了，因为主要客流是从东边过来的，再在西边开，大量客流就会被肯德基截住，效益就会不好。

(3) 分析竞争对手。商店周围的竞争态势对零售经营的成败产生巨大影响，因此对商店开设地点进行选择时必须要分析竞争对手。一般来说，在开设地点附近如果竞争对手众多，商店经营独具特色，将会吸引客流，促进销售增长，增强商店的信誉；否则与竞争对手相邻而设，将难以获得发展。如果不能有效地建立高于对手的竞争优势，就不可在该区域站住脚。

在分析竞争对手时，一是了解直接和间接的竞争者的数量和策略，如他们为消费者提供商品和服务的种类、其市场占有率和营销策略等；二是要了解竞争对手的商场类型、位置、规模及服务对象的阶层等。

(4) 分析商店聚集状况。商店聚集状况一般可以分为以下四类。

① 异类零售业的聚集。这是经营商品种类完全不同的零售企业的聚集，如超级市场与服装专卖店、电器专卖店的聚集等，这种聚集商店之间不会产生竞争，反而还会给零售商店带来更强的市场吸引力。需要注意的是异类零售业的形象也需要有一定的关联性，不能过分冲突。

② 有竞争关系的零售业的聚集。这是指经营同类商品的商店在同一个地区的聚集，这种聚集的结果，一方面使消费者能够在同类商店进行商品质量、价格、款式及服务的比较，从而加剧商店之间的竞争性；另一方面，商店的集聚又会吸引更多的消费者来商业区购物，从而有效地扩大消费者的购物商圈。一般经营食品、日用品等选择性小的超级市场、便利店不适合聚集，而经营工艺品、礼品等专业店，消费者选择性强，比较适于集中布店。

③ 有补充关系的零售业聚集。这是指两个以上的商店经营商品互为补充，以满足消费者的连带需求作为目的。当店址周围的商店类型协调并存，形成相关商店群，往往对经营产生积极影响，如经营相互补充类商品的商店相邻而设，在方便顾客的基础上，扩大各自的销售。如家电商店与家电配件商店的聚集即形成相互补充关系。互为补充的几种零售业态也可以在共同的商业区布店，如百货商店周围聚集的服装专卖店、饰品专业店、鞋帽专业店等，它们提供了互相补充的、更加全面的商品种类，能够共同吸引客流，这在国内大城市的传统中心商业街中比比皆是。

④ 多功能聚集。零售业与饮食业、服务业、娱乐业以及邮电、银行的聚集，这是一种

多功能型的聚集,有利于产生放大的聚集效应,从而有效地扩大该地区的购物与服务商圈。

(5) 分析开设地区的物质特性。店址周围的环境将对零售经营的成功与否产生巨大影响,任何一家新建商店,必须对店址的周围环境进行调查。在调查时,应着重调查商场周围有无市场、娱乐街,是不是商业集中区或居民区;另外要分析地理特点,就是要选择能见度高的地点设店,所以商店尽量临街而设,并尽可能选在两面或三面临街的路口,增强能见度,并可多设出入口,多设临街宣传橱窗。同时,新建商店要与周围建筑环境相融合。停车场的数量、面积及方便性也是重要条件。另外商店的购物环境、当地居民的教育和经济状况等都对人们的购买习惯有影响,在选择店址时,必须予以注意。

(6) 分析城市规划。城市建设的长远规划也会对商店将来的经营带来重大影响。商店开设地点的选择要分析城市建设规划,既包括短期规划,又包括长期规划。有的地点从当前分析是最佳位置,但随着市场的改造和发展将会出现新的变化而不适合设店;反之,有些地点从当前来看不是理想的开设地点,但从规划前景看会成为有发展前途的新的商业中心区。因此,经营者必须从长远考虑,在了解地区内的交通、街道、市政、绿化、公共设施、住宅及其他建设或改造项目规划前提下,做出最佳地点的选择。商店地址选定之后一般不会轻易迁移,即使迁移也必须付出极大代价,这就要求在选择新店址时,一开始就应从长远、发展的角度着眼,因此要详细了解该区的街道、交通、市政、绿化、公共设施、住宅及其他建设和改造项目规划,使选定的店址既符合近期环境特点,又符合长远规划,避免造成不必要的损失。

对以上这些因素,商场在设立之前,必须进行详尽的调查研究,掌握所有可能对商场产生有利或不利影响的因素,并以发展的观点分析商场布局的选择,以正确预见未来。

3. 零售商店店址所在地点的选择类型

借鉴一些成功企业的经验,一般可以选择的地点有以下几种。

(1) 市郊地段的选择。此类地段在很久以来一直被认为是不太理想的开店之地,可是现在由于城市的迅速发展和车辆的大量增加,市郊地段的商业价值也在上升。在许多目前人口并不多的市郊地段,随着城市建设的发展,会变成繁华的社区中心。眼光远大的投资者如能够把握机会,提前一步选择地点开创基业,日后财源就会滚滚而来。

(2) 拐角位置的选择。此类地段的位置往往是很理想的,它位于两条街道的交叉处,是人流的停滞点,可以产生"拐角效应"。拐角位置可以增加橱窗陈列的面积。由于零售商店的位置面临两条街,选择哪一面作为自己的正门,是十分重要的问题。一般的做法是:选择交通量大的街道一面作为零售商店的正门,即店面;另一面作为侧门。

(3) 三岔路口的选择。零售商店设在三岔路的正面,店面十分抢眼,同样是一种非常理想的零售店的地理位置。处在这一有利位置的零售商店应注意尽量发挥自己的长处,在店铺正面入口处的装潢、店名招牌、广告招牌、展示橱窗等要精心设计,抓住顾客的消费心理,将过往的行人吸引到零售商店中来。

(4) 寻找具有潜在商机的位置。与其选择现在被商家看好的商店位置,不如选择不久的将来会由冷变热,而目前尚未被看好的商店位置,这样的商店位置费用低,潜在的商业价值大。因此,应特别留心城市建设的发展会带来什么样的商机。例如,1996 年新开张的广州吉之岛百货公司,选择设在广州天河城的底层,当时看来似乎交通并不便利,但这一地点恰巧是广州市规划中的地铁出站口,若将来地铁开通,该地点则十分理想。

(5) 寻找较靠近一些大公司、大企业的地段。一方面是因为出入者可以成为顾客;另一方面是因为来过的顾客便于向别人介绍,比较容易指引他人光顾。如肯德基在齐齐哈尔开设的三家分店,分别选择在大福源超级市场楼下、卖特广场一楼、沃尔玛超级市场楼下,而大福源超级市场、卖特广场、沃尔玛超级市场都是齐齐哈尔特别有名的商场。

(6) 能产生"聚集效应"的地方。这是指方便顾客随机购物的人群聚集场所,如商业街、影剧院、娱乐场所、公园名胜、旅游地区等,这些地方可以使顾客享受到购物、休闲、娱乐、旅游等多种服务的便利,是零售店开业的较好地点。但此类地段往往存在着寸土寸金、地价高、费用大、竞争性强等不利于小商家发展的众多因素。

(7) 选择具有同类经营方向的商店做邻居。就好比儿童服装店应靠近妇女服装店一样,因为与周围商店的经营方向相协调,附近商店的顾客就很容易成为这家商店的顾客。这样的经营效果才会最好。

(8) 选择商店位置时,还应重视商店所在建筑物提供的设施是否符合经营要求,建筑物的朝向是否较少受气候影响,以便今后在经营中减少支出。比如,在比较寒冷的北方,冬季时间很长,同样规模的店,在街道的北侧设立,采光效果和采光时间都要好于在路南设店。

(9) 人口密度大,商务场所集中的地区。由于这类地段人口密度大,且距离较近,顾客购物省时、省力,比较方便。零售店如选在这类地段,会对顾客有较大吸引力,很容易培养忠实消费者群。

选址是一项重要而复杂的工作,零售商必须准确分析各种影响因素,选择合适的位置开店,以确保企业经营的成功。

技 能 实 训

【实训目的】
通过案例讨论加深对零售商圈的认识。

【实训主题】
认识商圈与环境的关系。

【实训时间】
本章课堂教学内容结束后的双休日和课余时间,为期一周。或者指导教师另外指定时间。

【背景材料】

北京华联购物中心引领西部商圈

1999年北京华联超市进驻合肥,为当时的合肥居民带来了全新的生活购物体验,引领了当时超市业的快速发展。2014年,北京华联商厦为合肥居民引进了超越现有市场形式的全新购物中心商业综合体,再一次为合肥居民带来更新的时尚生活体验,引爆合肥购物中心商业体的发展。

北京华联集团旗下拥有北京华联综合超市股份有限公司和北京华联商厦股份有限公司两家上市公司

和多家控股公司。其中，北京华联综合超市重点发展零售板块，负责运营旗下的超市和百货店，北京华联商厦则重点打造购物中心。此前已亮相合肥的北京华联超市均为华联综合超市所有，而即将于9月份开业的长江西路购物中心，则归属北京华联商厦旗下，北京华联商厦股份有限公司是目前国内最具实力的购物中心运营商之一。

优越的地理位置与人居环境，造就了蜀山区如今炙手可热的地段价值。近年来各大地产开发商相继进驻蜀山区，一个高档社区板块渐趋成熟。 随着各小区居民的大量入住和渐趋稳定的住宅高密集度，各类商业配套设施的修建和完善成了当务之急。此前的蜀山区，为本地区居民服务的生活配套近乎空白，造成合肥西南区甚至有"睡城"之称，人们只能依靠城中心的老牌商业圈满足自己的购物和娱乐需求。整个西区急需形成一个自己的商业地带。

北京华联长江西路购物中心位于蜀山区黄金地段——怀宁路与长江西路交叉口，建筑面积6万平方米，实用面积4.8万平方米，地下一层地上四层。定位于社区型购物中心，以服务缔造全新的时尚生活方式为目标，为周边社区居民、高收入城市精英提供一个温馨和谐的休闲、消费场所。全新的北京华联长江西路购物中心拥有的业态包括：全新升级的北京华联BHG生鲜超市、香港五星级嘉禾影院、各式中西餐饮、品类丰富的购物街、儿童早教娱乐、社区服务……多元化的业态组合满足居民丰富多样化的生活需求。此外，项目还拥有一个近6000平方米的广场和500个停车位。为了方便顾客购物，营造购物中心舒适的物业环境，北京华联购物中心特别割舍近万平方米的商业面积在一至四楼增设分层停车场，解决存取车便捷的同时也方便了顾客目标性消费需求。

北京华联长江西路购物中心将努力为合肥西区居民打造一个全新的购物、休闲、娱乐平台。北京华联商厦股份有限公司作为目前国内最具实力的购物中心运营商之一，必然为合肥西南区带来全新的商业形态，填补附近购物中心的空白，满足市民日常消费所需，为合肥西南区人民带来一种全新的生活方式。

(资料来源：http://epaper.hf365.com/hfwb/html/2010-09/10/content_316512.htm)

【实训过程设计】

(1) 指导教师布置学生课前预习阅读案例。
(2) 将全班同学平均分成小组，按每组5～6人进行讨论。
(3) 根据"阅读资料"，讨论商圈与周边环境的关系。
(4) 根据讨论，分析商圈零售企业的竞争关系。
(5) 各实训组对本次实训进行总结和点评，撰写作为最终成果的《零售管理实训报告》。
(6) 各小组提交填写"项目组长姓名、成员名单"的《零售管理实训报告》，优秀的实训报告在班级展出，并收入本课程教学资源库。

综合练习

一、名词解释

商圈　核心商圈　商业区　独家店

二、单项选择题

1. 食品超级市场的商圈为(　　)。
   A. 1千米
   B. 3千米
   C. 1～3千米
   D. 3～5千米

2. 大型综合超市的商圈可达( )。
   A. 10千米　　　　　　　　　　B. 30千米
   C. 15~20千米　　　　　　　　D. 50千米
3. 商业街比较适合开设( )。
   A. 小型专业店　　　　　　　　B. 便利店
   C. 网上商店　　　　　　　　　D. 百货商店

三、多项选择题

1. 商圈一般由( )构成。
   A. 核心商圈　　　　　　　　　B. 边缘商圈
   C. 次要商圈　　　　　　　　　D. 商业区
   E. 住宅区
2. 以下属于商圈形态的有( )。
   A. 商业区　　　　　　　　　　B. 办公区
   C. 混合区　　　　　　　　　　D. 住宅区
   E. 文教区
3. 选择店址要考虑的因素有( )。
   A. 交通条件　　　　　　　　　B. 客流规律
   C. 竞争对手　　　　　　　　　D. 商店聚集状况
   E. 城市规划

四、问答题

1. 什么叫商圈？零售商为什么要进行商圈分析？
2. 商圈的形态有几种？各有什么特点？
3. 商店三个层次商圈的顾客比例是否对所有零售商都适用？便利店和百货商店的三个商圈层次的顾客有什么不同？
4. 进行商圈调查时应主要调查哪些内容？
5. 试结合实例，分析商圈形成的制约因素。
6. 零售商店选址的重要性是什么？
7. 零售商店位置的类型有几种？各有什么特点？
8. 零售商店店址所在区域的选择一般有哪些？
9. 结合实例分析零售商店店址所在地点的选择主要受哪些因素影响。
10. 不同的商业聚集状况对新店址选择有什么影响？
11. 借鉴国内、国际零售商店成功的选址经验，你认为应在哪些地点开店比较好？

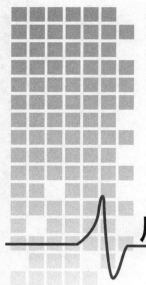

第 5 章

店铺设计与商品陈列

学习要点

- 掌握零售店铺招牌的设计
- 掌握零售店铺的店内设计
- 掌握商品陈列的技巧

案例导入

新鲜的在后面，便宜的都在下层

超市里的商品摆放有玄机，顾客买东西时，不妨上看下看挑最划算的，翻翻里面找更新鲜的。

在汉阳钟家村一家超市里，记者看到酸奶区的冷藏架上，11月5日生产的友芝友无添加酸牛奶，放在顾客触手可及的地方，11月6日生产的同款酸奶，被放在冷藏架深处。10月31日生产的一款蒙牛黄桃果粒酸奶后面，依次放着11月1日、11月4日生产的同款产品，生产日期越靠后，放得也越靠后。

"新鲜食品靠后摆"的陈列方法，在各家超市均不鲜见。不少顾客选购时没细看生产日期，拿起放在最前面或最上面的食品就走。一家大型连锁超市的人士坦言，有的食品摆放有"新鲜规则"：生产日期靠后的，一般被放在货架靠后处，生产日期较早的，摆放在前面方便拿取处，加大顾客"选取率"，以便尽快走货。但所售商品都确保是在保质期内。

(1) 最便宜的商品放在最下层。一些性价比高的实惠商品，常被放在货架最底层或最上层。

在汉阳鹦鹉大道一家超市的方便面区，记者随机查看一个货架，普通人站直身体、视线正对着的货架层，摆放的多是4元多的桶面，最底层摆放的同规格桶面，售价多在3元。同样是羔羊肉片，冷柜里一眼能看到的一款，320克装标价44元，而弯下腰去可以看到的另一款，800克装的只要85元，更实惠。

有超市人士直言，货架上与顾客视线平行的位置，一般最能吸引顾客消费，是货架的"黄金陈列段"，

第5章 店铺设计与商品陈列

有的卖场往往会在此处放置利润较大、走货较快的商品，增加销量。而价格相对低廉、利润不高的产品，常身处货架最下面或最顶部等不方便拿取的位置。

(2) 必买货品放在"最深处"。

在汉口建设大道上一家超市里，记者看到，卫生纸以及洗涤用品等日常用品的货架，被安排在超市深处，离入口处很远；大米、面粉以及油盐酱醋、生鲜蔬菜等，也要走到店堂尽头才能找到。在武昌水果湖等处超市里，油盐酱醋、生鲜等生活必需品也往往被放在超市最深处。

相反，休闲零食等可买可不买的商品，多被放在顾客拿起来最"顺手"、最容易经过的地方：收银台边、扶梯边等。

超市人士解释，生活必需品就算放在最远的地方，顾客也一定会买，将其放在卖场最里面，让顾客多走些路去买，能增加顾客在店里的逗留时间。口香糖、糖果等，对顾客而言多是可买可不买的，要放在最方便顾客拿取的地方，增加其购买机会。

(资料来源：http://hb.winshang.com/news-152526.html)

思考：超市商品陈列还真有不少玄机，在零售商业经营中，应如何进行店铺设计和商品陈列呢？

5.1 零售商店招牌的设计

招牌，是指用来提示店铺的名称和记号，也可以称之为店标(店铺的名称)。招牌在法律上定义为商号，它一般由文字和图案等构成。招牌很大程度上起着一种广告效应，为了发挥出招牌的效果，它应该突出而且能够吸引顾客的注意力。在某种程度上来说，店铺招牌的设计代表着该店铺的形象，直接影响着顾客能否进入店铺。所以，招牌的设计对店铺的经营和发展是至关重要的。

5.1.1 招牌形式设计

那么，我们应该如何进行招牌设计，需要从哪几个方面入手呢？

1. 招牌的位置

一般情况下，店铺招牌的位置有三种情况。

(1) 平行放置。店铺招牌设置在店面正上方的平行位置。

(2) 垂直放置。有时候店铺的招牌与店面垂直而立于侧面。

(3) 纵横放置。也有的悬挂在零售店正面与侧面墙上。如果零售店处于交叉路口，最好每侧上方均安置有招牌，使来自不同方向的行人均能从远处看到。我们还经常看到零售店的招牌被设计成两面或三面的，也是便于不同方向迎面而来的路人看到。

2. 招牌的造型

有的店铺别出心裁，以人物或动物的造型做招牌。这种招牌具有较大的趣味性，能更好地吸引消费者。同时，人物或动物的造型能明显地反映店铺的经营风格，使人在远处就可以看到前面是什么类型的商店。

3. 招牌的光照

在晚间，霓虹灯和日光灯招牌能使店铺明亮醒目，增加店铺在晚间的可见度。同时，这些招牌能制造热闹和欢快的气氛。霓虹灯和日光灯招牌可设计成各种形状，采用多种颜色。灯光巧妙地变换和闪烁能产生一种动态的感觉，比起一成不变的静态灯光来说，这种灯光能活跃气氛，更富有吸引力。

5.1.2 招牌内容设计

招牌内容表达要做到简洁突出。简明扼要的招牌不但令消费者过目不忘，还能达到良好的交流目的。具体来说，招牌的内容设计需要注意以下几个方面。

(1) 店名的字形、大小、凸凹、色彩、位置上的考虑应有助于门的正常使用。
(2) 文字内容必须与本店所销售的商品相吻合。
(3) 文字尽可能精简，内容立意要深，又要顺口、易记易认，使消费者一目了然。
(4) 美术字和书写字要注意大众化，中文和外文美术字的变形不要太花、太乱、太做作，书写字不要太潦草。否则，既不易辨认，又会在制作上造成麻烦。

另外，为达到最有效的传达效果，招牌上字的大小应适度，要考虑中远距离的传达效果，使其具有良好的可视性和传播效果。比如，如果店铺在车流量极大的街道或者公路旁，建议把招牌字体做到最大，内容尽量单纯，方便开车的顾客在较快的行驶速度下也能看清。

5.1.3 招牌颜色设计

店铺招牌的设计，除了注意在形式、用料、构图、造型等方面要带给消费者良好的心理感受外，招牌的色彩选择也不容忽视。消费者对招牌识别往往是先识别色彩再识别店标店徽的，如果在色彩的选择设计上别具一格，那么就会对消费者产生很强的吸引力，而当把这种设计一致推广到各个连锁分店时，更会使消费者产生认同感，从而有利于企业市场地位的提高。

根据心理学研究表明，醒目诱人的色彩能产生强大的视觉冲击力，新颖独特的形象也有着不可抗拒的吸引力。所有这些，都能引起人们不同的特殊心理反应。

招牌的色彩运用要温馨明亮、醒目突出。色彩在客观上起着吸引消费者的作用，因为人们总是先从视觉上感受色彩，再过渡到内容上。

醒目明亮的色彩能给人留下深刻印象，如具有强烈穿透力的红、黄、绿色，以及一些暖色和中色调的颜色，就很容易集中顾客的注意力。同时，各种色彩之间的搭配也很重要。交通指挥灯之所以用红、绿、黄三色，是因为这三色穿透力最强，从很远的地方就能看到，因此在店面招牌中使用的也很多。

在图案、字体的选择上，也应充分考虑所从事的行业特征和目标消费群体，如经营儿童服装店的，其招牌的设计色彩应鲜艳明亮，在图案、字体上，应选择生动有趣的卡通形象和字体，既能明示经营特点，又能吸引更多小消费者的眼球。

5.1.4 招牌情感设计

对店铺的招牌设计需要渗入对顾客忠诚的情感，这样顾客才会忠实于品牌。这样成功的例子很多,其中麦当劳和肯德基就是非常熟悉的例子。喧闹的城市中,许多人在不知道何处就餐时,其第一反应就是向四周看看有没有"M"或"KFC"的招牌,因为看到那招牌就意味着有香喷喷的汉堡和清凉爽口的可乐。很多时候,消费者之所以会来到一家店铺购物,就是因为在招牌背后有一份浓浓的情感。

5.2 零售商店店内设计

5.2.1 店门的设计和引导

店门是店铺比较重要的外部形象,良好的店门,简洁有个性,能够迅速吸引消费者的眼球,让人眼前一亮。因此,在设计店门的时候,一定要注重发挥店门的引导作用,使消费者对店铺产生浓厚的兴趣,从而促使消费者来店铺进行消费。

店门是进入店铺的通道,也有着极具装饰性的作用,能够诱导人们,使其产生兴趣,激发想进去看一看的参与意识。但怎么进去,从哪进去,就需要正确地导入,恰当地引入。店门就是这样在不知不觉中发挥出巨大的影响力。

在店面设计中,店门的设计是非常重要的一环。是将店门安放在店中央,还是左边或右边,这要根据具体人流情况而定:一般大型店铺的大门可以安置在中央,小型店铺的进出部位安置在中央是不妥当的,因为店堂狭小,直接影响了店内实际使用面积和顾客的自由流通。小店的进出门,不是设在左侧就是右侧,这样比较合理。

从商业观点来看,店门应当是开放性的,所以设计时应当考虑到不要让顾客产生"幽门""阴暗"等不良心理,从而拒客于门外。因此,明快、通畅、具有呼应效果的门廊是最佳设计。

店门设计还应考虑店门面前路面是否平坦,是水平还是斜坡;前边是否有隔挡及影响店门面形象的物体或建筑;采光条件、噪声影响及太阳光照射方位等;店门所使用的材料,以往都是采用较硬质的木材,也可以在木质外部包铁皮或铝皮,制作较简便。近年来我国也开始使用铝合金材料制作商店门,由于它轻盈、耐用、美观安全、富有现代感,大有普及的趋势。无边框的整体玻璃门属于豪华型店门,由于这种门透光性好、造型华丽,所以常用于高档的首饰店、电器店、时装店、化妆品店等。

总之,店门设计是店面设计的重要环节,也是影响消费者光顾的直接因素,所以在设计店面的时候一定不能不重视店门的设计。一个好的店门设计会让顾客在踏进店门的那一刻就涌动出购物的激情,感受到舒适惬意的氛围。

5.2.2 色彩的设计和运用

色彩原本就具有振奋、安抚人心的作用。因此,店铺的经营者在设计店面的时候,往往会巧妙地利用色彩的烘托作用来衬托商品,营造氛围。例如,用一些和周围环境成对比的色彩,如较强烈、显眼的颜色,便可以让顾客产生好奇心,甚至会因此而刺激其购买欲。

色彩使用得当,可以突出商品。例如,在暗淡颜色的商品背景上配以明快的色调,可以使人更加注意陈列的商品;在中间色调的背景上摆放冷色或暖色的商品,会起到良好的衬托效果；在商品陈列中，采用彩色灯光照射，灯光色彩与商品本身色彩会有良好的搭配，可以充分显示商品的特点，并吸引顾客的注意。

所以，店铺经营者在设计店面的时候，一定要对色彩有一定的把握和认知。首先，要明确一下色彩的三要素，即色相、明度和纯度。

色相：红、黄、蓝三色，也就是原色，是所有色彩的基本色。

明度：表示色彩明亮度的颜色，例如：淡粉红色、鲜红色、淡黄绿色。表示色彩黑暗的颜色，例如：浅灰色、紫色、橄榄色、褐色。

纯度：也称彩度、饱合度，就是色彩的鲜明度，例如黑、白、红色。纯度高的颜色，给人以鲜艳感；纯度低的颜色，给人以朴素感。又可分为暖色系和冷色系。

暖色系一般来说是很容易亲近的色系，例如红、黄等色，这比较适合年轻阶层的店铺。同色系中，粉红、鲜红、鹅黄色等女性喜好的色彩，用于妇女用品店及婴幼儿服饰店等产品华丽的高级店铺较合适。

冷色系看起来有很远很高的感觉，有扩大感，严寒地区天花板很高的店铺不宜使用，否则进入店内会感到很冷清，亲切感降低。但在夏季，为了再现山峰海涛的感觉使用冷色系，可以产生清凉感，所以当作季节性的应用是很适当的。

此外，可以形成色彩效果的要素是商品颜色和墙壁颜色的调和。例如背景为黄色的墙壁，若陈列同色系的黄色商品时，不但看起来奇怪，且容易丧失商品价值。由此可见，如果陈列相反色系的对比，例如黑、白色商品并陈，商品会更加鲜明，因此一定要使用对比色。店铺色彩不但可以提高顾客的购买力，同时可以提高商品的水准。

有些商店，会给人一种冷冷的感觉，有些则给人一种炙热感，这都是色彩的调子影响所致。

色彩的设计最重要的是注重搭配以及商品的特性，只有暖色调未必是最好的，而仅有冷色调、金属色调也未必妥当。例如商品本身的颜色或图案很抢眼，其背景颜色也抢眼时，就不免让人眼花缭乱了。又如整个店内都使用金属色，可能也会给人一种冷清的感觉，如果都是刺眼的亮光，恐怕就难以使顾客驻足了。

另外，商店的色彩运用，应该考虑到主流消费群体的阶层、年龄、爱好倾向等问题。

5.2.3 灯光的设计和处理

一般来说，人们的注意力最容易被光、色、声、动等因素吸引，所以在店面设计时，经营者想要把商品打亮，使商品更加高档、更有品质，就要巧妙地利用这几种要素，营造出良好的氛围。其中灯光的设计就显得非常重要。

店铺的霓虹灯是利用光效果的代表，当然店铺的光不仅限于霓虹灯。灯光的用途首先是引导顾客进入店铺，在适宜的光亮下挑选商品。因此，店铺灯光的总亮度要高于周围，以显示店铺的特征，使店铺形成明亮愉快的购物环境，这样，才能使顾客循灯光进入亮堂的店铺。如果光线过于暗淡，会显出一种沉闷的感觉，不利于顾客挑选商品，也容易发生售货差错。

其次，店铺光线可用来吸引顾客对商品的注意力。因此，店铺橱窗及商品柜里灯光暗淡，商品可能显得古旧而没有吸引力，甚至好像摆了很久都没有人问津一样。那么，如何对灯光进行设计和处理呢？

1. 背景灯处理

用上背景灯，就能很好地将商品后面的阴影去掉，整个展柜都会呈现得非常完美。所以，不但要把商品灯光处理好，同样要把呈现商品的环境处理好。这样甚至可以不需要顾客走到商品跟前，从远处就能感受到商品的夺目光彩，所谓"未见其物，先见其光"。

2. 地底灯处理

传统的店铺照明一般是打顶灯，很少打地底灯。比如只打顶灯的服装店，看衣服在灯光下确实很有质地，但是，裤子成了配角，明显上面是珠光宝气，下面是黯然失色。然而设置了地底灯之后，很明显裤子也变得很有光彩了，而且，如果设置模特的话，全身上下也就形成了一个统一体。

3. 侧射灯处理

如何营造模特的动感和立体感，并且用灯光凸显商品最特别的设计，让亮点更加闪亮，是每一个店铺经营者必须考虑的问题。侧射灯就可以很好地达到这种效果。比如我们看模特的颈部，传统灯光下颈部是没有什么特点的。但是我们想象如果是太阳光洒下来，颈部是迎光的一半亮，背光的一半暗，打侧射灯就可以产生这样的立体效果。再比如模特的腿部，如果没有侧射灯光照射，就会非常暗淡，但是如果有侧射灯打在上面，就像阳光洒在上面，模特那妙曼的身姿、抬起的脚步、动感的演绎马上就呈现出来了。所以，灯光可以作画，关键是细节的处理。

所以，灯光的处理对商品来说是非常重要的。凡是深色的商品、颜色较暗的商品，都会吸收较多的光，所以若使用较强的日光灯照射，整个店铺的气氛就会明朗起来。

一般室内装饰设计，其彩色色调最好用明朗的颜色，其照明效果较佳。有时为了实际需要，强调浅颜色商品与背景的对比，另外打投光灯在商品上，更能使商品显眼、突出或富有立体感。

灯饰有的纯为照明，有的兼作装饰用，在装置的时候，一般来说，浅色的墙壁，如白色、米色，均能反射较多的光线，达90%；而颜色深的背景，如深蓝、深绿、咖啡色，只能反射光线的5%~20%。运用在商店照明中较多的灯有日光灯、墙壁投光灯、天花板聚光灯、挂灯与吊灯、角灯、伸缩落地灯和货柜灯等。日光灯由于使用电费最省，已广为一般商店所采用，不过商店亦不应一味地为了节省电费而忽略照明效果。事实上，有些商店使用大量的日光灯，也未必比重点式照明来得效果突出而省电。

照明在各类商店中的运用要点不同。对于服装店来说，照明以不改变衣饰本身颜色的观感为基本点，因为改变了就会破坏商品的价值，影响顾客的购买欲。因此，服装店的照明必须忠于商品本色，同时，为了增强所陈列服装的质感、光泽感和立体感，需要有重点地突出展示的样品。为达此目的，可在天花板上镶照明灯，供给商店整体的光度，另置脚灯、顶灯投光以照射模特，还可在接待客人的地方安置吊灯、壁灯或落地灯等。

钟表店和首饰店为了表现豪华的气派，可在店铺中央悬吊大型吊灯或冕灯以集中光源，并使聚光灯直接照射商品橱窗。天花板可利用镜面玻璃及透明玻璃来增添商品的闪烁感。

家具店通常以日光灯照亮全店，在角落上悬吊小灯泡作重点式照明。结婚用的家具必须表现出豪华热闹感，在通道上也应装置日光灯，以免造成阴影。至于有模特的陈列，应当用聚光灯照射。

药店和化妆品店最好采用日光灯。店面可装置天花板灯或吊灯；橱窗则日光灯与聚光灯并用；橱柜可利用小灯泡照明。美容的小客厅以气氛为先，所以可以悬挂吊灯或迷你小吊灯。

出售生鲜食品或精致商品的商店，为了增强顾客的购买欲，应使用展示性高的日光灯。不过必须注意，照明灯具散发出来的热量会降低商品的品质。卖肉制品的店铺，在食品玻璃橱中用带红色灯罩的电灯照明，可以使食品的颜色更加诱人。西式点心店为了表现欧式风格，一般的办法是在天花板上装日光灯，采用微弱的照明方式；当店内顾客增多时，再打开吊灯。茶店、咖啡店都讲究气氛，壁灯、装饰性的小灯泡往往是不可缺少的。

5.2.4 声音的设计和控制

声音的设计对店铺氛围设计能够产生积极的影响，也可以产生消极的影响。良好地驾驭声音的艺术能够增加店铺的品位，提升店铺的形象，其中音乐就发挥了十分重要的作用。

适当的音响会刺激顾客的注意力，将顾客的注意力吸引过来，所以有些卖磁带、唱片的柜组，位置并不好，可能设在店里顾客不易走进的角落里，通过播放一些流行歌曲或其他带子，制造音响，来引导顾客前往购买。

商场里播放音乐的目的是为了减弱噪声，提高消费者的购买情绪，提高售货员的工作情绪和效率，因此，播放音乐的内容和时间必须精心安排。由于人的听觉差异较大，特别是年龄因素影响较大，音乐与广告播放的响度，必须根据商店的主要销售对象而控制。同时要考虑一天的不同时间。上班前，先播放几分钟幽雅恬静的乐曲，然后再播放振奋精神的乐曲，效果较好。因为上班前，人们的情绪往往还陷在家务事和匆忙赶路当中，这种幽雅恬静的乐声能使人们的心情宁静下来。接着再用振奋精神的乐声鼓舞大家精力旺盛地去开始一天的紧张工作。当职工紧张工作而感到疲劳时，可播放一些安抚性的轻音乐，以松弛神经。在交班前或临近营业结束时，播放的次数要频繁一些，乐曲要明快、热情，带有鼓舞色彩，使职工能全神贯注地投入全天最后也是最繁忙的工作中去。商店选择外国音乐还是时代新歌，是播民族乐曲还是通俗歌曲，要看经营什么商品，店内风格如何，是在什么时间，想达到什么效果。一般情况下，商店宜多用幽雅轻松的室内轻音乐。乐曲的音量应控制在既不影响用普通声音说话，又不被噪声所淹没。播放时间控制在一个班次播放两小时左右为宜。

在选择音乐类型的时候，要根据店铺经营的类型安排。拿服装店来说，流行服饰店铺应该以流行且节奏感强的音乐为主；童装店则可以放一些欢快的儿歌；高档服饰店为了表现其优雅和高档，可选择轻音乐。另外，在服饰店热卖的过程中，配以热情、节奏感强的音乐，会使顾客产生购买的冲动和欲望。

5.2.5 地板的设计和选择

地板作为店铺的一种基础性设计，除了切实的实用目的之外，还具有极大的装饰性。不同类型的店铺对地板的选择和要求是不一样的，因为对于地板的选择和设计直接反映了店铺的性质、品位和市场定位。

从室内设计的角度来看,地板属于整个店铺的背景,在选择和设计地板的时候既要烘托出整体的店铺氛围,又要符合商品的性质,衬托出商品的特点。目前,市面上的地板品牌多样、品种繁多,让人目不暇接,如何根据自己店铺的类型和特点来选择和设计最适宜的地板呢?

地板在图形设计上有刚、柔两种选择。以正方形、矩形、多角形等直线条组合为特征的图案,带有阳刚之气,比较适合经营男性商品的商店使用;而圆形、椭圆形、扇形和几何曲线形等曲线组合为特征的图案,带有柔和之气,比较适合经营女性商品的商店使用。

地板的装饰材料,一般有瓷砖、塑胶地砖、石材、木地板以及水泥等,可根据需要选用。主要考虑的因素是商店形象设计的需要、材料的费用大小、材料的优缺点等。首先应对各种材料的特点和费用有清楚的了解,才利于做出决定。

瓷砖的品种很多,色彩和形状可以自由选择,有耐热、耐水、耐火及耐磨等优点,并有相当的持久性;其缺点是保温性差,对硬度的保有力太弱。塑胶地砖价格适中,施工也较方便,还具有颜色丰富的优点,为一般商店所采用;其缺点是易被烟头、利器和化学品损坏。石材有花岗石、大理石等,还有一种是人造大理石,都具有外表华丽、装饰性好的优点,在耐水、耐火、耐磨性等方面亦不用担心,其他材料远不能及;但由于石材价格较高,只有在营业上有特殊考虑时才会采用。木地板有柔软、隔寒、光泽好的优点,可是易弄脏、易损坏,故对于顾客进出次数多的商店不大适合。用水泥铺地面价格最便宜,但经营中高档商品的商店不宜采用。

5.2.6 墙壁的设计和利用

墙壁作为陈列商品最直接、最首要的背景,在店面设计中占据着非常重要的位置。店铺墙壁的设计主要有墙面装饰材料和颜色的选择以及壁面的利用。

商店的壁面在设计上应与所陈列商品的色彩和内容相协调,与商店的环境和形象相适应,一般有以下四种壁面利用方法:

(1) 在壁面上架设陈列台,用以摆放陈列商品。
(2) 在壁面上安置陈列台,作为商品展示处。
(3) 在壁面上做简单设备,用以悬挂商品,布置展示品。
(4) 在壁面上摆放一些适宜的商品,可以用来作为商品的展示台或是装饰。

上述各种方法中,第一种方法多为食品店、杂货店、文具店、书店、药店等店铺所采用;第二、三种方法多为各类服饰店、家用电器店所采用;第四种方法则为玩具店等出售比较小巧精致物品的店铺采用。

另外,设计壁面的材料亦如天花板材料一样,有许多种类,但比较经济的是在纤维板上粘贴印花饰面,这种壁面具有便于拆卸改装的优点。同时,根据店铺的经营类型和性质,对墙壁装修材料的设计可以做到既美观又环保,比如用竹子作为墙壁,就比较适合茶馆之类比较高雅的店铺。

5.2.7 橱窗的设计和布置

1. 橱窗的重要性

店铺的橱窗不仅是门面总体装饰的组成部分,而且是商店的第一展厅。它是以店铺所经营销售的商品为主,巧用布景、道具,以背景画面装饰为衬托,配以合适的灯光、色彩和文字说明,进行商品介绍和商品宣传的综合性广告艺术形式。消费者在进入店铺之后,都会有意无意地浏览橱窗,所以橱窗的设计与宣传对消费者的购买情绪有极其重要的影响。

2. 橱窗设计的要求

橱窗的设计,首先要突出商品的特性,同时又能使橱窗布置和商品介绍符合消费者的一般心理行为,即让消费者看后有美感、舒适感,对商品有好感和向往的心情。好的橱窗布置和设计,既能够起到介绍商品、指导消费、促进销售的作用,又可以成为店门前吸引过往行人的艺术佳作。

在现代商业活动中,橱窗既是一种重要的广告形式,也是装饰商店店面的重要手段。一个构思新颖、主题鲜明、风格独特、手法脱俗、装饰美观、色调和谐的商店橱窗,与整个商店建筑结构和内外环境构成的立体画面,能起美化店铺的作用。

具体来说,橱窗设计需要注意以下几个方面。

(1) 橱窗横度中心线最好能与顾客的视平线相等,那么,整个橱窗内所陈列的商品就都在顾客视野中。

(2) 在橱窗设计中,必须考虑防尘、防热、防淋、防晒、防风、防盗等,要采取相关的措施。

(3) 不能影响店面外观造型,橱窗建筑设计规模应与商店整体规模相适应。

(4) 橱窗陈列的商品必须是本商店出售的,而且是最畅销的商品。

(5) 橱窗陈列季节性商品,必须在季节到来之前一个月预先陈列出来向顾客介绍,这样才能起到应季宣传的作用。

(6) 陈列商品时,应先确定主题,无论是多种多类或是同种不同类的商品,均应系统地分种分类依主题陈列,使人一目了然地看到所宣传介绍的商品内容,千万不可乱堆乱摆,分散消费者视线。

(7) 橱窗布置应尽量少用商品做衬托、装潢或铺底。除根据橱窗面积注意色彩调和、高低疏密均匀外,商品数量不宜过多或过少。要做到使顾客从远处近处、正面侧面都能看到商品全貌。富有经营特色的商品应陈列在最引人注目的橱窗里。

(8) 容易液化变质的商品,如食品、糖果之类,以及日光照晒下容易损坏的商品,最好用其模型代替或加以适当的包装。

(9) 橱窗应经常打扫,保持清洁,特别是食品橱窗。肮脏的橱窗玻璃,橱窗里面布满灰尘,会给顾客不好的印象,引起对商品的怀疑或反感而失去购买的兴趣。

(10) 橱窗陈列品需勤加更换,尤其是有时间性的宣传以及陈列容易变质的商品尤应特别注意。每个橱窗在更换或布置时,停止对外宣传时间,一般必须在当天完成。

3. 橱窗布置的类型

(1) 综合性橱窗布置。它是将许多不相关的商品综合陈列在一个橱窗内，以组成一个完整的橱窗广告。这种橱窗布置由于商品之间差异较大，设计时一定要谨慎，否则就给人一种"什锦粥"的感觉。其中还可以分为横向橱窗布置、纵向橱窗布置、单元橱窗布置。

(2) 系统性橱窗布置。店铺橱窗面积较大的，可以按照商品的类别、性能、材料、用途等因素，分别组合陈列在一个橱窗内。

(3) 专题式橱窗布置。它是以一个广告专题为中心，围绕某一个特定的思想，组织不同类型的商品进行陈列，向顾客大众传输一个强烈的主题。其中又可分为：节日陈列——以庆祝某一个节日为主题组成节日橱窗专题；事件陈列——以社会上某项活动为主题，将关联商品组合起来的橱窗；场景陈列——根据商品用途，把有关联性的多种商品在橱窗中设置成特定场景，以诱发顾客的购买行为。

(4) 特定式橱窗布置。指用不同的艺术形式和处理方法，在一个橱窗内集中介绍某一产品，例如，单一商品特定陈列和商品模型特定陈列等。

(5) 季节性橱窗布置。根据季节变化把应季商品集中进行陈列，如冬末春初的羊毛衫、风衣展示，春末夏初的夏装、凉鞋、草帽展示。这种手法满足了顾客应季购买的心理特点，用于扩大销售。但季节性陈列必须在季节到来之前一个月预先陈列出来，向顾客介绍，才能起到应季宣传的作用。

5.2.8 货柜货架的设计和效用

货柜货架是陈列、展示和销售商品的主要设施之一，同时也是店面设计中非常重要的一部分。因此，货柜货架的设计是非常重要的。货柜货架的设计主要是材料和形状的选择。一般的货柜为方形，全部用于陈列和摆放商品。另外，异形货柜能改变其呆板、单调的形象，增添活泼的线条变化，使店铺表现出曲线的意味。异形架主要有三角形、梯形、半圆形及多边形等。

许多店铺的货柜货架都是个性十足，不但用材多样化，而在造型方面也有新的变化。过去制作货柜货架的材料主要是木材和玻璃，现在已逐渐让位给新型铝合金材料；过去主要是标准尺寸、方形的柜台，现在各种异形的柜台让人目不暇接。

货柜是商场的主要物资设备，是营业员出售商品的操作台，并能容纳、储存和展示一定数量的商品，使商品醒目、容易选择、取放方便。货柜有不同构造形式和规格。货柜设计既要求实用、牢固、灵便，便于营业员操作，便于消费者参观，又要适应各类商品的不同要求。普通货柜一般长为120～130厘米，宽为70～90厘米，高为90～100厘米。所陈列的商品，应使顾客更直观地看到。货柜的制造材料不同，有玻璃、木制、金属、塑料等多种形式。工业消费品一般以玻璃柜台为主。玻璃柜台一般有全玻璃柜台、半玻璃半木制柜台和半金属半玻璃柜台，构造形式多种多样。设计和使用玻璃货柜应注意防尘、防磨损，并便于清扫擦拭。

通用货柜制作成本低、互换性好、使用方便，但是，在布置商品陈列时，总使人感到单调、呆板、缺少变化。为了使商品陈列布置得美观，且富于变化，很多商场采用了许多异形货柜。布置陈列商品时利用异形货柜组合，不但可以合理利用营业场所面积，而且可以改变普通柜台呆板、单调的形象，并增添活泼的线条变化，使商场营业现场表现出曲线的韵律，因此，异形货柜受到广泛的重视和应用。

采用异形柜台时，要注意因地制宜，结合建筑格局布置安排。一般来说，三角形柜台放置在营业现场的角落，占地少，能满足像饮料、食品、日用百货等类商品的出售要求。众多的三角形柜台还可排成半圆形、圆形或扇面形布局，给商场的总体布局带来美感。梯形柜台主要是为改变柜台与柜台之间衔接的生硬而设计的。在拐角处，普通柜台之间的衔接成90°，显得生硬，且易带来不安全因素。采用梯形柜台，使柜台的衔接比较自然，而且能带来营业面积的有效利用。半圆形柜台是为了充分利用营业面积以展示商品，使顾客充分看到商品全貌而设计制作的。多边形柜台，是根据营业现场情况，填补陈列商品的空当，或者为了沿起伏变化的商场营业场所边线而设计制作的。采用异形柜台，要严格设计，计算好尺寸，按要求定做。必要时，还应考虑到几类柜台的互换性。

货架是用作陈列和放置备售商品的设备，它也有不同的构造形式和规格，如单面货架、双面货架、单层货架、双层货架、多层货架、金属货架、木制货架等。货架下层和背面用以储备商品。货架设计应以便于保持陈列商品、整齐清洁、美观大方、易取易放，并能充分显示商品特点，保证正常销售需要为原则。应根据商品特征、规格、正常储备量、营业场所建筑条件和售货现场形式等设计不同的货架规格和构造形式。柜台、货架规格不宜过大，规格太大不易移动、组装。

5.2.9 天花板的设计和装饰

天花板的作用不仅仅是把店铺的梁、管道和电线等遮蔽起来，更重要的是与店铺里的其他装饰配合起来，创造美感，创造良好的购物消费环境。超市卖场的天花板应力求简洁，在形状的设计上通常采用平面的天花板，也可以是简便地设计成垂吊型或是全面通风型的天花板。

天花板的设计，首先要考虑高度问题。如果天花板太高，上部空间就太大，使顾客无法感受到亲切的气氛；反之，天花板过低，虽然可以给顾客一份亲切感，却会使店内的顾客无法享受视觉上、行动上舒适自由购物的乐趣。天花板的高度要根据商店营业面积决定，宽敞的店铺应适当高一些，狭窄的商店应低一些。一般而言，一个100~200平方米的店铺，天花板的高度在2.7~3米之间，可以根据行业和环境的不同适当调整。如果店铺面积达到300平方米，那么天花板的高度应在3~3.3米之间；1000平方米左右的店铺，天花板高度应达到3.3~4米。在现实生活中，不少商店对天花板的高度重视不够，有的小商店天花板很高，又不进行装饰，使上部空间显得空荡荡，这就非常影响商店的美观。另外，天花板的颜色也具有调整高低感的作用，因此，有时并不需要特别把天花板架高或降低，只需改变颜色就可以达到调整高度的效果。

其次是天花板的形状问题。天花板一般以平面为多，但在其上加些变化，对于顾客的心理、商品陈列效果、店内气氛都有很大影响。除了平面之外，常用的天花板还有以下一些形状：格子天花板、圆形天花板；垂吊形天花板、波形天花板；半圆锥形天花板、金字塔形天花板；倾斜天花板、船底形天花板。

最后是天花板的照明设备。天花板应与一定的照明设备配合，或以吊灯和外露灯具装饰，或以日光灯安置在天花板内，用乳白色的透光塑胶板或蜂窝状的通气窗罩住，做成光面天花板。光面天花板可以使店内灯火通明，但也会造成逆光现象。如与垂吊灯具结合，则可克服这个缺点。

至于天花板的材料，则不胜枚举，有各种胶合板、石膏板、石棉板、玻璃绒天花板、贴面装饰板等。装修时选择哪种材料，除了要考虑经济性和可加工性两个要求外，还要根据店铺特点，考虑防火、消音、耐久等要求。胶合板是最经济和方便的天花板材料，但防火、消音性能差；石膏板有很好的耐热、消音性，但耐水、耐湿性差，经不起冲击力；石棉板不仅防火、绝热，而且耐水、耐湿，但不易加工。在装修时，也可以不用各种装饰板，直接在原底涂装，用涂铺法将各种材料粘在底部，然后喷漆。

5.3 商品陈列和布局

通过视觉来打动顾客的效果是非常明显的。商品陈列的优劣决定着顾客对店铺的第一印象，使店铺整体看上去整齐、美观是店铺陈列的基本思想。另外，不同陈列方式相互对照效果的好与坏，一定程度上左右着商品的销售数量。

5.3.1 商品陈列的基本要求

商品陈列绝不是简单的商品摆放的问题，商品的陈列是一项带有艺术性和技术性的活动。它有要遵循的基本要求和方法。以下是商品陈列需要注意的几个问题。

1. 陈列的安全性

陈列的安全性是商品陈列的基本要求，在商品陈列的过程中，一定要排除和摒弃非安全性的商品，比如超过保质期的、质量鲜度低劣的、有伤疤的、味道恶化的。另外，陈列的安全性还要保证商品陈列的稳定性，保证商品不易掉落。

2. 陈列的易观看性、易选择性

一般情况下，由人的眼睛向下20°是最容易观看的。人类的平均视觉范围是110°～120°，可视宽度范围是1.5～2米，在店铺内步行购物时的视角为60°，可视范围为1米。

除了高度和宽度外，为使商品容易观看，商品的分类也是非常重要的。商品的分类可以按照商品的种类来划分，也可以按照商品的价格来划分，按不同种类、不同价格进行分类可以缩短顾客选择商品的时间，提高商品销售的效率。另外，按不同的颜色或者相互关联使用的原则，也能得到良好的效果。

3. 陈列的易取性、易放回性

顾客在购买商品的时候，一般是先将商品拿到手中然后从各个角度来确认是否要购买。但是很多时候，顾客往往会来回对比好几次才会最后决定。所以，如果陈列的商品不易取、不易放回的话，很可能就会因为这一点丧失了将商品销售出去的机会。

4. 陈列的细节性

首先就是清洁感。记住无论在什么情况下，都不要把商品直接陈列在地板上；要注意在商品陈列前清除货架上的灰尘、污迹；要对店铺的通道、地板进行及时、定期清扫。

5. 陈列的新鲜感

陈列要符合季节的变化，不同的促销活动也要采用不同的陈列方式和风格；通过照明、音乐渲染陈列的品位。

6. 陈列的搭配性

为了提高收益性，在商品陈列的时候，要考虑将高品质、高价格、高收益的商品与畅销品搭配销售。

5.3.2 商品陈列的要领和技巧

商品陈列技巧得当，使得商品陈列美观，就可以吸引更多消费者对商品的青睐。商品陈列技巧是每个开店经营者都必须掌握的技能。不同的店铺不同的商品陈列体现出来的是店铺品位、顾客意识和服务质量。具体来说，主要有以下几种陈列技巧。

1. 集中陈列法

集中陈列法是超市商品陈列中最常用和使用范围最广的方法，是把同一种商品集中陈列于一个地方，这种方法最适合周转快的商品。特殊陈列法就是以集中陈列为基础的变化性的陈列方法。

要使用好集中陈列法，需要注意以下几点。

(1) 商品群按纵向原则陈列。商品群可以理解为商品类别的中分类，而中分类的商品不管其有多少小分类和单品项，都可以认同是一种商品，如蔬菜是一个大分类，芹菜是一个中分类，西芹、药芹和水芹是它的小分类。在实施集中陈列时应按纵向原则陈列，纵向陈列要比横向陈列效果好，因为顾客在挑选商品时，如果是横向陈列，顾客要全部看清楚一个货架或一组货架上的各商品群，必须要在陈列架前往返数次，如果是不往返，一次通过的话，就必然会将某些商品漏掉。而如果是纵向陈列的话，顾客就会在一次性通过时，同时看清各群的商品，这样就会起到良好的展示效果。

(2) 明确商品群的轮廓。相邻商品之间的轮廓不明确，顾客在选购商品时难以判断商品的位置，从而为挑选带来障碍，这种障碍是陈列的时候必须排除的。除了在陈列上可以把各商品群区分出来外，对一些造型、包装、色彩相似的不同商品群，可采用不同颜色的价格广告牌加以明确区分。采用带颜色的不干胶纸色带或按商品色差陈列也不失为一种好的区分方法。

(3) 第一排的商品数目要适当。要根据每种商品销售个数来确定面朝顾客一排商品的个数。一般来说第一排的商品个数不宜过多，如个数太多，一个商品所占用的陈列面积就会过大，相应地商品的陈列品种数就会下降，在心理上也会使顾客产生商店在极力推销该商品的压力，造成顾客对该商品的销售抵抗，所以第一排的商品陈列必须适当。

有过这样一项调查，第一层商品日销售个数约为 30 个，排面数为 10 个，而第二层商品日销售个数约为 60 个，排面数为 5 个。如果换成第一层商品排面数为 5 个，第二层商品排面数为 8 个，则第一层商品就可以卖出 32 个(比前面的排面数少了一半，但多卖掉 2 个)，第二层商品则能卖掉 75 个，多卖掉 15 个，这是何等的效益啊！既提高了销售个数，又节约了陈列空间，为提高商品品种出样率创造了空间条件。

(4) 要给周转快的商品安排好位置。对于周转快的商品或商品集团，要给予好的陈列位置，这是一种极其有效的促进销售提高的手段。在超市中所谓好的陈列位置是指"上段"，即与顾客的视线高度相平的地方，其高度一般为 130～145 厘米。其次是"中段"，即与腰的高度齐平的地方，高度一般为 80～90 厘米。最不利的位置是处于接近地面的地方，即"下段"。根据美国的一项调查资料显示，商品在陈列中进行上、中、下 3 个位置的调换，商品的销售额也会相应地发生变化。

(5) 要力求打破陈列货架的单调感。在现代的超级市场中，中央陈列货架和附壁式陈列货架能整齐地配置，商品陈列秩序井然。但是就是这种整齐的配置和有秩序的陈列，往往使人联想到军人列队式整齐排列，久而久之这种配置和陈列会使顾客产生单调感。因此，为打破这种单调感，应该使用在高度上能自由变化的陈列架，使得商品陈列能灵活地变化。打破陈列架的单调感尤其对不处在主通道上的中央陈列货架更显重要。因为它能够把顾客吸引进去。变化性的陈列是打动顾客购物心理、刺激其购物欲望的利器，超级市场经营者必须多动脑筋。

(6) 要给大小商品不同的位置。体积较小的商品应该陈列在与人的眼睛齐平的高度，这是为了体现商品陈列显而易见的原则，更重要的是为了防止顾客漏看这些小商品。体积较大的商品应陈列在大货架的较下层，这样的陈列位置由于商品大，顾客也容易看清，另外也便于顾客拿取商品，而不需要花很大的力气。

2. 整齐陈列法

整齐陈列法是指将单个商品整齐地堆积起来。只要按货架的尺寸确定商品长、宽、高的排面数，将商品整齐地排列就可完成。整齐排列法突出了商品的量感，从而给顾客一种刺激的印象，所以整齐陈列的商品一般是企业欲大量推销给顾客的商品、折扣率高的商品，或因季节性需要顾客购买量大、购买频率高的商品，如夏季的清凉饮料等。整齐陈列的货架一般可配置在中央陈列货架的尾端，即靠超市里面的中央陈列货架的一端，但要注意高度的适宜，便于顾客拿取。对于大型综合超市和仓储式商场来说，一般在中央陈列货架的两端进行大量促销商品的整齐陈列。

3. 随机陈列法

随机陈列法是将商品随机堆积的方法。与整齐陈列法不同，该陈列法只要在确定的货架上随意地将商品堆积上去即可。随机陈列法所占的陈列作业时间很少，这种方法主要是陈列"特价商品"，它的表现手法是为了给顾客一种"特卖品就是便宜品"的印象。采用随机陈列法所使用的陈列用具，一般是一种圆形或四角形的网状筐(也有的下面有轮子)，另外还要带有表示特价销售的牌子。随机陈列的网筐的配置位置基本上与整齐陈列一样，但是也可配置在中央陈列架的走道内，可以根据需要配置在其需要吸引顾客的地方，其目的是带动这些地方陈列商品的销售。

4. 盘式陈列法

盘式陈列法即把非透明包装商品(如整箱的饮料、啤酒、调味品等)的包装箱的上部切除(可用斜切方式)，将包装箱的底部切下来作为商品陈列的托盘，以显示商品包装的促销效果。盘式陈列实际上是一种整齐陈列的变化陈列法。它表现的也是商品的量感，与整齐陈列不同的是，盘式陈列不是将商品从纸箱中取出来一个一个整齐地堆积上去，甚至就是整箱整箱地堆积上去。这样可以加快商品陈列的速度，也在一定程度上提示顾客可以整箱购买，所以有些盘式陈列，只在上面一层作盘式陈列，而下面的则不打开包装箱整箱地陈列上去。盘式陈列的位置可与整齐陈列法一致，也可陈列在进出口处特别展示区。

5. 兼用随机陈列法

这是一种结合整齐陈列和随机陈列两种陈列方法同时使用的陈列方法，其功能也同时体现两种方法的优点，但是兼用随机陈列架所配置的位置应与整齐陈列架一致，而不能像随机陈列架那样有时也要配置在中央陈列架的过道内或其他地方。

6. 窄缝陈列法

在中央陈列架上撤去几层隔板，只留下底部的隔板形成一个窄长的空间进行特殊陈列，这种陈列就叫窄缝陈列。窄缝陈列的商品只能是1个或2个单品项商品，它所要表现的是商品的量感，陈列量是平常的4～5倍。窄缝陈列能打破中央陈列架定位陈列的单调感，以吸引顾客的注意力。窄缝陈列的商品最好是要介绍给顾客的新商品或利润高的商品，这样就能起到较好的促销效果。窄缝陈列可使超市卖场的陈列活性化，但不宜在整个卖场出现太多的窄缝陈列，这样的话，推荐给顾客的新商品和高利润商品太多，反而会影响该商品的销售。

7. 突出陈列法

突出陈列法是将商品放在篮子、车子、箱子、存物筐或突出延伸板(货架底部可自由抽动的隔板)内，陈列在相关商品的旁边销售。其主要目的是打破单调感，诱导和招揽顾客。突出陈列的位置一般在中央陈列架前面，将特殊陈列品突出安置。

8. 悬挂式陈列法

将无立体感的扁平或细长型的商品悬挂在固定的或可以转动的装有挂钩的陈列架上，就叫悬挂式陈列。

悬挂式陈列能使这些无立体感的商品产生很好的立体感效果，并且能增添其他的特殊陈列方法所没有的变化。目前工厂生产的许多商品都采用悬挂式陈列的有孔型包装，如糖果、剃须刀、铅笔、玩具、小五金工具、头饰、袜子、电池等。

9. 不规则销售陈列法

为了打破中央陈列货架的单调乏味感，超市应该使用每层搁板都能够自由调节的陈列货架，通过将中央陈列货架搁板间距灵活地调节变化，使副通道内的各个中央陈列货架的搁板形成错位安排，而事实上各个货架上陈列的商品并没有变化。然而对顾客来说却有一种新鲜感，他们往往会产生一种错觉，认为中央陈列货架内的商品又有了新的变化，从而吸引顾客走入副通道内选购商品。这种方法看似简单，却是行之有效的，是每一个超市不容忽视的陈列法。

10. 借势陈列法

借势陈列主要有以下几种。

(1) 借相关商品陈列，顺便搭车陈列。例如，某款手机机型普遍屏幕较大、耗电快，在机型旁摆放充电宝等配件，可以快速带动配件的销售。

(2) 借助优势商品，紧贴竞品陈列。例如，飘柔洗发水很受欢迎，但飘柔的单品盈利不高，那么紧贴着飘柔洗发水可以摆放同类的价位相符但利润更高的商品。

(3) 借旺销产品陈列。例如，暑假是音乐型手机的畅销季，但某款音乐型手机的外观女性特点不足，选择将其与 OPPO 机型并排陈列，可增加销售机会。

(4) 借消费者购买行为陈列。比如，卖场可设超低价优惠区、豪华赠礼区，吸引有相应关注的客人。

(5) 借节日、事件陈列。例如父亲节到了，卖场可以增设男性专柜；情人节到了，卖场可以增设情侣精品区等。

技 能 实 训

【实训目的】

通过案例讨论了解零售商品陈列相关知识。

【实训主题】

商品陈列。

【实训时间】

本章课堂教学内容结束后的双休日和课余时间，为期一周。或者指导教师另外指定时间。

【背景材料】

北国超市华夏店——商品陈列比赛

为提高卖场的整体形象，增强员工的陈列意识和陈列技巧，某日上午，华夏店举行了商品陈列比赛。其中，日杂部在此次比赛中提前准备，表现积极；针服部以情景陈列，美观视觉效果突出；酒饮部的饮料区陈列整齐。

美观的商品陈列能营造良好的购物环境，给顾客带来美好的购物体验。此次陈列比赛各部门积极参与，深度思考，用智慧与巧手在卖场搭起一幅幅美丽的图画。图 5.1 是该商场某品牌"派"的陈列。

图 5.1 酒饮部 "派" 的陈列

(资料来源：http://yiyuan.brjt.cn/chaoshi/showinfo.asp?infoid=50761)

【实训过程设计】
(1) 指导教师布置学生课前预习阅读案例。
(2) 将全班同学平均分成小组，按每组 5~6 人进行讨论。
(3) 根据"阅读资料"，讨论零售商品陈列的方法。
(4) 根据讨论，对校园零售商店的商品陈列做出评价。
(5) 各实训组对本次实训进行总结和点评，撰写作为最终成果的《零售管理实训报告》。
(6) 各小组提交填写"项目组长姓名、成员名单"的《零售管理实训报告》，优秀的实训报告在班级展出，并收入本课程教学资源库。

综 合 练 习

一、名词解释

招牌　综合性橱窗设计　系统性橱窗设计　特定式橱窗设计
集中陈列法　盘式陈列法　悬挂式陈列法

二、单项选择题

1. 天花板较高的店铺不宜使用(　　)。
   A．暖色系　　　　　　　　　B．冷色系
   C．红色　　　　　　　　　　D．黄色
2. (　　)颜色的墙壁，能反射光量达 90%。
   A．米色　　　　　　　　　　B．深蓝色
   C．深绿色　　　　　　　　　D．咖啡色

三、多项选择题

1. 商品陈列的基本要求是(　　)。
   A．陈列的安全性

B．陈列的易观看性、易选择性
C．陈列的易取性
D．陈列的细节性
E．陈列的新鲜感

2．(　　)的陈列量是平时的 4～5 倍。
A．不规则销售陈列法
B．突出陈列法
C．盘式陈列法
D．借势陈列法
E．窄缝陈列法

四、问答题

1．店铺招牌的设计内容应注意哪些问题？
2．试述店铺如何进行灯光设计和处理。
3．试述橱窗设计应注意哪些问题。
4．简述商品陈列的基本要求。
5．简述商品陈列的要领和技巧。

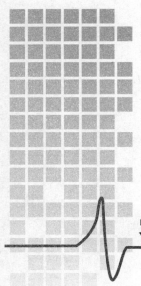

第 6 章 零售品牌管理

学习要点

- 了解零售品牌的基本概念
- 掌握零售商自有品牌的含义和作用
- 掌握零售品牌的建立过程

案例导入

绫致时装看好"私人定制"

私人定制模式是指利用 O2O 工具(第三方 O2O 平台、自有 APP 等)建立起品牌商与消费者之间的长期联系和无缝沟通,充分利用国内微信、微淘等移动 APP 大入口的便利优势,结合自身的服务、体验,进行融合式的创新,为用户提供个性化的服务和体验创新。

一方面品牌商可以基于消费者过去的消费记录向其单独推送商品和优惠信息,另一方面消费者也可以主动向品牌商提出自己的个性化需求(预约试穿、送货上门等),品牌商会有专人为其提供一对一服务,满足消费者对服装品牌的"私人定制"。

该模式由绫致时装公司首创,目前也在积极实践中,绫致时装旗下品牌有 JACK & JONES 和 ONLY 等,依靠一对一的导购来提升销售额,导购服务和试穿服务非常关键,如何利用移动 O2O 将线上的便利性和线下的一对一导购、试穿融合,是绫致时装这种 O2O 模式成功的关键。

在绫致时装看来,O2O 的目标就是让消费者可在任何时间、地点和场景获得所需要的信息与服务,实现一种全面和闭环的客户体验。为了达到这一目标,企业就必须从面部达到营销、物流、会员、支付环节的打通,实现大数据的整合和信息的闭环。

绫致时装的 O2O 主要体现在与腾讯微生活的战略合作上,目前利用微信的绫致时装公众账户+微购物

第 6 章 零售品牌管理

平台做入口，暂时只有品牌营销、新品宣传、手机购物等功能，正在测试跟绫致时装导购的一对一融合，实现在线导购、预约试衣等功能。用户到店之后，导购人员会根据用户的需求进行服装推荐和精准度更高的导购。绫致时装推出的这种"私人定制"的导购可以让用户提前筛选服装，节省用户的时间，门店导购可以提前安排，比如选定服装款式提前准备好，导购人员还可以根据用户的特殊需求做服装的个性化推荐。

服装零售移动 O2O 的模式尚处在探索期，品牌可以借助第三方移动 O2O 入口，例如微淘、微信等，结合自身零售体系特点和目标用户特征，摸索个性化的移动 O2O 解决方案。虽然没有行业标准答案，但是对绫致时装等服装企业来说，移动 O2O 的大方向是提高门店竞争力，充分利用移动端的互动优势，提高用户到店消费的频率、转化率和提篮量。移动是工具，零售是本质，两者充分结合是未来服装品牌电商化的核心。

（资料来源：http://www.langya.cn/lyxw/zixun/xinxi/201410/t20141021_290777.html）

思考： O2O 时代传统服装零售品牌如何运作？

零售品牌有不同的称谓，如自有品牌、自有标志、私有标志、商店品牌等。随着现代商业的发展，伴随着零售终端的日益增加和商品同质化，不同商店经营的产品和品牌大同小异。然而，对于零售商来说，商店忠诚是重要的竞争优势。只有拥有对商品忠诚的顾客，才能保证企业长久的生存和发展。如何才能培养忠诚顾客呢？一个重要的方法是创建独特的品牌。因此，品牌管理成为零售企业管理的重要内容。

6.1 零售企业品牌的建立

6.1.1 零售企业品牌

一般认为，品牌是一个名称、专用名词、标记、标志或设计，或是将上述综合用于识别一个销售商品或销售商群体的商品与服务，并且使它们与其竞争者的商品与服务区分开来。

由于零售企业自身在流通中的地位和作用，形成了与生产企业不同的品牌创建过程和品牌内涵。从零售企业的品牌创建实践来看，包括以下不同的内容：渠道品牌、零售企业自有品牌和零售企业的服务品牌。

（1）渠道品牌。渠道品牌是指零售企业作为渠道企业，形成的企业品牌，是把零售企业看成一个"整体的产品"而赋予的品牌，其意义是区分本企业和其他零售企业。和一般商品一样，优秀的渠道品牌会使顾客产生忠诚，是重要的无形资产。在国际市场上，就有许多优秀的渠道品牌，如沃尔玛、家乐福、麦德龙等。对于消费品制造商而言，总是希望与这些著名的渠道品牌商合作，因为这些渠道品牌有自己的忠诚顾客，一旦商品进入这些企业，就有希望被顾客认可和接受。因此，零售企业一定要重视渠道品牌建设，建立忠诚顾客群，这样才能摆脱对制造商的依赖和"为人作嫁衣"的角色。

我国一些制造企业已经在品牌建设的道路上成功地迈出坚实的步伐，在国际上也取得了辉煌的成绩。然而在流通环节，品牌做得好的企业却乏善可陈。就我国零售企业而言，全国性的知名品牌寥寥无几。再看看国际上，从每年的财富 500 强，我们都可以看到零售商的身影。而我国零售企业在品牌建树的道路上还有很长的路要走。

(2) 零售企业自有品牌。零售企业自有品牌，又称零售商产品品牌(Private Brand, Private Label，或 Store-brand)，是商业零售企业自行生产或组织生产并由自家店铺销售的标有本商店品牌的商品。零售商品牌的出现是商业竞争发展到一定阶段的产物，是商业零售企业为突出自身形象，维护竞争地位，充分利用自身的无形资产而采取的一种竞争策略。零售商自有品牌建立在良好的企业信誉之上，并以企业的忠诚顾客为主要消费群体，被看成是生产商品牌商品的威胁。

虽然我国零售商特别是大型零售商产品品牌出现的时间比较短，在国内与同类制造商的产品品牌相比还缺乏影响力，但是零售商产品品牌正处于快速发展中，国内许多大型零售企业都推出了自有品牌的产品，显示出零售商产品品牌良好的市场前景。

(3) 零售企业服务品牌。零售企业服务品牌是从商品销售过程是服务过程这一角度出发，来创造的品牌。零售企业服务品牌的创建，是零售企业竞争的产物，是服务经济的重要和鲜明特色。强势服务品牌凭借高质量、独特的服务方式和服务延伸全方位地满足消费者多方面的需求，使消费者对企业的形象、竞争力、服务水平给予认同，成为其忠诚顾客。目前来看，零售商服务品牌的建设分为两个层次。一个层次是把整个企业品牌看作服务品牌，也就是把渠道品牌等同于服务品牌，其出发点是零售企业属于服务业。这个层次的品牌建设我们还归为渠道品牌建设。另一个层次是从企业内部来说的，即发掘企业内部具有特色的服务内容或环节，以此形成的品牌。

零售商服务品牌是零售商的企业或公司的名称和标志。服务品牌名称和标志不直接使用在产品上，主要作用是让市场识别、区分不同的零售商提供的不同服务，用以创立零售商的企业或品牌形象。

随着消费需求的变化，消费者不仅关心产品是由谁制造的，是什么品牌，而且越来越关心是谁销售的，其信誉形象和服务是否能带给自己更多的满足。其中，零售商服务是构成服务品牌形象和联想的主要因素。零售商的服务主要包括：产品品种服务、商店气氛、信息咨询服务、演示操作服务、订购及账单处理服务、交货及售后服务等，这些服务直接决定了顾客的满意程度和零售商的竞争能力。人们都愿意到实力雄厚、信誉良好、服务优异的零售商那里去购物，这必然要求零售商更加关注自己的服务质量、品牌形象、企业声誉。

6.1.2 零售品牌的建立

1. 以资本经营壮大零售企业品牌

我国零售企业的规模普遍较小、资金不足，这种情况与强势品牌形象不符。强势品牌必须要具备一定规模。在这一点上，我国零售企业不能消极地等待政府给政策或等待外资零售企业寻求合资合作机会，而应该解放思想，大胆运用资本经营的方式，通过组建零售企业集团来实现品牌战略目标。具体来说，一方面，国内零售企业之间可通过强强联合等方式组建企业集团扩大企业规模，盘活企业存量资产，来增强竞争实力；另一方面，有条件的零售企业可以大胆出击，通过合作、合资等多种形式与跨国公司对接，形成有雄厚资本实力的跨国企业集团进行跨国经营。

2. 分步骤实施零售业品牌战略

在经济全球化的条件下,现代商业企业竞争体现为品牌竞争。沃尔玛、家乐福、麦德龙之所以能走出国门,在世界范围内投资办店,其所依靠的竞争力之一便是企业的品牌实力。我国零售企业由于长期处于计划经济体制中,缺乏市场化运作的理论指导和实践经验,对品牌战略于零售业生存发展的意义和影响力认识还不是十分清楚。

零售业品牌战略应该包括企业品牌和产品品牌两方面,因此我国零售业的品牌战略可以分步走。首先,现阶段应全力以赴做企业品牌,通过其导向作用整合产品品牌,引导生产企业提供质优价廉的产品;然后在形成一定的企业品牌优势的情况下再过渡到做自有产品品牌;最后整合企业品牌优势和自有产品品牌优势。

3. 以诚信经营创建强势品牌

诚信是指诚实守信。企业诚信是指企业在经营活动中诚实守信,如履行合同、信守承诺等。市场经济是建立在严格的契约基础上的信用经济,它要求经济主体遵守规则,诚实守信。一个恪守诚信的企业无疑会赢得消费者的忠诚和信任。

企业品牌战略是与企业诚信紧密相连的。企业诚实守信,并将这种诚信理念贯穿于品牌战略的全过程,将创造出为消费者信赖并长盛不衰的强势品牌,而企业缺乏诚信将使其走向毁灭。国内外企业因诚信而成功和由失信而覆灭的例子很多,它们从正、反两方面向世人揭示了品牌战略和诚信相依相伴、互为基础的密切关系。

诚信可以成就品牌战略,品牌战略又能促进诚信。企业品牌战略的目的是要提高企业的竞争实力,而这种实力体现为品牌竞争力。强势品牌以其卓越的品质体现品牌形象,无疑会增强品牌的诚信度。在西方零售业巨头抢滩中国的大背景下,我国零售业要想发展壮大,必须要以诚信创造"人和"的有利生存环境,打造出强势品牌。

4. 以卓越的管理塑造强势品牌

高新技术可以成就卓越的管理,但不等于就是卓越的管理。当初沃尔玛刚刚崛起时还没有现代通信技术手段,但它已经形成了卓越的管理风格,并一以贯之地实践这种风格。

首先,从营销管理上来看,沃尔玛市场定位准确。公司创业之初,美国零售业市场已有了像凯玛特、吉布森等一批颇具规模的公司,但这些公司均把目标市场定位在大城市。此时,迅速崛起的一批小城镇居民购买力旺盛却苦于无处可购。沃尔玛敏锐地把握这一机遇,把店开设在美国内陆各州 5000~25000 人的小镇上,为小镇居民提供各种需要的商品。正是沃尔玛这一准确的市场定位,避开了同其他大零售商的正面交锋,为自己的发展开创了一片新天地。

其次,信守承诺。沃尔玛的经营宗旨是"低价销售"和"保证满意"。为了实现低价销售,沃尔玛千方百计降低成本,公司发动员工为削减成本出谋划策。沃尔玛不仅商品售价低,而且在服务方面也做得无可挑剔,顾客在沃尔玛购买任何商品如果觉得不满意,可以在一个月之内退还商店,并获得全部货款。沃尔玛的工作人员给顾客留下的形象是训练有素、热心助人。

再次,沃尔玛拥有高效率的配送系统。在美国,沃尔玛有遍布各地的配送中心。配送中心 24 小时昼夜不停工作,平均每座配送中心一天要配送 20 万个商品箱。每个配送中心负责的商店数量少则七八十家，多则一百多家。在销售的 8 万类商品中，有 1 万类高周转率的商品在各配送中心是常备库存商品，中心根据各商店每天发来的订货单订货，另 7 万类配送中心不设常备库存，而是按照各商店的订货单再向各有关生产厂家订货和取货。配送中心从收到商店的订单到向生产厂家进货和送货，只需 2 天时间，而凯玛特则需要 5 天，沃尔玛的物流费用率比凯玛特要低 60% 以上。

最后，沃尔玛拥有"爱公司如家"的员工。沃尔玛以其对雇员平等相待来赢得雇员对企业的忠诚。沃尔玛规定对下属一律称"同事"而不称"雇员"，沃尔玛所做的一切充分体现了对人的尊重，他们认为一切高技术设备如果离开了合适的管理人员，以及为整个系统尽心尽力的员工都是完全没有价值的。全球 120 万名沃尔玛员工从进入公司的第一天起就受到"爱公司如家"的思想熏陶。沃尔玛制定了与员工分享经营成果、分担经营责任的政策，使员工产生责任感和参与感，如利润分享、员工购股、低耗奖励等计划来调动员工积极性。

我国零售企业要打造强势品牌，就必须精心规划，要集中企业的人力、物力和各种资源，一方面要加强技术创新；另一方面要加强人才培养，健全管理制度，并不折不扣地贯彻执行品牌战略规划，树立良好的企业品牌形象，只有这样才能在长期的实践中将企业品牌培养成强势品牌。

6.2 零售商自有品牌

6.2.1 自有品牌的产生及类型

1. 自有品牌的产生

零售商自有品牌的出现，是零售业态创新和发展的结果，是零售商和制造商之间关系发生深刻变化的产物。

零售商自有品牌最早出现于 1928 年，当时英国的马莎百货集团采用单一品牌策略——主要销售其自有品牌"圣米高"系列产品，包括服装、食品及酒类、化妆品、书籍等，"圣米高"这一品牌已被公认为英国自有品牌商品的典范。20 世纪 60 年代后期，自有品牌商品开始成为生产商品牌商品的对手。自 20 世纪 70 年代末在英国、法国兴起以后，零售商自有品牌就迅速扩展到其他欧美国家。在 20 世纪 70 年代末，英国零售商自有品牌在食品和日用品的零售总额中的比例约为 20%，这一比例到 90 年代中期达到了近 1/3，目前已经超过了 40%。

2. 自有品牌的类型

自有品牌有 5 种基本类型。

(1) 品名识别方式。零售商品采用零售店名称及标识。

(2) 零售商自有品牌名称识别方式。商品品牌与零售商店名无关，但只能在所属公司销售。

(3) 设计者专有方式。经过跟零售商专门协商，以设计者名字设计和出售商品。

(4) 其他独占许可名称方式。名人背书或别的签名或者特性标签。

(5) 普通方式。基本上没有品牌的商品，如白牌商品。

3. 自有品牌战略类型

根据自有品牌贴牌方式，自有品牌战略主要有以下几种。

(1) 完全零售商品牌战略。零售商经营的所有自有品牌商品只采用自有品牌，不使用制造商品牌。

(2) 双重品牌战略(软贴牌战略)。同一种商品在包装上明显地印制零售商和制造商品牌，以主品牌加副品牌区分。以零售商为主品牌，一般附注：由××供应商指定生产；以制造商为主品牌会附注：××超市荣誉产品等。这既能宣传商家形象，也能宣传厂家知名度，很好地兼顾产销双方利益。

(3) 混合品牌战略。零售商经营的部分商品用制造商品牌，部分商品用自有品牌。一般是制造商优势大的采用制造商品牌，制造商优势不突出的采用零售商自有品牌。

6.2.2　自有品牌的优劣

与制造商品牌相比，零售商开发自有品牌有其自身的特点，既有突出的优势，也有不可忽视的劣势。

1. 零售商自有品牌的优势

(1) 有利于形成零售市场的差异化优势。实施自有品牌战略，厂商根据外部市场情况、企业内部的实力状况、竞争者的市场地位和目标市场的需求特点及时地组织生产和供应某些自有品牌商品，从而使企业经营的产品富有特色，同时企业能够以自有商品为基础向消费者提供更全面的服务。

(2) 有利于形成价格优势。由于自有品牌一般是由零售企业自己组织生产或从厂家直接订货，因此省去了许多进货环节，节约了交易费用和流通成本。

(3) 有利于形成信息优势。零售商直接与消费者打交道，不论是在获取信息的时间上，还是在获取信息的数量上、质量上，都优于制造商。零售商能够及时掌握消费者需求及其变化趋势的第一手资料，并且对消费者需求变化做出迅速的能动反应，领先于制造商开发、生产出消费者所需要的商品。

(4) 促销优势。零售企业经常开展的营业推广形式，如赠送样品、购货折扣、赠券优惠、廉价包装、现场表演、商业展销、消费信贷、销售服务等，均可以优先考虑自有品牌的需要。由于零售商自有品牌仅在该零售商的内部进行销售，其广告宣传主要是借助零售商的商誉，与采用大众媒体相比，广告成本大大降低。

(5) 零售商可以充分利用产品的无形资产优势。大型零售企业在长期的经营中形成了独特的管理运营模式，商品名称在消费者心目中往往都是根深蒂固。对于信誉好、知名度高的企业，以企业名称给自有品牌商品命名并在企业内部销售，把商场的良好形象注入商品，人们极容易把企业的优质服务和严谨管理同自有品牌商品的优良品质联系在一起，进而转化成对商品的依赖和接受，而自有品牌商品的成功，反过来又会进一步强化顾客对企业的满意度。

2. 零售商自有品牌的劣势

(1) 缺乏开发和设计产品的能力。相对于生产商而言，零售商的专长在于能根据第一手资料，及时提出适销对路的商品设计思路。但囿于生产能力和生产技术，他们常常找不到合适的生产厂家，再加上零售商对生产领域或对生产过程的监控体制不熟悉，缺乏相应能力，生产的产品质量可能不符合自身的定位标准，进而损害自有品牌的声誉。

(2) 缺乏质量控制能力。零售商品牌的产品质量控制在初期一般都缺乏科学技术的支撑，定牌加工之前往往缺乏对产品品质的技术指导和技术控制。因此在质量控制方面与品牌经营的要求有一定的差距，从而增大了所承担的风险，而且这种风险将因为零售品牌是多种商品共用一个品牌或极少数几个品牌而扩大化。

事实上，自有品牌产品是以超市自身的商业信誉为担保，可谓"一损俱损、一荣俱荣"。如果其中任何一种商品出现问题，都会或多或少地对自有品牌乃至整个超市集团的信誉造成损害。这就要求商业零售企业在产品质量、服务水平、供货能力等方面对自己要求更高、更严。另外，涉足领域扩大，零售商的主要活动和支持性活动的范围都扩大了，已经由流通领域延伸到生产领域，因此，其承担风险的范围也从流通领域扩大到生产领域。

6.2.3 自有品牌的发展模式

1. 创建自有品牌要考虑的因素

零售行业发展到一定阶段，研发自有品牌便成了发挥品牌效应、增强核心竞争能力及获利能力的重要手段。从国外的经验来看，开发自有品牌已成为零售业品牌经营的大势所趋，企业在开发自有品牌时需要着重考虑以下因素。

(1) 自有品牌的经营模式。实施自有品牌战略是一项复杂的系统工程，必须具备相当的规模和实力，即经营面积、经营项目和销售量要达到一定的规模(当然不一定是单体规模，可以是连锁形式)，体现出规模经济性。

零售商自有品牌是在零售企业内销售的，其发展必须以零售网点(零售商店)作为依托，最好的经营模式应该是连锁经营方式。该模式不受地理范围的局限，可以突破空间的限制，实现全方位自由流动；同时采购权集中在总店，采购的规模和数量都比较大，对生产商的生产易于形成控制力。在集中采购的基础上设置仓库，也比单店独立存储节省仓储面积。可以通过总部选择最有利的运输线路，充分利用运输工具的集中配送以及庞大的销售网络，使零售企业在降低销售成本的同时，保证商品的快速周转。通常连锁组织遍布一个区域，总部利用区域性媒体进行广告宣传，费用分摊到受益的各家分店，促销成本较低但效果较好。

(2) 自有品牌的生产方式。在自有品牌的发展中，一般存在两种模式。

① 委托生产商制造。零售商根据市场的动态对商品的质量、规格、类型、原料、包装和结构等进行设计，然后委托生产商按照具体要求生产，销售时使用自有品牌。这种方式下，零售商与生产商是一种较为松散的协作关系。这些小的生产商由于资金、规模的限制，无法与使用零售商品牌的商品竞争，大型零售商正是利用这一点，以利润为纽带，委托小企业为其生产，互惠互利。

② 自设生产基地。零售商根据消费者需求，设计开发并生产商品，使用自己的品牌销

售。这种方式下，零售商和生产商形成一种稳定的协作关系，但要求零售商具备充足的从策划、设计到生产、销售的专业人才以及足够的财力。中国大部分零售商目前还是采用对厂商的定牌加工生产为宜。为保证高质量的零售商自有品牌，零售商必须慎重选生产商。对潜在商品供应商进行选择时，要对其生产能力、财务状况等方面做出考虑，因为有实力的生产商更愿意生产自己的品牌，一般不愿意成为零售商单纯的供应商。因此，有过剩生产能力而市场开拓能力较弱的生产商更可能成为合作伙伴，但他们必须具备质量可靠、设备先进、技术较强、人员素质较高的条件，才能确保产品的信誉度。零售商应随时检查供应商产品的各项指标，或和生产商之间结成互相依赖的关系，采取合作共赢模式。

(3) 自有品牌的定位和决策。经营自有品牌，首先要解决品牌的定位问题。定位就是在消费者心目中建立起自有品牌不同于制造商品牌的鲜明和突出的特点。因此，在定位之前，必须了解消费者前来购物的动机和需求。一般来说，消费者选择自有品牌商品的重要因素是产品的高质量和低价格。因此，自有品牌的定位不能脱离这两个基本因素。自有品牌的定位一方面要使该品牌与制造商品牌相比，有突出的个性；另一方面，又要使其与其他自有品牌竞争者相比，有独到优势。

品牌的决策很重要，实际运作时需要从以下两方面着重考虑。一是考虑采用企业名称还是其他名称。选用企业名称作为品牌，在品牌导入期，有利于品牌的推广，但如果商品出现问题，不仅会影响自有品牌销售，也将影响企业声誉。选用其他名称，则可为产品选择恰当的品牌，而且这一品牌出现问题也不会波及零售企业的声誉，但要注意把企业的风格与经营产品的特点有机地结合起来。同时结合目标市场的消费习惯和消费心理，使商品能愉快地被消费者所接受。二是考虑采用统一品牌还是多个品牌。采用统一品牌费用较小，给消费者更大可信度，但不一定适合每类商品，容易出现"一损俱损"的后果。采用多个品牌，为每类产品标上最佳名称，最大限度覆盖细分市场，但相应的设计、制造和促销费用会增加，且易产生自相竞争，所以要视具体情况具体分析。

(4) 自有品牌的品种选择。尽管自有品牌可用于各种定牌商品，但实践中，应根据开发目标，对自有品牌的载体商品进行选择，最大限度突出零售商的营销优势。一般来说，以下属性的商品比较适合采用自有品牌。

① 高周转率、高购买率的商品。商品的周转率高，对大型零售商而言，可以实行大量开发订货，降低生产成本，保证自有品牌始终低价；对消费者而言，他们对此类商品的品牌忠诚度相对较低，容易背叛原有的生产商品牌而选择新的品牌。

② 单价较低的商品。对单价低的商品，消费者可在第一次购买后通过使用来决定是否再次购买，其风险较小；而对于单价高的商品，消费者的购买决策是比较慎重的。

③ 科技含量不高的非专业性商品。像电视机等科技含量较高的商品，消费者需要更多地依靠商标和生产企业的知名度、技术实力等间接对商品品质进行判断；而服装、鞋帽、食品、饮料等科技含量不高的大众消费品，不需要特别的专业知识，容易识别真假好坏。

④ 售后服务程度高的商品。零售企业的经营性质和业务特色决定了其创建品牌的重要内容是无形服务，所以零售商必须充分了解消费者需求，强化良好的服务，向消费者提供与众不同的"整体商品"。

⑤ 保鲜、保质要求高的商品。如部分生鲜食品的加工包装，只能在卖场内的加工厂进行生产。

2. 自有品牌战略的实施

根据国外经验，自有品牌的发展一般要经历四个阶段。

(1) 市场导入阶段(引入期)。零售商凭借自己在商品价值移动链条上的独特地位，可以推出成本相对较低的自有品牌商品，获得成本领先优势。自有品牌商品定价的总原则是一定要比同质量的工业品牌商品价格水平低，才对消费者具有吸引力。在有强势品牌存在的品类里，自有品牌就要依靠明显低于领导品牌的定价来吸引消费者，其价格差异程度往往与领导品牌的强势程度成正比。凭借成本优势，以波特所述成本领先战略占领市场。若加入促销因素考虑，则零售商可以采用两种策略，即快速渗透策略与缓慢渗透策略。

快速渗透策略是批量以低价格和高促销水平推出自有品牌，当市场非常大，并且消费者对价格比较敏感，潜在竞争非常激烈时可以采用该策略，像生活用品以及一些低档产品。缓慢渗透策略是批量以低价格和低促销成本推出自有品牌，当零售商对某一产品拥有明显差异化优势，且潜在替代品较少时可以采用该策略，如家用电器、服装等。

(2) 提升品质阶段(成长期)。由于消费者的转换成本不高，一旦发现超市自有产品的质量不能令其满意，就会很容易地转向一些制造商品牌，超市在这种商品上将永远失去这一顾客群。因此自有品牌存在非常明显的替代威胁，许多零售商以牺牲品质来维持价格优势的"品牌短视"行为已经严重损害了自有品牌形象。

因此零售商在该阶段应在维持低价，同时继续提高产品品质，提高性价比，给顾客提供最大让渡价值，获取顾客忠诚，改变自有品牌的低品质形象。实施自有品牌战略必须制定严格的技术标准，实行全面质量监督与管理，提高质检人员的素质。要为顾客提供"物有所值"的商品，就必须要求技术人员严格把关，实行全面质量控制，零售商可与采用先进生产管理及重视控制技术(如采用六西格玛质量控制方法、引入 ISO 9000 系列标准等)的制造商结成战略联盟，共同致力于产品品质提升。

(3) 塑造品牌个性阶段(成长期)。品牌具有个性，而且具有情感效应和资产价值，是产品、企业、人和社会文化的综合。作为品牌的灵魂，品牌个性既是品牌差异化的重要源泉，又是赢取顾客忠诚的法宝。通过塑造强有力的品牌个性，零售商可以走出靠拼价格、拼品质的低层次竞争，因为价格战、品质战都能够侵蚀商品利润。相反只要拥有了鲜明的自有品牌个性，零售商就可以通过无形的品牌资产来赚取超额利润。

随着经济的发展，顾客消费需求层次的提高，消费者需求重心已由关注产品的质量、价格等传统功能因素，转移到追求消费过程中能否获得愉悦、值得令人回味的消费体验等情感因素，自有品牌的竞争层次也会相应超越产品层次、服务层次而进入体验层次，能够带给消费者丰富体验的品牌将具有竞争优势。

因此，零售商应通过策划以提供给顾客多层次、立体式的品牌体验来塑造品牌个性。具体来说，零售商可以综合运用以下营销策略来塑造品牌个性，即感官营销、美学营销、情境营销、参与营销及氛围营销等。在塑造自有品牌个性过程中，既要保持品牌的核心价值观、主体个性的一致性，又要注意迎合顾客需求的变化。

(4) 自有品牌统治阶段(成熟期)。这是自有品牌发展的最高阶段。在该阶段，自有品牌影响力和知名度极高，并且拥有相当数量的品牌忠诚者，自有品牌在销售百分比中占有绝对优势地位，在与制造商品牌竞争中处于优势。对在供销关系中处于弱势地位的零售商来说，通过建立有影响力的自有品牌可以摆脱制造商控制，掌握主动权。甚至在价值链条上，拥有知名品牌的零售商还可以通过后向一体化策略对制造商实施兼并控制。此时零售商的战略重点是对拥有影响力的自有品牌进行品牌资产管理，加强品牌保护。

6.3 零售自有品牌开发中的关系管理

6.3.1 零售商与制造商的关系

零售商与制造商处在一种既需要彼此帮助，同时又在尽力使对方在渠道中获利最小化的联合之中。制造商通过增强消费者的品牌忠诚确立自己的地位。忠诚的消费者乐于支付较高的价格购买自己喜爱的品牌，他们一旦发现商店不提供该商品就会转投别的商店。如果多数消费者都这么做，零售商就将被迫销售该制造商品牌产品，并且在议价环节上处于劣势地位。

零售商自有品牌的出现，使零售商摆脱了这种尴尬境地。制造商与零售商的关系亦发生变化，零售商在渠道中的地位不断提高。大型零售商开发的自有品牌成为威胁制造商品牌的利器，实力弱小的中小企业纷纷败下阵来。面对自有品牌发展的强劲势头，制造企业如坐针毡，急于寻找到应对零售商自有品牌的良方。

1. 零售商自有品牌给制造商带来的威胁

现代社会的零售业市场竞争力不断强化，对制造商传统的领导地位发起了强有力的挑战，宣告终端为王时代已经到来，这就从根本上改变了制造商和零售商的关系。

首先，大型和特大型零售商与制造商讨价还价的能力大幅度提高，使大型和特大型零售商在与制造商关系中不再处于传统的从属地位。在很多情况下，制造商不得不做出尽可能大的让步。

其次，亦最重要的是，大型和特大型零售商可利用其日趋庞大的经营规模和卓越的信誉来建立零售商自有品牌，从而对分销渠道上游企业造成更大的冲击。零售商品牌的产生与发展，进一步强化了大型和特大型零售商的优势地位。

由于品牌一直是制造商越过中间商来直接影响消费者的根本手段，因此，零售商品牌的产生与发展必然会使制造商对零售商的影响和控制力大大削弱，迫使某些制造商甚至某些实力强劲的大型制造商不得不为零售商进行贴牌生产，而某些实力较弱的中小制造商甚至会成为单纯的贴牌生产者，因为失去对消费者的影响力而最终由台前退居幕后。

零售商品牌的发展还会对产品的价格和制造商的利润带来巨大冲击。由于零售商品牌产品大多为仿制品，其开发、生产和促销等方面的成本相对低下，因此价格也较为低廉，这就对相关领域的制造商造成巨大冲击，从而使整类产品的价格和利润大幅度降低。

2. 零售商自有品牌给制造商带来的利益

(1) 为大型制造商提供了一种有效的防御工具。面对竞争对手的降价挑衅，大型制造商通常会推出品质和价格均稍低的防御性品牌予以反击，以防止价格敏感型的消费者转向竞争品牌。由于较少广告和促销投入，这种防御性品牌不仅有利可图，更重要的是使得大型制造商能保持其原有的市场份额,但会影响制造商在消费者心目中原有的品牌形象。零售商自有品牌的出现,则意味着制造商的这类防御性品牌的生存空间越来越小,因为零售商完全可以用自有品牌来取而代之。而对于大型制造商而言,为零售商自有品牌提供产品,只不过是以另一种形式更好地运用防御品牌策略,因为零售商自有品牌不会影响制造商原有的品牌形象。

(2) 为零售商自有品牌供货。大型制造商通过加强与零售商的关系,可以分享零售商宝贵的稀缺资源——市场需求信息,从而使得其技术创新有了市场的支撑。为零售商自有品牌供应产品,制造商面临潜在风险:一旦其他制造商愿意以更低价格提供产品,零售商可能会转换供应商,必将造成制造商生产能力的闲置。甚至零售商仅仅以压价或转换供应商相威胁也会使制造商陷入被动。但反过来,大型制造商能分享零售商收集的消费需求信息,以此作为其技术创新的市场基础,并走向成功。

6.3.2 零售商与制造商的关系管理

零售商与制造商的关系十分重要。制造商品牌会增加零售商对顾客的吸引力,当一个商店缺少著名制造商品牌时,消费者会丧失到该商店购物的兴趣,而转投其他商店;另外,用一个商店名称涵盖多种类别商品,会导致品牌形象模糊,很多消费者并不相信一个商店能够提供全部高质量的商品。所以,零售商需要处理好与制造商的关系,尤其是与著名品牌制造商的关系。

零售商与供应商关系有两种表现形式:控制与依附关系或平等合作关系。在目前零售商权重的情况下,前者关系主要表现为交易过程中零售商对制造商加以控制,以此为自有品牌谋取更大的利益。但事实证明,利用自己在交易中的控制地位压低价格从中获利,实际上是一种非常短视的行为。许多零售商都认识到,大规模的订货,不仅使制造商依赖于零售商,也使零售商依赖于制造商。如果频繁更换货源,零售商就会丧失供货效率,付出大量的转换成本。因此,零售商应当采取互相合作、双赢互利的关系模式。

1. 合理处理与制造商品牌的关系

连锁商店发展自有品牌与经营制造商品牌必然有冲突,零售商进行自有品牌的行为抢占制造商品牌的市场份额,势必影响到已经建立的上下游产业链关系,为上游企业带来一定程度的威胁。如何处理好这种关系需要拿捏稳妥,如何确保从自有品牌中获利,又不让这种关系恶化,并非易事。

品牌产品是集客产品,能给零售店带来客流。沃尔玛曾经在国外推出"Sam's Choice"可乐,希望抢占部分可口可乐的市场,尽管在多次盲性测试中95%的消费者无法区分沃尔玛的可乐和可口可乐,并且沃尔玛可乐总是占据超市中最有利的位置,但"Sam's Choice"可乐的销量却从未达到可口可乐的10%。当零售商的自有品牌大量侵蚀制造商品牌产品的利益时,失去的将是品牌产品的合作。

2. 适当控制零售商自有品牌的数量

零售商自有品牌的产品应该有一个限度的考量,按照惯例,零售企业的自有品牌产品应占其品类的20%左右。在中国实际的商业环境下,一家零售商自有品牌数量是多少并无

第 6 章 零售品牌管理

定论，这需要零售商根据自己的管理能力、资金实力、推广能力来确定，但比例并不是越多越好，更不能比例太高，否则由于管理能力、管理幅度有限，很容易出现问题。此外，不是所有产品都能推出自有品牌，应该选择能形成差异化和提供价值溢价的产品。

6.3.3 制造商选择策略

制造商的选择关系到零售企业自有品牌的质量问题，因此，如何选择自有品牌制造商、处理好与自有品牌制造商的关系是零售企业自有品牌管理的一个重要决策。

1. 与领导品牌生产商合作

选择知名制造商进行贴牌生产的好处是产品的质量有保障，使消费者更加有信心，弥补零售商自有品牌在专业形象方面的不足。

沃尔玛在自有品牌制造商的选择方面具有相当严格的程序，一般倾向于和行业内领导品牌的生产商合作。沃尔玛曾生产自有品牌的卫生纸，它的合作伙伴就是"维达"纸业——中国卫生用纸行业销售量最大的企业。但这种模式也有很多问题。首先，规模较小的零售商可能根本无法取得足够数量的合格供应商与之合作，而如果过分追求降低成本，与不具备足够资质的供应商合作，可能造成商品质量低下，反过来会危及零售商的品牌形象；其次，这种合作也很容易造成零售商和生产商之间的利益冲突，因为零售商的自有贴牌商品可能挤占了制造商原有品牌的市场。

2. 硬品牌和软品牌策略

硬品牌策略手段强烈，意味着对制造商品牌商品的彻底替代，容易引起制造商的防御性抗衡。与此相对应，软品牌策略则相对缓和。软品牌指的是零售商保留销售原制造商的品牌，但辅以零售商的自有品牌。如在商品包装上附以"家乐福监制""家乐福精心挑选"等。这种方法更为安全、更为灵活，零售商可根据产品销售情况随时调整，在自有品牌推广的初级阶段较为适用。

3. 定点定牌定样监制生产

定点定牌定样监制生产，即利用现有生产厂家的生产条件定点定牌定样监制生产。

英国马莎百货集团所经营的商品 80%是"圣米高"牌，该品牌的内衣是英国最走红的内衣品牌，市场占有率高达英国内衣市场的 50%以上。为马莎公司加工生产"圣米高"牌商品的工厂有 800 多家，马莎只向这些生产厂家提出原材料、生产工艺、品质等方面要求，同时提供技术支援、管理咨询等，不进行直接投资。马莎公司是名副其实的"没有工厂的制造商"。

4. 参股合营、控股兼并模式

参股合营、控股兼并模式，即利用参股合营、控股兼并等方式同有关生产厂家合作。上海开开实业股份有限公司在 20 世纪 60 年代公司创业之初，只是一家营业面积 300 平方米的前店后厂专业店。进入 21 世纪，该公司以资本经营为纽带，先后运用参股、控股、兼并等多种方式，巩固和发展生产基地，组建全国乃至国外的市场销售网络。如今，公司已成为一家年产 400 多万件衬衫、100 多万件羊毛衫的企业集团。

5. 工商一体化

实力雄厚的零售企业独资创建自己的生产加工基地,走工商一体化之路。上海市食品集团从一开始就实施了以市场为导向,以科技为依托的品牌发展战略,不断投入巨资,引进国外先进的生产流水线,改造企业原有设备,开发出猪肉升级换代产品"冷却肉"。美国克罗格公司走的也是这条路,目前已成为拥有37家自有品牌的生产厂家。

技 能 实 训

【实训目的】
通过案例讨论了解零售品牌管理的相关知识。

【实训主题】
零售商自有品牌的管理。

【实训时间】
本章课堂教学内容结束后的双休日和课余时间,为期一周。或者指导教师另外指定时间。

【背景材料】

洋超市积极推进自有品牌 本土超市逐步跟进

洋超市近两年陆续进入郑州的同时,也带来了他们的自有品牌,这些自有品牌商品以低于同类商品的价格吸引了不少消费者。如"家乐福"的饮料、"易初莲花"的蜂蜜、"麦德龙"的沙琪玛等。业内人士表示,随着"终端为王"时代的到来,通过自有品牌吸引消费者、占有市场已经屡见不鲜。部分本土超市也开始在自有品牌方面的尝试。

1. 自有品牌商品利润更大

据了解,年初进入郑州的"家乐福",自有品牌2000种左右,从酒、饼干、牛奶、食用油到计算器、鼠标、键盘应有尽有。

郑州市商务局副局长阎铁城表示,洋超市的自有品牌发展已经比较成熟,而本土超市由于自身的局限,自有品牌开发比较迟缓。

河南省社科院副院长刘道兴认为,零售商"自产自销"节省了市场营销的费用,在产品价格上有一定的优势。随着零售业进入低利润时代,零售商渗透到生产领域,再通过大规模销售,就能获得更大的利润空间。

以卫生纸为例,零售商销售自有品牌的毛利可达30%,而出售别人生产的商品,毛利仅10%。

具备一定规模和实力的零售商在经营自有品牌时,选择的多是一些品牌意识不强的商品,如洗衣粉、洗衣皂、卷纸等。这类商品的产品结构不复杂,价格较低,商家容易控制,利润空间也较大。

2. 本土超市备战自有品牌

本土超市中,家世界在推广自有品牌方面力度最大,其"家之选"牌产品覆盖了吃、穿、用的方方面面。但在其他本土超市内,就鲜见自有品牌商品的身影了。

郑州丹尼斯百货有限公司企划部经理徐琪分析说,首先是经验不足。以家乐福为例,它早在1985年就在法国推出了自有品牌,20多年的摸爬滚打使其在运作自有品牌时驾轻就熟。而本土超市一切都要从头摸索。

第 6 章　零售品牌管理

其次是网点数量太少，即便推出自有品牌，采购量有限，销量也难以稳定。而洋超市的网点就很多，如麦德龙在中国有 30 多家门店，家乐福有近 80 家门店。

思达超市的负责人也表示，思达和国际 SPAR 合作后，无论是开店计划还是自有品牌计划，都推进得很快。

"本土企业角力自有品牌，表明本土超市正在驶向快车道，因此，更加激烈的竞争也将到来。"阎铁城说。

（资料来源：http://www.lingshou.com/www/own_trademark/own_trademark_message/10231700413.htm）

【实训过程设计】

(1) 指导教师布置学生课前预习阅读案例。

(2) 将全班同学平均分成小组，按每组 5～6 人进行讨论。

(3) 根据"阅读资料"，讨论零售商自有品牌的利弊。

(4) 各实训组对本次实训进行总结和点评，撰写作为最终成果的《零售管理实训报告》。各小组提交填写"项目组长姓名、成员名单"的《零售管理实训报告》，优秀的实训报告在班级展出，并收入本课程教学资源库。

综 合 练 习

一、名词解释

品牌　渠道品牌　零售商自有品牌　零售服务品牌　体验营销　双重贴牌战略

二、单项选择题

1．零售商自有品牌(　　)。
   A．有利于形成市场的差异化　　B．不利于形成价格优势
   C．有开发设计能力　　　　　　D．能有效进行质量控制

2．零售商自有品牌最早出现于(　　)。
   A．1928 年　　　　　　　　　　B．沃尔玛
   C．家乐福　　　　　　　　　　D．1949 年

三、多项选择题

1．自有品牌的类型包括(　　)。
   A．店名识别方式
   B．零售商自有品牌名称识别方式
   C．设计者专有方式
   D．其他独占许可名称方式
   E．普通方式

2．自有品牌战略类型包括(　　)。
   A．完全零售商品牌战略
   B．软贴牌战略

C. 混合品牌战略
D. 无牌战略
E. 定牌战略

四、问答题

1. 零售品牌由哪些方面构成？
2. 如何进行零售品牌体系管理？
3. 简述零售自有品牌的优势和劣势。
4. 简述零售自有品牌的发展模式。
5. 零售商自有品牌开发中如何处理好与制造商的关系？

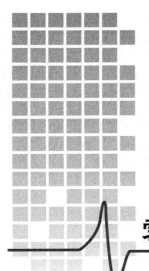

第 7 章

零售商品采购管理

学习要点

- 零售采购的八个基本程序
- 零售采购的四种基本模式
- 零售企业的三种采购方式
- 供应商的选择及其供应商评价体系的构建

案例导入

某公司的采购成本分析及改进

某生产婴儿食品的大型公司过去每年花在采购方面的开支接近 8 亿美元。由于处在一个高利润的行业，因此该公司对采购成本的管理并不当回事，而且这种详细的审查在一个蒸蒸日上的经济环境中显得也没什么必要。然而，当经济开始回调、市场增长减慢时，该公司终于意识到，它现在不得不花更大的力气以求保住利润了。由于过去几年的采购过程未经严格的管理，现在看来，采购方面无疑是挖潜的首要方向了。

该公司首先从保养、维修及运营成本入手，很快做出决定：请专家制定了一套电子采购策略。这一做法有助于通过集中购买及消除大量的企业一般行政管理费用来达到节省开支的目的。然而在最后的分析中，节省的效果却并未达到该公司的预期。

(资料来源：http://www.purise.com/article/2504.html)

思考：你认为该公司的采购成本管理该如何改进才是有效的呢？

7.1 零售商品采购的程序与模式

7.1.1 零售商品采购程序

零售采购是零售企业经营的核心。良好的采购是零售企业经营成功的基础,零售采购的基本要求是以最优的价格采购到最好的、最畅销的商品,并在最恰当的时候送达。零售采购是一个获得商品的综合性、系统性的方法,包括以下八个基本程序。

1. 建立采购组织

零售采购的第一步必须是建立一个采购组织,这个组织可以是正式的或临时的,可以是集中化的或分散化的,可以是通用采购组织或专门采购组织。此外,中小零售企业为了与大型零售企业竞争,采取合作采购组织。合作采购是指一组独立的零售商汇集在一起向供应商大批量购买,从而获得数量折扣的一种采购形式。

正式采购组织把商品采购看作一项明确的零售业务,并为之建立独立的部门,划定明确的职责权限,配备专门的采购人员。非正式采购组织则不把商品采购看作一项明确的业务,即这一部门既进行采购又处理其他零售业务,职责权限界定不是很明确,小型零售企业一般大量采用此种组织。

对于从事连锁企业经营的零售企业来讲,还必须选择建立集中采购组织还是分散采购组织。集中采购组织的所有采购事项都集中在总部,而分散采购组织则所有购买决策是地方性或区域性,由各分店自行决定。目前的趋势是在建立集中化采购组织的同时,给予地区分部或分店一定的权限进行调整,或直接让它们订货。

由于零售企业经营的商品品种不同,在采购时还必须选择通用组织还是专门组织。通用组织就是一个人或几个人采购企业的所有商品,而专门组织则是每个采购只负责某一类产品。规模很小的零售商店,或者只经营少数品种的商品或服务的零售商店,最好采用通用组织的方法。规模很大的零售商店,或者经营品种较多的零售商店,最好采用专门组织的方法。通过专门化,知识得到提高,责任得到界定。但是,专门化的成本较高,而且一般需要额外的人员。

2. 制订商品计划

零售采购的商品计划集中于四项决策:采购什么商品、采购多少商品、什么时候采购以及将采购来的商品储存在什么地方。

(1) 采购什么商品。零售企业应根据企业的经营战略、市场定位决定其采购商品的种类。一个零售企业可以经营高档、昂贵的商品,把它们卖给高收入的消费者;或者经营中档、中等价位的商品,供应给中等收入的消费者;或者经营低档、廉价商品,吸收低收入消费者;或者向中等和高收入消费者提供中高档商品,努力占领不止一个细分市场。同时,企业还要决定是否经营促销性商品(低价抛售的商品,或用于增加商店客流量的特价商品)。

确定商品质量必须考虑以下几个因素:理想的目标市场、竞争、零售商形象、商店位置、库存流转、盈利能力、制造商品牌或自有品牌、消费者服务、人员、可感知的产品或服务价值。

(2) 采购多少商品。零售企业决定了采购什么样的产品之后，就必须决定采购多少商品。即不同商品或服务大类的数量是多少以及任何一大类商品或服务的数量是多少。同时零售企业也应该决定经营多少全国性品牌、自有品牌和非注册品牌以及它们的适当组合。

(3) 什么时候采购。接下来，零售企业应确定每一种商品在什么时候采购。对新产品和服务，零售企业必须决定在什么时间第一次陈列和销售。对已有产品和服务，零售企业必须计划一年内的商品流转规律。

为恰如其分地采购商品，零售企业必须预测一年内的商品销量以及其他各种因素：高峰季节、订货和送货时间、例行订货和特殊订货、库存流转率、折扣和存货处理的效率。

(4) 采购来的商品储存在什么地方。最后一个基本的商品计划决策是将商品储存在什么地方。单个零售企业常常必须选择将多少商品存放在仓库中以及确定是否充分利用了仓库，连锁店则必须在各分店之间分配商品。

一些零售企业几乎完全将仓库当作中心的或地区的分销中心。另一些零售企业，包括许多超级市场连锁店，并不过分依靠中心或地区仓库。相反，它们至少有一部分产品直接由供应商运送到各分店。

3. 搜集顾客需求信息

零售采购在制订了整体的商品采购计划后，就必须搜集顾客的需求信息。零售企业在采购或再采购商品之前，都必须搜集有关顾客需求的数据。

零售采购离不开对销售量的准确预测。在搜集商品采购管理所需要的数据时，零售企业有几个主要的信息来源，最有价值的是消费者。通过厂家目标市场的人口统计数据、生活方式和潜在购物计划，零售企业就可以直接研究消费者的需求。

采购人员通过访问供应商、与销售人员谈话及观察消费者行为，可以了解到许多有关消费者需求的信息。通常，在其主管的商品大类范围内，采购人员负责全部的销售预测和商品计划。高层管理人员综合各采购人员的预测和计划，得出公司的整体计划。

竞争者是另一个信息源。知道竞争者这样做了，保守的零售商才会储存同一种商品。它们可能会雇用比较购物者，即那些观察竞争者提供的商品和价格的人。另外，商业出版物也报道每一零售领域的趋势，并提供向竞争者获取数据的合法途径。

其他信息来源也可能提供许多有用的信息：政府公布的失业、通货膨胀和产品安全数据；独立新闻单位举办的消费者民意测验和调查报告；可以购买到的商业数据。

信息应该从多个渠道搜集，单一类型的数据可能是不充分的。不管所获得信息的数量有多少，零售商应能感觉到它们用于制定尽可能精确的决策是足够充分的。

4. 确定货源

零售采购中的确定货源其实就是选择供应商，货源的三个主要来源是公司自有、外部固定供应商和外部新供应商。

(1) 公司自有。大的零售企业可能拥有自己的制造或者批发机构。公司自有供应商可为零售企业提供全部或部分商品。

(2) 外部固定供应商。这类供应商不是零售商自有的,但零售商同他们有固定的关系。通过亲身的经历,零售商了解其产品和服务的质量以及供应商的可靠性。

(3) 外部新供应商。这类供应商既不是零售商自有的,零售商过去也没有向其采购过商品。零售商可能并不熟悉其商品的质量和该供应商的可靠性。

零售采购在确定货源、选择供应商时,应考虑以下准则。

- 可靠性:供应商能始终如一地履行所有书面的承诺吗?
- 价格、质量:谁能以最低的价格提供最好的商品?
- 订单处理时间:多久能收到送货?
- 独占权:供应商给予独家经销权吗?
- 提供的服务:如果需要,供应商提供运输、储存和其他服务吗?
- 信息:供应商是否提供一些重要的产品或服务数据?
- 道德:供应商是否履行所有的口头承诺?
- 保证:供应商是否对自己的产品提供担保?
- 信用:能从供应商那里获得商业信用吗?多长时间?
- 长期关系:能与该供应商保持长期关系吗?
- 记录:供应商会很快地填写记录吗?
- 毛利:毛利(差价)足够吗?
- 创新:供应商的产品是创新的还是守旧的?
- 地方广告:供应商在当地区媒体做广告吗?
- 投资:供应商的总投资成本有多大?
- 风险:与供应商交往的风险有多大?

5. 评价商品

零售采购无论选择什么样的货源,都必须有一整套评价商品的程序,以确定零售企业是必须检验每个产品,还是只略作说明便可以实施采购。

零售企业可以采用 3 种可能的评价方式:检查、抽查和描述。具体选择哪种方法取决于商品的成本、特征和购买的规律。检查即是在购买之前和送货之后检测每个商品单位。珠宝和艺术品是两种昂贵、购买相对特殊的商品,零售商必须认真检查每一件商品。当零售商按规律采购大量易碎、易腐或昂贵商品时,要采用抽查的方法。在这种情况下,检查每一件商品是没有效率的。因此,商品的质量和状况只好通过抽查了解。当零售商购买标准化的、不易腐烂的商品时,就采用描述的方法。零售商既不检查也不抽查,而是通过口头、书面或图片描述的方式大量订购这类商品。例如,文具店采用商品目录或订单方式订购夹纸回形针、便笺簿和打印纸等。

6. 谈判购买

"谈判",又称为"协商"或"交涉",是担任采购工作最吸引人的部分之一。当货源已经选定、购买前评估也已完成时,零售商开始就购买及其条款进行谈判。一次新的或特定的订货通常要求签订一份经过谈判的合同。在这种情况下，零售商和供应商将认真讨论购买过程的所有方面。此外，一次例行的订货或再订货通常只涉及签订一份格式化的合同。在这种情况下，条款是标准化的，或者已经为双方所接受，订货过程按例行方式处理。不管是谈判的还是格式化的合同，都有许多购买条款需要具体磋商，包括送货日期、购买数量、价格和付款安排、折扣、送货方式以及所有权转移时间。

送货时间和购买数量必须陈述清楚。如果任何一项条款没有被满意执行，零售商有权取消本次订货。零售商的购买价格、付款安排和已许诺的折扣也很重要。

采购谈判不只是"讨价还价"，谈判在韦氏大辞典的定义是"买卖之间商谈或议论以达成协议"。成功的谈判结果是买卖之间经过计划、检讨及分析达成互相接受的协议或折中方案。这些协议或折中方案里包含了所有交易的条件而非只有价格。

谈判与球赛或战争之不同在于，在球赛或战争中只有一个赢家。在成功的谈判里，双方都是赢家，只是一方可能比另一方多赢一些，这种情况是商业的常事，也就是说谈判技巧较好的一方理应获得较多的收获。

一般在采购工作上，谈判通常有五项目标。

(1) 为相互同意的质量条件的商品取得公平而合理的价格。

(2) 要使供应商按合约规定准时与准确地执行合约。

(3) 在执行合约的方式上取得某种程度的控制权。

(4) 说服供应商给予超级市场最好的合作。

(5) 与表现好的供应商取得互利与持续的良好关系。

谈判技巧是采购人员的利器。谈判高手通常都愿意花时间去研究这些技巧，以求事半功倍，下列是值得超级市场采购人员研究的谈判技巧。

(1) 谈判前要有充分的准备。知己知彼，百战百胜，成功的谈判最重要的步骤就是要先有充分的准备。采购人员的商品知识，对市场及价格的了解，对供需状况的了解，对本企业的了解，对供应商的了解，本企业所能接受的价格底线、目标、上限，以及其他谈判的目标都必须先有所准备，并列出优先顺序，将重点简短列在纸上，在谈判时随时参考，以提醒自己。

(2) 谈判时要避免谈判破裂。有经验的采购人员，不会让谈判完全破裂，否则根本不必谈判，他总会给对方留一点退路，以待下次谈判达成协议。没有达成协议总比勉强达成协议好。

(3) 只与有权决定的人谈判。超级市场的采购人员接触的对象可能有：业务代表、业务各级主管、经理、协理、副总经理、总经理、董事长，视供应商的规模大小而定。这些人的权限都不一样。采购人员应避免与无权决定事务的人谈判，以免浪费自己的时间，只同有决定权的人谈判。

7. 决定购买

对许多大中型零售企业来说，购买决策是自动完成的。这些企业使用计算机完成订单处理(以电子数据交换和快速反应存货计划为基础)，每一次购买都被输入计算机数据库。

小零售商则通常是人工完成购买决策,利用员工填写和处理订单,每一次购买都以同样的方式记入商店的存货手册。但是,随着计算机化订单处理软件的快速发展,使小零售商有时也能采用电子订货,特别是在大批发商支持它们使用电子数据交换和快速反应系统的情况下。

8. 再订购商品

对那些不止一次采购的商品,再订购的计划是必需的。制订这种计划时,有四个因素是关键的:订货和送货时间、存货流转率、财务支出、存货或订货成本。

存货和订货时间必须确定。对于零售商,要考虑处理一份订单花多长时间。对于供应商,要考虑履行订单并将货物送达花多长时间。有可能送货时间太长,以致零售商的上一批存货还完全未动就必须再订货;另外,有些商品也可能当天订购第二天就能收到送货。

每种商品的流转率也需要计算清楚,即零售商要花多长时间才能卖完存货。热卖商品允许零售商有两种选择:一次订购较多的商品,以延长再订货时间;或者为了保持较少的存货,而频繁进行订货(订货期限短)。滞销商品则可能迫使零售商减少初始存货水平并延长再订货时间。

不同购买选择方案下的财务支出必须考虑。大订单可以获得数量折扣,但是可能要求大量的现金支出。小订单虽使单位商品较贵,但总成本可能较低(因为只需要保存少量存货)。

最后,必须对存货或订货成本进行权衡。保有大量存货的优点是顾客满意、订货时的数量折扣、较低的单位运输支出以及易于对销售过程中的商品进行控制和处置。但是,保有大量存货会占用大量资金、占用仓库面积、增加储存费用,对某些商品可能还会因季节变化而面临销售不完的风险。

7.1.2 零售商品采购模式

零售采购的模式根据零售企业是否连锁可以分为单店采购模式和连锁采购模式,连锁模式按集权的程度又可分为集中采购模式和分散采购模式,集中采购和分散采购相结合便是混合采购模式。

1. 单店采购模式

尽管零售企业越来越趋向于大规模连锁发展,但独立的单个零售企业仍广泛地存在着,并且在数目上占绝大部分。

单体零售企业的商品采购模式主要有以下三种具体形式。

(1) 店长或经理全权负责。商品采购的权力完全集中在店长或经理手中,由店长或经理选择供应商,决定商品购进时间和购进数量。

(2) 店长授权采购部门经理具体负责。零售企业店长将采购商品的工作下放给采购部门经理,由采购部门经理根据零售企业经营的情况决定商品采购事宜。

(3) 各商品部经理具体采购。零售企业商品部经理是一线管理人员,他们熟悉商品的经销动态,比较了解消费者的偏好,可以根据货架商品陈列情况以及仓储情况灵活地进行商品采购决策，因此，这种形式比上述两种形式更为有效。

单店采购模式的特点：在采用这种采购模式的零售企业里，商品采购常常由一个采购部负责，直接与众多供应商打交道，一般进货量较小，配送成本较大，必须努力实现采购的科学管理，否则失败的风险很大。对一些规模不大的零售企业，有时店长直接负责商品采购，但实现较为理想的商品组合仍然困难。特别是由于进货量比较小，不可能取得较低的进货价格，以致减少流通环节、降低商品价格成为可望而不可及的事情。

这种零售企业的店长是企业的法人代表，可以完全按照自己的经营意愿开展经营活动。单体零售企业卖场规模一般比较小，经营商品通常在2000种以下，在竞争中往往处于劣势。

2. 分散采购模式

分散采购模式是零售企业将采购权力分散到各个区域/地区/分店，由各分店在核定的金额范围内，直接向供应商采购商品。从零售企业的发展趋势来看，分散采购是不可取的，因为它不易控制、没有价格优势以及采购费用高。分散采购模式有以下两种具体形式。

(1) 完全分散采购。完全分散采购形式是总部根据自身的情况将采购权完全下放给各零售企业，由各零售企业根据自己的情况灵活实施采购。它最大的优点是灵活，能对顾客的需求做出有效的响应，比较有利于竞争。

(2) 部分分散采购。部分分散采购形式是零售企业总部对各分店地区性较强的商品(如一些地区性的特产就只适合于该地区销售)，以及一些需要勤进快销的生鲜品实行分散采购，由各分店自行组织进货，而总部则对其他的商品进行集中采购。

分散采购的特点：采购人员接近供应品的使用人员，因此可以进行快速和直接的沟通，在紧急需要采购时比较方便；采购手续简单，能在较短的时间内完成，仓储管理方便；分散采购能够满足使用部门的特殊要求。

3. 集中采购模式

集中采购模式是指零售企业设立专门的采购机构和专职采购人员统一负责商品采购工作，如统一规划同供应商的接洽、议价、商品的导入、商品的淘汰以及POP促销等，零售企业所属各门店只负责商品的陈列以及内部仓库的管理和销售工作。对于商品采购，各分店只有建议权，可以根据自己的实际情况向总部提出有关采购事宜。

集中采购的特点：大多数采购都有独特的使用价值需求，只有具有专门的知识才能成功地完成，集中采购便于专业分工，有利于在采购过程中集中和充分利用专家的知识，可以培养专业采购人才，促进采购技术的提高，保证采购质量；集中采购变分散零星采购为集中批量采购，形成规模效应，而且可以引导供应商再竞争，从而降低采购价格，整合采购职能，减少作业和管理费用，可以精简采购部门的人员；集中采购的政策和程序具有连续性和统一性，更容易贯彻和使用，同时，有利于提高采购活动的透明度，防止采购人员滥用职权。

此外，集中采购在促进采购市场的完善方面也起着重要作用。主要表现在两个方面：一是集中采购制能够抑制不正当竞争，在一定程度上矫正市场失灵；二是集中采购制引入公开竞争机制，让所有有资格的供应商不分地区、不分所有者性质，按平等原则展开竞争，打破市场限制,有利于统一市场的形成。

连锁化零售店铺采购商品的模式既有集中采购又有分散采购,如表 7-1 所示。

表 7-1 连锁化零售店铺采购商品的模式

采购模式		权限分配	优点与缺点
总部的中央采购制度(集中采购模式)		总公司的采购部门全权负责所有商品的采购,对于商品采购,各分店只有建议权,采购事宜全部由总部统一规划,各分店只负责商品的陈列以及内部仓库的管理和销售工作	优点:有利于实施统一财务管理,降低公司的成本费用;塑造统一的零售店铺形象,规范企业的经营行为;发挥集中议价的优势,便于对货源的控制 缺点:缺乏弹性、时间拖延、地方分店士气低下及过度的一致性
分散采购模式	总部授权的采购制度	总部将商品采购权下放给各分店,由分店根据自己的情况灵活实施	优点:灵活,能对顾客的需求做出有效响应,比较有利于竞争 缺点:这种制度难以发挥规模采购的优势,不利于零售店铺公司的统一管理和塑造统一的视觉形象
	总部有限授权的采购制度	总部对各分店的区域市场特征较强的商品进行授权,由分店进行商品采购决策	优点:这种制度具有较强的灵活性,使分店根据自身的特征采取弹性的营销策略,确保分店效益目标的实现 缺点:容易导致采购行为失控,增加控制成本以及增加行为监管的难度;可能失去大规模采购时得到的价格优惠,难以发挥规模经济效应

4. 混合采购模式

混合采购模式是指根据一国法律,商家指定一个机构统一采购合同金额超过一定限额的商品或某些种类的商品,限额以下或其他商品由商家自行采购。

混合采购的特点:混合采购可能会同时获得集中采购和分散采购的双重利益。集中采购有利于制定和实施统一的采购政策,有利于对高价值和高风险采购进行管理;分散采购则可以保持低价值和低风险采购的灵活性和采购速度。

在实践中,没有绝对的集中采购或绝对的分散采购。一个组织究竟在多大程度上实现集中采购和分散采购,没有标准的模式。企业分权程度以及企业机构职能之间的分工都会对企业零售采购模式产生相应的影响。当然,采购实体的目标、文化、资源和管理需求也是企业在确立采购模式时应当考虑的因素。

7.2 零售商品采购方式

7.2.1 定量采购方式

1. 定量采购的定义及其作业程序

(1) 定量采购的定义。所谓定量采购,是指当库存量下降到预定的最低库存数量(采购点)时,按规定数量(一般以经济批量 EOQ 为标准)进行采购补充的一种方式。当库存量下降到订货点(R,也称为再订货点)时马上按预先确定的订货量(Q)发出货物订单,经过交纳周期(LT),收到订货,库存水平上升。采用定量采购必须预先确定订货点和订货量。通常采购点的确定主要取决于需求率和订货、到货间隔时间这两个要素。在需要固定、均匀以及订货、到货间隔时间不变的情况下,不需要设定安全库存,订货点计算公式为

$$R = LT \times D / 365$$

式中:D 代表每年的需要量。

当需要发生波动或订货、到货间隔时间变化时,订货点的确定方法较为复杂,且往往需要安全库存。订货量通常依据经济批量方法来确定,即以总库存成本最低时的经济批量(EOQ)为每次订货时的订货数量。

定量采购的优点是:由于每次订货之前都要详细检查和盘点库存(看是否降低到订货点),能够及时了解和掌握商品库存的动态;因为每次订货数量固定,且是预先确定好了的经济批量,所以方法简便。这种订货方式的缺点是:经常对商品进行详细检查和盘点,工作量大且需花费大量时间,从而增加了库存保管维持成本;该方式要求对每个品种单独进行订货作业,这样会增加订货成本和运输成本。定量采购适用于品种数目少但占用资金多的商品。

(2) 定量采购的作业程序。定量采购的作业程序如图 7.1 所示,具体作业步骤如下。

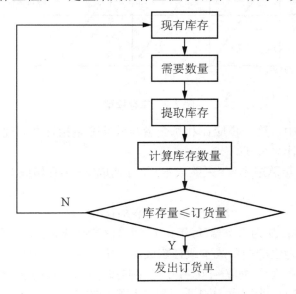

图 7.1　定量采购的作业程序

① 确定应采购商品的现有库存量。
② 根据用户的需求和现有库存量确定商品的需要数量。
③ 如果现有库存量能满足用户的需求,为用户提取货物。
④ 按以下公式计算库存数量。

库存量=现有库存量-提取数量+在途库存量-延期购买量

⑤ 当库存量小于或等于用户的订购量时,向供应商发出订货单,请求订货。

2. 定量采购模型

(1) 定量采购模型假设。定量采购要求规定一个特定的点,当库存水平达到这一点时就应当进行订购并且订购一定的量。订购点往往是一个既定的数,当可供货量(包括目前库存量和已订购量)到达订货点时,就应进行一定批量的订购。库存水平可定义为目前库存量加上已订购量减去延期交货量。以下这些假设与现实可能不符,但为我们提供了一个研究的起点,并使问题简单化。

① 产品需求是固定的,且在整个时期内保持一致。
② 提前期(从订购到收到货物的时间)是固定的。
③ 单位产品的价格是固定的。
④ 存储成本以平均库存为计算依据。
⑤ 订购或生产准备成本固定。
⑥ 所有对产品的需求都能满足(不允许延期交货)。

(2) 建立库存模型,如图 7.2 所示。

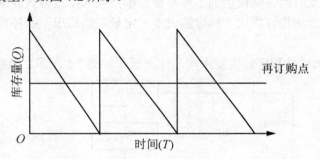

图 7.2 库存模型

在模型建立过程中,第一步应在利息变量与效益变量指标之间建立函数关系。本例关注的是成本,下面是计算公式。

年总成本=年采购成本+年订购成本+年存储成本

即

$$TC = D \times C + (D/Q) \times S + (Q/2) \times H$$

式中:TC 为年总成本;D 为需求量(每年);C 为单位产品成本;Q 为订购批量(最佳批量称为经济订购批量);S 为生产准备成本或订购成本;H 为单位产品的年均存储成本(通常,存储成本以单价的百分率表示,如 $H = i \times C$ 中 i 是存储成本的百分率);$D \times C$ 指产品年采购成本;$(D/Q) \times S$ 指年订购成本(订购次数 D/Q 乘以每次订购成本 S);$(Q/2) \times H$ 是年存储成本(平均库存 $Q/2$ 乘以单位存储成本 H)。

在模型建立过程中,第二步是确定订购批量 Q 以使总成本最小。将总成本对 Q 求导数,并设其等于零,具体计算过程为

$$TC = D \times C + (D/Q) \times S + (Q/2) \times H$$

$$\frac{d(TC)}{dQ} = 0 + \left[\frac{-D \times S}{-Q \times Q} \right] + \frac{H}{2} = 0$$

最优订货批量 $Q = \sqrt{2D \times S / H}$

第 7 章 零售商品采购管理

下面分两种情况进行讨论。

① 因为该模型假定需求和提前期固定,且没有安全库存,则再订购点 R 为

$$R = d \times L$$

式中:d 为日平均需求量(常数);L 为用天表示的提前期(常数)。

② 定量订货系统是对库存水平进行连续监控,且当库存量降至某一水平 R 时就进行订购。该模型中,缺货的风险只发生在订购提前期,即在订购时点与收到货物时点之间,则再订购点的计算公式为

$$R = \bar{d} \times L + z \times \sigma_L$$

其中

$$\bar{d} = \frac{\sum_{i=1}^{n} d_i}{n}$$

式中:R 为再订购点;d 为日需求量;n 为天数;L 为提前期(订购时点与收到货物时点之间的时段);z 为既定服务水平;σ_L 为提前期中使用量的标准差。

日需求量的标准差为

$$\sigma_d = \sqrt{\frac{\sum_{i=1}^{n}(d_i - \bar{d})^2}{n}}$$

i 天的标准差为

$$\sigma_L = \sqrt{\sigma_1^2 + \sigma_2^2 + \cdots + \sigma_i^2}$$

那么

$$\text{短缺概率} \times \text{年需求量} = \text{每次订购短缺量} \times \text{年订购次数}$$

即

$$(1-P) \times D = E(z) \times \sigma_L \times D/Q$$

简化为

$$E(z) = \frac{(1-P) \times Q}{\sigma_L}$$

式中:P 为期望服务水平。

7.2.2 定期采购方式

1. 定期采购的定义及其作业程序

定期采购是指按预先确定的订货间隔期间进行采购补充库存的一种方式。企业根据过去的经验或经营目标预先确定一个订货间隔期间,每经过一个订货间隔期间就进行订货,每次订货数量都不同。在定期采购时,库存只在特定的时间进行盘点,例如每周一次或每月一次。当供应商走访顾客并与其签订合同,或某些顾客为了节约运输费用而将他们的订单合在一起的情况下,必须定期进行库存盘点和订购。另外一些公司采用定期采购是为了促进库存盘点。例如,当销售商每两周打来一次电话时,员工就明白所有销售商的产品都应进行盘点了。

在定期采购时,不同时期的订购量不尽相同,订购量的大小主要取决于各个时期的使

用率。它一般比定量采购要求更高的安全库存。定量采购是对库存连续盘点，一旦库存水平到达再订购点，立即进行订购。反之，标准的定期采购模型是仅在盘点期进行库存盘点。这就有可能在刚订完货时由于大批量的需求而使库存降至零，这种情况只有在下一个盘点期才被发现，而新的订货需要一段时间才能到达。这样，有可能在整个盘点期和提前期会发生缺货。所以安全库存应当保证在盘点期和提前期内不发生缺货。定期采购的作业程序如图 7.3 所示。

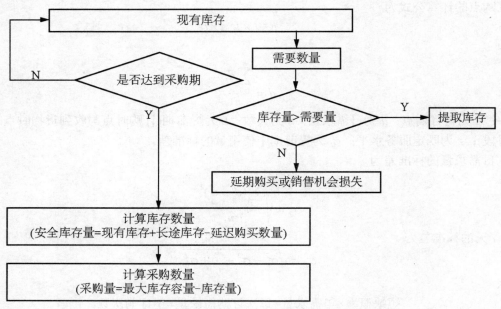

图 7.3　定期采购的作业程序

2. 定期采购的特点及订货量的确定

定期采购是从时间上控制采购周期，从而达到控制库存量的目的。只要订货周期控制得当，既可以不造成缺货，又可以控制最高库存量，从而达到成本控制的目的，使采购成本最少。

定期采购的优点是：由于订货间隔期间确定，因而多种货物可同时进行采购，这样不仅可以降低订单处理成本，还可降低运输成本；这种方式不需要经常检查和盘点库存，可节省这方面的费用。缺点是：由于不经常检查和盘点库存，对商品的库存动态不能及时掌握，遇到突发性的大量需要，容易造成缺货现象带来的损失，因而超级市场为了应对订货间隔期间内需要的突然变动，往往库存水平较高。定期采购控制法适用于品种数量大、占用资金较少的超市商品。定期采购计划表示例如表 7-2 所示。

实际上，采购周期也可以根据具体情况进行调整。例如，根据自然日历习惯，以月、季、年等确定周期；根据供应商的生产周期或供应周期进行调整等。

定期采购方式中订货量的确定方法为

　　　　订货量=最高库存量-现有库存量-订货未到量+顾客延迟提货量

表 7-2 材料定期采购计划表

×年×月×日   页次

材料名称	规格	估计用量	订购交货日期	每日用量	每日最高用量	基本存量	最高存量	基本存量比率	每次订购数量

3. 定期订货模型

在定期订货系统中,在盘点期(T)进行再订购,同时安全库存必须为

$$安全库存 = z \times \sigma_{T+L}$$

订货量为

订货量=盘点期和提前期内的平均水平需求+安全库存−现有库存(已订购的也加上)

即

$$q = \bar{d} \times (T+L) + z \times \sigma_{T+L} - I$$

式中:q 为订购量;T 为两次盘点的间隔期;L 为提前期(订购与收到货物之间);$\bar{d}$ 为预测的日平均需求量;z 为既定服务水平下的标准差倍数;σ_{T+L} 为盘点周期与提前期间需求的标准差;I 为现有库存(包括已订购尚未到达的)。

需要注意的是:需求量、提前期、盘点期等可以使用任意时间单位,只要整个公式中的单位保持一致。在该模型中,需求量($\bar{d}$)可以预测出来,并且可以随盘点期而不同。或者可以使用年度平均值,假定需求是服从正态分布的。

z 值可以通过以下公式先求出 $E(z)$,然后借助表 7-3 找出其相对应的值。

$$E(z) = \frac{\bar{d} \times T \times (1-P)}{\sigma_{T+L}}$$

式中:$E(z)$ 为 $\sigma=1$ 时的期望缺货值;P 为用小数表示的服务水平(如 95%表示为 0.95);$\bar{d} \times T$ 为盘点周期内的需求量,其中 $\bar{d}$ 为日平均需求量,T 为天数;σ_{T+L} 为盘点周期与提前期间需求的标准差;z 为安全库存的标准差系数。

表 7-3 表示相对于标准差的短缺期望值(该表建立的基础是标准差为 1)。

表 7-3 相对于标准差的短缺期望值

$E(z)$	z	$E(z)$	z	$E(z)$	z	$E(z)$	z
4.500	−4.50	2.205	−2.20	0.399	0.00	0.004	2.30
4.400	−4.40	2.106	−2.10	0.351	0.10	0.003	2.40
4.300	−4.30	2.008	−2.00	0.307	0.20	0.002	2.50
4.200	−4.20	1.911	−1.90	0.267	0.30	0.001	2.60
4.100	−4.10	1.814	−1.80	0.230	0.40	0.001	2.70
4.000	−4.00	1.718	−1.70	0.198	0.50	0.001	2.80

续表

E(z)	z	E(z)	z	E(z)	z	E(z)	z
3.900	−3.90	1.623	−1.60	0.169	0.60	0.001	2.90
3.800	−3.80	1.529	−1.50	0.143	0.70	0.000	3.00
3.700	−3.70	1.437	−1.40	0.120	0.80	0.000	3.10
3.600	−3.60	1.346	−1.30	0.100	0.90	0.000	3.20
3.500	−3.50	1.256	−1.20	0.083	1.00	0.000	3.30
3.400	−3.40	1.169	−1.10	0.069	1.10	0.000	3.40
3.300	−3.30	1.083	−1.00	0.056	1.20	0.000	3.50
3.200	−3.20	1.000	−0.90	0.046	1.30	0.000	3.60
3.100	−3.10	0.920	−0.80	0.037	1.40	0.000	3.70
3.000	−3.00	0.843	−0.70	0.029	1.50	0.000	3.80
2.901	−2.90	0.769	−0.60	0.023	1.60	0.000	3.90
2.801	−2.80	0.698	−0.50	0.018	1.70	0.000	4.00
2.701	−2.70	0.630	−0.40	0.014	1.80	0.000	4.10
2.601	−2.60	0.567	−0.30	0.011	1.90	0.000	4.20
2.502	−2.50	0.507	−0.20	0.008	2.00	0.000	4.30
2.403	−2.40	0.451	−0.10	0.006	2.10	0.000	4.40
2.303	−2.30	0.399	0.00	0.005	2.20	0.000	4.50

4. 既定服务水平下的定期采购模型

当采用定期订购时，在盘点期(T)进行再订购，同时必须保证一定量的安全库存。图7.4表示盘点期为T，固定提前期为L的定期采购模型。

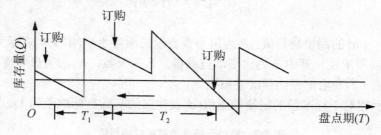

图 7.4　定期采购模型

5. 定期采购模型与定量采购模型的比较

定期采购模型与定量采购模型的比较如表7-4和图7.5所示。

表7-4　定量采购模型与定期采购模型的比较

比　较　项　目	定量订货模型	定期订货模型
订货量	固定的(每次订购量相同)	变化的(每次订购量不同)
何时订购	在库存量降低到再订购点时	在盘点期到来时

续表

比 较 项 目	定量订货模型	定期订货模型
库存记录	每次出库都做记录	只在盘点期做记录
库存大小	较小	较大
作业所需时间	由于记录持续，所需时间较长	简单记录，所需时间较短
物资类型	昂贵、关键或重要物资	品种数量大的一般物资

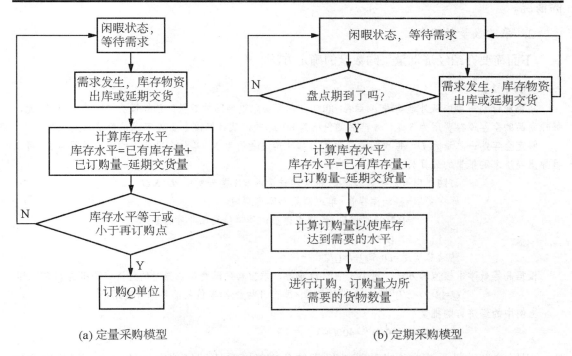

图 7.5 定量采购模型与定期采购模型的比较

7.2.3 经济批量采购方式

采购数量的多少，直接决定着对生产经营的保证和经济效益的高低。在物品的采购储存过程中，会产生订购费用和仓库储存费用。在价格一定而采购量(即一次采购量)较大时，可降低单位订购费用，但会增加总的仓库存储费用，单位订购费用也会提高。因此，采购部门在决定采购批量时，应选定订购费用和仓储费用合计数量最低时的采购量，即经济批量采购。

1. 经济批量采购的含义及特点

经济批量采购是从企业本身节约费用开支角度来确定物资经常储备的一种方法。从物资有关的费用来分析，主要有订购费用和保管费用两大类。从节约保管费来说，应增加采购次数，而减少每次采购数量；从节约订购费来说，应减少采购次数，而增加每次采购量。这表明，采购与保管费是相互制约的。客观上存在这样一种采购数量，使得按这种数量采购所需的采购费与保管费的总和最小，这个采购数量就是经济批量采购数量。

经济批量采购法是在保证生产正常进行的前提下,以库存支出的总费用最低为目标,确定订货(生产)批量的方法。

经济批量采购法必须在已知计划期间的需求量、每批工装调整费、项目每单位在计划期间的保管费等数据的情况下,才能计算出经济订货批量。算出结果后就将之作为一定期间内的订货批量,直到各项费用和需求数量有较大变动时,才会有所变动。因此,经济批量采购法可认为是一种静态批量法,它不适合于需求波动很大和项目价值很昂贵的情况。

2. 采购数量的确定

下面简要介绍经济批量采购数量的确定方法。

【例7.1】

某企业计划一年内从外地购进 A 商品 8000 吨,每次购进相同的数量,已知每次订购费用为 50 元,每吨商品的全年库存费用为 5 元,A 产品的价格为 80 元/吨,试计算该企业 A 产品的经济订购批量。

假定全年购进总量为 D,每次购进量为 Q,每次购进费用为 S,单位商品年平均库存费用为 I,可以推导出经济采购批量的计算公式为

订购费用=(全年购进总量/每次购进量)×每次购进费用=$D \times S/Q$

库存费用=平均库存量×单位商品年库存费用
=[(最低库存量+最高库存量)/2]×单位商品年库存费用
=$I \times Q/2$

购储总费用=$D \times S/Q + I \times Q/2$

根据高等数学求极值的方法,对上式中的 Q 求导,求出当购储费用最低时的经济订购批量 Q 值,即

$Q=(2 \times D \times S/I)^{1/2}=(2 \times 年购进总量 \times 每次订购费用/单位商品年保管费用)^{1/2}$

上例中的经济订购批量

$Q=(2 \times 8000 \times 50/5)^{1/2}=400(吨)$

用经济订购批量确定企业物资的经常储备定额,是比较经济有效的方法。但采用这种方法需要具备一个前提条件,就是企业能自行决定采购的量和时间,不受物资供应方和运输条件的制约。

3. 经济批量采购模型

(1) 经济批量采购模型的假设条件。经济采购批量法(EOQ)公式是根据存储量推出的,进货间隔时间和进货数量是两个主要的变量。运用这个方法,可以取得保管费用与订货费用之间的平衡,确定最佳进货数量和进货时间。采购费用是指从订购至入库所需要的差旅费、运输费用率等;保管费用是指物料储备费、验收费、仓库管理费、所占用的流动资金利息费、物料储存消耗费等。EOQ 法一般用于需求是常量和已知的,成本和提前期也是常量和已知的,库存能立即补充的情况下,即它是用于连续需求的、库存消耗是稳定的场合,同时要求满足以下一些假设条件。

① 材料需求是固定的,且在整个时期内保持一致;
② 提前期(从材料订购到材料到货的时间)是固定的;
③ 单位产品的价格是固定的;

④ 所有的相关成本都是固定的,包括存储成本和采购成本等;
⑤ 所有的材料需求都能满足,且不允许延期交货。

由这些条件可以看出,在现实中要满足所有这些条件几乎是不可能的,但这些假设提供了一个非常好的研究起点,可以使问题简单化。

(2) EOQ 公式及应用。经济批量采购模型如图 7.6 所示,该模型反映了库存量与时间的关系。由图 7.6 可以看出,订购批量为 Q_{opt},也是库存量的最大值,订货点为 Q^*,平均库存量为 $\bar{Q}$,$\bar{Q}=Q/2$,订货提前期为 T,d 为单位时间内平均需求量,根据前面的假设条件提前期是固定的,所以每次订货的订货点为 $Q^*=d \times T$。通常,以产品成本、采购成本和储存成本的总和来表示总成本,即

总成本=产品成本+采购成本+储存成本
产品成本=产品单价×需求量
采购成本=每次采购成本×该期的采购次数
储存成本=平均库存量×该期单位储存成本

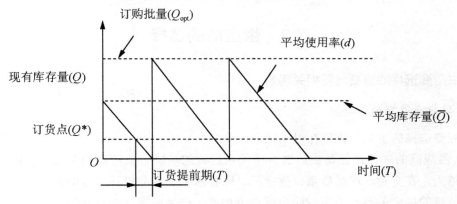

图 7.6 经济批量采购模型

设 D 为年需求量,C 为单位物料采购成本,H 为单位存货的年成本,S 为一次订货的业务成本,则每年的订购次数可以用年需求量除以每次订货的批量得到,即为 D/Q。

由此可以计算每年的储存成本为 $Q \times H/2$,每年的采购成本为 $D \times S/Q$,总成本以 TC 表示为

$$TC = D \times C + D \times S/Q + Q \times H/2$$

按照使总成本最小的原则计算订购批量,方法是对上式以 Q 为变量的表达式求导,并设其一阶导数为零。具体计算过程为

$$\frac{dTC}{dQ} = 0 + (-D \times S)/Q \times Q + H/2$$

则最佳批量

$$Q_{opt} = \sqrt{\frac{2D \times S}{H}}$$

最佳批次

$$n = \frac{D}{Q_{opt}} = \sqrt{\frac{D \times H}{2 \times S}} \text{(取近似整数)}$$

最佳订货周期

$$t = \frac{365}{n} = 365 \times \sqrt{\frac{2 \times S}{D \times H}}$$

【例 7.2】

某生产企业对物料 A 的年需求量为 $D=2500$ 单位,订购成本 $S=80$ 元/次,存储成本 $H=12$ 元/单位·年,提前期 $T=7$ 天,单价 $C=120$ 元/单位,求经济订购批量、再订购点和年总成本。

解: $Q_{opt} = \sqrt{\dfrac{2D \times S}{H}} = \sqrt{\dfrac{2 \times 2500 \times 80}{12}} = 182.6 \approx 183$(单位)

再订购点 $Q^* = d \times T = (2500/365) \times 7 = 47.9 \approx 48$(单位)

最佳批次 $n_{opt} = \dfrac{D}{Q_{opt}} = \sqrt{\dfrac{D \times H}{2 \times S}} = \sqrt{\dfrac{2500 \times 12}{2 \times 80}} \approx 14$(次)

最佳订货周期 $t_{opt} = \dfrac{365}{n_{opt}} = 365 \times \sqrt{\dfrac{2 \times S}{D \times H}} = \dfrac{365}{14} \approx 26$(天)

年总成本 $TC = D \times C + D \times S/Q + Q \times H/2 = 2500 \times 120 + 2500 \times 80/183 + 183 \times 12/2 = 302190.9$(元)

实际上,得到订购成本、生产准备成本、存储成本以及短缺损失的数据非常困难,有时甚至不可能;假设条件有时不切实际。所以,所有库存订货点系统都要做以下两个工作:对每种库存物资进行适当的控制;确保库存记录准确可靠。

7.3 供应商的选择

7.3.1 供应商选择的重要性和相关因素

1. 供应商选择的重要性

供应商选择的重要性体现在以下三个方面。

(1) 供应商的评价选择是供应链合作关系运行的基础。供应商的业绩对制造企业的影响越来越大,在交货、产品质量、提前期、库存水平、产品设计等方面都影响着制造商的效益。传统的供应关系已不再适应全球竞争加剧、产品需求日新月异的环境,企业为了实现低成本、高质量、柔性生产、快速反应,就必须重视供应商的评价选择。供应商的评价、选择对于企业来说是多目标的,包含许多可见和不可见的多层次的因素。

(2) 选择好的供应商是供应链管理的关键环节。对于生产企业而言,供应商的数量较多,层次参差不齐。如果供应商选择失误,就会对生产带来不利影响,造成中断生产计划、增加存货成本、延迟运送零件或原料、出现缺货或残次物品、引发成品的运送延迟等不良后果。如果企业建立完整的供应商选择与评价体系,就可以掌握供应商的生产情况和产品价格信息;获取合理的采购价格、最优的服务;确保采购物资的质量和按时交货;可以对供应商进行综合、动态的评估;甚至把供应商结合到产品的生产流程中去,和供应商建立长期的交易伙伴关系以达到效益最优化。

(3) 好的供应商将成为企业的战略合作伙伴。选择好的供应商不仅是为了保障日常物资的供应,从传统重视的质量、价格、服务和柔性方面选择优秀的供应商,更多的是从战略的角度考虑和供应商的关系。供应链管理思想的发展和越来越多的外包使得采购的地位日益突出,促使企业将供应商管理水平作为企业的竞争优势,因此在选择供应商时考虑的因素也随之增加。

第 7 章 零售商品采购管理

在传统关系模式中供应商和生产企业是一种简单的买卖关系,其模式是价格驱动。采购策略是:买方同时向若干供应商购货,通过供应商之间的竞争获得利益,同时也保证了供应的连续性;买方通过在供应商之间分配采购数量对供应商加以控制;买方和供应商保持的是一种短期合同关系。现在很多企业都采纳了视供应商为伙伴的观点,就是和少数可靠供应商保持稳定关系,建立起一种战略伙伴关系,即双赢关系模式。这种模式强调合作中的供应商和生产商之间共享信息,通过合作协调相互的行为。生产商对供应商给予协助,帮助供应商降低成本,改进质量,加快产品开发进程。通过建立相互信任的关系提高效率,降低交易和管理成本,以长期的信任代替短期的合同,双方有比较多的信息交流。可见,保持好的供应商关系已经成为维持竞争优势的重要因素。

2. 供应商选择应考虑的因素

选择供应商时,有许多因素值得考虑。各因素的重要性因企业而异,甚至因同一企业的不同产品或服务而异。

(1) 质量。质量主要是指供应商所供给的原材料、初级产品或消费品组成部分的质量。产品的质量是供应链生存之本,产品的使用价值是以产品质量为基础的。如果产品的质量低劣,该产品将会缺乏市场竞争力,并很快退出市场。而供应商所供产品的质量是消费品质量关键之所在,因此,在对供应商的产品质量要求上,应该强调适合和稳定。要考察这一点,关键在于供应商是否有一套有效执行的产品检验制度,即控制质量的能力。在对供应商的质量管理要求上,考虑的因素主要包括质量管理方针和政策、质量管理制度的执行及落实情况、有无质量管理制度手册、有无质量保证的作业方案和年度质量检验的目标、有无评价机构的评鉴等级、是否通过 ISO 9000 质量体系认证。

(2) 价格。价格主要是指供应商所供给的原材料、初级产品或消费品组成部分的价格。供应商的产品价格决定了消费品的价格和整条供应链的投入产出比,因此会对生产商和销售商的利润率产生一定程度的影响。价格往往是采购中最敏感的问题。供应商对既定商品组合报价是否合理,供应商是否愿意协商价格,供应商是否愿意联合起来共同降低成本(与价格),还有供应商提供的各种折扣,都是需要考虑的因素。

(3) 交货能力。供应商的交货能力包括两个方面:一是供应商的准时交货能力;二是供应商的持续改善能力。交货准时性是指供应商按照采购方所要求的时间和地点,将指定产品准时送到指定地点。如果供应商的交货准时性较低,必然会影响生产商的生产计划和销售商的销售计划及时机。这样一来,就会引起大量的浪费和供应链的解体。因此,交货准时性也是较为重要的因素。要考察供应商的准时交货能力,除要了解供应商的管理制度外,还要了解供应商产品的生产周期、生产能力以及供应商的财务能力。如果供应商财务能力不够,必定会影响其正常生产。供应商的持续改善能力取决于供应商是否有改进产品的意愿及能力,即要看供应商的新产品开发计划,以及供应商的研发部门和人员的情况。持续改善能力是增强企业竞争能力的一个重要方面。

(4) 服务。选择供应商时,特殊服务有时显得非常重要。例如,更换残次物品、指导设备使用、修理设备以及类似的服务,在选择过程中起着关键作用。在考察这一点时,要注意两个问题:当产品或服务改变时,供应商是否给出了预先通知;如果服务变化,买方需要投入到什么程度。

(5) 柔性。供应商面临数量、交付时间与产品改变时，有多大灵活性；供应商是否愿意及能够回应需求改变，接受设计改变等，企业应予以重点考虑。还要注意了解供应商生产线上的柔性能力，即生产品种转变能力，其中包括最低生产批量、生产效率、存货量与生产周期的匹配。反映柔性的一个指标是交货提前期，对于企业或供应链来说，市场是外在系统，它的变化或波动都会引起企业或供应链的变化或波动。由于交货提前期的存在，必然造成供应链各级库存变化的滞后性和库存的逐级放大效应。交货提前期越小，库存量的波动越小，企业对市场的反应速度越快，对市场反应的灵敏度越高。由此可见，交货提前期也是考察供应商的重要因素之一。

(6) 位置。供应商所处位置对送货时间、运输成本、紧急订货与加急服务的回应时间等都有影响。当地购买有助于发展地区经济，形成社区信誉。在分工日益精细化的今天，供应商位置的远近直接决定了产品生产过程中的物流成本和管理成本。供应商与生产商同处于一个区域也有利于形成产业积聚效应，增强整个产业链的竞争力。

(7) 供应商存货政策。如果供应商的存货政策要求自己随时持有备件存货，将有助于突发故障的解决。供应商对库存的设置以及库存地理位置的选择也影响着产品的可得性和满意度。对此，企业应予以考虑。

(8) 信誉与财务状况稳定性。供应商信誉及财务状况是否令人满意；供应商是否严重依赖其他买主，使买方承担优先满足其他买主需要的风险，这也是企业在选择供应商时需要考虑的因素。

企业总在不断地寻求更好的供应商，即价廉物美、时间有保证的供应商。很多企业设立了供应商的评价标准，用来帮助选择供应商或定期评价已有的供应商。这样的选择评价标准、选择评价重点随企业的不同而不同，同企业的竞争重点也紧密相关。一般来说，价格、质量、服务和交货期是最关键的因素。由华中理工大学管理学院 CIMS-SCM 课题组1997年的一次调查统计数据可知：目前我国企业在选择供应商时，主要的标准是产品质量，这与国际上重视质量的趋势一致；之后是价格，92.4%的企业考虑了这个标准；69.7%的企业考虑了交货提前期；批量柔性和品种多样性也是企业考虑的因素之一。主要统计数据如图 7.7 所示。

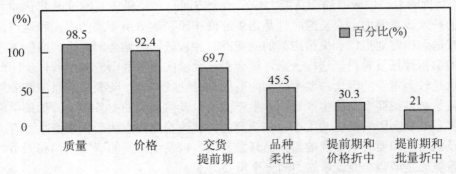

图 7.7　选择供应商的标准统计图

通过调查数据以及与一些企业管理人员的交谈中发现，我国企业在评价选择供应商时存在较多问题：企业在选择供应商时，主观成分过多，有时往往根据对供应商的印象而确定供应商；供应商选择的标准不全面，目前企业的选择标准多集中在供应商的产品质量、价格、柔性、交货准时性、提前期和批量等方面，没有形成一个全面的供应商综合评价指标体系，不能对供应商做出全面、具体、客观的评价。

7.3.2 供应商选择的步骤与方法

1. 供应商选择的一般步骤

供应商选择就是从众多的候选供应商中，选择出几家可以长期打交道的供应商，并与之建立长期的合作伙伴关系。供应商的评价选择步骤如图 7.8 所示。

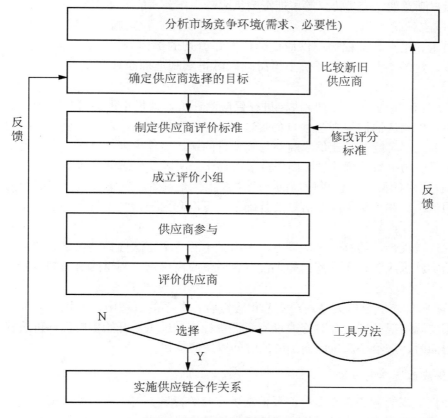

图 7.8　供应商评价选择的步骤

企业必须确定各个步骤的开始时间，每一个步骤对企业来说都是动态的(企业可自行决定先后和开始时间)，并且每一个步骤对于企业来说都是一次改善业务的过程。

(1) 分析市场竞争环境(需求、必要性)。市场需求是企业一切活动的驱动源。建立基于信任、合作、开放性交流的供应链长期合作关系，必须首先分析市场竞争环境，其目的在于找到针对哪些产品市场开发供应链合作关系才有效。还必须知道现在的产品需求是什么，产品的类型和特征是什么，以确认用户的需求，确认是否有建立供应链合作关系的必要。如果已建立供应链合作关系，则根据需求的变化确认供应链合作关系变化的必要性，从而确认供应商评价选择的必要性。同时，根据现有供应商的现状，分析总结企业存在的问题。

(2) 确定供应商选择的目标。企业必须确定供应商评价程序如何实施、信息流程如何运作、由谁负责，而且必须建立实质性的、实际的目标，其中降低成本是主要目标之一。供应商评价、选择不仅是一个简单的评价、选择过程，也是企业自身和企业之间的一次业务流程重构过程，实施得好，其本身就可带来一系列的利益。

(3) 制定供应商评价标准。供应商综合评价指标体系是企业对供应商进行综合评价的依据和标准，是反映企业本身和环境所构成的复杂系统不同属性的指标，是按隶属关系、层次结构有序组成的集合。不同行业、企业、产品需求以及不同环境下的供应商评价是不一样的，但都涉及供应商的业绩、设备管理、人力资源开发、质量控制、成本控制、技术开发、用户满意度、交货协议等可能影响供应链合作关系的方面。

(4) 成立评价小组。企业必须建立一个小组以控制和实施供应商评价。组员以来自采购、质量、生产、工程等与供应链合作关系密切的部门为主，组员必须有团队合作精神、具备一定的专业技能。评价小组必须同时得到制造商企业和供应商企业最高领导层的支持。

(5) 供应商参与。一旦企业决定进行供应商评价，评价小组必须与初步选定的供应商取得联系，以确认他们是否愿意与企业建立供应链合作关系，是否有获得更高业绩水平的愿望。企业应尽可能早地让供应商参与到评价的设计过程中来。然而，因为力量和资源有限，企业只能与少数关键的供应商保持紧密合作，所以参与的供应商不能太多。

(6) 评价供应商。评价供应商的一个主要工作是调查、搜集有关供应商的生产运作等全方位的信息。在搜集供应商信息的基础上，可以利用一定的工具和技术方法对供应商进行评价。

在评价过程中，要有一个决策点，采用一定的技术方法选择供应商。如果选择成功，则可开始实施供应链合作关系；如果没有合适供应商可选，则返回前面的步骤重新开始评价选择。

(7) 实施供应链合作关系。在实施供应链合作关系的过程中，市场需求将不断变化，可以根据实际情况的需要及时修改供应商评价标准，或重新开始供应商评价选择。在重新选择供应商时，应给予原供应商足够的时间以适应变化。

2. 供应商选择的方法

选择供应商的方法有许多种，要根据供应商的数量、对供应商的了解程度、采购物品的特点、采购的规模以及采购的时间性要求等具体确定。下面列举几种常见的选择方法。

(1) 直观判断法。直观判断法是指通过调查、征询意见、综合分析和判断来选择供应商的一种方法。这是一种主观性较强的判断方法，主要是倾听和采纳有经验的采购人员的意见，或者直接由采购人员凭经验做出判断。这种方法的质量取决于对供应商资料掌握得是否正确、齐全，以及决策者的分析判断能力与经验。这种方法运作方式简单、快速、方便，但是缺乏科学性，受掌握信息的详尽程度限制，常用于选择企业非主要原材料的供应商。

(2) 评分法。评分法是指依据供应商评价的各项指标，按供应商的优劣档次，分别对各供应商进行评分，选得分高者为最佳供应商。

【例 7.3】

某采购单位列出了对供应商评选的 10 个项目：产品质量；技术服务能力；交货速度；能否对用户的

需求做出快速反应；供应商的信誉；产品价格；延期付款期限；销售人员的才能和品格；人际关系；产品说明书及使用手册的优劣。每个评分标准分为 5 个档次并赋予不同的分值，即极差(0 分)、差(1 分)、较好(2 分)、良好(3 分)、优秀(4 分)，满分 40 分，然后在表上为供应商评分，根据最后的评分情况，由各个供应商对存在的不足之处进行改进。表 7-5 所示为对一供应商进行评分的情况。供应商得分为 32(4+4+2+3+3+3+4+4+3+2=32)分，为满分 40 分(理想供应商)的 80%，各项平均得分为 3.2 分。

表 7-5 某供应商评分表

序号	项目	极差 0分	差 1分	较好 2分	良好 3分	优秀 4分
1	产品质量					√
2	技术服务能力					√
3	交货速度			√		
4	能否对用户的需求做出快速反应				√	
5	供应商的信誉				√	
6	产品价格				√	
7	延期付款期限					√
8	销售人员的才能和品格					√
9	人际关系				√	
10	产品说明书及使用手册的优劣			√		

(3) 采购成本比较法。对于采购商品质量与交付时间均满足要求的供应商，通常是进行采购成本比较。采购成本一般为售价、采购费用、交易费用、运输费用等各项支出的总和。采购成本比较法是通过计算分析各个供应商的采购成本，选择采购成本较低的供应商的一种方法。

【例 7.4】

某单位计划期需要采购某种物资 200 吨，甲、乙两个供应商供应的物资质量均符合企业的要求，信誉也比较好。距企业比较近的甲供应商的报价为 320 元/吨，运费为 5 元/吨，订购费用(采购中的固定费用)支出为 200 元；距企业比较远的乙供应商的报价为 300 元/吨，运费为 30 元/吨，订购费用(采购中的固定费用)支出为 500 元。

根据以上资料，可以计算得出甲、乙两个供应商采购所需支付的成本：

甲供应商：200 吨×320 元/吨+200 吨×5 元/吨+200 元=65200 元

乙供应商：200 吨×300 元/吨+200 吨×30 元/吨+500 元=66500 元

因为甲供应商的采购成本比乙供应商的采购成本低(66500-65200=1300 元)，所以在交货时间与质量都能满足企业需求的情况下，甲供应商为合适的供应商。

(4) 招标采购法。招标采购法主要包括以下内容。

① 条件。当采购物资数量大、供应市场竞争激烈时采用。

② 原理。它是由采购单位提出招标条件，各投标单位进行竞标，然后采购单位决标，与提出最有利条件的供应商签订协议。

③ 方式。公开招标、选择性招标(邀请招标)。
④ 优点。供应商选择范围更广泛，最可能获得便宜、实用的物资。
⑤ 缺点。手续繁杂，时间长，不能适应紧急订购的要求；订购机动性差，缺乏足够的沟通，造成货不对路。

(5) 协商选择法。协商选择法主要包括以下内容。
① 条件。在可供单位多、采购单位难以抉择时采用。
② 原理。由采购单位选出供应条件较为有利的几个供应商，同他们分别进行协商，再确定合适的供应商。
③ 优点。和招标方法比较，协商选择方法因双方能够充分协商，在商品质量、交货日期和售后服务等方面较有保证。
④ 缺点。由于选择范围有限，不一定能得到最便宜、供应条件最有利的供应商。

技 能 实 训

【实训目的】
通过案例讨论加深对零售商品采购管理的认识。
【实训主题】
零售企业采购模式选择。
【实训时间】
本章课堂教学内容结束后的双休日和课余时间，为期一周。或者指导教师另外指定时间。
【背景材料】

沃尔玛整合直采，向供应商再念"紧箍咒"

沃尔玛美国总部从 2010 年开始供应链整合计划，意在使沃尔玛 5 年内直接采购达到总量的 80%左右，从而为沃尔玛带来数十亿美元的成本削减。国外媒体评价这项计划标志着沃尔玛的业务全球化进入了一个新阶段。

直接采购，是指直接向制造商采购，而不通过第三方采购公司或供应商。但业内人士对这个目标能否在国内实现提出了质疑。2007 年，当沃尔玛在美国实现直接采购时，这项计划曾在中国被提上议程，不过却遭到国内厂家的抵制。

贵州茅台酒厂在深圳的一位区域总经销商表示，以前曾听说沃尔玛向厂家提出直接采购意向，但酒厂坚持原来的销售政策，沃尔玛在深圳销售的茅台酒如今仍由当地几家经销商供应，实际上沃尔玛前几年就已经和宝洁、联合利华谈妥直接采购。

在国内，沃尔玛将分散的农户整合起来，通过各地建立农产品基地，采用农超对接合作模式，成为直接采购的另一个突破。

由于在和生产企业谈判中主导话语权，沃尔玛可以通过压低自有品牌价格，通过庞大的销售渠道使自有品牌迅速流通，以减少库存及现金流占用，获取更多的利润。而中国众多廉价的贴牌厂家使沃尔玛看到自有品牌推广的可能性，自有品牌被看作是其直接采购的一个利润点。

一位向沃尔玛提供凉茶的渠道销售经理用"惨不忍睹"来形容"惠宜"凉茶的销售数据，他说通常做

第7章 零售商品采购管理

自有品牌对技术要求不高,但要做好比较难。自有品牌一般是跟进性策略,但国内消费者习惯的不是消费品牌而是品类,在这个品类的老大才是选择的对象。

在这种情况下,沃尔玛继续向上游自有品牌商转嫁压力,于是就出现了采购合同上的"紧箍咒"。

(资料来源: http://www.lingshou.com/www/Walmart/Walmart_news/01090941252.htm)

【实训过程设计】

(1) 指导教师布置学生课前预习阅读案例。

(2) 将全班同学平均分成小组,按每组5~6人进行讨论。

(3) 根据"阅读资料",讨论零售企业采购有哪些可供选择的模式。

(4) 根据讨论,对当地的某一超级市场的采购做调查并做出评价。

(5) 各实训组对本次实训进行总结和点评,撰写作为最终成果的《零售管理实训报告》。

(6) 各小组提交填写"项目组长姓名、成员名单"的《零售管理实训报告》,优秀的实训报告在班级展出,并收入本课程教学资源库。

综 合 练 习

一、名词解释

单店采购模式　分散采购模式　集中采购模式　混合采购模式
定量采购　经济批量采购

二、单项选择题

1. 关于分散采购正确的是(　　)。
   A. 店长或经理全权负责
   B. 店长授权采购部经理具体负责
   C. 采购手续简单
   D. 采购手续复杂

2. 关于经济批量采购表述正确的是(　　)。
   A. 主要是节约费用
   B. 适合需求波动较大的商品
   C. 适合项目价值昂贵的商品
   D. 是一种动态批量法

三、多项选择题

1. 选择供应商时,应考虑的因素有(　　)。
   A. 质量　　　　　　　　　B. 价格
   C. 交货能力　　　　　　　D. 位置
   E. 存货政策

2. 混合采购(　　)。
   A. 会同时获得集中采购和分散采购的双重利益

B. 有利于制定和实施统一的采购政策
C. 可以保持低价值和低风险采购的灵活性
D. 可以保持低价值和低风险采购的采购速度
E. 有利于对高价值和高风险采购进行管理

四、问答题

1. 在采购工作上，谈判通常有哪几项目标？
2. 简述单体零售企业的商品采购模式的具体形式。
3. 简述定量采购的概念和作业程序。
4. 定量采购模型建立的假设条件有哪些？
5. 试述定期订货方式的特点。
6. 简述定期采购模型的建立过程。
7. 经济批量采购的概念及特点是什么？
8. 简述供应商选择应考虑的因素。
9. 评价供应商的指标主要有哪些？
10. 选择供应商的方法有哪些？

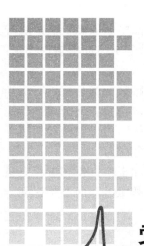

第 8 章

零售定价

学习要点

- 了解影响零售定价的主要因素
- 掌握零售定价策略
- 掌握确定零售价格的三种方法
- 了解常见的辅助定价行为
- 了解零售定价中的法律问题

■ 案例导入

彩虹吸尘器的价值

美国一家吸尘器公司生产的吸尘器不需要使用常规吸尘器所需要的纸袋,而是利用水来完成吸尘。实际上这种吸尘器的造价并不比普通吸尘器高多少,如果采用常规的成本加成法,彩虹吸尘器不可能定高价。但实际上,彩虹吸尘器的价格高达每台700美元,远远高于常规吸尘器。这种吸尘器的销售人员是这么为顾客计算价值的:彩虹吸尘器不需要使用普通吸尘器的纸袋,每周吸尘两次,1年就可以节省104个纸袋,每个纸袋53美分,一年可以节省50美元,10年就可以节省500美元。顾客接受了这种价值宣传,于是高价买下彩虹吸尘器。

(资料来源: http://finance.sina.com.cn/leadership/stragymanage/20081014/13515388602.shtml)

思考: 看来零售价格的制定不仅是科学,还有很多艺术。结合你身边的商品,对它们的价格做个剖析,看看会有哪些发现?

价格是商品价值的货币表现。消费者都希望从他们所购买的商品中获取高价值,对一些顾客来说,高价值就是低价格。另一些人认为,只要产品从质量或服务方面看值得购买,就愿意多花钱。

在当今时代,价格管理已经大大减少,零售商们对他们提供给顾客的商品售价有相当大的控制权,他们通过各种强调低价的销售模式来获取不同的利益。消费者逐渐习惯于比较商品的价格变动,同时也习惯于为找到最实惠的价格而"四处购物"。由于消费者习惯于变动的价格,因此他们变得擅长分析,也能采取更为复杂的价格分析行为。

更多成熟的零售商开始从各个方面关注那些新的竞价方式,例如提供打折和进行大量的价格促销活动。还有许多零售商通过为消费者提供高质量的商品和服务,而不是在某一类特定的商品上制定最低价格,也成功地保持了其市场吸引力。

8.1 影响零售定价的主要因素

在商品销售之前,必须确定商品零售价格。影响零售定价的因素很多,其中包括内部因素和外部因素,归纳起来主要有以下几个方面。

8.1.1 定价目标

定价目标是指导企业制定价格决策的目标。从某种意义上说,定价目标就是企业的经营目标,这是由价格与销售和利润的联系所决定的。显然,目标越明确,就越容易定价。不同的价格水平对企业的盈利目标、销售收入目标以及市场份额目标具有不同的影响。零售商的主要目标一般有四项:销售、利润额、投资收益和及早收回现金。

销售目标往往是根据在地方或全国占有的份额来确定的,其目的是增加商品的销售量。对于后三项目标,如果零售商把一定的利润额作为目标,如税前年利润 80 万元,这就是利润目标。如果零售商规定利润必须是某投资的一个百分比,如利润为零售投资的 10%,这就是投资收益率目标。那些现金短缺而希望扩大经营的或对未来举棋不定的零售商,则把及早收回现金定为目标。制定价格要根据定价目标要求来进行,通常情况下,追求当前利润最大化的定价目标迫使把价格定在较高水平;追求市场份额最大化的定价目标则要求把价格定在较低水平。由于价格水平只能是一个,所以上述两个目标不可能同时实现。于是,最后价格的确定,取决于定价目标的合理安排。

8.1.2 零售成本

在定价工作中所考虑的成本是一个范围很广的概念。产品售价必须弥补的费用很多,零售商支付给供应商的价款只是其中之一。除非零售商有其他收入来源,毛利润必须用来支付工资,多店铺零售商的配送成本,包括店铺零售商的商店以及无店铺零售商的客户订购中心的租金、使用费和维护费在内的运转费用,总部的运转费用,以及广告费等营销活动的费用。成本越高,零售商提供毛利的压力就越大。成本是企业制定商品价格的最低经济界限,某种产品的最高价格取决于市场需求,最低价格取决于这种产品的成本费用。从长远看,任何产品的销售价格都必须高于成本费用。只有这样,才能以销售收入来抵偿生产成本和经营费用，否则就无法继续经营。因此，越来越多的企业在价格制定中首先考虑成本因素，或者采用成本加成定价法，以成本为基础，适当加上利润、税金，形成商品价格。当然成本不是制定价格时所要考虑的唯一因素，但确实是必须考虑的重要因素之一。

8.1.3 市场定位

市场定位实质上就是企业在目标市场上为自己的产品确立某种形象，使之在目标顾客心目中占有一定位置，便于顾客了解和理解公司与竞争者的差异。当价格成为市场定位中的一项基本因素时，商品价格的制定要服从市场定位的要求。一般来说，产品的市场定位有七种选择：极品、奢侈品、精品、中档品、便利品、廉价品、次品。一旦商品的市场位置被选定，其价格水平就要适合相应市场定位的要求。

8.1.4 营销组合策略

由于价格与营销组合的其他要素是相互制约的，所以定价策略必须与产品的整体设计、分销和促销策略相匹配，形成一个协调的营销组合。例如，"领带城"是一家计划成立的领带商店，其两个合伙人正在制定"领带城"营销策略，其中包括以下内容。

(1) 目标市场是注重价格的男人。
(2) 出售价格幅度为10～40元的廉价领带。
(3) 有限的商品质量范围。
(4) 顾客自我服务。
(5) 位于商业区。
(6) 注重花色品种的深度。
(7) 大量进货，取得折扣。
(8) 建立商品经济实惠而花色繁多的形象。

8.1.5 供需状况

商品的供需状况可以影响价格的制定。这是因为商品供需状况可以影响市场物价水平。一般情况下，当供应大于需求时，市场物价水平会下降；当供应小于需求时，市场物价水平会上涨。反之，市场物价水平的变动也能改变供需状况。

对于供需关系较深入的研究，包括对市场结构、需求曲线和需求弹性等方面情况的了解。传统的经济学理论非常强调产品售价与该产品的相应需求之间的关系，但这些理论强调的是单一产品，而没有在产品系列范围内考虑定价问题，从零售商和消费者角度忽略了定价的复杂性。

在正常情况下，许多产品门类的需求随着价格的降低而走高，价格上涨时销量便下降，因此，价格与需求之间存在一种反比关系。

但是，不同产品对价格变化的敏感程度不同。我们可以通过需求弹性来了解市场需求对价格变动的反应。价格有些变动，而市场需求几乎没有什么变化，我们就认为需求是无弹性的；价格有些变动，而市场需求变化很大，我们就认为需求是有弹性的。需求弹性是

指因价格变动而引起需求相应变动的比率，反映需求变动对价格变动的敏感程度，如图 8.1 所示。其计算公式为

$$需求弹性=需求变动的百分比/价格变动的百分比$$

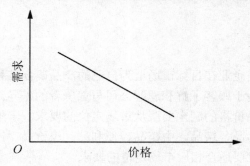

图 8.1　价格与需求的关系

(1) 需求弹性等于 1 时，表明价格的变动会引起需求量等比例的反方向变动。
(2) 需求弹性大于 1 时，表明价格的变动会引起需求量较大幅度的反方向变动。
(3) 需求弹性小于 1 时，表明价格的变动仅会引起需求量较小程度的反方向变动。

例如，即使食盐的价格翻一番，需求也不可能发生很大变化。同样，如果食盐价格下降，消费者也不可能购买更多的食盐。因此，食盐被认为是没有需求弹性的商品，对价格变化没有反应。但是，其他产品的需求弹性可能大得多，销售量对价格的被动反应灵敏，如家庭娱乐类等购买随意性较大的产品需求对价格被动反应非常敏感。如图 8.2 所示。

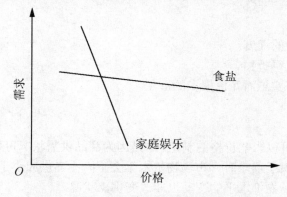

图 8.2　不同产品的需求弹性

对于任何一个零售商来说，知道某种商品的需求是呈弹性、无弹性，还是呈单一性，以及在什么价格时需求从一种性质变为另一种性质，具有很重要的实际意义。

8.1.6　竞争者的价格与反应

影响定价的另一个外部因素是竞争者的产品价格和他们对本企业产品价格变动的反应。因为，顾客选购时，总要在同类产品中比质比价。

尽管经济管制的取消使零售商得以确定他们认为合适的定价，但饱和零售市场对零售商的定价战略构成相当大的竞争压力。在消费者可以选择店铺的情况下，他们很容易发现

最低的售价，因此，低价是有效的营销战略。不过，这种战略很容易被部分对手效仿，尤其是在较早时期。大规模的价格竞争会引发价格战，零售商为保持竞争优势将利润率降到很低的水平。但是，价格战对整个行业的所有成员的利润都有不利影响，因此，零售商都尽量避免出现这种情况。

8.1.7 其他外部环境因素

企业定价时还必须考虑其他环境因素。例如，国内或国际的经济状况、是否通货膨胀、经济繁荣或萧条、利息率的高低等。

政府的有关政策法令也是影响企业定价的一个重要因素。

8.2 零售定价策略

定价目标确定以后，就要选择定价策略来实现这些目标。一般来说，定价策略有高于、等于或低于市场价格三种。

定价策略通常在以下两个层面上运作。

第一层面是决定零售商市场定位的总体定价水平。每家零售商店的价格都有明确的定位。例如，在湖南长沙，"九九店"是价格极低的折扣店，"友谊商城"则采用的是中档价格；"金色家族"明显是高价定位的零售商。显然，这些零售商的零售营销战略完全不同，互相之间不存在竞争。

第二个层面是零售商战术意义上的定价策略。零售商通常运用这种策略实现特定的短期目标。例如，新产品的导入价格，针对竞争威胁的反击价格，以及明显滞销商品的折扣价格。

8.2.1 长期定价策略

对零售商来说，有三种可选择的形象定位，相应的定价方法和策略也不相同。

高档的形象定位。企业采取品质导向定价，以其商品高品质的形象定位作为主要的竞争优势。这意味着较小的目标市场、高运营成本和低存货周转率。企业向顾客提供特色产品和服务，单位商品毛利高，可运用的定价策略有质量—价格联系和声望定价。高档百货商店和一些专业店可采取此方法，因为他们的目标顾客认为，高价意味着高品质，低价则意味着劣质。

中档的形象定位。企业采取市场导向的平均价格，向中等收入阶层提供可靠的服务及良好的购物环境，商品利润中等，存货质量一般高于平均水平，多采取成本加成的定价方法，即将单位商品成本、零售运营费用及期望利润加总来定出价格。这种企业可能会受到定位于折扣商店和声望商店的零售商们的双重挤压。传统的百货商店即属于此类。

低档的形象定位。采取折扣导向定价，利用低价作为企业的主要竞争优势。商店一般采用简单的店内装饰，对以价格为基准的目标市场回报以低单位毛利、低运营成本和高存货周转率，综合超市和折扣商店就属于这一类。

根据不同的形象定位，相应的定价策略有以下几种。

1. 高价定位

采用高价定位策略的零售商利用渠道而不是价格作为零售营销组合中的差异因素。高价定位策略往往同时利用高质量的产品和高水平的客户服务，以便零售商额外费用导致的较高价格不会妨碍看重产品质量和客户服务的这些消费者前来购买。事实上，许多消费者从在此类零售商店购物的象征身份中得到了心理上的满足。

2. 天天低价

天天低价(Ever Day Low Price, EDLP)是设定稳定价格，强调把价格定得低于正常价格，但高于竞争者大打折扣后的价格。因此，从某种意义上说，"天天低价"这个词并不准确，"低"并不一定最低。EDLP的优点在于价格常年保持不变，因此，如果在一个显著的时间段内(一年)取平均值，这种方法通常会给出最低的平均价格。

从零售商的立场来看，EDLP提供了基于更多可预测的销售估计和财务绩效的管理系统。频繁采用促销策略的零售商所体验到的需求巨大波动是EDLP零售商体验不到的。低价意味着利润受损，然而全年平均之后，经营水平也许比采用促销性价格销售许多商品的零售商要健康得多。

天天低价具有下列优点。

(1) 减少价格战。许多消费者只在降价时才购买商品——这是高/低价格策略的主要特点。一个成功的天天低价策略使得零售商从与对手的残酷的价格战中撤出。一旦消费者意识到价格是合理的，他们就会更多、更经常地购买。

(2) 减少广告。天天低价策略下的稳定价格减少了高/低价格策略中每周(月)进行大量促销所需要的广告，而是把注意力更多地放在塑造形象上。

(3) 提高对顾客的服务水平。没有因贱卖的刺激而产生新的消费群，因而销售人员可以在顾客身上花更多的时间。

(4) 提高边际利润。尽管在天天低价策略中价格一般较低，但由于其商品并不像在高/低价格策略那样在低价时大量销售，所以总的来说会提高边际利润。

3. 高/低价格

高/低价格(High /Low Price, HLP)是一种综合方法，它将价格设定在高于或低于EDLP的水平。常规的价格是设定在高于竞争对手EDLP的水平，但频繁的促销性价格设定在低于竞争对手EDLP的水平。这种方法在传统意义上受零售商的欢迎，如百货商店的"一月促销"和季节性清仓活动。如果促销时段保持最短，那么这种方法将会应用得很成功。在这些情况下，消费者在一年中的大多数时间付高价，然后在促销库存部分中获得大大降低的价格。

高/低价格策略有下列优点。

(1) 同一种商品在多重市场上具有吸引力。当时尚商品第一次进入市场时，零售商定最高价格，对价格不太敏感的时尚领导者或者那些难于得到满足的消费者常常是商品刚进入市场就购买；随着时间的推移和降价的实行，更多的消费者进入市场；最后，擅长讨价还价的搜寻者进入购买市场。

第8章 零售定价

(2) 刺激消费。在降价过程中常常出现一种"仅此一天"或"最后一天"的氛围，降价导致购买者人头攒动，这就刺激了消费。

(3) 可以推动商品流通。所有的商品都能被卖掉——问题在于价格如何。经常降价尽管使得利润受损，但是零售商可以尽快把商品销售出去。

(4) 强调质量和服务。初始的高价格给消费者一个信号：该商品质量很好或能提供优质的服务。在商品继续销售的过程中，消费者仍用原来的价格作为其价值度量。天天低价策略可能会给消费者错误的信号，消费者可能认为由于价格较低，质量或服务会不尽如人意。

(5) 天天低价难于保持。对于大多数零售商来说，天天低价难于保持。使用天天低价策略的零售商的商品价格与其竞争者的价格必须是可比的，如某百货商场销售的知名品牌产品或超级市场里像牛奶、糖果这样的日用品。

零售价格的策略并非一成不变。实行"天天低价"的零售商(如沃尔玛)开始进行经常性的促销活动，主要使用高/低定价策略的零售商也为实现自己的目的而使用天天低价策略。

8.2.2 短期定价策略

前面内容阐述的是涉及零售商总体定价形象的定价策略，向消费者表明了某一商店的价格水平，体现着零售商的其他零售营销战略。但是，零售商也采用多种短期定价策略刺激特定产品的销售或作为对竞争对手的防御措施。

1. 新产品定价

(1) 撇脂定价。撇脂定价即高价投放采购的新商品，售价远远高于成本，目的在于力求短期内补偿全部固定成本，并迅速获取盈利。销售对象主要是那些收入水平较高的"消费革新"人物或猎奇者。当竞争商品投入市场后，随即降低价格，再进一步开拓市场。这种定价方法的优点是零售商能够迅速实现预期盈利目标，掌握市场竞争及新商品营销的主动权。缺点是在高价抑制下，销路不易扩大。同时，高价厚利信号极易诱发竞争，从而缩短零售商新商品的高额利润时期。

(2) 渗透定价。渗透定价即低价投放新商品，使新商品在市场上广泛渗透，从而提高零售商的市场占有率，然后随市场份额的提高而调整价格，降低成本，实现盈利目标。这种定价方法的优点是能够迅速打开新商品的销路，有利于提高市场占有率，树立良好的零售商形象，同时，低价薄利不易诱发竞争，便于零售商长期占领市场。缺点是本利回收期较长，价格变动余地小，难以应付在短期内骤然出现的竞争或需求的较大变化。

(3) 满意定价。满意定价是零售商采取介于"撇脂"与"渗透"两种方法之间，价格水平适中，同时兼顾供应商及消费者利益，使各方面顺利接受的定价技巧。优点是价格比较稳定，在正常情况下盈利目标可按期实现；缺点是比较保守，不适于需求复杂或竞争激烈的市场环境。

2. 差别定价

差别定价法就是将同种产品以不同的价格销售给同一市场上的不同顾客。一般来说，这里的价格差异不是由于商品成本因素所引起的,也不是附加价值不同所引起的,而是销售者根据顾客的需求特征实行差别定价引起的。因此又称为歧视性定价法。

(1) 差别定价法的类型。根据消费者需求特征类型,差别定价有以下四种类型。

① 以顾客本身特征为基础的差别定价。例如,影剧院对大人与小孩规定不同的票价;歌舞厅对于男士与女士规定不同的收费标准;航空公司对国内乘客与国外乘客指定不同的机票价格等。通常来说,这种类型的差别定价着重考虑顾客的支付能力与需求弹性的差异。

② 以产品用途为基础的差别定价。如电力、自来水与煤气等公司对企事业单位用户和居民家庭用户指定不同的收费标准;商店对礼品性的与顾客自用性的同种商品指定不同价格;具有收藏价值的邮票与普通邮票两者在价格上通常有很大差别。

③ 以消费或购买地点为基础的差别定价。例如,同样的罐装"健力宝"饮料,在KTV的售价要高于街头杂货店的售价,在装修豪华的饮食店售价也较高;宾馆客房因南北朝向不同,或因楼层不同而收费不同。

④ 以消费或购买时间为基础的差别定价。例如,同一批制造的衣服,在消费旺季与消费淡季的售价是不同的;电视广告在黄金时间的收费特别高;挂历、贺年卡在元旦后销售价格普遍下降。

(2) 实行差别定价法的条件。实行差别定价法必须具备一定的条件,以控制顾客的购买。这些条件包括以下内容。

① 价格不同的细分市场之间能够被完全隔离,不可能出现高价细分市场的顾客向低价细分市场流动的问题,也不可能出现低价细分市场的顾客把商品再转手卖给高价细分市场的问题。

② 每个细分市场都具有独特的需求性质,细分市场之间需求弹性不同。换句话说,高价细分市场的顾客不会因为价格太高而大量减少其需求。只要高价细分市场能够维持存在并且盈利,差别定价法就有意义。

一般来说,高价细分市场能够独立存在,并且能够与低价细分市场相隔离,不是经营者主观意志所能决定的。许多资料表明,经营者自动创造某种条件造成高价细分市场与低价细分市场隔离的做法,往往要么很难成功,要么得不偿失。关键原因在于,细分市场是动态可变的,是经营者不可控制的。任何"臆造"市场都是短命的。要实行差别定价法,须进行市场调研,论证其可行性,并且要因时、因地、因势制宜。

3. 心理定价

心理定价是利用消费者的心理因素、根据不同类型消费者购买商品的心理动机来制定商品价格的一种定价策略。通常对于同样的商品,不同的消费者因其需求动机和需求偏好不同,会有不同的价格要求,因此,实施心理价格策略,制定迎合消费者心理的价格,往往能起到意想不到的效果,具体做法有以下几种。

(1) 尾数定价策略。这是以零头数结尾的一种定价策略,往往是用某些奇数或人们中意的数结尾。大型超级市场内商品价格常以"9、5、8、6"等数字结尾,使消费者一方面产生吉利的好感,另一方面也对价格产生一种便宜的感觉。

(2) 错觉定价策略。通常消费者对商品重量的敏感要远低于对价格的敏感,在给不同包装和商品分量的同一种商品定价时,不妨利用消费者的这一心理特点。例如,500 克装

第8章 零售定价

的某品牌奶粉标价为 9.30 元,后推出的 450 克装的同样奶粉标价为 8.50 元,后者的销量明显比前者要好。其实算一下就会发现,二者单位定价相差无几,且后者还略高一点,但后者更容易吸引消费者注意。

(3) 系列定价策略。一般与系列产品相适应,即限定一个价格范围,该范围内分布着若干价格点,每个价格点代表不同的品质水平。在价格系列中,零售商可先定出每类商品的价格上下限,然后在这个范围内设定一定数量的价格点。例如,确定一盒手帕的价格范围是 6~15 元,价格点分别定为 6 元、9 元和 15 元,使顾客感到档次明显,有助于他们去发现不同价位的商品品质的差别,便于商品销售,也为后面的价格调整做铺垫。在这种定价中,各价格点间差距的确定是关键,不能太小也不能过大,太小让消费者感觉不到品质的差别,过大会让消费者产生疑惑。

4. 季节性定价

销售带有季节性特点商品(如服装)的零售商通常要在定价策略中加入季节性考虑因素。如果产品很容易过时,零售商应当在它们对客户还有一定价值的时候将其售出。决定在什么时间降价是零售管理中最难掌握的领域,需要在较高营业额与较低利润率之间做出权衡。季节性定价要求按"全价"销售产品,然后在"销售尾季"调低产品的标准价格。由于有能力支付或愿意支付降低后的价格的客户范围变宽了,这个销售期吸引的客户往往完全不同于平时的客户。这种策略经常被称作先高后低型定价策略。

5. 促销商品定价

特卖商品定价法。特卖商品是指该商品降价幅度特别大,一般要比平时或竞争店的价格低 20%以上,即特价商品,这些商品对顾客有很强的吸引力。一些外资零售企业每隔一段时间就会选择一些商品,以非常低廉的特价形式招徕顾客,时间多选在节假日、双休日,且长期不断,周期性循环。企业推出的特价商品需要有一个数量的控制,如每周推出一批或每天推出一种,它们主要由两种类型商品组成:一类是低值易耗、需求量大、周转快、购买频率高的商品,因为这类特价商品消费者经常购买,价格比较熟悉,便于比较,往往成为零售企业价格特别低廉的标志性商品;另一类是消费者购买频率不高、周转较慢,在价格刺激下偶尔购买的商品,这类商品主要是为了引发消费者的购买欲望、加速商品周转而进行特价销售的。

6. 折扣定价

折扣定价是在短期内降低商品价格以吸引更多消费者购买,从而实现销量在短期内增加的一种定价方法。具体做法有以下几种。

(1) 一次性折扣定价法。即在一定时间内对所有商品规定一定下浮比例的折扣,一般在店庆、季节拍卖和商品展销时采用较多。一次性折扣定价法是阶段性地把商店的销售推向高潮的定价法,实施的时间和频率要事先订好计划。

(2) 累计折扣定价法。规定顾客在一定时期内累计购买商品达到一定金额,则按其购买金额大小给予不同的折扣。这种定价方法能起到稳定企业顾客队伍的作用,在超级市场可以常年推出。

(3) 会员卡折扣法。消费者只需缴纳少量费用,或达到一定购买量,即可持有会员卡,成为零售商的会员。会员可享受多种优惠。

(4) 限时折扣定价法。即在特定的营业时段对商品进行打折,以刺激消费者的购买欲望,如限定在下午 1 点到 2 点,某商品五折优惠。限时折扣定价一方面可增强商场内人气,活跃气氛,调动顾客购买欲望;同时可促使一些临近保质期的商品在到期前全部销售完,当然,必须要留给顾客一段使用期限。

8.3 定价方法

在讲述定价方法之前,首先建立两个概念:价格带和价格线。

价格带是指由商品群的最高价格和最低价格形成的价格范围,目的是为了方便顾客对商品价格的选择。例如,各种牌号的牙膏,其中最高价格为 18 元,最低价格为 3.5 元,那么就称这是一价格带为 3.5~18 元的商品群。

价格线是指商品价格带上的高、中、低价格组合的表示,反映价格带上各价格的分布。比如上例,把牙膏这一商品群商品价格细分为:高价 12~18 元,中价 7~11 元,低价 3.5~6 元,那么这三个价格层次的商品比例就构成了价格线。如这个商品的价格线表示为:高价占 30%;中价占 40%;低价占 30%。对于客户来说,价格线很明显地把每件商品按照价值和质量区分开来。对于商店职员来说,这种方法简化了商品的定价、销售和储存。

商品价格线和价格带的合理确定,一方面可使零售商的价格立场清晰、目标明确;另一方面可使顾客对零售商的选择明确。这也是现代商场在商品管理、分类陈列经营模式下定价的基础。

定价方法,是指在特定的定价目标指导下,依据对成本、需求及竞争等状况的研究,运用价格决策理论,对产品价格进行计算的具体方法。在价格学中,定价方法按定价依据的不同可分为成本导向定价法、需求导向定价法和竞争导向定价法三类。

8.3.1 成本导向定价法

成本导向定价是以产品成本作为定价的基本依据,其基本特点如下。

(1) 关心对成本的充分补偿和盈利的可能性。

(2) 以成本作为价格的最低界限,要求价格只能在成本之上。

(3) 把外界对价格的影响通过成本类型和盈利率的选择反映出来。

成本导向定价法的具体形式有:成本加成定价法和目标利润定价法。

1. 成本加成定价法

成本加成定价法是指按照单位成本加上一定百分比的加成来制定产品销售价格的定价方法。零售企业普遍采用成本加成定价法,公式为

$$价格 = 平均成本 \times (1+成本加成率)$$

【例 8.1】

某洗衣机制造公司向市场推出一种全自动滚筒式洗衣机,在分析了固定成本、变动成本因素之后,认为该洗衣机在推出期的目标成本是 2300 元。该产品具有明显新颖性和适应性,顾客购买力会较大,成本

加成率可定在30%的水平上。因此,该洗衣机的可销价格为
$$2300×(1+30\%)=2990(元)$$

在这种定价方法中,加成率的确定是定价的关键。加成率的计算有两种方式:倒扣率和顺加率,其公式分别为

$$倒扣率 = \frac{售价 - 进价}{售价} × 100\%$$

$$顺加率 = \frac{售价 - 进价}{进价} × 100\%$$

利用倒扣率和顺加率来计算销售价格的公式分别为

$$产品售价 = \frac{进价}{1 - 倒扣率}$$

$$产品售价 = 进价 × (1 + 顺加率)$$

例如,进价为 50 元的儿童玩具,设定利润率为 20%,则按成本顺加法计算的单价为 50×(1+20%)=60(元/只)。按成本倒扣法计算的单价为 50÷(1-20%)=62.5(元/只)。

在零售业中,百货店、杂货店等一般采用倒扣率制定产品售价,而蔬菜店、水果店等采用顺加率来制定产品售价。

另外,加成率的确定应考虑商品的需求弹性和企业的预期利润。在实践中,同行业往往形成一个为大多数企业接受的加成率,不同种类的商品,其毛利的加成比例不同。通常,食品类为15%~20%;烟草类为20%~25%;照相机类为25%~28%;酒类为25%~30%;服装类为40%~45%;化妆品及特殊商品类为50%。

成本加成定价法具有计算简单、简便易行的特点,在正常情况下,按此方法定价可以使企业获取预期利润。同时,如果同行业中的所有企业都使用这种定价方法,价格就会趋于一致,这样就能避免价格竞争。但成本加成定价法忽视了市场需求和竞争状况的影响,缺乏灵活性,难以适应市场竞争的变化形势。

2. 目标利润定价法

目标利润定价法是指根据损益平衡点的总成本及预期利润和估计的销售数量来制定产品价格的方法。运用目标利润定价法制定出来的价格能带来企业所追求的利润。例如,美国通用汽车公司使用目标利润定价法,把汽车价格定为使其投资可取得15%~20%的利润。

目标利润定价法要借助于损益平衡点这一概念。

假设:Q 表示保本销售量,P 表示价格,C 表示单位变动成本,F 表示固定成本,则保本销售量可用公式表示为

$$Q = \frac{F}{P - C}$$

在此价格下实现的销售额,刚好弥补成本,因此,该价格实际上是保本价格。由上式可推出其价格公式

$$P = \frac{F}{Q} + C$$

【例 8.2】

一家企业主要生产一款电视机,该企业预计明年产品销售量只有30000台。可是为生产该产品,必须

支付的固定成本为 7500000 元,单位变动成本为 1000 元。若该产品欲实现保本经营,那么价格应定为 (7500000/30000)+1000=1250(元)

很多情况下,此公式被用于计算在一定价格水平下的保本销售量。因为上述计算得到的价格实际上有可能背离市场可行价格。

在实际定价过程中,可利用此方法进行定价方案的比较与选择。如果企业要在几个价格方案中进行选择,只要估计出每个价格对应的预计销售量,将其与价格下的保本销售量进行对比,低于保本销售量的则被淘汰。在保留的定价方案中,具体的选择取决于企业的定价目标。假设企业预期利润为 L,预计销售量为 Q,则实际价格 P 的计算公式为

$$P = \frac{F+L}{Q} + C$$

企业在运用目标利润定价法时,对销售量的估计和对预期利润的确定要考虑多方面因素的影响,这样制定出来的价格才比较可行。

8.3.2 需求导向定价法

需求导向定价法以买主对产品价值的认知和需求强度作为定价依据,如一罐可乐在小店售 2 元,在餐馆售 5 元,在高级宾馆可能售 20 元。其主要形式有认知价值定价法和增量分析定价法。

1. 认知价值定价法

认知价值定价法是企业根据买主对产品的认知价格来制定的一种方法。它是伴随现代销售观念而产生的一种新型定价方法。

企业在制定价格时,应考虑到买主对产品价值的评判。买主在购买商品时总会对其进行比较与鉴别,买主对商品价值的理解不同,会形成不同的价格限度。如果价格刚好定在这一限度内,买主就会顺利购买。因此企业应当搞好产品的市场定位,突出产品的特性,综合运用各种营销手段,提高产品的知名度,使买主感到购买这些产品能够获取更多的相对利益,从而提高他们接受价格的限度。企业可据此拟定一个可销价格,进而估计此价格水平下的销量、成本及盈利情况,最后确定实际价格。

认知价值定价法的关键在于准确地估计买主对产品的认知价值。如果估计过高,定价就会过高,这样销量就会减少;如果估计过低,定价就会过低,这样固然可以多销,但收入也会减少。为准确把握市场认知价值,必须进行市场营销研究。

下面结合实例,具体讲述把握市场认知价值的方法。

假设有 A、B、C 三家企业均生产同一种开关,现抽一组用户作为样本,要求他们分别就三家企业的产品予以评判,有三种方法可提供使用。

(1) 直接价值判别法。即要求用户为三家企业的产品确定能够代表其价值的价格。例如,他们可能将 A、B、C 三家企业的产品分别定为 2.52 元、2 元和 1.5 元。

(2) 直接认知价值评判法。即要求用户根据他们对三家企业所生产的产品的价值进行认知,将 100 分在三者之间进行分配,假设分配结果为 42、33、25。如果这种开关的平均市场价格为 2 元,则我们可得到三个反映其认知价值的价格分别为 2.52 元(2×[42÷(100÷3)] ≈ 2.52)、2 元和 1.5 元。

(3) 诊断法。即要求用户就三种产品的属性分别予以评分，然后把每种属性的得分乘以其重要性权数，再把其结果相加就可得到每种产品的认知价值。假设该产品有产品耐用性、产品可靠性、交货可靠性、服务质量四种属性，对每一种属性，分配 100 分给三家企业，同时根据四种属性重要程度的不同，也将 100 分配给四种属性。假设结果如表 8-1 所示。

表 8-1 诊断法

重要性权数	属性	产品		
		A	B	C
25	产品耐用性	40	40	20
30	产品可靠性	33	33	33
30	交货可靠性	50	25	25
15	服务质量	45	35	20
100	认知价值	41.65	32.65	24.90

由表中可看出 A、B、C 三家企业产品的认知价值分别为 41.65、32.65、24.90。由于平均市场价格为 2 元，平均认知价值为 33，按认知价值的比例定价，则 A、B、C 三家产品的价格可分别定为 2.52 元、2 元、1.5 元。如果三家企业均按此定价，则每家企业都可享受到部分的市场占有率，因为它们提供的价值与价格之比相等。如果某一家企业的定价低于其认知价值，则它将得到一个高于平均数的市场占有率，因为这时买主支付货币可换回更多的价值。这样将会迫使其他企业降低价格或提高其认知价值。提高认知价值的主要措施，包括增加服务项目、提高产品质量和服务质量、进行更有效的宣传促销等。

2. 增量分析定价法

根据顾客的需求弹性或需求曲线来定价，是许多企业常用的定价方法。这种方法以实现最大销售收入或最大利润为目标，分析价格变动与需求变动的相互关系以及它们对利润的影响。由于对价格与需求的变动按增量逐步计算，所以称为增量分析定价法。

【例 8.3】

设某企业产品的价格与需求量互动关系如表 8-2 所示。若固定成本为 800 元，平均变动成本为一常数 2 元，试利用增量分析法确定该产品的价格。

表 8-2 价格与需求量互动关系

价格/元	8	6	4	3
需求量/件	100	300	400	500

增量分析法可以有两种做法。

第一种做法：分析深入增量与成本增量之间的关系，确定最优定价方法。

当价格由 8 元降至 6 元时，收入增量 $R(8\to 6)$ 与成本增量 $C(8\to 6)$ 分别为

$$R(8\to 6)=6\times 300-8\times 100=1000(元)$$

$$C(8\to 6)=2\times (300-100)=400(元)$$

显然，此时利润增量(边际贡献)$\Pi(8\to 6)$为

$$\Pi(8\to 6)=R(8\to 6)-C(8\to 6)=1000-400=600(元)$$

$\Pi(8\to 6)>0$，说明价格从 8 元降至 6 元是值得的。

继续分析：

$$R(6\to 4)=4\times 400-6\times 300=-200(元)$$
$$C(6\to 4)=2\times(400-300)=200(元)$$
$$\Pi(6\to 4)=(-200)-200=-400(元)$$
$$R(4\to 3)=3\times 500-4\times 400=-100(元)$$
$$C(4\to 3)=2\times(500-400)=200(元)$$
$$\Pi(4\to 3)=-300(元)$$

由于 $\Pi(6\to 4)$、$\Pi(4\to 3)$ 都为负数，说明价格从 6 元起继续下降于企业是不利的，会造成利润的损失。因此，企业应把价格定为 6 元。

第二种做法：直接比较每一价格下的利润，择优定价，如表 8-3 所示。

表 8-3 比较每一价格的利润

价格/元	需求量/件	销售收入/元	变动成本/元	固定成本/元	总成本/元	利润/元
8	100	800	200	800	1000	-200
6	300	1800	600	800	1400	400
4	400	1600	800	800	1600	0
3	500	1500	1000	800	1800	-300

表 8-3 表明，价格分别为 8 元、4 元和 3 元时，企业都是无利可图或者有亏损的，只有定价为 6 元时，企业方可盈利 400 元。此时，对应于定价 6 元，需求量为 300 件的企业盈利最大，因此，企业应将价格定于 6 元。

8.3.3 竞争导向定价法

竞争导向定价法以市场上相互竞争的同类产品价格作为定价基本依据，并随着竞争状况的变化确定和调整价格水平。具体形式主要有随行就市定价法和竞争投标定价法。

1. 随行就市定价法

随行就市定价法是指企业按照行业的平均现行价格水平来定价。它是同质产品市场的惯用定价方法。

在垄断性竞争市场上，企业也倾向于和竞争对手制定相同水平的价格。因为在这种条件下，市场只有少数几家大公司，彼此十分了解，买主对市场行情也很熟悉；价格稍有偏差，买主就会转向价格较低的企业。一般来说，当需求有弹性时，一个寡头企业不能通过提价而获利；当需求缺乏弹性时，一个寡头企业不能通过降价而获利。

在异质产品市场上，企业有较大的自由来决定其价格，产品的差异化使买主对价格的差异不甚敏感。但企业也想相对于竞争者确定自己的适当位置，搞好自己产品的价格定位。

2. 竞争投标定价法

投标是企业取得经济技术承包合同的一种方式。在多家企业参与竞争投标时，争取本

第 8 章 零售定价

企业投标的竞争优势会成为投标书设计的关键。竞争优势大的企业才有可能中标，取得承包合同并赢得经营收入。影响投标竞争优势的因素有企业的相对技术实力、知名度和声誉。标价高低也是一个重要因素，即投标中的标价是否是招标方能够接受的价格。在承包合同质量、工期、服务大致相当的条件下，招标方谋求降低合同价格，因而标价低的投标书较容易中标。于是产生了竞争定价问题。

投标方法有公开报价和密封报价两种。招标方在投标企业的各个不同报价中，择优选择承包者。投标企业必须根据竞争对手的公开报价或预计可能的报价来提出自己的报价。关键是要掌握好中标概率、利润与报价的关系。一般来说，报价越低，中标的可能性越大，但企业盈利就越小，有时甚至导致企业亏损。如何确定合理价格呢？通常根据期望利润来定价。

所谓期望利润，是指某个报价的中标概率与相应的企业利润二者的乘积，即

期望利润=中标概率×相应的利润

【例 8.4】

设某企业为一楼房建筑工程招标。根据楼房设计要求，估计建筑工程总费用为 80 万元。搜集可能的竞争对手及其所投标书的信息后，提出了四种可行的报价，并估计其中标概率与利润，继而计算出每一报价下企业的期望利润，如表 8-4 所示。

表 8-4 每一报价下的期望利润

标价/万元	中 标 概 率	可得利润/万元	期望利润/万元
90	0.6	10	6
95	0.5	15	7.5
100	0.3	20	6
105	0.2	25	5

在表 8-4 中，报价 95 万元的期望利润最大，即 7.5 万元，意味着中标概率与可得利润二者的综合效果最好，按期望利润最大原则，企业应选择报价 95 万元。

8.4 辅助定价行为

1. 优惠券

优惠券是指企业提供一定价格折扣的商品券。

优惠券被视为是一种重要的促销工具，因为它可以吸引顾客尝试新产品，使这些新顾客成为回头客，鼓励大量购买，在竞争中保护其市场占有份额。

优惠券的获利能力难以一言概之。因为表面上看，优惠券有着鼓励大量购买的正面效应，但是从长远来看，优惠券促销可能是对未来销售量的"偷窃"，销售总量的净额不会有任何增加。例如，如果一家超市发行饮料优惠券，一些家庭便会购买大量饮料并存储起来备未来之用，但是这样做对销售总量可能没什么影响——除非这些优惠券大部分是被新顾客使用。而且由于受优惠券履行手续费用的影响，甚至可能会对利润产生不利影响。

零售商对顾客大量发行优惠券使得竞争大大加剧，但销售量或市场占有率却没有随之增长，最终可能导致需要支付由优惠券价格大战而产生的额外成本。

2. 返券促销

返券促销是根据消费者购买一定数量或一定金额的商品后，返还一定数额的购物券用于再购买，此券一般不能兑付现金，只能用于再消费。例如，××百货大楼在两周年店庆时进行的"买 200 返 120"，××商城在元旦之夜进行的"买 300 返 100"等活动。但是，返券促销对于商家而言无异于饮鸩止渴，由于商品价格以打折、让利、返还等形式一降再降，促使消费者对商品原定价格的真实性产生怀疑。在这个过程中，低价出售的不仅是商品，与之相伴的是企业信誉被贬损，企业生命被透支。长此以往，消费者有可能将广告宣传、让利折扣等均看作是出于牟利动机的纯商业手段，造成价值信号传递困难，市场信用缺乏。企业提供优质资源的能力是有限的，"价格战"使更多顾客难以获得企业的优质资源，长此以往，有的顾客会因为得不到很好的体验而流失。

3. 退款

退款是一种按照购买价格的一定比例把一定量的现金退还给顾客的行为。一般来说，只要顾客向零售商出示已经购买的证明，零售商就给顾客退款。在零售商看来，退款比发行优惠券更有利，因为它也能够像优惠券一样增加需求，零售商却不必花费预付成本。对顾客来说，也是激励消费的有效方法。

4. 招徕定价

零售商将某些商品的价格定得低于平均价格，以此招徕顾客，加速交易周转或增加互补商品的销售量。采取招徕定价的原因与发行优惠券相似，不同之处在于制定了招徕价格，商品价格便有了一个较低的起点，这样，消费者、零售商就不必使用优惠券。零售商将这些为吸引消费者而亏本卖出的产品称为"亏本招徕品"。对于招徕价格而言，最适合充当招徕品的商品是那些购买频率比较高、主要由对价格敏感的购物者所购买的商品。例如，一般超市把牛奶、鸡蛋作为亏本招徕品。

5. 捆绑定价和多单位定价

捆绑定价和多单位定价既可增加销售量，又可在整体上提高销售价格。捆绑定价将不同的产品放在一起，以一个整体的价格量销售。而多单位定价是将许多同样的商品放在一起整体定价。在这两种情况下，由于捆绑的两个不同产品必须分别进行评估然后共同评价，消费者的价值评估更加困难。这两种方法的目标在于增加购买量。让我们来看两个例子，假设零售商将两盒 200 克的饼干以整体价格 4.49 元出售，而不是以每盒 2.49 元出售，消费者会认为在整体上节省了 0.49 元，并可能因此而购买。假设零售商现在将一盒同样的饼干(通常价格是 4.49 元)与一块巧克力糖(通常价格是 0.39 元)一起销售，消费者就可能购买这种捆绑商品，因为巧克力糖几乎是免费的。

6. 底价

底价就是零售商将商品按照分类预先制定的价格点。例如，一家专营轮胎的商店可能仅以299元、499元、799元出售轮胎。通过这种策略，买卖双方均可获利，起码由多种价格选择引起的混乱可以避免。消费者可以随意选择低价格、中等价格或高价格的商品。在零售商看来，这样使销售任务变得简单，底价也给了消费者较大的灵活性。如果需要限制加价，就必须制定大量的价格选择点。当然，底价也有其限制消费者灵活性的一面，他们可能会被限制购买一些有利可图的商品，仅仅因为它们不满足底价。

7. 奇数定价

奇数定价指的是以奇数结尾的价格(如13元或57元)或稍稍低于整数的价格(如将100元定为99元)。

一些零售商认为奇数定价能够提高销售量，事实并非如此。奇数定价对需要经过仔细考虑才决定是否购买的商品，效果一般较小。例如，当人们购买一辆小轿车时，120000元与119995元对购买者来说没有什么不同。奇数定价可能对处于销售末端的零售商的销售和推动打折商品的销售会比较有效。

8.5 零售定价涉及的法律问题

与零售定价相关的法律问题很复杂，下面以美国为例，主要介绍其中的两种类型：关于商品购买的法律问题(包括价格歧视和维持转售价格)和影响消费者的法律问题(包括横向限价、掠夺性定价和比价)。

1. 价格歧视

供应商以不同的价格把同一种商品销售给两个或多个零售商时就会出现价格歧视(Price Discrimination)。一般来说，价格歧视是不合法的，但下列三种情况例外。

第一种情况是如果由于销售者销售商品的方法或数量不同而造成销售者的生产成本、销售成本或者运输成本不同，销售者就可以向不同的零售商索要不同的价格。那么在什么情况下会出现这些不同呢？

通常，生产、销售或运输大量商品时的单位成本比少量商品的单位成本更低。生产者可以通过长期生产大量商品而实现规模经济。同时，把一种商品销售给消费者的平均成本将随着消费者订购货物数量的增加而减少，这是因为对于一个销售人员来说，一个小订单和一个大订单的人工成本几乎是一样的。另外，单位商品的传送或运输成本将随着运输货物数量的增加而减少。这些事实产生了数量折扣(Quantity Discounts)，即购买数量较多的零售商可索要较低的价格。

这种允许不同价格的销售方法就是所谓的功能或商业折扣(Functional or Trade Discounts)。功能或商业折扣是指给予不同层次上(如批发商和零售商)的买家的不同价格，或不同的折扣百分比。即使是对于同样数量的商品，给予批发商的价格也比给予零售商的价格低。这样做是合法的，因为批发商在销售过程中执行的功能比零售商多。例如，批发商需要储存和运输商品，他们要雇用人员书写订单和处理储存中的问题。生产者给予批发商较低的价格，本质上是用来"偿付"批发商比零售商多提供的服务。

大型零售商实际上执行着一个独立的批发商所提供的所有功能，因此，大型连锁零售商也应当接受与批发商一样较低的价格。这些较低的价格使得小型零售商很难与他们竞争。

第二种情况是指根据影响相关商品市场的条件变化或适销性来确定价格差别。

第三种情况是指在不同地区按照当地竞争对手的低价格确定在不同市场上的价格差别。例如，假定 Borden 冰激凌正在和几个本地的冰激凌厂家进行价格竞争，就允许 Borden 把它在这个市场上的价格降低到低于其他市场的价格，以适应本地竞争中低价格的需要。

大型零售商经常从更微妙的价格歧视中获利。例如，人们指责书籍出版商向独立的书籍销售者售价比向连锁运作者售价高，尽管他们订购的数量是相同的。在折扣商店行业中，生产者经常回收大型折扣连锁店没有销售出去的商品而不加任何惩罚，这种优惠措施小型商店是享受不到的。

2. 维持转售价格

Specialized(一家自行车生产厂家)在给它的零售商的一封信中说："如果得知哪一个零售商在销售 Specialized 的产品时，价格低于建议的零售价，Specialized 将中断对它的供货。"这种做法被称为维持转售价格(Resale Price Maintenance)、纵向限价(Vertical Price Fixing)或公平贸易法则(Fair Trade Law)。它涉及在同一个市场渠道中的不同层次的销售部门(如零售商和买主)之间达成的协议。

在美国，纵向限价有一段复杂的历史。由于消费者的强烈推动，《消费品定价法案》(1975)撤销了所有州的维持转售价格法案，从而实际上使得零售商可以以低于建议的零售价格出售商品。那时国会的态度是使消费者以尽可能低的市场价格购买商品，从而保护消费者的权益，尽管一些小型零售商可能无力参与竞争。

3. 横向限价

横向限价(Horizontal Price Fixing)涉及零售商之间的协议，协议规定直接竞争的双方应当制定同样的价格。考虑这样一种情况，假设有两个大型的折扣商店 Mel 和 KD，它们共同发起把油漆的零售价格固定在非常低的水平上。Big G 是一家有三个商店的小型连锁店，竞争不过他们。Mel 和 KD 就可以把油漆作为招徕品销售。但是，Big G 仅仅销售油漆。显然，Mel 和 KD 的这种行为是反竞争的。横向限价永远是不合法的，因为它抑制竞争。

根据一般的经验做法，零售商不应该和它的竞争对手讨论价格或销售的条件。销售的条件可以包括换货、送货的索价、免费包装，商店的外汇政策等。如果一个购买者或商店的管理者想知道竞争对手某一特定商品的价格，他可以亲自或派他的助手到竞争对手的商店里去"购买"或考察。但是这个购买者或管理者不应当通过给他的竞争对手打电话来得到这个消息。而且，如果零售商的竞争对手要求得到这些价格信息，他也不应当对此做出反应。

4. 掠夺性价格

建立推销价格以驱动市场上的竞争被称为掠夺性价格(Predatory)。它是不合法的。然而，当一个零售商在不同的地区销售某些商品时，如果销售、运输等的成本不同，他就可以制定不同的价格。例如，一家像 The Limited 这样的美国特种商品连锁店，对一套服装的定价在加利福尼亚州要比俄亥俄州高，因为把这套服装从俄亥俄州的 Columbus 配送中心运输到加利福尼亚州的成本要比运输到俄亥俄州的商店高。在俄亥俄州的一个竞争的零售商可能不能适应 The Limited 对这套服装制定的低价格。但由于这种低价格是由 The Limited 较低的配送成本造成的，而不是为了把竞争对手挤出市场而故意制定的，这种策略是允许的。

以不合理的低价格销售商品也是不合法的。然而，一般来说，零售商可以以任意的价格销售商品，只要这样做的动机不是为了破坏竞争即可。

5．比价

零售商们的一种共同的做法是把待售商品的价格与一个较高的"正常"价格或生产者的价格清单进行比较，这样的做法就是比价(Price Comparison)。它是一个好的策略，因为它给了消费者一个价格比较，使得所出售的商品看起来便宜。美国联邦贸易委员会已经裁定：引用一个一般的价格是一种欺骗行为，除非零售商经常或最近确实在以那个价格出售商品。而且，该委员会裁定引用生产者的价格清单也是一种欺骗行为，除非清单上的价格是那个地区的通常的零售价格。

当零售商做广告说他们的价格是本地区最低的价格，或他们的价格将和竞争对手的价格一样，甚至还要低的时候，就会出现另一种形式的欺骗性比价。为了避免欺骗，零售商在做广告前要有证据证明他的价格确实是本地的最低价格。而且，如果广告上说他将保持和竞争对手一样的价格，或比其更低的价格，零售商就必须制定公司政策，使得能够适时对价格做出调整，从而保持广告宣称的准确性。

总之，不论何时，零售商、批发商和生产者决定在不同的地方以不同的价格销售同一种商品，或以极低的价格销售以吸引消费者时，就必须意识到他们可能会受到联邦政府或州政府的起诉，或者引起与其竞争对手的法律纠纷。但在实际工作中，获得足够的数据和法律帮助以证明自己受到竞争对手的伤害是十分耗时且代价昂贵，以致受到伤害的一方仍然将被挤出市场。

技 能 实 训

【实训目的】

通过案例讨论加深对零售定价的认识。

【实训主题】

零售企业定价策略选择。

【实训时间】

本章课堂教学内容结束后的双休日和课余时间，为期一周。或者指导教师另外指定时间。

【背景材料】

Panerai Caress 咖啡店的价格模型

Panerai Caress 咖啡店的每样商品都标有商品建议零售价，但是客户支付的价格可以是自己能够支付得起的价格，或是客户认为和商品相匹配的价格。大约有 65%的客户按照建议零售价支付，其他客户则在建议零售价的基础上少付或多付，而有些客户甚至不支付一分钱。目前，这家商店处于盈亏平衡状态，拥有两家分店，计划继续扩张。在现在的社会环境中，消费者越来越关心自己所在的社区，关心自己在社区中能起到哪些积极的作用。而这种零售价格模式向人们展示，通过具有"慷慨"特色的零售定价，企业即使是在最艰难的市场环境中仍然能够正常运营。

(资料来源：http://www.lingshou.com/GD/Get/gz_bazaar/154844644.htm)

【实训过程设计】

(1) 指导教师布置学生课前预习阅读案例。
(2) 将全班同学平均分成小组，按每组 5～6 人进行讨论。
(3) 根据"阅读资料"，讨论零售企业有哪些定价策略。
(4) 就近选择一家店铺，看看他们的定价有哪些技巧(或不足)，并对此进行评价。
(5) 各实训组对本次实训进行总结和点评，撰写作为最终成果的《零售管理实训报告》。
(6) 各小组提交填写"项目组长姓名、成员名单"的《零售管理实训报告》，优秀的实训报告在班级展出，并收入本课程教学资源库。

综 合 练 习

一、名词解释

市场定位　天天低价　撇脂定价　渗透定价　差别定价　心理定价　认知定价法
招徕定价　价格歧视　掠夺性定价　比价

二、单项选择题

1. 随行就市定价法是(　　)市场的惯用定价法。
   A．完全垄断　　　B．异质产品　　　C．同质产品　　　D．垄断竞争

2. 某服装店售货员把相同的服装以 800 元卖给顾客甲，以 600 元卖给顾客乙，该服装店的定价属于(　　)。
   A．顾客差别定价　　　　　　B．产品形式差别定价
   C．产品部位差别定价　　　　D．销售时间差别定价

3. 为鼓励顾客购买更多物品，企业给那些大量购买产品的顾客的一种减价称为(　　)。
   A．功能折扣　　　B．数量折扣　　　C．季节折扣　　　D．现金折扣

4. 企业利用消费者具有仰慕名牌商品或名店声望所产生的某种心理而制定的价格为(　　)。
   A．尾数定价　　　B．招徕定价　　　C．声望定价　　　D．反向定价

5. 当产品市场需求富有弹性且生产成本和经营费用下降时，企业便具备了(　　)的可能性。
   A．渗透定价　　　B．撇脂定价　　　C．尾数定价　　　D．招徕定价

6. 按照单位成本加上一定百分比的加成来制定产品销售价格的方法称为(　　)定价法。
   A．成本导向　　　B．需求导向　　　C．认知导向　　　D．随行就市

7. 企业因竞争对手率先降价而做出相应降价的策略主要适用于(　　)市场。
   A．垄断竞争　　　B．差别产品　　　C．完全竞争　　　D．同质产品

8．招徕定价指(　　)利用部分顾客求廉的心理，特意将某几种商品的价格定得较低以吸引顾客。

　　A．生产者　　　　B．竞争者　　　　C．批发商　　　　D．零售商

9．企业的产品供不应求，不能满足所有顾客需要的情况下，企业就应考虑(　　)。

　　A．降价　　　　　　　　　　　　　B．提价

　　C．维持价格不变　　　　　　　　　D．降低产品品质

10．以高于价值的价格将新产品推入市场，然后再降价，这种新产品定价策略属于(　　)。

　　A．撇脂定价　　B．渗透定价　　C．温和定价　　D．满意定价

三、多项选择题

1．影响企业定价的主要因素有(　　)。

　　A．经营者意志　　B．定价目标　　C．产品成本

　　D．竞争者价格　　E．市场需求

2．下面的定价方法中，属于成本导向法的有(　　)。

　　A．目标定价法　　　　　　　B．成本加成法

　　C．随行就市法　　　　　　　D．密封投标定价法

　　E．需求导向认知法

3．下面的定价方法中，属于竞争导向定价法的有(　　)。

　　A．需求差别定价法　　　　　B．密封投标定价法

　　C．随行就市定价法　　　　　D．地位标志定价法

　　E．成本加成定价法

4．以下情况下，企业往往采取随行就市定价法的是(　　)。

　　A．产品属于异质性　　　　　B．企业打算与竞争对手和平共处

　　C．难以了解另行定价的后果　D．难以估算成本

　　E．企业有较大自由度

5．心理定价的主要形式有(　　)。

　　A．分区定价　　B．尾数定价　　C．招徕定价

　　D．声望定价　　E．差别定价

6．价格折扣的主要类型有(　　)。

　　A．现金折扣　　B．价格折让　　C．数量折扣

　　D．季节折扣　　E．功能折扣

7．企业的定价目标包括(　　)。

　　A．维持生存　　　　　　　　B．击败竞争对手

　　C．当期利润最大化　　　　　D．产品质量最优化

　　E．市场占有率最大化

8．一般来说，顾客对于企业提价可能会理解为(　　)。

　　A．产品有某些缺点，销售不畅　　B．产品很有价值

C. 价格会进一步下跌   D. 产品很畅销
E. 卖主想尽量获得更多利润

四、问答题

1. 简述零售商的定价目标。
2. 成本导向定价法的核心内容是什么？
3. 需求导向定价法的核心内容是什么？

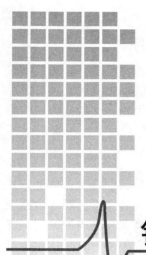

第 9 章 销售过程与管理

学习要点

- 掌握零售销售人员应具有的基本素质
- 了解零售销售人员的招聘过程与培训方法
- 掌握零售企业销售的一般过程
- 了解零售服务的含义及其具体表现，能够对零售企业进行服务定位
- 掌握零售促销的概念及类型，能够根据企业实际选用恰当的促销方法

案例导入

全聚德王府井店联手"快的打车"

为回馈新老客户，全聚德王府井店2014年6月与"快的打车"软件合作，推出"快的打车起步 我付积分换礼 实惠您得"合作活动，双方"粉丝"皆可享此福利。

利用"快的打车"软件的客人来全聚德王府井店用餐后，可凭结账小票、出租车发票及"快的打车"软件界面三种凭证，到全聚德王府井店报销来时出租车费用的起步价14元。另外，"快的打车"的会员来全聚德王府店用餐时，还可通过"快的打车"200个积分换取特色凉点豌豆黄一份。

（资料来源：http://t.163.com/2747241748）

思考：零售企业是通过销售来满足消费者需求并获取企业利润的，讲究销售艺术、掌握销售规律，对提高服务质量和企业利润都是十分重要的。零售企业的销售技巧都有哪些呢？

9.1 零售销售人员应具有的基本素质

营销工作是企业的生命线，一个企业如果没有一个好的销售团队，想发展壮大是很难的。作为企业的领导者最大的难题是如何选拔一批好的销售人员，组建一支能征善战的精英队伍。什么样的人员才适合销售工作？销售人员要能胜任销售工作应具备以下素质。

1. 优良的品行

优良的品行是任何一个部门的工作人员都必须具备的，销售人员长期与钱打交道，品行显得尤为重要。依据欧美国家的惯例，销售人员在实际工作中应当遵守下列职业道德规范：对于自己所服务的企业及客户必须一视同仁，平等对待；坚持真实和准确的原则，遵守普遍认可的社会公德；不得从事腐蚀政府机构和客户代表的活动；不得有意破坏竞争对手和其他销售人员的声誉；不得有意传播虚假的或容易使人误解的信息，等等。这些规范对于我国现阶段的广大销售人员有一定的参考和借鉴作用。

2. 敬业爱岗的精神

不敬业爱岗的人是很难胜任销售工作的。三天打鱼两天晒网，这山望着那山高，从不想脚踏实地、认认真真从基层做起，只想一口吃一个胖子，梦想一夜致富，做事情浅尝辄止，一遇到困难便没了干劲，对销售工作缺乏热爱、恒心，这种人不适合做销售工作。相反，那些对职业生涯有理性规划的人对待销售的态度则完全不同，他们勤奋努力，吃苦耐劳，一步一个脚印，最终达成他们的目标。

3. 团结协作的态度

面对激烈的市场竞争，一个人的力量往往是不够的，当前的销售工作往往是和宣传公关、技术服务连为一体，所以，一个好的销售人员往往要借助外界的力量才能获得成功。那些成功了便认为是自己的本事，失败了则以产品质量不行、服务跟不上、包装差等种种原因为托词的人，很难赢得同事们的认可，纵然业绩再佳，也并不可取。另外，销售人员还必须要有大局观，业务员在工作安排、区域划分、业绩提成上或多或少会和公司产生一些分歧，这时就要有大局观，一个斤斤计较的销售人员即使业绩再好，也很难得到公司认可。

4. 娴熟的专业知识

销售人员是否具备良好的业务素质，直接关系到他们的工作业绩。因此，优秀的销售人员就需要具备多方面的专业知识，并且要把多种专业知识内化为自己头脑中的知识体系或知识结构。这种知识体系或结构一般包括销售理论知识、销售环境知识和销售实务知识。

5. 为客户服务的心理

销售人员要多从客户的角度考虑问题，不要一味想着把产品推销出去，而应该想到产品会给客户带来哪些益处，设身处地为客户着想，认认真真地做好售前、售中、售后服务，想客户所想，急客户所急，产品销售才会水到渠成。

6. 诚实守信的工作作风

过去人们都认为：为人精明、经验老到的人适合销售。但事实上，我们发现那些面相憨厚、一脸诚实的销售人员越来越受到人们的青睐。在这个市场呼唤诚信的年代里，谁愿意和一个"老江湖"打交道呢？有的公司甚至把面相诚实作为选拔销售人员的前提条件。的确，诚信对于销售人员实在是太重要了。有位成功的销售人员这样告诉人们，他成功的秘诀是敢于对客户说"不"。几乎所有的业务员都有急于把产品推销出去的心理，而他则不然，对于客户不适合用的产品，哪怕是客户找上门，他也会说这种产品不适合你，时间长了，人们被他的诚信所感动，圈内口碑极好。后来，只要是他介绍的产品，人们都非常信任，他的生意也越做越大。这就是做生意前先做人的道理，一个销售人员要取得客户的信任，最起码的是诚实守信，只想把产品卖出去，而不惜蒙骗客户，只会搬起石头砸自己的脚。

7. 良好的心理承受能力

销售人员整日东奔西走、风餐露宿，既要承受疲倦之苦，又要饱经心理压力之痛，没有承受失败的思想准备也是不行的。销售人员要出色地完成销售任务，必须具备良好的心理素质，这是销售人员取得销售业绩的保证，销售人员应具备的心理素质主要包括豁达、自信和坚强。

此外，良好人际关系的调处艺术，与人沟通能力的高低，良好的身体素质，都是一个销售人员成功的关键。一个销售人员事业有成，是其综合素质的体现，是长期实践磨炼的结果，而非一朝一夕之功。

9.2 销售过程

销售经理要管好销售人员，就必须对销售人员的整个销售活动过程有一个全面认识，这样才有利于对销售人员的销售活动过程进行有效的指导和调控，从而达到有效管理销售人员的目的。一般来说，销售过程包括接近顾客、接待顾客、完成销售、建立售后关系四个阶段。

9.2.1 接近顾客

接近顾客是零售企业销售的关键性阶段。零售企业的销售人员与其他企业的销售人员不同，其他企业，如生产企业的销售人员推销，可以通过调查，事先了解潜在的顾客，开展有针对性的推销。而零售企业的销售人员不必这样做，他们依靠企业的营销战略的各种要素吸引预期的顾客来商店。如同"主人在家里接待客人"一般，销售人员有礼貌地接待顾客，使顾客感到受欢迎，销售过程就有了良好的开端，如果顾客感到被冷落，那么就会丢失销售机会。

售货人员能否顺利地接近顾客，主要受以下因素影响。

1. 顾客的心理因素

顾客来到商店，或是购买某种商品，或是参观获取商品信息，都伴随着一定的心理过程，不同顾客其心理活动过程也是不同的。销售人员应根据顾客的心理过程不同阶段有效地选择接近顾客的时机。一般有以下接近顾客的时机。

当顾客长时间凝视某一商品，或者突然在某一个商品前停留下来，或者看到某商品后眼睛一亮，或者是看到某商品后抬头看着销售人员寻求帮助的时候，都表示顾客喜欢某一商品了，销售人员应不失时机地表示对顾客的欢迎，及时出示这一商品。

当顾客进入独自了解商品的过程后，销售人员不能打搅，而应留意顾客的表情变化。对于实行开架售货的商店，顾客的购买过程先从这里开始，销售人员的接近也是从这时开始，即顾客的目光从商品离开，似乎在寻找什么的时候切入接近。

最后阶段是销售人员与顾客充分沟通交流的时机，也是销售人员发挥影响作用的阶段。对有目的购买商品的顾客来说，这是售货人员接近的开始阶段。

2. 接近语言

言为心声，语为人境。语言不仅是传递信息的工具，同时也是体现服务水平的艺术。根据顾客所在营业现场的环境以及顾客的特点，灵活地运用接待语言，表示对顾客的欢迎，显得非常必要。但接待语言不应该强行一致，销售人员可以根据具体情况使用，只要达到能够建立起沟通，顾客感觉好就可以了。

3. 营业因素

由于顾客来店的数量不规律，形成了营业过程有忙有闲。营业闲时，销售人员主动接近顾客的机会就多，能够注意到顾客的行为举止的变化，适时地接近顾客；而营业忙时，销售人员接近顾客就受到其他顾客的限制，不能同时接近较多顾客。在营业忙的情况下，销售人员应尽最大能力去接近顾客，即在接待第一名顾客的同时，询问第二名顾客的要求，乘隙招呼第三名顾客或第四名顾客，请顾客稍等，以降低后到顾客的受冷落感。

9.2.2 接待顾客

1. 确认顾客的需要

销售人员在第一阶段与顾客建立了最初的联系后，接下来要了解和确认顾客需要什么样的商品。顾客走进商店，有的有着明确的购买目的，不仅知道要买什么商品，也知道要买什么品牌的商品；而有的顾客可能只知道买什么商品，却不知道买什么牌子的商品；还有的顾客可能只知道买一样商品，但不知道买什么商品。这对销售人员来说，就要了解顾客的需要，帮助他们确定需要的商品。

销售人员通过向顾客询问和倾听顾客对商品的描述来确认顾客的需要，这就要求销售人员具有询问以及倾听的技术和技巧，并且鼓励顾客咨询问题，由此发现适合顾客需要的商品。

2. 介绍商品

销售人员向顾客介绍商品，以影响顾客做出购买决定。向顾客介绍商品要从以下两方面入手。

（1）介绍商品提供的利益。顾客购买商品是购买商品的利益，而非商品的外在特征。利益是顾客购买某项商品要满足的需要。销售人员向顾客展示、介绍商品，要说明这一商品如何适合顾客的需要，同时比较不同商品的相关优势和商品提供的不同利益。

（2）演示商品。对商品有介绍而无演示，对顾客认识并决定购买商品是不够的。只有向顾客演示商品，使顾客看到演示商品的使用过程及效果，才能对顾客产生较大的影响力。尤其是让顾客自己操作试用更能使顾客兴奋，增强感性体验，较快地进入购买决定过程。销售人员演示商品，实际上是向顾客提供试用的过程。许多事实证明，提供演示使用会创造更多的销售。

3. 解答顾客疑问

销售人员介绍、演示商品之后，顾客不一定马上购买，可能还会提出一些问题。这些问题不解决可能会中止购买。

销售人员要解决这些问题，就要使顾客暴露不购买的真正原因，以便能有针对性地进行说服。让顾客把真正原因说出来不那么容易，销售人员应察言观色进行揣测，可以通过提一些问题观察顾客反应。销售人员要创造轻松的谈话气氛并认真地听取，及时地给予顾客回应，但不能与顾客争论。听取过程中要总结提炼，弄清楚原因所在。

（1）正面解决。对顾客由于不正确的信息形成的问题，销售人员直接礼貌地否定这个信息，提供新的正确的信息，使顾客根据新的信息决定是否购买。

（2）间接否定。销售人员为了和顾客保持和气，不直接否定他的错误，而是设法纠正顾客的错误印象。

（3）迂回说服。销售人员开始同意顾客的看法，但是后来离开开始的话题，从另一方面说服顾客，使顾客感到有道理。

（4）利用说服。当顾客的疑问带有双面性特点时，销售人员可以利用顾客的理由，把它转变为购买的理由。

（5）清晰地介绍。销售人员通过简明、清晰地介绍商品和回答顾客问题，有利于防止顾客产生疑问。

9.2.3 完成销售

完成销售是指商品销售过程进入成交阶段。完成销售的关键因素是时机问题，即什么时候结束销售。售货员太早或太迟结束销售都会错失成交。售货员过早地结束销售，打断顾客的思想，顾客会感受到催促，因而决定不购买，成交不能进行；太迟结束销售，顾客会感到不被理睬，因而也会决定不购买，成交不能进行。

1. 结束销售的时机

对一些顾客来说，决定购买的时机是售货人员结束销售的时机。顾客以他们的言行举止向售货员表示他们已决定购买，如表9-1所示。

表 9-1　顾客在购买过程中出现的行为表示和语言表示

行 为 表 示	语 言 表 示
1. 顾客结束对商品的再考虑 2. 顾客打开钱包 3. 顾客点头同意售货员对商品销售的介绍 4. 顾客出现对商品喜欢的兴奋表情 5. 顾客一次又一次地看商品的样品 6. 顾客认真研究有关服务条款	1. 当顾客问"能免费送货吗"时 2. 当顾客询问"这种商品有红颜色的吗"时 3. 当顾客说到"我一直都想有这个商品"时 4. 当顾客说到"这个商品真便宜"时 5. 当顾客说到"这个商品能当日送到吗"时

2. 促进成交的方法

有些顾客需要在销售人员的帮助下进入购买决定阶段。在这种情况下，销售人员的影响起着主导作用。有经验的销售人员经常采取以下方法促进成交。

(1) 直接促进。销售人员直接地问顾客是否可以开票。这种方法通常很有效，但是做得过头会出现侵犯性，反而使成交告吹。这种方法最好是在顾客进入决定购买时使用，这样效果最好。

(2) 假定成交促进。这种方法是顾客还处在比较选择中，销售人员以成交的口气提醒顾客进入购买决定阶段。如销售人员问顾客："可以把商品包装吗？"假定成交允许顾客反驳，因而使用时要更小心，因为顾客可能会感到销售人员太急于求成，自己被催促，而中止购买。这种方法也给顾客提供购买选择的机会。需要注意的是，这种选择是在几项商品之间进行选择，而并非是提供买与不买的选择。如销售人员问："您是要 10 片装的还是 20 片装的？"

(3) 总结—同意促进。销售人员总结商品的特征、利益和优点，得到顾客对每一点肯定的同意，使顾客难于拒绝购买，交易成功。

(4) 强调利益促进。销售人员强调顾客即时购买会得到某种利益，否则会丢失，使顾客迅速做出购买决定。例如，销售人员告诉顾客，今天是优惠销售的最后一天，明天这种商品将涨价；销售人员可以强调商品的新款特征，刺激顾客喜欢的情绪以促进购买。

9.2.4　建立售后关系

销售人员与顾客的关系并不是随一次销售或购买结束而结束。顾客在某次购买后感到非常满意，会再次回到这个商店，甚至到接待过他的那个销售人员处购买商品，这时售货员便与顾客建立了长期的销售—购买关系。这种关系日益显示出它的重要性：给商店创造了经常性的顾客，提高了商店形象和知名度，吸引更多的顾客，扩大商店的销售额。

9.3　顾客服务与零售企业服务的定位

9.3.1　顾客服务

1. 顾客服务的含义

顾客服务是零售商为了使顾客购物更加方便、更有价值而进行的一套活动。零售企业是以顾客服务为宗旨的企业,更广义地理解,零售本身就是一种服务活动。零售经营的所有要素都是增加商品价值的服务。店铺选择、店堂布局、商品结构、商品信息传递都为顾客带来了购物的便利。

随着我国零售业的对外开放和人们生活水平的提高,零售业市场竞争更加激烈,消费者的消费需求更加多样化,零售企业只有根据消费者的需求提供多样化、全方位的服务,才能满足消费者的需求,才能在激烈的市场竞争中取胜。因此,服务要素成为零售企业竞争的重要砝码,高质量的服务也为零售企业提供了持续的竞争优势。

2. 顾客服务的作用

服务对零售企业的发展有着重要的作用。

(1) 良好的服务能够留住企业的老顾客。根据国外的咨询公司研究,造成顾客流失的原因很多,其中由于服务原因导致顾客流失的比重是最大的,因此企业要想留住顾客,必须改善服务。随着企业之间竞争的日益激烈,经营者应该认识到,在企业经营的商品结构、营业环境、价格都基本相同的条件下,谁为顾客服务得好,谁的销售额就高。

(2) 良好的服务能够使顾客再次光顾商店,同时产生良好的口碑,从而吸引新的顾客。同样是国外的咨询公司研究证实,企业服务质量每提高1%,销售额即增加1%;服务人员怠慢一位顾客,会影响40位潜在顾客;而一个满意的顾客会带来8笔潜在生意,其中至少一笔会成交。

由上可知,在激烈的市场竞争中,零售企业想争取顾客,求得生存、发展和壮大,就必须重视服务工作。

3. 顾客服务的具体表现

零售企业树立顾客服务的观点,应体现在商店经营的各个方面。商店应了解目标顾客的需要,备有顾客的商品,并把有关商品和商店开展的经营活动信息传递给顾客;在顾客的购物活动中,让他们方便、愉悦地选购;购物后如有问题,可以及时得到解决,让顾客愿意再次光临。概括地说,企业的服务应贯穿于顾客购买活动的全过程,即购买前、购买中和购买后,在这三个连贯的购买阶段提供连续有效的服务。

(1) 购买前的服务。零售企业为顾客提供的购买前的服务,常见的是为顾客提供有关的信息。例如,商店可向顾客提供商店经营活动的信息,通过海报、宣传手册、广告把信息传递出去;可为顾客提供新产品的使用说明,事先让顾客了解新产品的概况,启发他们使用新产品的欲望。商店给顾客提供这些信息是会得到顾客的回报的,因为顾客了解了商店经营活动的内容,会知道他的需要在哪些方面能得到满足;了解了新产品的性能、效果、使用方法,顾客就会减少顾虑,产生兴趣,最终会产生购买行为。美国的西尔斯公司经常印发一些宣传手册,如《如何选购家具》《如何选择和应用赊购》,这些手册不但为顾客提供了服务,还为企业树立了良好的形象。

(2) 购买中的服务。购买中的服务最重要的是做好顾客接待工作,使他们方便、愉快地买到自己需要的商品,并得到物质和精神上的满足。购买中的服务内容很多,但良好的第一印象是非常重要的,做好接待工作是树立良好第一印象的开始。要做好接待工作,售货人员就应该知道顾客的心理,使接待工作与之心理相适应。

顾客走进商店，不一定就是要买最便宜的商品，而是希望买到价格合适、称心如意、性价比满意的商品。在买商品时，希望能仔细挑选，尤其是女性，更是把挑选商品当成是一种乐趣。为了顺利地销售商品，商店就要了解顾客心理，在接待服务中提高他们购物的兴趣，使之完成购买行为。顾客进店，从挑选商品到购买，一般要经过以下7个阶段。

① 感到有兴趣——看到商品表示关心。
② 引起注意——摸一摸，看一看。
③ 联想——使用商品的情况。
④ 产生欲望——想买。
⑤ 比较——比质比价。
⑥ 决断——考虑好了决定买。
⑦ 购买——满足需要。

所有的顾客在购物时，都要经过这些阶段，只不过有的过程明显，通常表现在挑选性强的商品上。而对习惯性购买的商品，则不明显。无论如何，接待服务就是要使顾客在这一过程中感到愉快，最终产生购买行为。

在这一过程中，见到顾客应该致意问好，即注意礼节。在感到有兴趣和引起注意两个阶段，顾客看、摸商品时，售货人员可以不接待，让顾客自己挑选。在联想和产生欲望两个阶段，大部分顾客处于兴奋的情绪中，最好不插话。只有对没有主见的顾客，想主动询问的消费者，售货人员才主动介绍情况。从比较到决断是接待顾客的好机会。顾客对同一商品接触两三回，这是顾客比质比价的信号，只要一出现这种信号，销售人员就应主动向顾客介绍商品，因为这时正是顾客犹豫不决，下不了决心的时候，主动介绍，实事求是，才会使顾客下定决心。这时，顾客产生购买行为正是实行服务的结果。但有时，顾客虽想买，但由于其他原因没买，也要做好接待，给顾客留下好印象。

顾客经过这几个阶段，最后买到称心商品会满意而归。但是如果是由于售货员的介绍，顾客不好拒绝而买了一件无用的或不太满意的商品，就会给他们留下不好的印象，下次就不会来买了。所以，让顾客满意，下次还来商店购物是非常必要的。

(3) 售后服务。售后服务是顾客买完商品后的服务工作。售后服务的工作内容很多，主要有：对顾客所提意见的处理，运送商品，商品的退、换，商品的修理等。售后服务有着积极的意义。顾客买得放心，没有后顾之忧，才会放心大胆地购买。做好售后服务，实际上是促进了商品销售，而且还会使顾客下次再来买。

对顾客意见的处理是一项非常重要的服务。由于店员和顾客某一方的差错，往往会产生矛盾和意见，不管是谁的错，解决不好，会导致顾客对商店产生不好的印象。因此，商店必须力求解决顾客所提出的意见和问题，解决好顾客的问题，也就做好了对顾客的接待。处理、解决顾客的意见有以下几种方法。

① 设立集中解决顾客意见的部门。这是一种有效的方法，由有经验的人员来听取顾客意见。此方法的好处是：既可以使销售人员不受干扰，业务正常进行，又可以使顾客与店内有权处理意见和问题的权威直接打交道，使问题易于很快解决。

② 由当事的销售人员解决。这种方法往往效果不好，因为让销售人员自己解决，往往会激化矛盾。加之销售人员权力有限，不少问题还得请出负责人来处理，使解决过程复杂化。

不管采取什么办法，在处理顾客意见时，应强调三点：礼貌接待、公平解决、立即处理。

商品退换同样是为顾客提供的重要服务。在不违反有关法规的前提下，商店的政策可以不一样，可以不退不换，也可有求必应。允许商品退换，会有一些损失，但是，它会给商店建立起很好的商业信誉，会吸引更多的顾客到商店购买。

所有的零售企业都应做好以上三个阶段的服务工作，这样才能吸引顾客，留住顾客。企业应针对以上三个阶段的特点和目标顾客的需要，创造性地提供相应的服务，包括信用卡接受度、商品调换、商品包装、会员卡优惠、儿童保护设施、送货上门、商品展示、更衣室、延长营业时间、咨询服务、商品导购、礼品包装、特殊需要者(如残疾人)设施、停车场、儿童娱乐区、商品使用说明、提供给特殊需求者的服务轮椅、修理服务、存包处、特别订货等。

以上这些服务项目给零售商提供了参考。零售企业可根据自身的特点、商店的业态、顾客的类型等要素来确定服务项目，使服务内容恰当合理，满足顾客的需要。

9.3.2 零售企业服务的定位

零售商提供哪些服务项目，何等水平的服务才能使顾客满意，这是零售经营决策者必须考虑的两个问题。

1. 零售服务分类

各零售企业因业态、规模、经营商品的档次不尽相同，不可能提供相同的服务，并且每个企业并不能满足市场中的所有顾客的需要，而是满足市场中一部分顾客的需要。因此，不同的零售企业，就存在着服务定位的问题，只有准确合理地瞄准自己的位置，商业企业才能最科学、最大化地提供令顾客满意的服务。

美国营销大师菲利普·科特勒把零售商业企业按提供服务的多少划分为三类。

(1) 自助零售(Self-service Retailing)。用于许多零售业务。顾客在购物中愿意自己进行寻找—比较—选择，以便节省金钱。这种类型的商店主要以提供方便商品为主。

(2) 有限服务零售(Limited Service)。提供较多的销售帮助。因为这些商店经营的选购商品较多，顾客需要较多信息。这些商店也提供一些其他的服务，如信用服务、退货等低等服务商店不提供的服务。这种商店由于营运成本增加，商品售价自然就高。

(3) 完全服务零售(Full Service)。如专卖店或高级百货店。其销售人员在客户的购买过程中随时准备提供协助。喜欢被"服侍"的顾客就愿意光顾这类商店。高昂的人员费用，伴随着较高比重的特殊商品和周转较慢的商品(珠宝、时尚品、照相机)，较自由的退货政策，不同的付款条件，免费送货，还提供休息室和餐厅等多种服务导致较高运营成本，因而，顾客需要付出较高的代价。

从上述服务分类可以看出，零售企业选择服务定位与各种影响服务的因素有关。只有在研究影响服务的各种因素情况下，才能恰当地进行服务定位。

2. 影响服务定位的因素

零售企业服务定位的确定主要考虑以下因素。

(1) 商店的业态。不同业态的商店提供的服务是不同的。百货商店经营的花色品种多，相应地为顾客提供的服务项目也要多；超级市场经营的主要是食品和日用品，提供的服务项目就可以少一些。

(2) 竞争者的服务。竞争对手提供的服务，对企业确定服务项目和水准有重要的影响。企业必须考虑竞争者提供的服务，以提供相似的或更好的服务，否则就必须有其他优势项目才能吸引顾客。

(3) 经营的商品。商店经营的商品往往决定了相应的服务内容。如经营家用电器，就要考虑送货、安装、维修等服务；经营高新技术产品，就应该考虑提供展示和产品使用指导。这些服务一方面给顾客带来了方便，另一方面可以促进销售。

(4) 商店的档次。高档商店经营的商品价格高，通常顾客期望从商店获得的服务水准也高。相反，普通商店给顾客提供的服务项目就少了许多，只提供基本的服务也是可以接受的。

(5) 目标顾客的特点。目标顾客的收入、偏好决定了商店对服务的选择。收入水平高的顾客，在购物时往往注重购物环境，自然对服务的要求也相对较高。他们希望商店的服务使他们购物变得更轻松、更舒适。相反，如果目标顾客是一般收入的家庭，商店就要考虑提供的服务项目要与顾客的购买力水平相适应。因为，要提供更多的服务，势必提高商品价格，就会影响这些家庭的购买欲望。

(6) 提供服务的费用。零售企业的管理人员要了解为顾客提供各项服务所花费的费用，以便比较为提供这些服务支出的费用，需要产生多少新的销售额才能获得补偿。

9.4 零售促销

9.4.1 零售促销的目的和类型

销售促进的英文全称为 Sales Promotion，缩写为 SP，简称促销。零售商的销售促进是零售商针对最终消费者所采取的除广告、公共关系和人员推销之外的能够刺激消费需求、激励购买、扩大销售的各种短暂性的促销措施。它包括各种属于短期性的刺激工具，用以刺激顾客较迅速或较大量地在商店购买商品。销售促进不同于人员推销和广告，人员推销和广告是持续、常规的促销活动，而销售促进则是不经常、无规则的促销活动，其目的是促进消费者立即购买，提高某一时期的营业额或某种商品的销售额。

1. 零售促销的目的

零售店铺进行销售促进的目的主要有以下几个方面。

(1) 吸引新顾客。广告促销是用来建立商店忠诚度的，而销售促进则是用于破坏顾客对其他商店的忠诚感。零售店经营者利用销售促进吸引的新顾客包括：与店铺相同类型的其他商店的顾客；其他类型商店的顾客；经常转换商店购买商品的消费者。

销售促进主要是吸引商店转换者，因为其他商店的顾客并不经常注意销售促进或受其影响。商店转换者主要追求低廉的价格、良好的质量或奖励，因此，销售促进不可能将其转变为忠诚的商店顾客。在经营特色高度相似的市场中，销售促进可以在短期内产生强烈的销售反应，但却很少有长久的好处和盈利。在经营特色高度差异的市场中，销售促进可较长时间地改变商店的市场占有率。美国市场营销专家布朗在对 2500 名速溶咖啡的购买者进行调查研究后，得出如下结论。

① 销售促进在商店销售中引起的反应快于广告促销。

② 由于销售促进主要吸引追求交易优惠的顾客，这些顾客只要能获得交易优惠就会转变商店，因此销售促进不会在成熟的市场内产生新的、长期的购买者。

③ 即使在竞争性促销的情况下，忠于商店的顾客也不大可能改变他们的消费习惯。

④ 广告促销一般可以提高顾客对某一商店的忠诚度。

由此可知，如果某个零售商店经常用价格来促销的话，顾客就会认为它是价格比较便宜的商店，通常只将其出售的商品作为处理品来购买。大量事实表明，如果某一商店经营的商品采用销售促进的时间超过其一个销售年度(或季度)的 30%，就有可能给顾客留下是"处理品"的商店形象。领导型商店或挑战型商店很少采用价格方面的销售促进手段，因为这类手段大都只能拉拢目前的顾客。

对于追随型商店和拾遗补阙型商店而言，销售促进有利于提高其市场占有率。因为这类商店的经营者负担不起可与领导型商店、挑战型商店相匹敌的广告费，如果不提供交易折让就推销不出商品，不给予顾客刺激就不能使他们试用。

(2) 保持现有顾客。一个老顾客比一个新顾客可为零售店铺企业多带来 20%～85%的利润，并且假如令一个顾客满意且留住他们需要花费 10 元钱，而获得一个新顾客支出的费用 6 倍于留住现有的顾客。大部分零售店铺都是依赖有稳定的顾客群为基础，以获得可观的利润。所以，保持老客户与吸引新客户是同样重要的事情。

(3) 促使顾客大量购买。保持现有顾客的一种方法是促使他们在本零售店大量购买商品，或者可以说"使他们离开某个市场一段时间"。这种计划鼓励现有顾客购买生活用品，购买数量多到足以使他们在近期内不会再购买该类产品。这样做的目的：一方面由于顾客身边有足够的产品可供使用，因而能确保他们在一段时间内能够继续使用本零售店铺出售的商品；另一方面因为顾客已购买了足够多的生活用品，他们对竞争商店所提供的刺激就不会太感兴趣，这在一定程度上就减弱了竞争商店的活动效果。

(4) 扩大零售商的知名度。在一定意义上，SP 活动也能扩大零售店铺的知名度，当然，这要求零售店铺的经营人员将 SP 活动与一般广告活动结合起来运用。例如，某零售店铺的电视广告在播放时，同时向目标市场消费者发放赠品。

2. 零售活动促销类型

零售商经常举办的促销活动一般可分为以下四种类型。

(1) 开业促销活动。几乎所有大中型商店在开业时都会策划一个较大型的促销活动，因为开业促销对商店而言只有一次，而且它是顾客第一次接触商店，会在心目中留下深刻的印象，影响顾客的将来购买行为。顾客往往根据自己的第一印象长久地留下对这家商店的商品、价格、服务、气氛等的认识，而第一印象一旦形成，以后将很难改变，所以，每一家商店对开业促销活动都不敢懈怠，都是全力以赴。如果开业促销策划成功，通常开业前几天的营业额可以达到平时营业额的 5 倍以上。

(2) 周年庆促销活动。周年庆促销活动是仅次于开业促销活动的一项促销活动，因为每年只有一次，而且，供货商对商店的周年庆典也比较支持，会给予商家更多的优惠条件。因此，商店一般也会在这一时期举办大型的促销活动，活动范围较广。如果周年庆促销活动策划成功，其营业额可以达到平时营业额的两倍左右。

(3) 例行性促销活动。除了开业和周年庆促销活动，商店还往往在一年的不同时期推出一系列的促销活动，这些促销活动的主题五花八门。有的以节日为主题，如大打国庆节、春节、中秋节、儿童节、情人节等牌子；有的以当年的重大活动为主题，如庆祝香港回归、北京申奥成功，等等。尽管这些活动主题花样繁多，但每一商店在下年要做哪些促销活动已经提前做好计划，每年的变化不会太大，故称之为例行性促销活动。而有些超级市场或货仓式商店每隔半个月举办一次促销活动，均可算在例行性促销活动之列。一般在例行性促销活动期间，销售额会比平时的销售额提高两三成。

(4) 竞争性促销活动。竞争性促销活动是指针对竞争对手的促销活动而采取的临时性促销活动。由于目前新兴零售业态不断涌现，市场竞争日趋激烈，同一业态的企业在某一区域内出现过剩现象。于是，价格战、广告战、服务战等促销活动此起彼伏。为了与竞争对手相抗衡，防止竞争对手在某一促销时期将当地客源吸引过去，商店往往会对竞争对手的促销行为推出相应的竞争性促销活动，以免自己的营业额因此衰落。

9.4.2 制定销售促进方案

零售商店经营者必须制定详细的促销方案，以保证促销活动有计划地进行。销售促进方案主要包括以下内容。

1. 确定促销目标

零售商的促销目标包括长期目标和短期目标，总的来说就是提高销售业绩，增加销售，增强企业的竞争力。具体来看包括增加某一时期的销售额，刺激顾客购买欲望，增加客流量，增进顾客忠诚，加强企业形象，扩大企业知名度等。由于每一具体促销目标与不同的促销方式相对应，零售商在开展具体的促销活动之前，必须首先确定这次促销活动应达到的具体目的。

2. 确定诱因的大小

零售商店经营者应当确定提供诱因的程度。如果要使销售促进成功，最低程度的诱因(即能够打动顾客的优惠条件)是必不可少的。较高的诱因能够带来较多的销售反应，但边际销售量却是递减的。

3. 确定参加的条件

诱因可向每个顾客提供。赠品仅向那些特定的顾客发放。优惠券对某些人，如不够年龄的、收入水平偏低的顾客等不予提供。

4. 促销方案的分发载体

零售商店经营者必须决定如何宣传和分发方案。例如，减价10%的优惠券可以放在商品包装内，由商店和邮寄分发。不同的分发方式有着不同的影响范围和成本。

5. 促销的持续时间

如果销售促进的时间太短，就不能影响到有些顾客，而影响到的顾客也有可能来不及再次购买；如果销售促进的时间过长，也就丧失了对顾客的吸引力。根据一项研究结果，理想的销售促进持续时间约为每个销售季度使用三周时间。当然，理想的销售促进周期要根据商品的具体情况来确定，不能搞一刀切。

6. 促销预算

零售店铺经营者还必须确定促进销售的预算。确定销售促进预算有以下四种方法。

(1) 全面分析法。全面分析法就是零售店铺经营者对各种促销方式进行选择，然后匡算出所需的费用。计算公式为

$$S=M+N$$

式中：S 为促销费用；M 为管理费用(包括印刷费用、邮寄费用、对中间商的促销费用)；N 为诱因费用(包括赠品或小额减价费用、兑奖费用)。

例如，某零售商店经营的某品牌的牛奶在限定的时间内每盒降价 9 分钱出售，该牛奶的正常售价为每盒 1.09 元，经营人员希望通过这次降价能使商品售出 100 万盒，如果估计的管理费用为 1 万元，则总的促销费用应为 10 万元，即

$$N=0.09\times100=9(万元)$$
$$S=1+9=10(万元)$$

(2) 促销预算百分比法。促销预算百分比法，就是根据该零售店铺的销售额在总销售额中的比例来确定促销预算的一种方法。

例如，A 品牌食品的销售额在零售店铺总销售额中占 30%，本年度的销售促进预算为 50 万元，则 A 品牌食品的销售促进预算应为 15 万元(50 万元×30%)。

这是以年度预测销售额为基础，固定一个比例计算一年的促销预算，然后根据一年中计划举办多少次促销活动进行分摊。其中的比率可以是过去使用的比率，也可以是参考了同行业中其他零售商的预算比率，或者是根据经验确定的。

这种方法有很多好处：易确定，易控制，可以调整并将促销与销售额联系起来；它激发管理层努力协调促销成本、销售价格和单位利润这三者之间的关系，在此基础上考虑企业的运作；它在一定程度上能增强竞争的稳定性，因为各个竞争企业基本上是将占销售量的百分比相同的费用用于促销。

这种方法的缺陷在于没有将促销与销售的关系弄清楚，而且因果倒置，视促销为销售额的结果。这样会导致由资金到位水平而不是市场机会去确定预算，没有考虑每次促销活动的实际需要。

在运用促销预算百分比法时，还应考虑商品在生命周期中所处的阶段以及市场上的竞争状况等因素。

(3) 目标任务法。零售商首先确定促销目标，再据此确定一年所计划举办的促销活动和每一次促销活动需要的具体金额，将所有促销活动的费用加起来，便得出全年的促销预算。这种方法的优点是以促销活动为主导，可充分表现促销诉求重点；缺点是难以控制促

销费用，如果促销没有达到相应效果，会影响经营效益。根据目标任务法确定促销费用的例子如表9-2所示。

表9-2 某零售商店促销费用预算

目　　标	任　　务	估算费用/元
在淡季增加销售额	在以下日期，在当地报纸上刊登15天全页广告(3月2—16日，11月4—8日)	22500 5000
从当地新住户中吸引新顾客	分别发出2000封直接邮件，向当地的新居民致意； 分别发出2000封直接邮件，邀请当地新居民来商店参观	1600 1600
树立商店信誉	每周六和周日晚十点在当地电视新闻中，演播15秒树立永久信誉的电视广告； 每月在当地报纸上刊登一次占1/2版面的广告	20500 10000
合　　计		61200

(4) 竞争对等法。这是指零售商根据竞争者的行动来增加或减少预算。也就是说，企业确定促销预算，是为了取得与竞争对手对等的发言权。若某一地区的领先企业将其促销费用增加10%，则该区域的竞争者也会做出相应的调整。采用这种方法的营销人员相信，只要在促销中与其竞争对手的花费占各自销售量的百分比相等，就会保持原有的市场份额。

这种方法依据这样的假设：一是竞争对手代表着该行业的整体才智；二是保持竞争均势可以避免促销战的发生。其实，这种观点是不正确的。没有理由认为竞争者更清楚应在促销上花多少钱，即使它是行业的领先者。各个企业的商誉、资源、机会以及目标差别极大，所以不能以其他企业的促销预算作为标准。而且，也没有什么证据表明依据竞争对等法制定的预算会避免促销战的爆发。

9.4.3 零售促销方法与技巧

下面介绍常用的零售促销方法与技巧。

1. 折价券

折价券是零售店铺使用最广泛、最有效的一种SP形式。制造商或零售商将印在报纸、杂志、宣传单或商品包装上的附有一定面值的优惠券，通过邮寄、挨户递送、销售点分发等形式发放，持券人可以凭此券在购买某种商品时免付一定金额的费用。折价券有两种形式，即制造商发行的折价券和商店折价券。

(1) 制造商发行的折价券。它是制造商对特定品牌产品的一种价格优惠凭证。持有这种折价券可以在出售该品牌产品的任何一家零售商店获得折价优惠。例如，某化妆品公司曾利用折价券来促销其生产的化妆品，该折价券的面值为10元。如果消费者持有一张折价券，就可以在出售该品牌产品的任何商店获得10元的价格抵扣。

(2) 商店折价券。商店折价券与制造商发行的折价券在原理上基本相同。唯一的区别是消费者只有到提供这种折价券的零售店铺里购买，才能获得价格折扣。

折价券这种办法既鼓励了顾客购买，又扩大了商店的影响，实践证明降价优惠幅度以15%为宜。

2. 样品赠送

样品赠送是指零售店以赠品作为促销诱因所进行的活动。这种活动一般以消费者为对象，用赠品来刺激消费者采取购买行为。这种促销手段可以促使商圈内的消费者转变购买商品的商店，使他们来本零售店购物；可以保持商圈内的消费者来本零售店购物的频率；可以促使消费者熟悉新开业的零售店铺。这是为了扩大市场占有率而开展的活动，有时为了测试广告活动的效果或为了零售店铺的周年店庆等也可以采用这种方式。

零售商可以采用多种方式来向消费者赠送样品。对价值比较低的产品，赠送样品主要赠送标准品；对单位价值比较高的或一次购买可以分几次使用的产品，赠送的样品应该是特制的小包装产品。例如，高露洁牙膏的赠品容量是标准品容量的 1/30。据调查，成功的样品赠送，可使 10%~15%的顾客变成企业的常客。

零售商赠送样品的方式主要有两种。

(1) 样品附在包装上。它是指将赠送样品附在产品的包装上，而产品则在零售店铺卖场的货架上，消费者在购买产品时也获得了赠品。这种方式的优点是费用低，缺点是只能将样品分发给那些在零售店铺里购买该产品的消费者。

(2) 店内赠送样品。店内赠送样品是指在零售店铺卖场内，向顾客赠送样品。在零售店铺的食品部，这种方式最流行。经营者常在零售店铺里设置一张桌子或一个摊位，随时向消费者分发样品。

3. 折价优惠

折价优惠也是零售商店使用最广泛的一种促销方式。折价优惠是指商店在一定时期内，调低一定数量的商品的售价，可以说是适当减少自己的利润以回馈消费者的促销活动。折价优惠常在以价格作为主要竞争手段的商店使用，如货仓式商店、折扣商店等，但它也广泛应用于其他零售业态的商店，尤其是国内服装专卖店在近几年天天打出优惠的招牌吸引顾客。

商店之所以采用折价销售，主要是为了与其他商店在价格上抗衡，同时也为了吸引求实惠的消费者。折价优惠虽然在单件商品上获得的利润减少，但低价格促进了销售，增加了销售量，从长远角度来看，也增加了商店的利润。

大部分商店经常采用折价优惠来掌握已有的消费群，或是利用这一促销方式来抵制竞争对手的活动。通常，折价销售在销售现场能够强烈地吸引消费者的注意，并促进购买欲望，明显地提高商店销售额，甚至可以刺激消费者购买单价较高的商品。

1) 折价优惠的主要形式

(1) 商品降价特卖(特价)。所谓特价是直接将商品的原价调至较低的现价(现价就称为特价)以吸引消费者增加购买。根据某专业杂志对消费者所做的超级市场问卷调查，"价格合理"是消费者认为理想超级市场最应具备的条件，特价促销也被商店经理认为是最佳的促销方式。实践证明，特价促销在促进商品销售方面的作用非常突出和明显，是商店最常采用的促销方法。

(2) 限时抢购。限时抢购即在特定的营业时段提供优惠商品，以刺激消费者购买。此类活动以价格为促销着眼点，利用消费者求实惠心理，刺激其在特定时间段内采购特定优惠商品。例如,限定上午 9—10 点,某种商品 6 折优惠。采用这一方法时应注意两点:第一,以宣传单预告或利用卖场顶峰时段,以广播的形式刺激消费者购买特定优惠商品;第二,价格优惠必须在三成以上。

(3) 其他折价优惠的形式还有购买折扣、数量折扣、有效期折扣、限量折扣等。

2) 折价优惠的注意事项

(1) 注重商业道德。从现实的促销活动可以看出,有的商店折价促销活动带有一定的欺骗性。例如,在商店的广告中,以正常价格与特价进行比较,使消费者相信特价比正常价格大幅度减少。而实际上,在此以前已很少按这里所说的"正常价格"出售了,因此实际的节省并没有像广告中所说的那么大。再如,特价商品并未给顾客带来多大的实惠,当顾客被广告吸引进入商店时,就会发现真正有用的特价商品数量很少,或这些商品的质量比较差,因此,虽然价格比较低,也并无多大实惠。

(2) 折价商品要精选。商品选择的基本要求是质量上乘、顾客需要。要配合促销主题选择商品项目,如春节促销活动可以以礼盒、年货、服装等商品为主;而冬至促销活动则以汤圆、火锅食品、保健品等为主。特价品的品项不宜过多,促销时间不宜过长。零售商应该认识到,对于一些正在走下坡路的商品,折价优惠只能短暂地促使其销售回升,却无法扭转现实颓势,这些商品还是有计划地退出为好,不要依靠促销来希望改变其盈利水平。

(3) 折价商品的数量要充足。大部分特价商品,如购买频率高、购买数量大,都应该无限量地供应。这样既能扩大销售,增加毛利总额,又能满足顾客的需求,使顾客真正获得实惠。当然,少部分价格低廉的商品也可以实行限量供应策略。对于某些因缺货、断货(如服装、鞋子等的断码)而实施的特价,就无法保证充足的供应,因为它的目的就是将现有的货品销售出去。实际上,零售商采用折价优惠也会造成库存问题,库存压力对零售商而言有时是一个大困扰,因为究竟应先卖何种商品实难取舍,以致造成存货管理的不平衡。

(4) 降价的幅度要有吸引力。通常情况下,少量商品大折扣的效果比大量商品小折扣的效果好。当折扣仅在 6%~7%时,不管任何品牌、数量多寡,几乎不会有什么效果出现,而只可能会吸引某些老顾客的注意。只有在折扣达到并超过 10%~20%时,才能吸引消费者。另外,一个市场占有率低的产品,通常要比领导品牌付出更高的折价优惠,才能增加销售效果;新品牌运用折价优惠的成效优于旧品牌,即可以用较少的折价获取较大的销售,然而,不论新旧品牌,通常折价越多,销路越快,效果越好。

(5) 信息传递要到位。折价优惠促销要和广告等媒体配合,在折价优惠开始前一定要将折价的有关信息通过各种渠道传达到消费者,使消费者及时地获得特价商品的信息,以保证折价优惠的效果。

4. 竞赛

竞赛是一种让消费者运用和发挥自己的才能以解决或完成某一特定问题,即提供奖品鼓励顾客的活动。日常生活中我们经常看到这种促销方式:回答有关商品的优点或为商店提供广告主题语等将获得一定的奖品。此类活动通常需要具备三个要素:奖品、才华和学识。竞赛着眼于趣味性和顾客的参与性,通常会吸引不少人来观看和参与,可连带达到增加客流量、扩大销售的目的。

常见的竞赛活动方式有以下几种。

(1) 在店内或通过媒介开展各类比赛活动,让消费者参加。例如喝啤酒比赛、猜谜语、呼啦圈比赛、儿童绘画比赛、"三八"妇女节的时装秀等。

(2) 让消费者回答问题。由商店印制或通过媒介刊登有关商店以及销售商品的知识问题,征求答案,以加深顾客对商店的印象以及所出售的商品的了解,最终扩大销售量。

(3) 征求商店的广告词、店歌、店徽等,或征求商店某一时期促销的创意等,使消费者参与商店的销售工作,从而取得对商店的认同感。

竞赛要想成功地举办,一定要有一个清晰、易懂、方便操作的活动规则,以免产生不必要的活动纠纷。

5. 抽奖

抽奖是指顾客在商店购买一定金额的商品即可凭抽奖券在当时或指定时间参加商店组织的公开抽奖活动。抽奖不同于竞赛,顾客不是凭能力取胜而是完全靠运气,这是基于利用人本身具有一定的侥幸、追求刺激的赌博心理,主办商店通常备有各式大小奖品吸引顾客。常见的抽奖方式有直接抽奖、事后兑奖、多重抽奖等。

6. 提供退款服务

如果消费者能够出具多次购买商品的证据,零售商店就可以向他们提供全部或部分价款。这也是零售商常用的一种促销广告。例如,某家商店曾规定在某月的某天,消费者购买的商品可以全部退款,而这一天是事后随机确定的,以刺激顾客的购买欲望。

许多零售商店的经营者相信,提供退款保证能够建立起消费者对商店的忠诚,因为如果消费者多次前往某零售商店购买商品,而能得到获得退款的必要证明或承诺,则会使他们养成去该商店购物的习惯行为或者形成对该零售店一定的忠诚感。同时,在消费者得到退款保证的利益时,经营者也掌握了这些人的具体情况,为以后开展营销活动奠定基础。

这种促销方式的目的主要有三种:使消费者熟悉本零售店铺;酬谢顾客;为本零售店铺下一阶段的营销活动奠定基础。

7. 集点优待

集点优待又叫积分卡或商业印花,指顾客每购买单位商品就可获得一定的积分或一张印花,筹集到一定数量的积分或印花就可以免费获取或换购某种商品或奖品。

一般来说,商店的经常性客户对集点优待方式比较感兴趣,如果能用这种形式给这类顾客提供物有所值的回报,可以提高他们对商店的忠诚度。对于商家而言,最重要的顾客就是经常性光顾的老顾客。据有关资料统计:商店80%的营业额和利润是由20%的老顾客实现的。因此如何稳定老顾客成了商家十分重要的问题,而集点优待与其他促销方式的最大区别在于保持顾客的持续性,即稳定老顾客。

8. 酬谢包装

酬谢包装是指以原价向消费者提供比标准包装容量更大的产品,或以原价向消费者提供标准包装和另外附加产品。这种方法在食品、保健品、美容品等类别产品的促销中非常有效。例如,一家零售店在其出售的标准的30盎司一瓶番茄酱中再多装5盎司,而售价却是30盎司的价格。

酬谢包装与减价一样,都是为了吸引消费者。酬谢包装是用以鼓励那些此前已购买了某一品牌产品的消费者,使用更多或另外使用该产品类的某一品牌,因而以此作为消费者购买产品的报酬。换言之,如果不是有酬谢包装,消费者可能不会购买该品牌的产品。

由于酬谢包装常常需要特别的包装设计,在零售店里也需要投入更多的人力、物力和财力对它们实施额外管理,所以经营成本比较昂贵。当零售商的目的是答谢现有的消费者时,酬谢包装则是一种很有效的工具。

9. 包装赠品

包装赠品包括包装内、包装上、包装外的赠品以及可再用的容器。

(1) 包装内及包装上赠品。包装内与包装上赠品的唯一区别是赠品在产品包装中的方式。零售商运用这种促销方式,是让消费者为了得到赠品而去某零售店购买商品。赠品往往是诱使消费者产生购买欲望的诱饵,消费者由于向往赠品而不得不购买产品,这样就达到了扩大销售额的目的。通常,赠品的成本是低廉的,或者计入某产品的销售价格中。

(2) 包装外赠品,是指消费者买了产品就送给其赠品。它一般适用于单位价值高的产品。

(3) 可再用的容器,完全把产品盛装在容器里,产品用完后,可以将容器作为他用。如速溶咖啡精美的包装盒,咖啡喝完后,可以将包装盒用作茶杯。我国山东阿胶枣的竹制包装盒,用来盛装杂物,既实用,又雅致。

10. 店面促销广告

店面促销广告,英文为 Point of Purchase Advertising,简称 POP 广告,也称为店面广告、售点广告,是指在商品购买场所、零售商店的周围、入口、内部以及有商品的地方设置的广告。根据定义,商店的招牌、商店名称、门面装饰、橱窗布置、商店装饰、商品陈列等,都属于店面广告的范畴。

店面促销广告的作用具体表现在以下几个方面。

(1) 传递商品信息,唤起媒体受众的潜在意识。商店的货架上、橱窗里、墙壁上、天花板下、楼梯口处等都可以将新上市的商品全面地向媒体受众展示,使他们了解产品的功能、价格、使用方式以及售后服务等方面的信息。推销商品的店面广告也常以各种形式张贴在销售地点的墙壁上,或者悬挂在天花板下,传达广告商品的信息,刻画商品的个性。它们不会轻易擅离自己的岗位,因此被誉为"无声的推销员""最忠诚的推销员"。

经营者虽然可以利用报纸、电视、杂志和广播等媒体将企业形象或产品特点传达给消费者,但当媒体受众走入零售店铺时,面对众多零售店铺的商品,也极有可能将上述媒体广告传输给他们的信息遗忘了,他们不知道购买哪种零售店铺的产品。而张贴、悬挂在销售地点的店面广告则可以提醒消费者,唤醒他们对不同零售店铺产品的潜在意识,使他们根据自己的偏好选购产品。

(2) 诱使媒体受众产生购买欲望。企业形象也称企业识别系统(CIS),它包括企业理念识别(ML)、企业行为识别(BI)和企业视觉识别(VI)三部分内容,而店面广告又是企业视觉识别的一项重要内容。经营者可以在企业名称、企业零售店铺标志、标准店面广告上,塑造富有特色的企业形象。有些世界著名的品牌是店面广告中经常出现的一些标志,它们已经

第9章 销售过程与管理

为广大媒体受众所熟悉,已成为企业的一种专有标记。当媒体受众接触到这些图案时,就会立刻明白它们代表哪些企业。

当媒体受众经过产品销售地点时,五颜六色的店面广告会使他们放慢脚步,在欣赏各种张贴画、彩带之后,他们会不经意地认为"这个牌子的产品看起来不错,我可以试一下"。这就是最初的购买冲动,当购买冲动积累到一定强度时,就会产生购买行为。

(3) 能够配合季节促销,营造节日的气氛。店面广告可以配合某一季节,展开促销活动。例如,在我国春节期间,一些商场内外挂起数千个红灯笼,衬托出热闹欢快的节日气氛,许多消费者的心情会为之一振,自然想到里面走一走、看一看,顺便也买点东西。

(4) 使消费者产生购买愿望,达成交易行为。商店是最能诱使消费者买东西的地方。大多数消费者进入商店时,面对货架上琳琅满目的商品会感到迷惑,往日对不同零售店铺产品的印象立刻变得模糊了,他们不知道购买哪种牌子的商品。这时如果能有一个店面广告来提醒,使他们大脑里原有的零售店铺印象清晰起来,就可以加速他们的购买行为。

(5) 巧妙利用销售空间与时间,达成即时的购买行为。据研究,20世纪80年代末期以来,对零售店铺持有忠诚感的消费者的人数已大大减少,由于店面广告所陈列的商品诱惑而冲动购买的人数却在不断增加。零售店铺经营者可以充分利用销售地点的过道、货架、墙壁、橱窗、天花板、展示台等空间进行广告宣传,为零售店铺赢得销售地点的空间优势。一定规模的广告宣传,可以调动媒体受众的情绪,使他们将潜在的购买力转换成即期的购买力,从而扩大零售店铺的市场份额。

技 能 实 训

【实训目的】
通过讨论加深对零售企业销售过程和服务的理解。

【实训主题】
零售企业的服务管理。

【实训时间】
本章课堂教学内容结束后的双休日和课余时间,为期一周。或者指导教师另外指定时间。

【背景材料】
选择一家零售商,从产品、便利性、支付、产品供给、信息和客户销售服务等角度分析该零售商的服务组合。举出你在这家零售商店的体验没有达到你预期的例子。分析这种差距是如何出现的,出现的原因是什么,你对这家零售店缩小这种差距有什么好的建议,这家零售商已经采取了哪些消除这种不满足的措施。

【实训过程设计】
(1) 指导教师布置学生课前预习阅读案例。
(2) 将全班同学平均分成小组,按每组5~6人进行讨论。
(3) 根据"阅读资料",就近选择相关零售企业进行调研。
(4) 在调研基础上,各实训组进行讨论并就该企业的服务做出评价。

(5) 各实训组对本次实训进行总结和点评，撰写作为最终成果的《零售管理实训报告》。

(6) 各小组提交填写"项目组长姓名、成员名单"的《零售管理实训报告》，优秀的实训报告在班级展出，并收入本课程教学资源库。

综 合 练 习

一、名词解释

顾客服务　销售促进　促销预算百分比法　折价优惠
样品赠送　集点优待　酬谢包装　店面促销

二、单项选择题

1. 以下商品对价格波动最敏感的是(　　)。
   A. 食品　　　　B. 食盐　　　　C. 家庭娱乐　　D. 教育
2. 适宜中档形象定位的是(　　)。
   A. 百货商店　　B. 折扣商店　　C. 综合超市　　D. 杂货店
3. "可以把商品包装吗？"属于(　　)。
   A. 直接促进　　　　　　　　　B. 假定成交促进
   C. 强调利益促进　　　　　　　D. 总结促进

三、多项选择题

1. 销售过程包括(　　)。
   A. 接近顾客　　B. 接待顾客　　C. 确认顾客需要
   D. 解答疑问　　E. 完成销售
2. 影响服务定位的因素有(　　)。
   A. 商店业态　　B. 竞争者服务　C. 经营的商品
   D. 商店的档次　E. 提供服务的费用
3. 制定促销预算的方法有(　　)。
   A. 目标任务法　B. 全面分析法　C. 预算百分比法
   D. 竞争对等法　E. 经验法

四、问答题

1. 零售商业的销售人员应具备哪些素质？
2. 零售销售人员的招聘应遵循哪些原则？
3. 简述零售销售过程。
4. 简述零售顾客服务的具体表现。
5. 列举零售促销的常用方法。

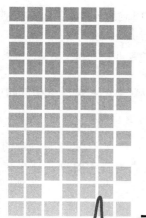

第10章 零售组织与人力资源管理

学习要点

- 掌握零售企业架构的基本类型
- 了解零售组织结构设计要求、设计程序以及应注意的事项
- 了解零售企业人力资源管理的特点以及存在的问题
- 掌握零售企业员工招聘的策略以及培训的方式
- 掌握零售企业人员激励的方法

案例导入

再调组织架构的意图

每年的春季部署会是苏宁最重要的工作会议,将对集团一年的工作做出安排。尤其是2013年苏宁电器改名苏宁云商以来,每一年都有大动作,今年也不例外。

2015年1月12日,张近东在2015年春季部署会上宣布,首次成立苏宁物流集团和苏宁金融集团,加速两大业务板块产业化发展、独立化运营的能力,全面提升行业竞争力。

伴随组织架构调整的还有人事变动。据了解,侯恩龙将担任苏宁云商首席运营官,负责营销管理总部及各品类事业部日常经营工作,并统筹运营总部和连发总部管理工作。

实际上,早在2014年2月,苏宁就宣布成立独立的物流公司,由原苏宁云商副总裁侯恩龙全面负责。张近东此次再度调整将物流公司独立出来,升级为集团,向物流发力的意图已经再明显不过。据苏宁内部人士向《华夏时报》记者介绍,升任COO的侯恩龙将继续执掌物流集团。

数据显示,2014年三季度以来,苏宁销售线上占比超过30%。"线上的增速提升已成为集团增长的最强有力的引擎,将有助于我们快速抢占市场份额。"张近东说。

所以，即便苏宁手上持有充足的线下门店资源，但加强物流板块仍是其不容回避的现实。"这是从顶层架构开启协同运营，加速决策效率的重要决策。"苏宁云商集团总裁金明表示。

而面对互联网环境对传统管理的冲击，张近东抛出了极简管理的理念："我们2015年的组织架构调整也必须要互联网化，打造柔性、敏捷的自组织体系，实现极简管理。"

(资料来源：http://news.163.com/15/0117/00/AG4D91AN00014Q4P.html)

思考：零售企业的组织机构具有哪些特点？如何进行相应的人力资源管理，才能保证其正常运行呢？

要想让零售企业经营运转得更有效率，需要满足两方面的要求：一要有完善的适合的零售企业组织设计，从而让各部门职责明确、顺利运作；二要通过人力资源管理，让员工能够人尽其才为零售企业的发展贡献自己的力量。

10.1　零售企业组织架构的基本类型

零售企业的组织架构(即组织结构的基本类型)是指明确企业每个员工应做的工作和企业内部权力与责任界限的组织结构形态。它主要取决于零售组织的类型和零售企业的规模。对于一个零售企业而言，有效的组织架构不仅对企业的发展战略有着重大的影响，而且在实际操作中能够快速有效地满足目标市场、管理阶层和员工的需要。因此，我们有必要学习和了解零售企业的组织架构。

零售企业的组织架构主要有：简单架构、职能型架构(梅热架构及其衍生形式)、分布型架构等基本组织结构。通过熟悉基本组织架构，可以深入地了解零售业不同业态的经营管理。

10.1.1　简单架构

简单架构是小型零售企业最常见的组织架构，如小型的便利店。

1. 简单架构零售企业组织架构的主要特征

(1) 组织架构扁平化。人事层次少，一般只有两三层垂直层次，员工人数少，且员工之间的联系比较松散。

(2) 架构简单。一般没有专业化的部门职能分工，也没有分支机构，控制跨度宽，决策权集中在一个人身上。

(3) 经营者和所有者同为一个人。经营者既经营自己的零售店，监督员工，又对商店拥有所有权。

小零售商店通常采用这种架构结构，主要是因为它们很少进行职能分工，且员工数量少，业主亲自管理业务，监督员工，但这并不意味着他们所从事的活动就减少了。

2. 小型零售店组织的简单架构图

图10.1所示是一家小型零售店的组织架构——简单架构。该店的经理是所有者和管理者，受他领导的员工有四人，所有业务的决策权归经理一人。

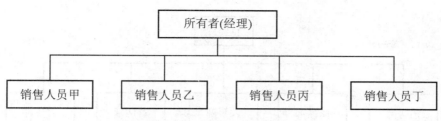

图 10.1 某小型零售店组织架构图

3. 简单架构的优缺点分析

简单架构的优势在于它简便易行、反应快速灵活、费用低廉、责任明确；不足之处在于它一般只能适应小型零售企业，随着零售企业规模的扩大，这种低正规化和高集权化的组织架构会使信息收集欠完善，导致决策失误，严重的会导致企业倒闭。

10.1.2 职能型架构

职能型组织架构是主要按职能导向来组织企业管理活动的架构，把企业的整个管理过程分为销售、商品管理、人事管理、商品营运和财务控制等职能。

在职能型组织形式中，最基本的是梅热架构，它自 1927 年提出来，至今已有 80 多年的历史，现在许多大中型百货商店仍沿用这种组织架构的修正模式。

1. 梅热架构的应用特点

梅热架构把整个零售运作分为四个职能领域：商品销售、公关宣传、商店管理及财会与控制，它们依据直线(垂直授权和责任)和职能部门(建议和支持)组织起来。这些职能部门的主要任务如下。

(1) 商品销售部门：制订采购、销售、库存计划与控制、设计促销活动。

(2) 公关宣传部门：橱窗设计和店内陈列；广告；设计和实施促销活动、广告调研；协调公共关系。

(3) 商店管理部门：商品保管；顾客服务；购买商店自用品和设备；商店保洁；营运活动；商店和商品保护；员工培训和报酬；工作场地管理等。

(4) 财会与控制部门：信用和信用审查；开支的预算和控制；库存计划和控制；记录保存等。

2. 百货商店的梅热架构图

图 10.2 所示的百货商店组织形式是梅热架构的修正模式，它由总经理直接领导五个职能部门，即销售部、商品部、人事部、营运部和财务部；每个部门不仅负责自己的业务领域，还在部门之间横向联系与协作。

3. 职能型架构的优缺点分析

职能型组织模式的优势在于信息沟通渠道顺畅，各专业化部门工作跨度小，组织整体稳定，权责分明等；不利之处在于各部门分工不同，往往只顾及自己的利益，忽视整体利益，由于工作没有可比性，激励性就不高，使得创新精神不足，人事集中培训困难，组织人事调整速度慢等。

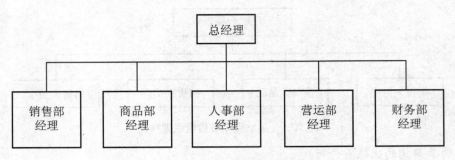

图 10.2　百货商店的组织形式

10.1.3　平等型架构

在职能型组织形式中,最基本的职能型架构是梅热架构。随着零售企业的组织规模不断扩大,梅热架构衍生了另外三种形式,即母子型分店组织形式、独立型商店组织形式和平等型商店组织形式。

(1) 母子型分店组织形式是由总部人员对分店进行控制和经营的组织形式。

(2) 独立型商店组织形式是由各个分店负责采购。

(3) 平等型商店组织架构是采取集中统一采购方式,各分店是地位平等的事业部。

1. 平等型架构应用的特点

连锁店一般采用平等型商店组织架构,尽管每个连锁店的组织结构的具体设置可能不同,但具有相同的特征,如划分多个职能部门,促销、商品管理、配送、商店营运、认识和信息系统等;权责高度集中,各分店经理负责销售;营运标准化(固定设备、商店布置、建筑设计、商品服务等);完善的控制系统可使管理保持一致;为了使分店能更好地适应当地的情况,实行了一定程度的分权,并增加了分店经理的责任。

2. 连锁店的平等型架构图

图 10.3 所示是一家连锁店的组织架构图,这是一种按照职能划分的平等型的架构图例。

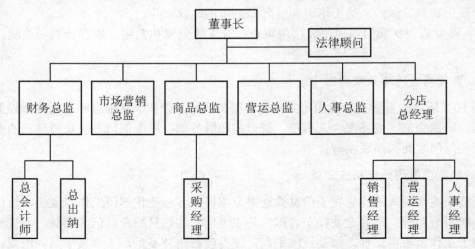

图 10.3　连锁店的组织架构图

10.1.4 分布型架构

1. 分布型架构特点

拥有多个零售分店的零售企业一般采用分布型组织架构,这种组织架构是建立在每个分店自我管理基础之上的,分店之间是相互独立的运营单位。分店经理在总店制定的总战略目标指导下展开工作,拥有一定的经营决策权,并对分店业务负责。总店一般对分店给予支持和服务,包括财务和法律等方面的服务,同时总店对分店予以一定的监督、协调和控制。

2. 分布型架构图

图10.4所示的零售企业有四家零售分店:便利店、餐饮店、百货商店和超级市场,每家分店都是独立的事业部,该零售企业采用的是分布型架构,内部又包含了职能型组织形式的架构结构(体现在图10.4中右侧部分的说明,即每家分店有自己的财务部经理、销售部经理、商品部经理、人事部经理和营运部经理)。

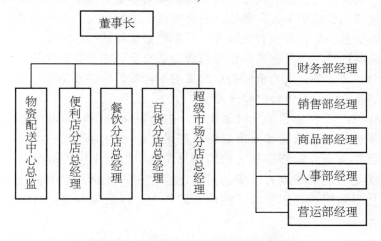

图10.4 零售企业的分布型组织形式

3. 分布型架构的优、缺点分析

分布型架构的优势在于只重视结果,分店日常业务由分店经理完全负责,而总店人员则无须关注各分店日常的运营情况,只需要专心于长期的战略规划和战略目标;不足在于每个分店都有相类似的职能部门,形成资源重复配置,造成组织成本的增加和效率的下降。

10.1.5 零售企业组织架构的变化趋势

目前,零售企业的组织架构已经不再简单地局限于本节所介绍的几种基本组织架构,随着经济环境的演变,组织架构也在进行着相应的调整。为了提高零售企业的经营水平,零售企业在不断地完善自身的组织结构,以适应不断变化的外界环境,提高自身的适应能力和竞争能力,从而形成零售企业的核心竞争力。

组织架构的变化主要体现在:组织架构集权化、扁平化,借助业务外包和互联网技术提高组织的运行效率,从而降低成本,提高效率。

1. 零售组织形式设计上的集权化

所谓集权化是指零售决策权在零售企业总部和分部或分店之间的授予程度。

(1) 集权化零售组织不仅可以通过减少制订业务计划、营销和财务决策的经理人数来减少企业开支,还可以通过减少如销售和人力资源部门等从事行政事务的员工数量来减少企业开支,从而降低零售企业的运营成本。

(2) 集权化零售组织可以通过统一订货,增强与供应商的议价和谈判能力,获得更低的进货价,从而让消费者得到更多的价格实惠。

(3) 集权化零售组织为所有的商店提供同样的核心产品,它们往往通过全国性的媒体来进行广告宣传,以此获得规模经济优势。

(4) 除此之外,集权化还能够增强企业对商品需求的预测能力。因为零售企业可以通过分析销售数据和消费者的需求信息,来预测消费者对某商品的需求偏好和需求数量。

随着零售企业区域化、国际化的发展,势必要求运用先进的信息系统进行统一管理、统一采购和集中销售,使更多的决策来自公司总部而不是分部或分店,组织形式渐渐趋于集权化。通过集权化的组织形式,各地区的分部或分店将自身搜集的销售数据进行汇总分析后,向总部以信息的形式发出有关需求,总部根据库存情况,并依据各分部或分店的需求信息,向供应商订货。而且,原来由分部或分店负责的大部分营运活动,如商品配送、收集信息、自由品牌业务、人力资源管理政策的制定等,也渐渐由总部员工负责。不过,每个地区的分部或分店仍然由自己管理商品。

尽管集权化能给零售企业带来较多优势,但集权化组织同样也存在着自身的不足:大部分集权化零售组织在店面和人事管理中都采用标准的运营策略,限制了分店经理的决策制定;尽管零售企业能够依靠它们的信息系统对地方市场的情况做出反应,却很难衡量其供应情况是否能满足地方市场的需要,因此在应对地方竞争和劳动市场方面也存在障碍;集权化零售组织在招聘合适的地方销售人员以及集中进行员工培训等方面也面临很大的困难。

2. 零售组织架构设计的扁平化

根据管理幅度和管理层次的不同,零售组织架构通常有两种典型的组织形式:瘦长型和扁平型。

瘦长型的组织形式具有很多的管理层次,主要通过等级森严的管理体系和严格的规章制度来保证信息收集、整理和传递的有效性;但企业部门之间缺乏沟通,人员之间缺乏交流合作,不能适应市场变化的节奏。而扁平型的组织形式只有较少的管理层次,信息传递顺畅,人员沟通良好,能够不断适应市场变化的节奏;但其最大的缺陷是因管理幅度较宽,很难对每个下属进行全面的指导和监督。

随着零售企业信息化程度的提高,要求企业不断适应生存环境的变化来进行自己组织架构的变革,建立管理层次少、信息传递迅速而正确、灵活性高的组织形式,使企业的组织架构设计向扁平化方向发展。

组织扁平化,就是通过破除公司自上而下的垂直高耸的结构,减少管理层次,增加管理幅度,裁减冗员来建立一种紧凑的横向组织,达到使组织变得灵活、敏捷、富有柔性、创造性的目的。它强调系统、管理层次的简化、管理幅度的增加与分权。不过，在扁平化组织中，经理们一般由下级人员向其汇报工作情况，项目负责人的责任大于权力，因为参加项目的人员都来自不同部门，隶属关系仍在原单位，只是为"会战"而来，所以项目负责人对他们管理困难，没有足够的激励手段与惩治手段，这种人员上的双重管理是矩阵结构的先天缺陷；由于项目组成人员来自各个职能部门，当任务完成以后，仍要回原单位，因而容易产生临时观念与短期行为，对工作有一定影响。

3. 业务外包

业务外包是一种管理策略，它是某一公司(称发包方)通过与外部其他公司(称承包方)签订契约将一些传统上由公司内部人员负责的业务或职能外包给专业、高效的服务提供商的经营形式。

零售企业像其他企业一样，也会检查企业员工的工作情况，并考虑如果某项业务由其他公司来做是否会更有效率。如果答案肯定，那么企业就会采取业务外包的形式，将此项业务外包给其他公司来做。

许多零售企业将物流服务、店面维护、商品价签及价格的打印和信息系统的管理外包出去。这些专门提供类似商业服务的公司之所以能够保持较低的成本水平，主要是因为它们的规模经济和采用了现代化的技术。

尽管业务外包能够降低企业运作成本，但仍然有一些零售企业认为业务外包会导致战略优势的丧失。在连店内清洁卫生、为商品打上价格标签等日常工作都会成为战略优势来源的情况下，他们认为如果外包这些工作，那么竞争对手完全可以通过雇用同一供应商来获得同样的绩效水平，从而使自己失去原有的优势。

4. 互联网技术的应用

互联网技术的应用，不仅使零售企业跨地区跨国战略成为现实，而且能够实现管理的自动化和人力资源管理的合理化。通过运用互联网技术，可以建立起能够把区域总部、各分店、供应商、物流中心等各个方面的需求和信息联系起来的系统，强化总部的管理控制能力，确保工作效率，降低运作成本。同时通过运用互联网技术，零售企业的员工不仅可以登录零售企业的内部网，熟悉企业的各种规章制度，了解企业的发展史和近况，还可以在内部网上修改自己的个人记录，查看自己的工资余额。求职者也可以通过公司网络终端搜集空缺的职位信息，投递个人简历，并进行预先测试。这样就大大地简化了人力资源管理中的工作量。

10.2 零售组织建立程序

一个零售公司的组织结构必须与竞争战略相匹配，一旦零售公司确立了一项新的战略，其领导者便要设计或重新设计组织结构，从而协调组织行为，以最优方式来获得该优势。零售公司的组织结构也会随着公司的类型和规模的不同而变化。例如，一个只有一家商店的零售公司和一个在全国范围内拥有几十家甚至上百家连锁店的公司往往会采用不同的组织结构。

一个合理的组织结构,对零售企业的成长有着至关重要的作用。因此在组织设计与组织建立中要考虑各种影响因素。

10.2.1 组织结构设计要求

零售公司的组织结构决定了在零售公司中每名雇员应该承担的具体任务,一个理想的组织结构不仅能够鼓励其成员在必要的时候提供横向信息,进行横向协调,而且能够完成上下级之间顺畅的沟通。更为重要的是这种组织结构能够适应外界环境的需要,即目标市场的需要,能够在市场竞争中处于优势。

因此,合格的零售企业组织结构往往同时符合提高内部效率和增强外部适应性的要求,即零售商的组织设计必须满足三方面的需要:目标市场的需要、公司管理部门的需要和员工的需要。

1. 目标市场的需要

企业是营利性的经济组织,零售商作为一种企业组织,其经营活动的根本目的以及其存在和发展的基本条件就是保持盈利。

零售商组织的建立要满足目标市场的需要,这里的目标市场需要就是指消费者的需要。因此要求零售商的组织能够给消费者带来诸多方面的利益。例如,向消费者提供品种繁多的商品和适当的服务,这些商品和服务能否满足消费者的需要,能否为零售商店带来利润。另外,经营商品的结构和提供服务的内容又受到组织机构设置的影响,例如是否提供昼夜服务,怎样安排店面经营人员轮班。因此,建立零售商的组织机构,必须认真研究目标市场的需要。

目标市场需要对零售组织设计方面的具体要求如下。
① 能否提供比较舒适的购物环境。
② 能否以适当的价格水平提供各种所需的服务(如送货、昼夜服务或晚间经营)。
③ 能否提供品种齐全的商品。
④ 能否保证随时货源充足,不缺货。
⑤ 能否满足下属各商店顾客的特殊需要。
⑥ 能否适应顾客需要的变化。
⑦ 能否反馈顾客需要的信息。
⑧ 能否及时处理顾客投诉意见。

2. 公司管理部门的需要

从管理的角度理解组织,它是指管理的一种职能。组织机构的设置是为了保证组织这种管理职能的正常发挥。因此,组织机构的设置应该考虑管理部门提高经营管理水平的需要。

这些需要主要包括:人际关系是否和谐;权责关系是否明确;信息能否及时传递和反馈;决策能否迅速做出和得到执行;各部门能否协调一致、配合适当;管理层次是否明晰,各层次能否协调发展;员工能否受到有效激励;管理幅度是否合适(即每个管理者能否有效管理其直接下属);工作是否具有连续性,以便内部提升容易实行。

第 10 章 零售组织与人力资源管理

3. 员工的需要

对员工的管理构成零售组织管理的一个重要组成部分。根据零售组织承担的职能和任务对人力资源做出具体安排,也是组织机构设计的重要方面。因此,满足员工的需要,以实现有效激励,也是组织机构设计应该考虑的问题。

员工的需要主要有人际关系是否协调、权责关系是否明确、联系渠道是否畅通、良好的表现是否得到奖励、职位是否有充分的发展前途、是否具有有序的晋升计划、公司是否实行内部提升制度、职务内容是否有挑战性。

总之,目前市场的需要提出了零售组织应该完成的职能和任务,公司管理部门和员工则对保证有效完成这些职能和任务的组织机构提出了集体要求和限制条件。零售组织机构设计的目标应该是保证有效地满足目标市场、公司管理部门和员工的需求。

满足这三方的要求不仅有利于保护或方便公司在人力资源方面的投资和降低经营管理成本,还能调动员工积极性,提高劳动生产率。能满足目标市场需要和适应其变化的组织结构,才是值得追求的目标模式。

10.2.2 组织结构设计程序

同其他组织一样,零售商的组织结构建立过程可以分为以下四个步骤。

1. 弄清楚公司要履行的商业职能

职能的分析是建立组织结构合乎逻辑的起点。通常零售商需要履行以下商业职能(这里是指具体的职能分析,与前面所介绍的简要职能有所不同)。

(1) 采购职能。即购进商品所完成的一系列相关活动。

(2) 仓储职能。商品购进之后,在进入商场销售之前需要使用自己的仓库,履行储存职能。

(3) 运输职能。连锁零售组织总部将商品从仓库配送到各店铺,需要使用自己的运输车,履行运输职能。此外,商品从商场到达消费者手中,有时也需要进行必要的运输工作。

(4) 信息职能。即建立信息管理系统,履行信息收集和处理职能。

(5) 人事职能。员工的招聘、培训、考核与激励。

(6) 公关职能。橱窗设计和店内陈列、广告、设计和实施促销活动、广告调研、公共关系。

(7) 财会与控制职能等。

需要说明的是,上述各职能并不一定全部由零售商承担,其中一些职能或某种职能中的一部分工作,可以由制造商、批发商、专业人士(公司)或顾客来执行。例如,可以将一部分配送到店铺的商品运输工作交给制造商完成,可以将市场调研、销售预测等信息收集处理工作交给批发商承担,可以将运输职能和仓储职能包给第三方物流公司等。

对于零售商而言,只有目标市场迫切需要的且没有更适合的承担的职能才由自己执行,这种职能往往是零售商的核心职能。将一部分工作任务外包,可以使零售商获得降低非核心能力之外的营运成本,当然,这种外包一定要考虑可能失去对某种活动过程的控制力。

2. 将各职能活动分解成具体的工作任务

在确定零售商必须执行的基本职能之后,需要将其进一步分解为具体的工作任务。职能是按业务范围的大类划分的,一种职能可能包括多种具体的工作任务,例如储存商品职能包括商品验收、堆码、维护等任务。下面是一些零售商经常性的工作任务。

- 商品采购洽谈;
- 丰富经营商品的花色品种;
- 变更经营种类;
- 指定商品销售价格;
- 广告活动;
- 商品陈列;
- 店面清洁卫生;
- 商品验收;
- 商品维护;
- 控制存货数量;
- 商品统计;
- 财务会计;
- 店面设备的维护和保养;
- 确保店面安全;
- 处理消费者投诉;
- 消费研究;
- 预测销售额;
- 收款;
- 招聘与解雇人员;
- 员工培训;
- 支付工资。

3. 设立岗位,明确职责

弄清楚需要完成的商业职能和工作任务后,就将任务划分为职务,并明确相应的职责,使每一个职务包括一组类似的工作任务,担当一定的责任,也就是说具有确定的职责。这些职责在整个公司组织中相对持久和稳定。这里举出一个以工作任务划分职务的简单例子,如表 10-1 所示。

表 10-1 以工作任务划分职务

任 务			职 务
陈列商品	商品标价	清洁货架	理货
商品验收	商品堆码	商品维护	仓管
商品退换处理	顾客投诉处理	疑难咨询	顾客服务
招聘员工	业务考核	员工培训	人事管理

(1) 任务归集。零售商在把工作任务归集为职务时,应考虑专业化分工。在专业化分工条件下,每名员工只对有限的职能负责。专业化分工的优势包括任务范围明确,专业化技能,降低培训费用和时间及可以雇用到教育水平较低和经验较少的人员等。但过度专业化也可能产生问题:如士气低落(工作枯燥无味),员工意识不到自己职务的重要性,需要雇用更多的员工等。

(2) 职务划分。职务的划分有四种方法。

① 按职能分类,即按照采购、人事、财务、销售等职能范围划分职务。这种划分具有专业化的优点,但是对横向调节要求高。

② 按商品分类,即根据经营商品的类别来划分职务。这种分类的理由是:经营不同种

类的商品对工作人员的要求各不相同；职务按商品划分有利于提高商品管理水平。

③ 按地区分类，即按照分店所在经营地区的不同来划分职务。这种方法有利于协调连锁事业管理的集中统一性与各地区分店适应当地具体环境的灵活性之间的矛盾，在连锁公司由区域性向全国性以及由全国性向国际性发展的过程中应用较多。

④ 按职能、商品、地区三项因素综合分类。这是实践中常用的方法。建立连锁经营公司的组织机构，通常既按职能，又按商品，还按地区划分职务，只是三者的重要程度和相对地位因连锁事业的规模、发展阶段、经营商品结构等因素的不同而有所区别。

(3) 形成职务说明书。任务一旦归集完毕，职务说明书就形成了。职务说明书概括了每个职务的名称、目标、任务和责任，是对员工进行聘用、监督和评价的工具。职务说明书示例如图10.5所示。

职务说明书

职位名称：××分店经理
该职位上级：高级副总裁
该职位下级：××分店所有员工
职位目标：配备适当的人员和经营管理好××分店
任务和责任：(1) 员工的招聘、筛选、培训、激励和评价
　　　　　　(2) 商品陈列
　　　　　　(3) 库存盘点和控制
　　　　　　(4) 批准商品订单
　　　　　　(5) 分店之间的商品调动
　　　　　　(6) 销售预测
　　　　　　(7) 预算
　　　　　　(8) 处理商店收据
　　　　　　(9) 银行业务往来
　　　　　　(10) 顾客抱怨处理
　　　　　　(11) 商店财产保险
　　　　　　(12) 所有业务的检查和数据表格
　　　　　　(13) 向上级主管提交报告
需参加的会议：(1) 商店经理检查委员会会议
　　　　　　　(2) 每月参加由高级副总裁主持的会议
　　　　　　　(3) 监督部门经理的每周例会

图10.5　职务说明书示例

4．建立组织机构

零售商在建立组织机构时应明确指定和划分各项职务及其职责，还必须规定各项职务之间的关系。也就是说，不应该孤立地看待各项事务，而应该从系统观点出发，把它们看作整体中有机联系、相互作用的各个组成部分。这样，就能按照综合、协调的方式，根据各项职务及其相互关系的要求建立相应的组织机构，形成健全统一、有机协调的公司组织。

10.2.3　组织结构设计注意事项

组织结构的设计首先要考虑到企业的发展战略,因为战略决定了企业主要资源分配的方向,所以决定了企业组织结构的设计。企业组织结构设计的目的就是为了更合理地利用企业的现有资源,达到整体利用最优的目的。企业设计要考虑信息传递的流畅性、责权关系的明确等原则。在一个组织结构中如果信息传递、命令传递的通路不畅通,会加大企业的内耗,增加企业对外部变化的反应时间,不能够及时根据环境的变化来做出时间敏感性的决策,以致贻误战机,丧失机会。在组织管理过程中,明确各部门、各职位与整体组织之间的责权关系,是保持组织的稳定性和增进组织运行效果的前提条件,如果没有明确的责、权、利关系,只会使企业的管理工作陷入混乱之中。

组织结构设置好之后并不是一成不变的,它还要与组织所处的环境相适应,必须根据环境的变化而进行变化。例如,一个连锁性商业企业,会随着规模的变化,要求组织设计也有所改变。要根据所处的环境、条件,适时地调整零售的组织结构,进行组织结构的变革。为了使组织结构能够保障零售企业的顺利运作,应注意以下几个方面。

1. 店面经营部与采购部门的协调

零售商经营活动的本质是商品买卖,对于连锁经营的零售商来说,由于分店只负责销售,这种重要性就更加凸显。购销职能的协调一致,总部与分店之间的配送与协调问题,是通过店面经营与配销部的协调来实现的。

这两个部门的协调通常采用三种方式。

(1) 部门职员之间(尤其是部门负责人之间)正式和非正式的日常交流。

(2) 部门负责人会议。这不是公司的组织结构,而是一种组织制度。在会议上,总经理召集各部门负责人就公司经营中出现的问题,以及未来经营工作的计划等进行讨论。两部门之间的协调问题可在此得到解决。

(3) 总经理进行的协调。

2. 配送中心的设置

从我国的实际情况来看,这个问题主要是讨论连锁零售公司应该自建配送中心,还是接受社会化物流企业的配送服务。

这两种方法各有自己的特点,选择哪一种应该根据零售企业的具体情况而定。

自建配送中心,可以全权控制配送中心,保证配送服务水平,满足各分店的需要,信息交流较顺畅。但是,这种形式初始投资比较大,如果建设水平低,将来改造困难大;如果建设水平高,在公司规模较小时,店面较少的情况下配送,其效益难以实现。全球最大的零售商沃尔玛采用的就是自建配送中心模式。

相对而言,利用物流公司可以以较少的投资,获得最佳的配送服务,但是因为业务外包,相对应信息交流不是很顺畅。

3. 地区性管理组织或事业部组织的设置

大体来说,连锁经营公司在组织体系上分为两层或三层:上层是总部管理整体事业的组织系统，下层是分店；大型的连锁公司还设置中层，中层负责若干地区性管理组织和专项事业部组织。

地区性管理组织是为适应公司组织发展、区域扩展的需要而设立的，拥有自己的经营管理组织，在总部的指挥下负责本地区经营发展规划，处理本地区分店日常的经营管理。事业部是总公司为促成某项事业的发展而设置的，拥有一定的经营管理权。当其发展到一定规模并与地区连锁商店的关系日益密切时，通常转为地区性管理组织。

10.3 零售企业人力资源的特点与管理

面对激烈的竞争与变化，更多的零售企业意识到美国斯坦福大学商学院的费弗所言"企业竞争获胜的优势来源不一定是科技、专利权和策略性定位等，而是有效的人力资源管理"。为谋求走出困境和长远发展，有两个最为关键的因素：一是企业的战略决策研究；二是人力资源的管理。

为了使组织更具有活力，必须加之适当而有效的人力资源管理才能充分发挥组织的作用，在激烈的竞争中获得竞争优势。同样在零售企业的管理当中，也应该重视人力资源因素。

10.3.1 零售企业人力资源的特点

1. 人力资源管理的内涵

人力资源管理，就是指运用现代化的科学方法，对与一定物力相结合的人力进行合理的培训、组织和调配，使人力、物力经常保持最佳比例，同时对人的思想、心理和行为进行恰当的诱导、控制和协调，充分发挥人的主观能动性，使人尽其才、事得其人、人事相宜，以实现组织目标。

根据定义，可以从以下两个方面来理解人力资源管理。

(1) 对人力资源外在要素——量的管理。对人力资源进行量的管理，就是根据人力和物力及其变化，对人力进行恰当的培训、组织和协调，使二者经常保持最佳比例和有机的结合，使人和物都充分发挥出最佳效应。

(2) 对人力资源内在要素——质的管理。主要是指采用现代化的科学方法，对人的思想、心理和行为进行有效的管理(包括对个体和群体的思想、心理和行为的协调、控制和管理)，充分发挥人的主观能动性，以达到组织目标。

零售企业人力资源管理的主要内容也具有同样的要求，但因零售企业与工业企业的组织结构、管理等方面有所不同，零售企业的人力资源管理有着自身的特点和重点。

2. 零售企业人力资源管理的特点

零售企业属于服务型企业，因此人的因素占有很重要的位置，人力资源的特点也有别于其他类型的企业。零售企业进行人力资源管理与开发重点就应该根据其特点制定，其特点表现在以下几个方面。

(1) 人的要素在企业中占首要地位。与工业或其他行业不同，在零售企业的生产要素中，人的要素不论从作用、地位，还是从价值角度来看，都占首位。零售企业的人力资源管理与开发更直接地影响企业的生存与发展。西方商业经济专家认为：一个大中型商业企业的经营支出中，人力资源成本应占50%以上。

(2) 我国零售企业所管理的人力资源现状不容乐观。相对而言，我国零售企业员工的文化素质水平较低、专业与高级技术人员比例较小；员工流动性较大，经验不足的人员始终占一定比例，因此管理上的工作量与难度也相应增大。目前在世界范围内都深感缺乏的是高层次、有经验、有国际化意识和能力的零售企业人事经理，他们是企业的重要核心人物。

(3) 工作具有特殊性。零售企业大部分工作的特点是：工作时间长，适应岗位要求的学习时间短，单位时间和总体薪酬水平低；企业岗位对员工的文化与专业学历要求较低，对其个性心理素质和交际沟通技能却要求很高；工作内容综合化，要求员工有多方面知识和能力的灵活发挥；买方主导的交易格局还要求员工有更好的亲和性和自我调适能力。

(4) 业务活动的时段性和季节性。零售企业的业务活动和员工的劳动强度有着明显的时段性和季节性，而且还受到所处的地段及顾客流量变化的影响。由于企业经营内容的连锁和趋同化，现代商务理念要求经营特色和风格必须同所处社区文化氛围相适应。这就对零售企业的员工聘用和培训提出了不同于其他行业的特殊要求。

除此以外，现代零售企业直接受到国内外市场波动和消费方式的倾向变化的影响，在组织体系和经营战略上相对缺少稳定性，客观上增加了人力资源管理的难度和复杂性。

3. 零售企业人力资源管理存在的问题

目前，在零售企业的人力资源管理中主要存在以下四类问题。

(1) 人才不足现象突出。营运、采购、店长成为零售企业稀缺人才，其中营运管理类、生鲜类人才需求数量位居榜首。需要指出的是，零售企业对企划人员及信息类人员有较大的需求，说明零售企业越来越重视信息化管理及市场营销工作了。它也说明，零售企业开始从粗放式管理进入数字化管理，从靠感觉市场到专业化管理市场。

(2) 薪酬福利缺乏竞争力等是零售企业人才招聘面临的主要困难。大中型企业普遍认为，人才招聘的主要困难是人才市场资源不足、企业的薪酬福利水平缺乏竞争力及竞争对手竞争激烈等；而中小型企业则普遍认为，招聘困难的主要原因在于企业的招聘管理及流程不规范、招聘人员专业化水平不高、薪酬福利水平缺乏竞争力等。

(3) 零售企业的人才流失率高。造成人员流失的主要原因集中在"薪酬福利""工作环境"和"发展空间"三个方面，导致零售企业员工离职率较高。因此零售企业所用的招聘、培训和监督费用相对增加。

(4) 超越零售企业能力的快速扩张。为了迅速做大、做强，抢占更多的市场份额，不少企业的拓展速度远远超过其人力及财力允许的范围。其结果是，企业内部人才培养速度跟不上，外部人才市场的实际储量又不够，这进一步加剧了中国零售人才的紧缺情况。

10.3.2 零售企业人力资源的管理

1. 零售企业人力资源管理的职能

著名管理学家彼得·德鲁克(Peter F. Drucker)认为组织的目的是使平凡的人做出不平凡

的事。一个组织是否优秀，看其能否使每个普通员工取得更好的绩效，能否使每个成员的长处都发挥出来，并利用每个人的长处来帮助其他人取得绩效。

为了实现和完成企业目标和任务，就必须认真地审核和有效地使用各种资源，尤其是人力资源。人力资源管理的作用是为了能够有效地使用人力资源。

成功的零售企业人力资源管理需要把员工的个人需要与企业需要统一起来，把员工的个体行为与企业行为统一起来，这一活动涉及一系列人力资源开发与管理的重要职能，包括零售企业人员招聘、人员培训、人员绩效考核和人员激励政策、方法和措施制定等。

2. 零售企业人力资源管理的内容

零售企业人力资源管理的内容主要包括员工的招聘、培训、考核与激励四个方面。员工招聘是为了吸引和招聘满足空缺职位要求的合格申请人所从事的一切活动，是人力资源管理的重要内容。员工培训就是给员工传授完成本职工作所需的基本技能的过程。随着零售企业发展，其员工素质必须相应提高，这就要求零售企业对其员工进行系统培训。零售企业人员绩效考核作为人力资源管理中的关键环节，对零售企业正确评价和激励员工具有重要意义。零售企业就是要采用各种方法，激励员工为实现公司目标和实施公司战略而努力工作。

10.4 零售企业人力资源管理内容

10.4.1 零售企业人员招聘

良好的招聘体制是零售企业获得合格员工的保障。零售企业运用招聘体制吸引和雇用新员工，这些新员工的能力、知识和经验能够帮助零售企业实现企业目标，获得竞争优势。员工招聘一般包括员工招聘计划、员工招聘策略和员工招聘过程等几个方面的工作。

1. 员工招聘计划

任何零售企业在选人用人的时候都必须有一个明确的招聘计划，在制订招聘计划时，企业需要考虑以下几个关键问题：要招聘何种员工？这个职位需要何种能力和素质？招聘员工的评定标准是什么？何种招聘方法更有效？要回答以上几个问题，零售企业需要完成以下几项活动。

(1) 确定招聘员工任职资格。确定招聘员工任职资格的基础是进行工作分析。

工作分析包括：一方面，分析工作的任务、义务和责任(职位说明书)；另一方面，分析从事工作所需要的知识、技能和能力(职务规范)。企业需要对每种工作进行工作分析，在做工作分析时，通常会有以下几种方法：一是在员工工作时，观察他们或者与他们进行面谈；二是采用问卷调查的方法，通过调查确定完成某一工作所需要的技能和能力、工作任务和工作能力、工作时间、责任、管理行动、所用设备等，通常管理者会与员工一起完成。

零售企业通过工作分析可以明确对应聘人员在学历、年龄、经验等方面的要求。例如，在零售店中，对于普通店员，学历方面要求并不严格，通常具备初高中学历即可。若是储备干部、经理和副经理之职,有相关学历要求,以便能训练其处理复杂的技术性和管理性工作。招聘经理、副经理和储备干部,还有一个重要的因素就是经验。

零售企业中销售员是人数最多的工作人员,对于零售企业的发展起着非常重要的作用。销售员是零售商店的表现者和改善者,对于满足顾客需要、完成零售企业使命、提高销售额以及建立企业与顾客间的长期关系具有非常重要的作用和意义。

(2) 确定聘用员工人数。零售企业应根据自身情况进行分析,明确到底需要招聘多少新员工。在确定聘用新员工数量时,零售企业应该明确企业现在的人员状况、能力素质、企业现在的职位所需要的员工数量以及各种不同的职位还有多大的空缺。企业最终应有一个招聘人员清单,这个清单包括招聘的职务名称、人数、任职资格要求等内容。

(3) 确定招聘的性质。零售企业应根据自身情况确定不同性质的招聘,员工招聘一般包括下列三种不同性质的招聘。

① 正常招聘。这种招聘一般是指企业正常状态下的招聘,是按照企业正常的需要来进行的。

② 储备招聘。企业在没有实际需求的情况下对外招聘公司可能需要的人才,放在备用名单中,以备将来之需。这种招聘一般可以使得企业有充裕的时间,在更大范围内挑选合适企业发展的优秀人才。

③ 紧急招聘。针对企业紧急需要情况下的招聘,这种招聘一般时间较短,成本也相对较高。例如,许多百货商店通常会发布紧急招聘信息,或求助于中介公司,希望能尽快找到应聘者。

(4) 确定招聘小组。招聘工作并不是人力资源部门独立可以完成的工作,而是涉及企业各个用人部门和相关的基层、高层管理部门。企业必须根据招聘的职位,由人力资源部门和相应的用人部门组成合适的招聘小组。

(5) 招聘费用预算。企业在进行招聘时,需要根据招聘规模、招聘性质、招聘岗位类别,为招聘工作制定合理的招聘费用预算,包括资料费、广告费、人工费用等。

总之,制订切实可行的招聘计划是零售企业招聘人员的第一步,详细具体的招聘计划对于零售企业人员招聘具有重要的指导意义。

2. 员工招聘策略

零售企业在进行员工招聘时,一般会有两种招聘策略可供选择:外部招聘和内部招聘。

(1) 外部招聘。外部招聘是指当管理者从外部招聘人员填补空缺职位时,在组织外部,寻找那些以前没有为组织工作的人员。零售企业管理者可以通过多种形式进行外部招聘:报纸和杂志广告、各种职业中介机构、墙贴广告、与教育机构合作、亲友或者员工的介绍、在校园或者住宅区张贴海报、在大学生的招聘会和当地社区的招聘会等。

外部招聘对零售企业来说有优点也有缺点。外部招聘的优点:能够吸引那些具备完成企业目标所需要的技能、知识和能力的申请者;能够为企业带来新鲜血液,可以帮助企业解决新问题;能够利用大量的职位申请者。但是外部招聘也有自身的缺点:外部招聘成本一般较高;外部招聘的员工不了解企业情况,缺乏一定的群众基础;需要接受比内部招聘员工更多的培训;容易打击内部员工的积极性;从外部招聘员工时,客观上存在这些新员工能不能适应零售企业发展所需要的不确定性。

(2) 内部招聘。内部招聘是指管理者转向现有员工,让他们填补职位空缺。内部招聘员工,要么是平级调动,要么是职位提升。

内部招聘也有其优点和缺点。内部招聘的优点:内部招聘的员工熟悉企业整体状况;管理者对内部招聘的员工也非常熟悉,掌握了员工技能、能力和素质的大量信息;对于获得工作的员工和未获得工作的员工来说,内部招聘有助于提高积极性和士气;一般来说,内部招聘费用较低。内部招聘的缺点:内部申请者数量有限;内部招聘员工容易受上级领导者作风影响,在思想和作风上难有创新。

3. 员工招聘过程

员工招聘过程主要分为以下三个阶段。

(1) 审核。在发布的招聘信息中,零售企业除了要注明招聘条件,一般还要求应聘者寄送个人简历、毕业证、学位证、身份证复印件等证明材料,作为初步审核的依据。在审核过程中,招聘人员应该审核证件是否齐全,如果证件无误,可针对学历证、个人简历及学科成绩进行下一步的审核。

(2) 面试。面试时的筛选方法一般包括面谈和笔试,至于采取什么样的筛选方式,可以根据企业的招聘要求而定。例如,零售商招聘一般店员时,只需一般性的面谈即可,而对于储备干部、副经理和经理,一般除面谈之外还要进行简单的笔试。

面谈一般包括两种类型:结构化面谈和非结构化面谈。在结构化面谈中,面试人员问申请人同样的问题(如你对该职位是怎样理解,这个职位哪些特征对你最重要等),特别有用的是那些通过回答提问,鼓励应聘者展示工作所需要技能和能力的问题。在非结构化面谈中,面谈更像是一次普通的谈话,面试人员可以通过自由地询问应聘者一些试探性问题来判断应聘者能力如何,而不是事先准备好的问题。一般来说,结构化面谈要比非结构化面谈更客观一些,基于结构化的面谈评价可能比基于非结构化面谈的评价更少受到面谈偏见的影响。

对于重要职位的招聘,企业需要进行一定的笔试,如连锁超级市场在招聘经理或者区域经理时,一般会进行笔试。能力测试和个性测试是招聘考核中的两种主要书面测试形式。能力测试评价应聘者对于工作业绩所要求的技能、知识的掌握程度,如观察能力、理解能力和数学能力等,如百货企业在招聘营销人员时一般会测试应聘者的观察能力和理解能力。个性测试衡量与工作业绩有关的个性特点和特性。例如,有些零售企业会对某些工作应聘者进行诚实测试,以判断他们的可信赖程度。

(3) 录用。经过面谈和笔试等考核后,主考官对应聘者逐项进行评分,并根据表现公正、公平地选拔其中最合适的人才。任选确定后,接下来以电话或书信通知其在限定时间内到公司报到,并完成手续,招聘工作到此圆满结束。

10.4.2 零售企业人员培训

1. 培训意义

现在零售企业间竞争日益激烈,零售企业要保持竞争优势,就必须创造差异化和提高效率。经济全球化扩大了市场竞争范围,市场变化速度越来越快,要求零售企业必须具备快速的学习能力。随着零售企业的发展,其员工素质要求相应地提高。这些都要求企业对员工进行系统培训。

(1) 可提高人员素质。通过人员培训,提供员工需要基本技能,提高人员素质。世界很多大公司的经验表明,如果缺乏有效的培训,企业将很难实现其发展目标和提高劳动生产率。培训是一种投资,而且是企业最有价值的投资。据美国教育机构统计,企业对教育培训投入 1 美元,回报可达 3 美元。

(2) 可提高员工工作士气。通过人员培训,可以降低零售企业员工流动率,从而提高员工工作士气。现在的企业员工追求目标除金钱以外,更重要的是成就感、满足感,他们相当重视自我肯定。所以,经营者不能再把店员定位在一般事务性工作人员,而要将之视为共创事业的伙伴,适时地给予教育培训。零售企业应站在员工立场,为员工规划合理的事业发展前程,找出每一位员工的长处,激发他们的工作潜能,并让员工深刻地体会到公司之所以愿意投资时间和金钱去培训他们,是希望他们能够长久为公司工作。

(3) 通过人员培训,可以增强企业凝聚力和企业竞争力。员工培训是一种"双赢"投资。对员工而言,培训既可以满足员工自我发展的需要,又可以调动员工的工作积极性和热情。对企业而言,员工培训可将员工个人发展目标与企业战略发展目标统一起来,增强企业凝聚力和企业竞争力,有利于企业战略目标的实现;员工自觉性、积极性、创造性的提高可以增加企业产出的效率和价值,零售企业能从中受益。

从根本上说,零售企业员工培训的目的在于提升各级从业人员的技术和能力,并加强其对公司的认同感和向心力,借此来达到提升零售企业自身竞争力及追求利润的目的。

2. 培训类型

有效的培训体制可以使零售企业员工队伍的素质、形象和业绩不断提升。这个体制包括几种培训类型。

(1) 岗前培训。主要针对新职工,一般为 2～6 周。主要项目有:企业历史与现状、组织结构体系与业务部门布局、基本规章制度和人事管理条例、顾客服务须知与技能、部门业务知识、促销技巧、预测与策划技巧等。

(2) 全员培训(经常性培训)。一般为每年 40～80 小时。从内容到形式都比较丰富,既有全体员工集中培训,也有按部门、层次、业务范围、商品关联而组织的各类人员培训。主要项目有:公关技巧、广告设计与制作、造型与装潢设计、部门经济活动分析、成本核算、消费心理学、商业经济学、国际市场行情、运输与保险业务等。

3. 培训方式

如果不具备正确的培训手段则不能达到预期的培训目的。因此培训者在考虑培训内容的同时,也要重视培训方法,使培训人员能够轻松地掌握培训内容。其培训方法主要有以下几种形式。

(1) 资深讲师讲座。选择在零售企业中工作经验丰富,并具有一定理论基础的人员作为讲师,针对某一个专题向员工开办讲座。现在很多零售企业通过从大学或者外部独立的咨询公司,甚至竞争对手那里聘请专业人士,给企业内部的员工提供培训。

第 10 章　零售组织与人力资源管理

讲座法能将大量的知识和信息一次性传递给培训人员，成本低，省时间。但培训人员在此过程中处于被动位置，学习者主动性不强。

(2) 熟练员工示范指导培训。由于零售企业的主要工作是向顾客提供服务，这种工作具有很强的现场操作性。

零售企业在对新员工培训时，可以给每位新员工安排一个本企业的优秀员工作为新进员工的导师。通过优秀员工的示范、讲解和带动，使新员工逐渐熟悉自己的工作环境、工作要求和工作标准，以及基本的操作程序。

这种方法可以缩短培训时间，使他们快速融入工作，且具有很强的导向作用，主要体现为示范程序比较具体，可以快速提高新员工的工作技能；但是这种方法也存在着一定的局限性，主要体现在进行培训的学员不宜过多。

(3) 参观培训。随着大量外资零售企业进入我国，给企业提供了很多学习零售经营管理和零售技术的机会。很多零售企业通过向自己的竞争对手或者行业领先企业派出人员，向优秀企业学习，快速提升本企业员工的素质和企业竞争能力。

这种方法可以让员工了解企业间的竞争现状和两方的差距，从而增加提升自身素质的压力和动力，能够激发学员对实际问题的关注，加强与外界的联系。其局限性表现为培训费用较高，竞争者是否愿意配合，培训计划和安排相当费时，且培训效果不易掌握。

(4) 案例研讨培训。零售企业因所处的经营环境不断变化，各种新问题、新挑战层出不穷，某些问题即使对那些零售企业具有丰富从业经验的员工来说，也是具有相当的挑战性。通过案例研讨，可以提高零售企业员工解决问题的能力，并调动培训人员的积极性。

4. 培训过程

零售企业人员的培训过程主要包括下列阶段。

(1) 培训需求分析与评估。零售企业培训需求分析与评估主要包括以下内容。

① 培训需求分析。零售企业的培训需求分析是指在规划和设计培训前，由企业的人力资源主管部门、公司人力资源行政主管、零售店经理和督导人员等采取各种方法和技术，对组织及其成员的目标、知识、技能等方面进行系统的鉴别与分析，以确定企业培训课程的必要性和培训内容。具体来说，零售企业的培训需求分析需要对零售企业本身的特点、任务和工作特性以及培训人员本身特性进行分析，培训需求分析为制订切合零售企业实际的培训计划奠定了基础。

对于零售企业培训需求的分析，首先需要对零售企业本身进行组织分析，这主要是指对零售企业本身经营目标、所掌握和控制的资源、公司发展战略以及企业经营所面临的内外部经营环境变动进行分析，找出零售企业经营过程中存在的突出问题及其原因，以确定何种培训，以及针对哪些人员，比如是对经营管理人员、商品采购人员，还是店面销售人员进行培训。

其次是任务分析，其目的在于了解与绩效问题有关的工作内容、标准和达成工作所具备的知识和技能，任务分析的结果是培训内容的重要资料来源。

一般来说，零售企业工作人员可以分为两种，兼职工作人员和专职工作人员，兼职工作人员绝大多数是充当零售商店的临时销售员，专职工作人员主要有销售人员、督导人员、店面经理、采购人员与采购经理等。

零售企业应根据不同岗位，具体制定相应的培训需求和培训内容。

② 培训评估。培训需求反映了员工和企业对培训的期望，但是要将这些需求转化为计划，还需要对需求进行评估，用以确定员工和企业是否需要该培训。对需求的评估通常在以下几方面进行。

- 培训需求是否和企业的战略相一致；
- 培训需求是否和企业文化相一致；
- 培训需求所涉及的员工数目；
- 培训需求对组织目标的重要性；
- 通过培训，业务水平是否可以提高。

培训需求评估可以界定培训需求是否应当得到满足，将需要按轻重缓急组成一个序列，为设计培训体系提供依据。

(2) 制订培训计划。零售企业培训需求分析与评估为制订人员培训计划奠定了基础。培训计划的内容包括：确定培训目标，安排培训课程及时间表，培训方法的选择和确定，培训费用预算和制定培训控制措施等。

培训计划一般由零售企业的人力资源部门和综合业务部门根据企业发展战略目标，并结合当前市场需求和人才储备而定。

(3) 组织培训。培训一般由人力资源部门来组织，相关部门也可自行组织或由人力资源部门协助相关部门组织实施。组织单位依据培训计划设计培训课程，选择培训人员，安排培训地点，以保证培训活动的正常进行。

(4) 评估培训效果。为了确定培训的目的是否达到，有必要对培训效果进行评估。培训的成效评估，一方面是对学习效果的检验；另一方面是对培训工作的总结。

成效评估的方法分为过程评估和事后评估。前者重视培训活动的改善，从而达到提升培训实际成效的作用；后者则提供给人力资源部门作为决策参考，为下一次培训做好准备，哪些需要完善，哪些是不必要的培训。从合理化的观点来看，最好两者结合在一起进行评估。

5. 国外零售企业培训介绍

【案例 10.1】

沃尔玛

沃尔玛对于员工的后续教育与终身培训，是提高员工素质，确保企业人才基因常青的重要保证，同时也造就了沃尔玛在全球零售业的领导者地位。

在培训内容上，沃尔玛采取的是全面培训。入职培训、技术培训、岗位培训、海外培训等都是员工的必要培训内容，而且所有管理人员还会接受领导艺术培训。为了让员工的知识与技能不断更新，公司提供了内容丰富的培训课程，给他们实现自我价值的机会。

在培训方式上，沃尔玛采用的是经验式培训，以生动活泼的游戏和表演为主，训练公司管理人员"跳到框外思考"。在培训课上，老师讲讲故事、做做游戏，再让学员自己搞点小表演，让他们在培训中展现真实的行为，协助参与者分析，通过在活动中的行为进行辅导，这种既有趣又有效的方法获得了不俗的成绩。

第10章 零售组织与人力资源管理

在培训创新上,沃尔玛开创了交叉培训方案。所谓交叉培训就是一个部门的员工到其他部门学习,培训上岗,使这位员工在对自己从事的职务操作熟练的基础上,又获得了另外一种职业技能。从而使这位员工在整个卖场的其他系统、其他角落都能够提供同事或者顾客希望给予的帮助,促使员工能够完美、快速地解决他们所面临的问题,从而避免同事或者顾客浪费宝贵的时间,提高工作效率和缓解顾客的购物心理压力,让其轻松愉快地度过购物时间。实践证明,交叉培训不仅有助于员工掌握新的职业技能,提高终身就业能力,以及消除以往只从事一种完全没有创新和变革的职务的不利心理因素;而且还有利于不同部门的员工从不同角度考虑到其他部门的实际情况,减少公司的内耗,必要时公司还可以将其抽调到其他卖场中及时增援,排忧解难。

在员工培训计划上,沃尔玛实行员工培训与发展计划,让员工更好地理解他们的工作职责,并鼓励他们勇于迎接工作中的挑战。沃尔玛公司对合乎条件的员工进行横向培训和实习管理培训。横向培训是一个长期的计划,在工作态度及办事能力上有突出表现的员工,会被挑选去参加横向培训。例如,收银员会有机会参加收银主管的培训。为了让具有领导潜力的员工有机会加入沃尔玛,公司领导岗位还设立了管理人员培训课程,符合条件的员工还会被派往其他部门接受业务及管理上的培训。

(资料来源:http://t.163.com/2747241748#f=topnav)

10.4.3 零售企业人员考核

1. 绩效考核的定义

绩效考核,就是对照工作岗位职责说明书和工作任务,对员工的业务能力、工作表现及工作态度等进行评价,并给予量化处理的过程。这种评价可以是自我总结式,也可以是他评式,或者是综合评价。考核结果是员工晋升、接受奖惩、发放工资、接受培训等的有效依据,它有利于调动员工的积极性和创造性,检查和改进人力资源管理工作。

2. 绩效考核的意义

人员绩效考核是零售企业人力资源管理中的重要内容,对零售企业正确评价和激励员工具有重要意义。

(1) 为人员培训提供依据。通过绩效考核,可以将零售企业员工的信息反馈,让他们了解自己的工作情况,从而改进工作中由于人的原因而产生的缺陷和不足之处,为人员培训提供可靠的依据。

(2) 为工资与报酬管理提供依据,用考核结果确定工资报酬。零售企业建立的考核系统与报酬升降之间有比较直接的关系,即按照考核结果决定工资报酬的升降幅度,从而充分调动工作积极性。

(3) 为工作岗位的调配提供依据。通过绩效考核,把零售企业员工安排到最能发挥其能力的岗位。

(4) 为提升与晋级提供依据。绩效考核虽不是提升的唯一依据,还要考核员工的工作经验、思想品德以及工作的实际需要等因素,但绩效考核可以作为工作能力的重要反映,为提升与晋级提供依据。

3. 绩效考核的方法

绩效考核方法决定了绩效考核所花费的时间和费用,决定了考核的重点。理想的绩效考核方法应便于操作，而且使考核结果客观、准确。

(1) 系统考核方法。这类考核方法多与组织战略目标、企业文化、核心能力培养等有关，如目标管理法、标杆超越法、关键业绩指标法、平衡记分法等。

(2) 衡量关键岗位职责履行情况考核方法。如比较法、排序法、关键事件法等。这些绩效考核方法在实践中已经得到了广泛应用，零售企业可以根据自身具体情况选择具体的方法。

4. 绩效考核的类型与标准

(1) 绩效考核的类型。在零售企业绩效考核中，制定合适的考核标准是成功实施绩效考核的前提和关键环节。绩效考核包括定性和定量两大评估内容。

定性考核内容，例如营业人员的服务态度、学习能力、创造力等较为抽象，会随主管考核能力不同而有所不同，较难有统一的标准。

零售企业绩效考核应以职责不同来进行划分比较合理。绩效考核内容包括业绩、毛利、净利三项，其考核内容与职责的对应关系如下：销售收入(业绩)——所有销售人员的职责；销售成本/毛利——销售主管的职责；销售费用/净利——销售经理的职责。

不同层级的员工职责不同，相应对销售成本或销售及管理费用的控制及决策权也不同，因此对零售企业不同岗位和层级的员工进行绩效考核时，应该采用不同的考核标准。考核大都还是采用定量标准为主。一般来说，越是基层销售人员，其绩效考核的标准就越详细具体，考核标准的客观性越强；越是高层管理人员，其绩效考核的标准越抽象，考核标准的主观性越强。在零售企业中，销售人员占零售企业员工的绝大部分，也是零售企业绩效考核的重点对象。

(2) 零售企业销售人员考核标准。

① 日销售额或销售量。这是对销售人员工作效果的衡量。每个销售人员应按照计划要求完成当日的工作量。商店通过销货记录可以直接计算销售人员的当日销售额；在难以计算出每个人的销售额的部门，可以计算每人的平均销售额。商店采取这一衡量手段时要注意销售额或销售量确定的科学性，要充分考虑到商品不同、时间不同等因素对销售量的影响。

② 购买比率。购买比率是指购买商品的顾客占全部进店顾客的比率。对单个销售人员来说，即购买商品的顾客与所接待顾客的比率。销售人员的主要职责是以自然方式劝说顾客购买商品，并需要查找顾客来到商店却未购买的原因。

零售商对购买比率的规定要适当，因为顾客中存在着只是参观并不购买的人，商店安排的销售人员人数有时与顾客来店规律不一致，要求销售人员的购买比率要留有余地。顾客有购买欲望，或交易成功在即，如果由于销售人员的个人原因而中断，这时是需要批评销售人员的。

③ 时间利用。时间利用是指考核销售人员工作时间的利用程度。销售人员的工作时间可以划分为两部分。售货时间，是指顾客有购买需要，帮助顾客选购所花费的全部时间，包括接待顾客、与顾客交谈、进行商品展示介绍、办理成交手续等。非售货时间，指没有顾客到来，销售人员整理商品、账目，以及处理其他事物的时间。销售人员在售货时间内应尽量减少顾客的等候时间，把办理成交手续的时间缩减到最短，从而使整个售货时间缩

短。销售人员售货时间内的工作不能被非售货时间的工作打扰，以免影响与顾客的交易。售货时间和非售货时间的工作是交替的。当顾客到来，非售货时间应立即转入售货时间，非售货的工作也就即刻停止，转入售货工作。销售人员不得以非售货工作代替售货工作，占用售货时间。

10.4.4 零售企业人员激励

零售企业人力资源管理中一项重要的内容就是激励和协调员工，使他们能够为实现企业目标和实施企业战略而努力工作。零售商通常会采用多种方法来激励和协调员工活动。激励的方法大致可以分为物质激励和精神激励。物质激励主要是对员工进行物质奖励，建立完善的薪酬制度；精神激励包括建立激励员工努力工作的企业文化，对员工实施充分授权，加强与员工沟通，与员工建立起伙伴关系，在工作中开展业绩竞赛等多种方法。

1. 物质激励+薪酬激励

一般来说，奖励的类型是提成和奖金。提成是一种按固定比例提取的报酬，如销售额的1%。例如，许多零售售货员的报酬就是按照他们销售量的固定百分比支出的。奖金则是根据对员工业绩的评估而定期支付的额外报酬。例如，店面经理会根据他们预计的商店销售额和利润额同实际业绩相比较的结果，在年底发放奖金。

(1) 薪资体系的构成原则。尽管薪资体系的构成在不同国家、不同企业以及不同时期不尽相同，但一般而言，零售企业薪资体系的构成原则包括以下几方面。

① 劳动消耗的补偿，即基本生活费用应有足够的体现。
② 薪资组成部分必须与员工相应部分的劳动数量与质量对等。
③ 对应于活劳动部分的薪资应占主要部分。
④ 薪资所有组成部分均应与效率、质量等经济指标相联系。

(2) 薪资构成部分。零售企业薪资具体由以下几个部分构成。

① 基本薪资部分，主要以零售企业员工所在部门、岗位、职务以及个体间的劳动差异为基准，根据定额劳动完成状况而计算求得。它是薪资体系中其他部分的计算基础，占薪资总量的50%～60%。

② 奖励工资部分，主要以零售企业超额有效劳动为依据计算求得，是员工在完成定额任务的基础上，进一步付出有效超额劳动的报酬，一般占薪资总量的20%～30%。

③ 各种工作津贴，主要以员工所在的劳动条件和劳动强度为依据计算求得，是对员工在特定劳动条件下，或从事特定的具有超常劳动强度的工作所付出的超额劳动，或由此而引起的额外生活开支进行的补偿，一般占薪资总量的5%～10%。

④ 地区性津贴，主要以员工所在地区的生活水平指数和物价指数为依据计算求得，是对员工在不同地区间的实际薪资的一种补偿，一般占薪资总额的5%～10%。

【案例 10.2】

综合案例——沃尔玛的薪酬制度

沃尔玛为每位员工提供了和谐友好的工作氛围、完善的薪酬福利计划、广阔的人生发展空间。沃尔玛在激励制度方面也做出了不断的努力和尝试，从各方面激发员工的工作热情。

(1) 多种薪资制度相结合。沃尔玛在薪资给付时，针对员工本身的特点和工作情况，采用了多种计酬方式。

① 固定薪资制。按照同业比较认可的职位价值核定给薪标准，不断吸引人才加盟沃尔玛。

② 薪资加奖金制。除固定薪资外，另行增加销售奖金或目标达成奖金的方式。

③ 单一奖金制。薪资所得完全来自奖金，没有保障薪资，奖金高低完全决定于销售成绩或达成目标的状况。

④ 钟点计薪制。以工作时数作为薪资计算的标准，主要用于吸引兼职人员。另外这一方法也对工作累计达一定时数的员工产生了持续的激励作用。

⑤ 论件计酬制。工资=生产件数×每件工资额。沃尔玛把它使用于包装工人身上，大大提高了员工的办事效率和积极性。

(2) 奖金及福利制度。

① 固定奖金方式：沃尔玛采用固定月数的年终奖金，消除了员工的担心和紧张。

② 依公司营运状况决定方式：沃尔玛对员工的一部分奖金金额依公司年度营运状况而定，将员工绩效表现及员工职级列入发放参考指标。

③ 依部门目标达成状况决定：依照部门目标设定预拨比例金额发放，采用每月或每年目标达成即发放。

④ 保险：劳工保险、公司团体保险、员工意外险及汽车保险等。

⑤ 休闲：国内外旅游招待或补助、休闲俱乐部会员卡、社团活动、员工休闲中心等。

⑥ 补助：子女教育补助、急难救助、紧急贷款、生日礼物、购物折扣等。

⑦ 进修：在职进修、岗内培训等。

⑧ 奖励：分红奖金、员工入股、资深职工奖励、退休金等。

(资料来源：http://t.163.com/2747241748#f=topnav)

2. 建立企业文化

激励员工的另一种方法就是建立起强有力的企业文化。企业文化就是公司内部用来引导员工行为的价值观、传统和习俗。

许多零售公司都有自己强有力的企业文化，这些企业文化将"应该为自己的工作做些什么"和"怎样做才能同公司的战略保持一致"的观念在员工中广泛传播。例如，家乐福企业文化强调顾客服务，而沃尔玛企业文化则注重降低成本，以便公司能为顾客提供较低的价格。

通过企业文化，不断强化和巩固企业员工的价值观，不断激励员工向优秀员工学习，真正发挥文化价值的魅力，达到激励员工的目标。

零售企业的首席执行官和高层管理人员的理念和行动在企业文化建立中扮演了非常重要的角色，引导公司整体的价值导向。

3. 员工授权与晋升制度

在对零售企业人员激励方面，应做好员工授权和晋升制度方面的工作。

(1) 员工授权。随着员工素质和能力的提高，越来越多的员工期望自己在工作中具有更多的主动权，能够承担更多的决策，使自身得到成长。授权是指管理者将权力和决策制定权下放给员工的过程，当员工拥有了决策制定权后，他们就会对自己的能力更有信心，有更多机会为顾客服务，并感到自己为公司的成功能做出更大贡献。零售企业向员工授权，使得制定决策的权力和责任向组织的低层次转移。这些员工同顾客非常接近，处在一个能够更好地满足顾客需要的位置。为了让授权能够实现，经理们必须把他们的态度由原来的怀疑与控制转变为信任与尊重。

(2) 晋升制度。根据马斯洛的需求层次原理，人在满足基本需求之后，还有自我发展的需求。零售连锁企业应建立与完善多层次的有弹性的晋升激励机制，使得企业目标与个人目标相统一，形成企业与个人双赢的局面。

① 明确的晋升渠道。员工进入一家公司后的未来升迁发展，是员工最关注的问题。如沃尔玛将晋升路线制度化，并让员工充分知悉这一制度，使员工对其职业生涯发展有明确的依循方向。

② 公平的评选方式。晋升的选拔应完全取决于员工的个人业绩及努力程度，而非上级主管个人的喜好。

③ 晋升与训练相结合。在人员晋升的选拔过程中，必须在完成相关的训练后，再经由考试测验合格才能取得晋升资格，如此对人员素质的提升大有裨益。如沃尔玛在实现对员工的激励工作中，就充分协调了以上的方法和手段，使员工充分发挥了各自的才能和工作能力，为公司创造了一个又一个销售高峰。

4. 与员工建立伙伴关系

现在越来越多的零售企业开始认识到人本主义管理思想的重要性，他们不再把员工仅仅看成是企业盈利的工具；相反，他们期望同员工建立起良好的伙伴关系，从而促进员工和企业共同发展。与员工建立伙伴关系，从而提高员工组织忠诚度，这里有两种方法。

(1) 减少企业员工间的地位差别。很多零售商都在努力减少员工之间的地位差别。地位差别可以通过语言象征性地减少，还可通过降低工资差异并加强各层管理者之间的沟通得到消除。

(2) 让员工参与公司的决策与成长。例如，沃尔玛目前在全球共拥有近 130 万员工，沃尔玛的员工不是被称为"雇员"，而是被称为"合作者"或"同事"。公司将"员工是合伙人"这一概念具体化的政策主要包括以下几方面。

① 利润分享计划。员工利益与企业紧紧相连。例如沃尔玛除了让工资奖金与员工自身的工作业绩挂钩，还实行职工入股、利润分享等制度。

② 损耗奖励计划。自然损耗大是零售业盈利的大敌，沃尔玛控制这一纰漏的方法是与员工们共享公司因减少损耗而获得的盈利。

③ 例会制度。例会是探讨和辩论经营思想、管理战略的地方。它的基本目的是交流信息，减轻每个人的思想负担，团结队伍。

④ 适当的职工培训。

(3) 内部提升。内部提升是指从内部雇用低职员工，将提升机会留给内部员工的人员配置策略。内部提升政策给企业员工确立了一种公平感。

5. 在员工中开展营业竞赛

营业竞赛可激发营业人员内心潜在的争强好胜的心理需求，从而使营业人员提高士气，保持高度的行动力。

通过营业竞赛有利于激发营业人员积极主动的工作态度，有利于培养团队合作精神。由于营业竞赛需要给予营业人员某些资源与权限，这可以提高营业人员运用资源的能力。对于日常工作繁重的营业人员，合理的业绩竞赛奖励制度，具有补偿辛劳、提升士气的作用。

一般来说，营业竞赛有两种，即配合营业计划的业绩竞赛和配合促销活动的业绩竞赛。

(1) 配合营业计划的业绩竞赛。营业计划按时间长短不同，有年度营业计划、季度营业计划、月度营业计划。营业计划的目的是通过短期的绩效累计，来完成企业长期目标。业绩竞赛必须纳入年度、季、月的营业计划，并且拟订营业计划时，与营业人员充分沟通，这样一方面可以使决策民主化，能使制订的营业计划更科学合理；另一方面也便于营业计划的贯彻执行。

(2) 配合促销活动的业绩竞赛。通常来说，促销活动的目标可以分为提高业绩或解决某些特定问题两大类。提高业绩可在年度计划中规划，或为月营业计划的策略运用。至于解决某些特定问题，是针对来客数或知名度等特定问题而制定侧重点不同的促销活动。

不论何种类型的促销活动，都有活跃商店气氛的效果，同时也能集中营业人员的工作重点。业绩竞赛配合促销活动的事实能够一举两得，不仅能有效地完成促销活动的目标，并且有利于达到阶段性的业绩目标。

技 能 实 训

【实训目的】
通过案例讨论加深对零售组织及其人力资源管理的认识。

【实训主题】
零售企业开业准确。

【实训时间】
本章课堂教学内容结束后的双休日和课余时间，为期一周。或者指导教师另外指定时间。

【背景材料】
选择你所在的学校，如决定在学校周围开设一家零售店，根据你在本章中所学到的知识，在开业前应该做好哪些准备？

【实训过程设计】
(1) 指导教师布置学生课前预习阅读案例。
(2) 将全班同学平均分成小组，按每组 5～6 人进行讨论。实训组对学校周围的商业环境进行调研。
(3) 根据调研资料，实训组进行讨论，写出一份商店开业计划书。

(4) 各实训组对本次实训进行总结和点评，撰写作为最终成果的《零售管理实训报告》。

(5) 各小组提交填写"项目组长姓名、成员名单"的《零售管理实训报告》，优秀的实训报告在班级展出，并收入本课程教学资源库。

综 合 练 习

一、名词解释

人力资源管理　绩效考核　内部提升

二、单项选择题

1. 零售企业的职能型组织形式中，(　　)是最基本的职能型架构。
   A．简单架构　　　B．梅热架构　　　C．平行架构　　　D．分布型架构
2. 小型零售企业最常见的组织形式是(　　)。
   A．简单架构　　　B．梅热架构　　　C．平行架构　　　D．分布型架构

三、多项选择题

1. 组织结构设计要求中，要考虑(　　)。
   A．目标市场的需要　　　　　　B．公司管理部门的需要
   C．员工需要　　　　　　　　　D．竞争者需要
   E．供应商的需要
2. 零售企业人力资源管理的主要内容包括(　　)。
   A．招聘　　　　　B．培训　　　　　C．考核
   D．激励　　　　　E．其他
3. 确定招聘员工任职资格的基础是(　　)。
   A．进行工作分析　　　　　　　B．确定招聘数量
   C．确定招聘性质　　　　　　　D．确定招聘小组
   E．招聘费用预算

四、问答题

1. 零售企业组织结构设计应注意哪些问题？
2. 零售企业人力资源管理的特点以及存在的问题有哪些？
3. 零售企业人员激励的方法有哪些？

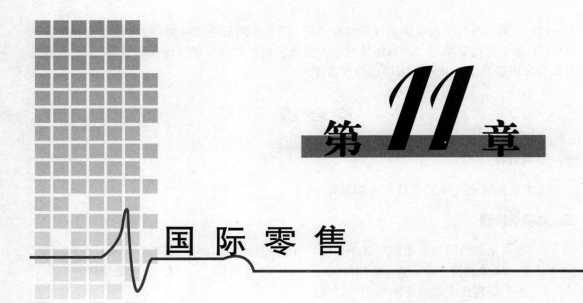

第11章 国际零售

学习要点

- 了解零售企业国际扩张的机遇与风险
- 掌握零售企业三种国际化战略的特点
- 掌握零售企业进入海外市场的五种主要方式

案例导入

澳洲电商 MySale 收购英国奢侈品网站 Cocosa

据《金融时报》2014年5月28日消息,半个月前得到英国高街时尚品牌 Topshop 老板 Philip Green 入股的澳大利亚时尚闪购电子商务集团 MySale Group,今天宣布收购英国奢侈品闪购电商 Cocosa.com 的品牌及其拥有的超过80万用户的信息库,以作为进军英国的踏板,收购金额不详。

未来两个月,MySale Group 将进军美国和欧洲市场,先后设立美国及英国电子商务网站。集团希望利用南北半球季节相反的客观条件推动全球业务的发展。另外,Topshop 母公司 Arcadia Group 已经与 MySale Group 签署合作协议,Arcadia Group 旗下多个时尚和家居零售品牌如 Topshop、Miss Selfridge、Dorothy Perkins 和 BHS 将入驻 MySale Group 的多国销售平台。

(资料来源:http://www.ebrun.com/20140528/100275.shtml)

思考:随着本国零售市场竞争日益激烈,寻找海外市场,是很多零售企业发展的一个选择。那么,零售企业如何才能更好地走出去呢?

第11章 国际零售

11.1 国际零售的机遇与风险

随着全球经济一体化,各国经济相互依存、相互渗透的程度不断加深,使得商品流通和生产日益国际化,各国市场需求呈现多样化、国际化趋势,消费者不仅仅满足于本国商业的商品及服务供给,对具有异国文化的商业服务也产生了广泛的需求,这为各国零售业的国际化提供了条件。在贸易自由化和经济全球化浪潮的推动下,不少国家对外资进入零售业都放松了管制,为零售业的国际化消除了壁垒。另外,发达国家零售业经过几十年的发展,已经逐渐走向成熟,而经济的低增长、人口的老龄化、生育率的下降等,导致市场饱和以及过度竞争,还有国内经营成本的不断上升,这些都促使零售商将全球化发展定为自己的发展目标。而竞争对手布阵全球市场,也使得更多的企业采取跟随战略。

零售企业在本国以外的市场开展零售活动,确实给企业带来了更多的市场空间和利润增长点;但是国外市场的不稳定性也给零售企业的国际营销带来巨大的挑战。

11.1.1 国际零售的机遇

零售企业开展国际营销已有 30 年的历史,零售巨头的发展壮大似乎都要经历这个历史阶段。国际零售能给企业发展带来许多机遇,主要涉及以下方面。

1. 经济全球化进程加快,给零售业扩张提供了更多机遇

经济全球化使零售企业经营诸要素跨国流动的障碍越来越少,而且经济全球化的一个最重要内容就是市场全球化,零售企业商品购销、资金筹措等要在全球范围内进行,才能最优地实现"贱买贵卖",获取最佳效益。一个仅在国内配置经营要素的零售企业,面对许多在全球范围内调配经营要素的竞争对手,是难以生存和发展的,因而,国际化经营成为零售企业优化配置、提高效益的必由之路。也只有在国际市场上摸爬滚打,在与跨国零售商较量的过程中才能学得真本事,提高自身的竞争力,才能培育和增强开拓国际市场的能力,在广阔的国际市场占有一席之地。各国家之间的贸易协议或联盟协定为零售企业的发展扫除了部分障碍。世界贸易组织、联合国及其专门机构和国际货币基金组织等为促进国际商务和放松管制发挥了重要作用,还有欧洲共同市场、东南亚国家联盟和北美自由贸易区的形成,都为零售企业提供了广泛的跨国营销的机会。

零售业结构是由零售企业的所有权、组织类型、组织规模和地理范围等方面构成的,这些构成要素的变化,反映一个社会零售业发展变化的基本趋势。不同国家和地区零售业的结构存在着明显差异,例如南欧和东欧各国的市场和行业结构之间差别很大,在法国的购物体验与在波兰的购物体验是不尽相同的。经济和社会的发展,地理的差异和城市化进程,以及政府的政策法规等因素都造成各国零售业结构的独特性。然而,一系列国际化进程,例如欧洲共同市场的成立、北美自由贸易区的建立等,正在侵蚀传统的区域性的零售分布形式。经营模式的国际化和行业集中化思想的拓宽,使各国零售业走向一体化。因此,各国市场会根据它们的商业结构发展阶段为零售企业提供市场机会,那么国际化的零售企业可以根据市场机会和零售模式确定目标,并确定进入市场的切入点。

作为 WTO 的成员国，中国企业应享有多边的、无条件的和稳定的最惠国待遇与国民待遇，享有"普惠制"待遇及其他给予发展中国家的特殊照顾，享有充分利用世贸组织的争端解决机制解决贸易争端的权利，等等。就零售行业而言，它主要体现在世贸组织成员国以及整个国际社会对中国零售企业逐步放宽市场准入条件和实行国民待遇方面，这就为零售企业进行国际化扩张提供了千载难逢的契机。

2. 国际市场提供更多盈利空间

世界各国的经济结构存在不同程度的差异，这种差异就是市场机会所在。同时，各国的文化、产品、服务也存在差异，而各国国内消费者的需求是多样的，要求有多样的产品、服务与之相适应，这也为零售企业国际营销提供了盈利的空间。同样的产品、服务在不同国家存在价格差异，较大的利润空间驱使零售企业纷纷开展国际零售战略。一些发展中国家及落后国家生产水平较低，商业发展滞后，市场供应总量、结构都不能满足消费者需求，这些因素的存在为各国大型零售企业"走出去"提供了舞台。

国外市场的规模是零售企业开展跨国营销最重要的拉动因素之一，英国近 150 年的零售统计资料告诉我们：国际零售企业选择目标国实施跨国营销的关键在于当地具有强大的市场购买力。近年来，国际零售企业选择经济发展速度较快、人口数量大的发展中国家进行扩张，例如东欧各国、俄罗斯、中国等，这些国家或地区的社会消费总额呈现增长的趋势。

国外的政府机构、行业贸易协会、银行等不同机构的政策变动是促使企业开展国际化营销的动因之一。这些机构在贷款条件、信用条件、市场数据资料以及保险等诸多方面给企业的跨国营销制造机会。此外，国外市场上还存在着管理经验、知识、生产能力等多方面的软性资源，零售企业进入国际市场，能够合理而有效地利用这些资源，充分发挥它们的作用。随着世界各国对外商投资零售业限制的放开，吸引众多零售企业进行投资。部分发展中国家，如罗马尼亚、秘鲁、土耳其等国制定投资优惠政策，通过给予外资企业国民待遇、税收优惠、便捷的汇兑和利润汇回政策吸引外资企业。一般而言，这些国家人口增长较快、经济发展势头较好、市场潜力较大。

3. 更有利于实现规模经济效应

近年来，我国零售企业呈几何级数增长，很多企业通过兼并与收购行为，创立了具有一定竞争能力的商业集团。随着零售企业的大型化，零售业的组织结构呈集中化趋势。零售企业的集中化，意味着主导零售企业的规模化，可以达到规模效益。大型零售企业尤其是大型连锁超级市场，可以集中批量采购，从供方得到价格优惠；可以通过各分店商业设施的统一化、标准化，降低成本。

零售行业规模效益十分明显，大型零售商庞大的购买力还使得它们在与供应者讨价还价中处于较为有利的地位，往往会以较低的价格得到供应者的产品；此外，大型企业抵御风险的能力增强，可以依靠雄厚的财力，进行小企业无力从事的广告宣传、市场调研、产品开发等活动，因而规模化是零售业的必然选择。要实现零售业的持续增长，增强规模竞争优势，就必须突破国内市场饱和的局限性，实行国际化经营。现代通信、运输、信息技术，尤其是互联网的迅猛发展大大降低了跨国经营的成本。国际零售巨头沃尔玛成立于 20

其管理体制也是一种自主的分权模式。多国零售企业在一定程度上改变了原来的零售业态核心经营层面,但并没有完全转移母国的零售业态。荷兰的阿霍德(Ahold)就是实施多国战略,它以不同的方式进入海外目标市场,在业态组合上也具有明显差异。在荷兰,采用了独资和特许经营方式;在美国和捷克,采用了全资收购连锁超级市场的方式;在葡萄牙和波兰,又采用了合资方式,同时革新了现有的零售业态;在东南亚市场,采取与地方供应商签订大量合资协议的方式,在业态组合上也做了大幅度调整。在管理模式上,实施多国战略的国际零售商采取分权的形式,允许各地区的分公司有更为广阔的经营领域,甚至是不相关的经营范围。

11.2.2 全球化战略

全球化战略(Global Strategy)是零售企业在跨国扩张中采用标准化的零售业态和管理模式,忽视了国家和地区之间的差异,认为所要满足的目标消费者群体是相同的,具有相同的消费需求、偏好和生活方式,零售企业同时将市场力量分布于世界多个国家和地区,开发多个国家和地区市场;企业在高度集权控制下,通过采用标准化的管理和连锁经营的方式迅速在全球扩张,形成有统一的形象和品牌的大规模零售集团。零售业中宜家(IKEA)、路易威登(Louis Vuitton)和玩具反斗城(Toys "R" Us)都是采用这一战略。

实施全球化战略的零售商一般都会采取权力高度集中的做法,所有涉及公司的决定包括商品种类、销售方式和服务水平等都由最高层做出,不鼓励所属的商店具有创新精神。各地区的商店只需严格遵从总部制定的规章和程序,他们不会对整个公司的经营技巧有任何影响。这种管理模式尽管抑制了商店的积极性,也可能导致公司对当地市场的细微变化反应迟钝而阻碍其跟上市场发展的趋势;但由于可以重复使用一个已被证明行之有效的模式,零售企业可以从标准化的经营活动中获得经济利益,并可以非常迅速地扩张。

11.2.3 跨国战略

跨国战略(Transnational Strategy)是在不同国家(地区)使用相对广泛灵活的零售营销组合以适应不同国家(地区)的经营,由于没有保持各个市场经营的相似性,使规模经济相对减少,但是可以从差异化收益等其他地方获得弥补。对于分散在各国的分公司,其基本经营理念保持不变,但需要为适应每一个国家市场的特殊要求而进行一些改变。例如,大型综合超级市场的"一站式购物"在许多国家落叶生根,但是产品种类和品牌却根据每个国家顾客期望的不同而有所不同。

跨国战略的零售商一般采用分权化管理,母公司做出主要的战略决策,各分公司管理层有相当大的自主权,可以决定商店经营的组合策略。例如,选择产品的种类和供应商,根据当地竞争状况设定边际利润,决定所提供服务的水平,决定广告主题并选择广告媒体。采取跨国战略的零售商能够更好地实现集权管理和地区本土分权管理集合;虽然这种经营不会使国际零售商从规模经济中获益太多,但却使组织成员从全球各地学到了丰富的经验,并培养锻炼了一批国际零售管理人才。英国马狮就是一个很好的例子。公司进入北美市场采取收购当地企业的形式,在欧洲长期采用可持续增长战略,在需要的市场及时执行本土化战略,运用特许经营方式发展文化距离和地理距离比较远的市场,如澳大利亚、巴哈马群岛等。马狮在管理网络上，在不同国家的高层管理部门经常交换信息与技能，店铺经理人员每两年重新调配一次。

无论是哪种类型的国际零售商，它们实施国际化营销战略首要解决的问题是选择海外市场，这是直接影响零售企业海外扩张的核心内容。

11.3 国际零售方式

11.3.1 国际零售商进入海外市场的主要方式

1. 有机增长

有机增长(Organic Growth)，即零售商运用自己的资源从其他零售商处购买现有场地，或者从零开始。采取这种方式的零售商独立开发新市场，完全自主控制管理和销售过程，不需要考虑如何使合作伙伴一致协调，经济利益完全由自己支配。与其他进入方式相比，有机增长能够维持零售商的品牌认知度，维持在国际扩张中的品牌吸引力。但是这种方式需要大量的资金和其他资源，投资回报周期比较长，风险较大。通常而言，使用这种进入方式的企业较少，因为许多国家政府只允许外资零售商以合资的形式进入，而且容易遭遇较大的政治和经济风险。

零售企业在向具有地理和文化邻近的海外市场扩张，或在新的海外市场上没有同类强势品牌的时候，采取有机增长的方式比较容易取得成功。例如，凯玛特在日本关岛使用的也是有机增长的方式，于 1995 在关岛成功开设了一家 16 万平方英尺的分店，即使是在亚洲金融危机时期，也对分店的经营没有太大的影响。主要原因是当地的市场被一些小零售店控制着，这些小零售店不具备凯马特处理多类别商品的能力。凯玛特关岛分店不仅为关岛居民提供了服务，也吸引了很多游客。这家分店的 Tengu 牛肉干(加利福尼亚制造)的销售是全世界最大的，而日本游客尤其喜欢这家分店。凯玛特冒着风险在关岛开设分店，却得到了相对可观的利润和较佳的市场影响力。

2. 并购

并购是指通过出资加入一个已在正常经营的企业体系。这种方式的显著优点是，利用一个完整的当地公司快速进入海外市场，在一个已经饱和的市场中获得一定的市场份额和收入。它的主要缺点是，企业很难发现和评估一个候选企业，而且不同的会计标准、虚假的财物记录和不同的管理风格增加了并购的难度。还有东道国的法律限制给并购形式带来了严重的障碍。很多东道国政府不同意收购的形式，防止外来的所有权取代当地所有权，并针对国外的收购制定反垄断政策。因此，在评估收购目标的过程中，必须经过周详的考虑，如果并购不成功的话将会给企业带来更大的损失。

自 20 世纪 90 年代以来，并购成为国际零售企业进入海外市场的主要方式。荷兰阿霍德(Ahold)1996—2002 年在拉丁美洲完成了 14 项大型并购。沃尔玛在 1999 年收购了英国的阿斯达(ASDA)，在 2004 年并购巴西的零售巨头邦普里科(Bompreco)，邦普里科在巴西拥世纪 60 年代，但其高速发展期却始于 80 年代，特别是到了 20 世纪 90 年代，随着沃尔玛开足马力进军国际市场，先后在加拿大、巴西、印度尼西亚、墨西哥等国建立了很多分店，才有了今天的规模和竞争力。

【案例 11.1】

7-11 便利店进军中东市场 迪拜店明年开业

据日本媒体报道，日本柒和伊控股集团旗下的美国 7-11 公司 17 日宣布，将于明年夏季在阿拉伯联合酋长国人口最多的城市迪拜开设首家店铺。这是日系便利店首次进军中东市场。7-11 认为在经济持续增长、高收入者日益增多的阿联酋，存在便利店大发展的商机。首家店铺将于明年夏季开张，力争 2017 年年底前推出约 100 家门店。

在阿联酋新成立的当地子公司已经与美国 7-11 签署了地区特许经营权。7-11 日本公司将在开业初期提供商品管理等支援。

7-11 店铺将由此拓展至 17 个国家和地区。目前包括日、美在内，7-11 全球店铺约有 5.33 万家。

(资料来源：http://www.ebrun.com/20140619/102127.shtml)

11.1.2 国际零售的风险

1. 竞争风险

零售企业实施跨国营销不可忽视国外市场的高度竞争。对于习惯于高度竞争的本地市场的企业来说，国际市场更为复杂，不仅是因为要面对更多的竞争者，也因为这些竞争者之间的差异。如果我国零售企业选择进入欧洲市场，那么不仅要面对来自英国、德国、法国和西班牙的竞争对手，也要面对来自欧洲以外的国家和地区的竞争者，包括美国、加拿大、日本、韩国、甚至南美国家。这些国家和地区的竞争者可能会有不同的竞争优势，有些可能拥有低成本劳动力，有些可能融资方便、拥有低成本的资金，还有一些可能拥有更高新的技术，适应这些差别不是一件轻松容易的事。不同的文化和思维方式，为理解竞争对手的战略意图增加了难度。西方零售企业开展国际化扩张已经有 20 多年的历史，它们占据了一些具有强劲购买力的、有发展前景或经济环境良好的市场，例如欧洲、北美和日本等经济发达地区，还有韩国、新加坡等经济发展势头良好的区域。

2. 政府政策的限制

零售企业在国外发展的同时，也必将受到他国政府、法律、政策法规的限制和约束。政府的干预、政府政策对零售业发展的限制都会给市场机会带来很大的冲击和约束。经济和财政政策间接影响经济环境和消费者的消费行为。与零售商有直接关系的是，改革的速度和方向是否应该由政府来控制。在不同的欧洲国家，政府干预的程度也有所不同，有关政府的多项立法直接冲击零售业。欧洲多国制定了有关竞争和贸易的法规，目的是防止市场份额过度集中导致垄断和"不公平竞争"。在美国，如果零售企业运行超过一定规模，联邦贸易委员会会采取一些措施促使商店出售。还有德国营业时间的立法给潜在的市场进入者带来障碍，而低成本销售立法限制德国的外资零售企业的发展。

在俄罗斯开设我国第一家连锁超级市场的天客隆,其失败的教训告诉我们:不同国家的法律和政策上的差异以及政府对外资企业设定的限制,也会限制和阻碍零售企业的发展。例如,俄罗斯采用的商品商检标准是比中国高两个档次的欧洲标准,国内某一知名品牌的微波炉在国内销售完全合格,但用欧洲标准检验,微波泄漏却超标;还有在俄罗斯销售的四个品牌方便面,其中有一个品牌出了问题,按照欧洲标准进行检验时发现少了四道消毒程序,大肠杆菌超标。此外,还有利息税政策、所得税水平、销售税和工资控制都影响着消费者的消费倾向和零售商的投资行为。

欧洲多个国家制定了限制大型店铺发展的政策,在英国政府对商业的管制包括营业时间和商业规划法规,其中有一项规定是只有店铺面积在 280 平方米以下的店铺可以在周日任何时间段营业,店铺面积超过这一标准的,可以在周日营业,但是营业时间必须在 6 小时以内。德国《城市建设法》规定,购物中心或建筑面积在 1500 平方米以上的大型店铺只能在规定的区域开设。在法国,凡是店铺面积超过 300 平方米的店铺在开店前必须经过审批。

3. 社会文化的差异

到一个存在语言差异的国际市场投资,所接触到的消费者、员工和供应商可能完全不同,其文化和行为习惯相差甚远。我们必须根据不同国家或地区的文化属性进行调整,否则难以适应当地市场的要求。由于我国文化传统与西方等发达国家以及非洲和拉丁美洲等国截然不同,因此要适应这种文化的差异需要很长一段时间。

4. 其他不确定的因素

政治风险、经济衰退、资本市场动荡、类似"非典"的突发事件和战争都是投资零售业的风险和不确定因素,这些因素将直接影响零售企业的跨国营销活动。政治风险存在于国家政府的不稳定和国内国际的战争。国家政府的不稳定性会产生一系列问题,其中经济风险和不确定性的产生是由于政府管制、大量可能性冲突的存在、法律权威性和潜在的私人财产国有化。如果我国零售企业选择到俄罗斯经营,必须充分了解当地的政治环境,包括国家政府的稳定,如发生政权改变,我们的投资和资产将会如何。其实,经济风险和政治风险是并存的,国际多元化的主要经济风险是不同货币汇率的差异和波动,不同货币的价值有时会极大地影响到公司在国际上的竞争力。

11.2 国际零售基本战略

学者们根据地理范围、文化扩张区域、文化导向、营销方法以及管理形式不同,划分不同类型的国际零售商,它们的国际化战略具体可分为三种基本类型,即多国战略、全球化战略和跨国战略。

11.2.1 多国战略

多国战略(Multinational Strategy)是零售企业运用自己的国际影响力、管理和技术层面的优势,在国际化扩张过程中,根据不同国家和地区的情况,采取不同的零售业态组合;

第 11 章 国际零售

有 118 家分店，有便利店、超级市场和大卖场等零售业态，这次并购活动使得沃尔玛控制了巴西东北部的销售网络。

【案例 11.2】

三胞集团再涉跨国收购，弯道超车成效待考

继成功收购英国百货公司集团 House of Fraser 近 90%股份后，三胞集团近日又有了一桩"跨国大买卖"。有消息称，三胞集团联合中国投资公司赛领资本 (Sailing Capital)成功拍下了已破产的美国零售商巨头 Brook Stone Holdings Corp(以下简称布罗克斯顿)。

2014 年 6 月 4 日，三胞集团新闻发言人向《每日经济新闻》记者证实了上述收购，不过，三胞集团并未直接参与竞拍，而是作为合作伙伴，未来将参与到布罗克斯顿在中国以及英国市场的开拓。

在业界看来，相比此前的直接收购，三胞集团此次的合作方式更为明智，大大降低了收购的风险，后续通过赛领资本方面亦可获得经营话语权。

借助收购欧美老牌零售企业已经成为中国零售企业弯道超车的利器。不过，分析人士指出，投入产出能否成正比还有待观察。

(资料来源：http://www.ebrun.com/20140605/100851.shtml)

3. 特许经营

特许经营是授予某个国家和地区特许经营权人经营权、签订协议。通过特许经营，国际零售企业可以较低的成本获得进入新市场的机会，迅速扩展自己的国际品牌知名度，所承担的风险比较小。特许经营的缺点是企业的收益小，必须谨慎选择受许人，并对他们的经营加以控制，如果受许人变得相对独立以后，就会成为零售企业的竞争对手。

在国际化实践中，零售企业选择特许经营的进入方式除受到母国成功经营的经验影响外，还受目标市场国环境因素的影响。图 11.1 列举了一些零售企业在母国和国际市场使用特许经营的情况。

母国市场	特许	阿霍德(Ahold) 家乐福(Carrefour) 桑顿(Thorntons)	贝纳通(Benetton) The Body Shop 伊夫罗谢(Yves Rocher)
	非特许	C&A 圣斯巴利(Sainsbury) 塔斯科(Tesco) 沃尔玛(Wal-Mart)	阿尔迪亚(Arcadia) Bhs 马狮(Marks & Spencer) Next
		非 特 许	特 许
		国际市场	

图 11.1 零售企业在母国和国际市场使用特许经营的情况

资料来源：汪旭晖. 零售国际化：动因、模式与行为研究. 东北财经大学出版社，2006:114.

当零售企业进入一个与母国市场环境相差甚远，但是具有较大市场吸引力的国家，采

取特许经营的方式比较容易打开市场,增加品牌知名度。例如,在 20 世纪 90 年代,很多欧洲零售商将目标国市场选在日本,因为日本市场的零售商业结构和商业基本设施比较发达。但是要进入日本市场并不容易,主要是日本市场与欧洲市场的地理距离和心理距离远,消费者的消费文化和行为习惯完全不同。在这种情况下,众多零售商都选择特许经营的方式进入该市场,其中有专业性的食品零售商赫迪亚(Hediard)、意大利的家具零售商弗雷特(Frette)、法国珠宝零售商阿格萨(Agatha)以及法国的百货店春天(Printemps)等。

4. 战略联盟

战略联盟是指两个或两个以上的企业联合起来,以达到互利的目的。国际战略联盟是指由隶属于不同国家的两个或两个以上有共同战略利益和对等经营实力的企业,为达到扩大原有市场、共同使用资源等战略目标,通过签订各种协议、契约而结成的优势互补或优势相长、风险共担、要素对流的一种松散型的合作和伙伴关系。它可以使企业获得新技术、生产能力、分销和服务能力,同时合作伙伴还可以在资源和竞争能力方面互通有无。

根据不同的战略意图和各联盟伙伴所具有的特定优势,跨国战略联盟可以采取以下不同形式。

(1) 公司契约式联盟:通过契约规定各方的权利和义务,而不是按资金实力决定它们在联盟中的地位,常见的有技术互换协议和销售代理协议等。

(2) 合作备忘式联盟:通过签订合作备忘录相互交换信息、提供技术咨询服务、交换特许权和介绍客户等,从而建立起一种比契约式更松散的合作关系。

(3) 国际协作式联盟:通过加强合作各方有效联系,迅速调动各方资源,分头开发有价值的项目。

跨国联盟是通过外部合作关系而不是内部增值来提高企业的经营价值,利用两个或两个以上合作成员的可供资源和经济实力,增强各方的竞争优势,以便共同占领或分割某一国外市场或对新出现的市场机遇做出反应。跨国战略联盟与其他紧密型企业组织发展模式相比,具有以下明显特征。

(1) 所有权相对独立。参与联盟的各成员企业具有独立的所有权,它们的合作是以联盟协议为基础的。

(2) 从事跨国经营活动。联盟的各成员企业能从更高的层次参与国际经济活动,并以全球市场为导向,经营活动的内容或范围都体现国际性特征。

(3) 具有共同的战略目标。战略联盟各成员企业具有长期的、共同的战略目标和战略部署,追求一种长期、稳固和互补的合作关系,而不是短期的经济利益关系。

(4) 资源共享。战略联盟各成员企业根据战略联盟协议和具体实施方案,在一定范围内共享技术资源、人力资源和市场优势。

(5) 共同合作。战略联盟改变了传统的竞争与合作对立的观念,它将来自不同国家、不同企业的所有者组合在一起,使联盟各方的利害关系交织一起,因而它也是竞争对手的合作,是在合作中开展竞争。战略联盟能否发挥积极的作用,关键在于潜在伙伴的战略定位是否一致,以及资源的投入情况。

第 11 章 国际零售

【案例 11.3】

宜华木业联手美乐乐家居网，深化 O2O 模式

宜华木业 2014 年 3 月 27 日晚间公告，公司将联手中国家居电商领先品牌美乐乐家居网，合力打造中国家居电商第一品牌。

根据协议，宜华木业将进驻"美乐乐家居网"O2O 开放平台，借助"美乐乐家居网"打造电商新渠道，美乐乐负责为其制定相关实施方案，提供技术指导及相关配套服务。同时，双方拟在宜华家居体验馆等线下实体渠道展开深度合作，在双方产品品类和风格不冲突的前提下，实现双方的渠道和流量共享。

宜华木业是以出口为主的传统家具生产商，是国内规模较大的家具生产销售企业。从今年开始，公司启动商业模式转型，通过 O2O 模式大力开拓国内市场。此前，公司已通过与腾讯的战略合作发展 O2O 模式。

美乐乐家居网则是国内家居电子商务平台的领先品牌。据了解，美乐乐家居网的"双平台 O2O"模式近两年在业内一枝独秀，其注册会员超过 1000 万，并在全国拥有 250 余家体验馆，是目前中国家居领域最受消费者欢迎和最具行业影响力的电子商务网站之一。

宜华木业表示，此次合作将推动公司发挥强大的制造端优势和资源优势与美乐乐的家居电商领先平台的新渠道优势的有效融合，通过 O2O 家居电商开放平台建设，推动家居行业渠道资源整合，提升供应链效率，优化业务模式。同时，借助美乐乐网络销售平台打造"实体店+网络卖场、现场体验+网络展示"线上、线下相结合的营销模式，促进电商新渠道发展，挖掘庞大的网络消费主流资源，扩大消费群体。

(资料来源：http://www.ebrun.com/20140328/95000.shtml)

5. 合资

合资经营是指零售企业寻找一个当地的合作伙伴共同投资建立一家合资企业，这种方式适合进入一个环境比较复杂的市场或新兴市场，可以充分利用当地企业的专门技能和当地的分销网络；同时可以轻易获取当地的市场信息，以对市场变化做出迅速灵活的反应；而且合资的方式易于获得当地政府的接受和欢迎，并给新进入的零售商提供在新市场学习的机会，给本土合资方提供了向国际零售商学习的机会。

在实践中，很多零售商都采取了合资的形式进入海外市场，通常是一个外资企业和一个本土企业合并，当然也有两个外资企业在合资后进入海外市场。玩具反斗城(Toys "R" Us)进入日本市场时的合作伙伴不是日本企业，而是麦当劳，因为麦当劳已经在日本市场具有良好的绩效。在 1992 年，玩具反斗城与麦当劳合资成立一家企业，由玩具反斗城持有 80%的股份，而麦当劳(日本)持有 20%股份。通过与麦当劳合资，玩具反斗城迅速获得市场的注意力，并取得了良好的经营优势。

此外，直接出口也是零售企业的一种海外市场进入方式，具体形式有邮购(Mail Ordering)、网上或电视购物(Internet or TV Shopping)，美国的亚马逊书店就是通过网络从美国向世界各地销售图书的。还有很多大型零售商，都曾向没有开设分店的国家的零售企业出口自己的自有品牌商品，英国的马狮自 20 世纪 80 年代以来每年向它没有开店的国家的零售商出口产品价值达 4500 万英镑。

11.3.2 不同进入方式的比较

不同的进入方式都有自己的特点和适用条件，以上五种进入方式是目前零售企业在国

239

际化扩张中最为常见的。当然每一种进入方式都有自己的优缺点，表现在成本、风险、扩张速度等方面。五种进入方式的比较如表 11-1 所示。

表 11-1 五种进入方式的比较

进入方式	优　　点	缺　　点
有机增长	任何规模的公司都可以采用，试营业的风险和成本较小；能够根据每个阶段的运营结果及时调整；易于生存；能够快速复制	建立具有一定规模的连锁体系需要较长时间，企业高层管理者会把它视为重要程度较低的交易，需要全面地评估，如果进入国家距离总部所在国较远，将会面临更多困难，公司需要为进入国的市场所熟悉
并购	能够快速建立自己的连锁体系；管理队伍随即就可到位，立即产生现金流量；技术可能向母公司转移	决策一旦出错很难退出；评估接收对象有难度而且花费时间较长；合适的公司不容易找到；必须对高级管理层做出承诺；所收购的公司的管理团队可能不适合新的运营体系的要求
特许经营	实现快速扩张，总部的扩张成本低，边际市场明确；可利用当地的管理；可利用的合作协议形式多样	可能有比较复杂的法律规定；必须找到合适的加盟者；可能陷入一个无法令人满意的合作关系
战略联盟	可以与市场现有的模式结合；有助于达到学习高峰并克服非关税壁垒；可能随时退出或全面进入市场；与另一个进入者分担进入成本	必须分享利润；寻找合适的伙伴较困难
合资	与当地企业或其他企业建立合资公司共同开发市场，风险共同承担，而且成本不高，当资本投入较大时扩张速度加快	两个不同企业有自己独特的文化和管理方式，当双方发生分歧时，合资企业难以发展

【案例 11.4】

自贸区里购物：海淘血拼，保税不免税

与投资相比，普通老百姓更关心的是，自贸区是否会成为购买进口免税商品的风水宝地？

1. 森兰商都：展示销售两不误

尽管没有免税商品可以淘，但在上海自贸区，还是有可能买到比上海市中心商场里价格便宜些的保税商品。2014 年 4 月，毗邻外高桥上海自贸区的森兰商都正式开门营业。由于承载着"进口商品保税展示交易平台"的功能，森兰商都由上海外高桥保税区开发股份有限公司具体实施。该平台利用自贸区内的进口商品资源，将自贸区内的"库"与区外森兰的"店"有效融合，形成"前店后库"的进口商品创新商业模式。对入驻的商家来说，如果某款商品在森兰商都展示、销售不佳或未实现销售，在保税模式下，可灵活返回区内并转口境外重新全球调拨，避免了中间销售环节和税收损失，从而降低了商家的成本。

目前森兰商都一期内已入驻国外品牌达到 100 多个，其中不乏 Burberry、Armani、Prada、Gucci 等一线品牌，只是展示和销售的商品款式还很少，商场环境和服务也还不尽如人意。

从消费者最关心的价格上来看，同款商品售价为上海市中心商场的 7~8 折，但与欧洲商场的价格相

比并没有明显优势。与海南免税店相比，价格明显偏高。如一款 Burberry 女式手提包，在森兰商都售价 7200 元，而在海南免税店只需 6000 元左右，这便是免税与保税的区别。

但不管怎么说，依托上海自贸区政策的"保税店"概念，森兰商都还是在国内普通商场与境外免税店之间形成了第三种价格，即不用大老远坐飞机出国，也能买到比国内专柜价格更便宜的进口商品。

2. 澳洲国家馆只展不卖

2014 年 5 月 30 日，由浦东外高桥集团和澳中投资管理有限公司联合打造的上海自贸区内的首个国家贸易馆——澳大利亚国家馆正式开馆了。它的运作模式和森兰商都一样，也是通过保税直销的形式，集展示和销售于一身，只不过作为国家馆，它身上还担负着促进中澳贸易往来的责任。

此前曾有媒体报道，目前馆内已吸引了 30 多家澳大利亚企业加盟，展示和销售众多具有澳大利亚特色的产品和食品，包括绿色食品、农牧产品、皮毛制品、日用品、保健品和红酒。价格比同类产品在国内的市场价便宜 30%左右。除了澳大利亚国家馆外，智利、泰国、新西兰、俄罗斯等国家馆也将在今年年内在自贸试验区内陆续开馆。

只不过与醒目的森兰商都不同的是，这个国家馆寄身于一栋外观非常普通的近似仓库一般的写字楼的 6 楼，在大楼外侧也没有非常醒目的标志提示这里就是澳大利亚国家馆所在地。

走出电梯，记者尚未进入澳大利亚国家馆就闻到了一股刺鼻的装修气味。面积并不算大的国家馆内只有两位前台工作人员和一位保安，除了记者之外，再无他人。尽管馆内展品布置得很有澳洲文化特色，但所有澳洲进口商品均只陈列了样品包装盒而无实物，且保安告诉记者，目前此处所有商品仅供展示不供销售。此前报道中提到的包括澳洲医疗、移民、旅游、教育、房地产代理、金融服务和法律服务等在内的多项业务的服务商更是杳无踪影。

可见至少从目前来看，想在澳大利亚国家馆内淘到便宜澳洲特产的小伙伴们还是先别急着赶过去了。

(资料来源：http://www.ebrun.com/20140624/102513.shtml)

11.3.3 影响零售企业选择海外市场进入方式的主要因素

1. 东道国的环境因素

东道国的环境因素主要涉及以下五个方面。

(1) 当地市场因素。与市场相关的因素包括市场潜力、市场大小和竞争情况等。市场潜力的评价包括几个可以测量的指标：购买力平价(Purchasing Power Parity，PPP)、可支配收入、人口分析以及与目标国邻近的市场的规模及消费能力等。PPP 指数在经济学上，是一种根据各国不同的价格水平计算出来的货币之间的等值系数。它是排除了汇率及物价等干扰因素以后，对 GDP 指标的一种调整指标，更好地衡量一个国家经济发展水平与消费能力。可支配收入与总收入水平是不一样的，税收率、储蓄率、消费质量的提高、消费形式的变化以及季节性的波动等，都会影响可支配收入与总收入水平之间的差距，而正确地估计国民可支配收入的多少对于预测海外目标市场国家的消费潜力有重要意义。人口分析包括人口规模、人口年龄结构、性别结构、种族结构与文化结构等。以人口的地区分布为例，消费潜力的大小往往取决于人口的地理分布，特别是城市人口往往拥有更强的购买力，所以高密度的城市人口比例对零售商的经营更为有利。与目标国邻近的市场的规模及消费能力也是一个重要的参考指标，零售企业往往希望进入的目标市场是在该区域内是重要的、基础的市场，相对轻松地采取基本相同的进入方式进入周边国家或地区。例如我国零售企业百联集团进军欧洲市场首选比利时,就是因为比利时是欧洲"商品集散地",是一个基础市场。

如果东道国市场潜力不大,存在很多不稳定的因素,却是一个基础市场,那么零售企业往往不会采取有机增长等高成本的进入方式,而是采取许可或特许的方式进入海外市场。当东道国市场面临激烈的竞争时,零售商往往不会采取收购等资源投入较高的进入方式,而是采取战略联盟的形式。

(2) 经济环境因素。经济环境分析包括对一个国家或地区的经济增长速度、国民收入水平、产业结构、消费收入水平、消费者支出模式、消费者投资和储蓄机会与信贷水平、经济政策等因素进行比较分析。如果东道国的经济规模大,零售商在该国的市场规模可能会大,可以采取高成本、高控制的进入方式。虽然有的国家市场还没有成熟,但是具有发展的前景,人均收入增长率和投资增长率处于比较高的水平,那么零售商使用资源投入较高的进入方式,争取市场渗透,以获取长期利润增长点。当东道国经济发展水平相对低于母国经济发展水平的情况下,高成本、高控制的进入方式(如独资)比较合适;而当东道国经济发展水平相对高于母国经济发展水平时,使用合资、收购的方式更为合适。

(3) 法律政治因素。如果东道国的政治或政策不稳定,那么零售商就应该谨慎考虑是否使用收购、兼并等资源承诺程度较高的进入方式。另外许多国家对外商独资加以限制,使得很多大型零售企业只能在海外市场寻求地方合作伙伴,以合资的方式进入海外市场。当东道国政府对于外资零售企业所有权形式管制严格的情况下,使用特许经营的进入方式比独资或兼并等高成本高控制的方式更为可行。

(4) 社会文化因素。一般而言,当东道国与母国文化差距较小时,如美国零售商进入加拿大或墨西哥市场,零售企业适宜采取有机增长的方式。而当零售企业准备进入与母国文化距离很大的市场时,适合使用特许或合资的市场进入方式,例如沃尔玛进入亚洲市场时多数采取先与当地企业合资或参股当地企业的方式。在20世纪80年代,美国学者Kogut.B和H.Singh 在《国际经济研究杂志》上发表了一篇题为《The effect of National Culture on Choice of Entry Mode》的文章,主要谈到如何测量不同国家和地区与美国之间的文化距离的问题,还设计出具有实用意义的数学模型,提出了有代表意义的Kogut-Singh Index(主要是指不同国家和地区的文化差距系数)。在零售企业进入海外市场时,往往将文化距离和海外市场进入的难易程度结合在一起考虑。

(5) 市场的进入壁垒。对于零售行业而言,进入市场的威胁取决于当前的进入壁垒和进入者可能遇到的现有企业的反击。如果壁垒高筑,则影响新进入者的入侵。进入的壁垒主要有规模经济、服务差异化、可获得的分销渠道、转换成本以及政府政策的限制等。供应商和购买者可以通过主导市场、主动协调价格、质量和支付条款来行使他们的权利。如果市场上只有少数合作者,那么通过磋商达到交易的可能性更小。但是当很多供应商或购买者为同一交易开展竞争,市场进一步分割,协商机会增加。国际零售企业在全球范围内选择低转换成本的供应商,通过提供设计和贴上自己的品牌,创造出强大的成交优势,沃尔玛和马狮就是采取这种做法的零售企业。但是在其他领域,零售企业只能从少数的全球品牌供应商中挑选产品,而且这些供应商通过限制零售商的利润价格结构保持他们的竞争实力。如果供应商拥有重要或不可替代的商品或品牌,那么他们对零售企业具有更强的控制能力。

第 11 章 国际零售

【案例 11.5】

境外海淘成都女鞋，俄美女性成购买主力

2014 年 6 月 20 日，成都商报记者独家报道了 2014 年前 5 个月，四川省邮政国际小包出口业务出现井喷，同比增长 10 倍，其中成都女鞋最受欢迎的消息。到底是哪些国家和地区的哪些人群在购买成都产品呢？为什么会购买呢？昨日，记者对此进行了追踪采访。

1. 俄、美、巴位居前三位

成都万国商贸有限公司是成都本地最大的一家通过第三方 B2C 平台做生意的公司，"80 后"的老板徐帅告诉记者："成都做境外 B2C 的网商有个小圈子，其中 90%都是做女鞋的，因为成都女鞋有完整的产业链，有价格优势。"

万国商贸的一位工作人员打开其后台的管理软件，给记者介绍有哪些国家和地区的客户在购买其产品。一个饼状的分析图表显示，截至昨日，其销售的女鞋中，23.33%的货物发往了俄罗斯，9.72%发往了美国，6.91%发往了巴西，法国、西班牙和意大利位列第四至六位，分别占比 6.05%、6.05%和 4.1%，英国、加拿大、澳大利亚、尼日利亚和白俄罗斯等国"瓜分"了余下的份额。

根据统计，在购买人群中，90%为当地人，5%为中资人员、留学生等。徐帅称，如果把当地人再进一步细化，其中 60%为当地消费者，几乎全部为女性消费者，而 30%~40%为经销商，"比如有巴西的当地女鞋经销商，会在我们店下单，然后运到巴西，在巴西进行销售"。

另一家不愿具名的做境外 B2C 贸易的公司也称，九成以上的货物都发给了当地女性，其中主要流向欧洲和南美。

2. 顾客多为价格敏感型

成都商报记者在速卖通、eBay 等平台上发现，出售四川产品的商家不在少数，包括食品、服饰等，但女鞋最受欢迎，占到了所有产品量的 90%以上。为什么成都女鞋卖得最好呢？

这有两个原因。第一，价格便宜、产品款式多、设计漂亮。"比如我们最近卖得最好的一双女鞋，售价仅 16.38 美元，加上 100 元左右的运费，大概值人民币 200 多元，但是在巴西的售价可能是总价的 1~2 倍。"第二，不少国家女鞋产业链不完善，产品少，需要进口，"比如俄罗斯、西班牙等国，女鞋进口量非常大"。而成都女鞋在全国也有比较优势。

昨日在万国商贸的办公室，通过客户系统，记者随机采访了一位名叫"Everton Mariano"的巴西消费者，她说购买中国鞋子主要是价格便宜，非常具有竞争力。一位在哥斯达黎加做鞋类的中国经销商也销售中国女鞋，他告诉记者，国外消费者通过速卖通、eBay 购买中国鞋类产品的消费者，都是价格敏感型客户，"一双女鞋一般为当地价的二分之一，而且款式多，在国外比较受欢迎"。

(资料来源：http://www.ebrun.com/20140624/102499.shtml)

2. 零售企业的内部因素

零售企业的内部因素主要涉及以下四个方面。

(1) 零售企业的资源优势。如果国际细分市场具有适合企业的规模、良好的发展前景和富有吸引力的结构，能否成为目标市场，企业仍需结合自己的资源、能力和战略目标进行考虑。企业可以通过分析内部环境，了解自己的竞争优势以及在国际市场的开发能力。

构成零售企业内部环境的主要因素有财务状况、竞争地位、零售业态、设备状况、市场营销能力、研究与开发能力、组织结构、员工素质等，分析企业的内部环境主要用价值链分析法。美国学者波特最先提出价值链的概念，他认为每个企业都具有九个方面价值活

动构成的一个价值链,如表 11-2 所示。根据零售企业经营活动的特点分析,企业价值链的内容主要包括三个方面:一是上游价值链,即在供应过程中企业在选择供应商、确定采购成本与采购时间活动以及店铺选择和设计中形成的价值增值活动;二是内部价值链,即企业内部资金流管理、人力资源管理、信息管理活动中形成的价值增值活动;三是下游价值链,即企业在销售过程中提供服务、店铺运营、营销和促销等活动中形成的价值增值活动。企业运用价值链进行规划和管理,以使企业获取并赢得竞争优势。

表 11-2 零售企业价值链分析

价 值 活 动	主 要 内 容
供应链	接收、储存、分销商品
销售规划	商品范围、商品组合、风格和颜色、设计等
市场营销	广告、促销、公关策略
店铺经营	金融服务、结款服务
内部后勤	配送能力、商店气氛和商店设计、售后信用、商店地点
技术能力	POS 系统、ERP 技术以及品类管理等零售技术的应用、获取市场信息的能力以及结款速度等
人力资源管理	服务和管理人员培训、员工职业生涯设计、激励方式等
采购	制订计划是否合理、是否建立快速信息反馈系统、与供应商的关系
公司基础设施	店铺的装修和陈设、办公设备、信息技术设备等

从零售价值链三个主要环节看,商品管理、库存管理和门店运营都反映出我国大型零售商运营水平比较薄弱,还有很多需要发展的空间,如严格保证商品的质量、安全库存管理、商品分类、店面的布局、货架陈列等。另外,清晰的价格标识和品牌策略对零售企业来说也都是十分重要的。企业通过内部环境分析,掌握自己的优势和薄弱环节,认为已经具备参与国际竞争能力的企业可以筹划自己的海外营销战略,进而选择进入市场的方式。

零售企业对不同的价值活动进行分析,掌握自己的优势与劣势后,再针对企业在不同的目标国市场进行开发能力评估。主要评价的要素包括:对目标国市场的地理、经济、政治和法律环境的熟悉程度、信息获取量的多少、是否具有战略合作伙伴、是否配备开发市场和管理当地企业的人才、与目标国市场供应商的关系等。很多零售企业进入地理差距和文化差异大的国外市场,都会选择合资经营的方式,一方面可以规避风险;另一方面可以更快地适应当地市场的环境和消费者的习惯。配备掌握国际市场动态、具有零售实践经验的管理人才以及善于开发国际市场的零售业人才更是零售企业跨国营销必需的条件。

(2) 从事的业务类型。零售企业从事的业务类型对选择进入市场的方式也有一定的影响。如果中国零售企业经营的是具有中国特色的食品、日用品和杂货等,选择在美国或东欧市场当地的华裔消费者,那么进入这些国家和地区就适合采取并购方式,一方面可以实现企业规模的快速发展;另一方面给其他潜在竞争者设置进入市场的屏障。但是进入一些经济欠发达地区,例如非洲和南美洲一些国家,由于缺乏并购对象,内部扩张的方式成为唯一的选择。还有经营服装的零售企业，采取内部扩张、特许经营方式进入目标国市场更为合适。以时装为主题的服装市场，企业的目标市场都是由众多细化的部分组成，竞争很激烈，必须要掌握好构成企业竞争优势的所有资源(如设计、风格、品牌、质量等)。我国服装专卖品牌中也不乏具有民族风格和传统特色的设计，受到国内外消费者的喜爱。如果这些企业要进入的目标国市场竞争已经很激烈，采取内部扩张和特许经营的方式，可以降低进入的风险，实现低成本的国际扩张。

(3) 企业的资本运作模式。资本运行的方式和结构对零售企业进入国际市场有直接的影响。在我国存在多种资本控制的形式：股份有限公司、国有独资公司以及有限责任公司等，不同类型的企业由不同的法律进行规范，因此有关的企业决策过程和事项也有所不同。如果零售企业属于股份有限公司，那么它可以选择合并或兼并的方式进入目标国市场，这种方式风险较小(特别是进入一些风险指数较高的国家和地区)，比较容易得到大多数股东的支持，因为股东更看重短期的利润回报；如果采取内部扩张的方式，投资回收期相对较长，经营风险也较大。特别是国有大型百货集团，重大经营决策不但要得到股东或金融机构的支持，还要经过政府主管部门的同意。

(4) 企业的文化。不同国家的企业有不同的组织文化和管理风格，有的零售企业管理风格比较保守，它们比较倾向于采用内部扩展的进入方式，而且进入目标市场的考察期比较长。例如，法国的欧尚公司主要采取内部扩展方式。中国零售企业，包括百货商店、专业店和超级市场在本土较多使用特许经营的扩张方式，但是在进入国际市场时，采取特许经营以外的进入方式为宜。因为中国的法律与目标国的法律有所不同，特别是英美法系国家的法律与中国更是相差甚远，对相关合同的理解角度有所不同就容易产生冲突。此外，由于不同国家和地区企业理念有所不同，难以找到合适的加盟者；门店快速扩张使零售企业面临普遍的矛盾：盈利能力与拓展成本、快速扩张与管理能力、集中控制与区域授权、规模效益与技术瓶颈等一系列矛盾，从而使网点的拓展，尤其是跨国扩张潜在质量和效率发生危机。还有零售企业本部管理存在先天不足，使用这一方式"复制"的店面也会存在不足，只是规模扩大但是没有增强企业的实力。中国零售企业采取特许经营的方式进入国外市场的时机还不成熟，首先必须完善我们的企业文化和管理方式，增强零售企业的品牌竞争力。

如果是并购兼并重组拓展规模，则有可能因不同零售企业市场定位差异、企业文化差异而产生较大的摩擦，无法实现集约化经营。因此，中国零售企业在选择并购方式进入目标市场的过程中，必须详细分析两个企业的战略目标、资源特点、企业文化的冲突以及经营模式等内容，考察采取并购方式的可取性。

还有规模较大的零售企业趋向于选择有机增长等高控制的进入方式，而规模小的零售企业更多会选择合资或特许经营等方式。零售企业的国际化经验也是一个重要的决策因素，如果零售商国际化经验较少，对于是否适应国外市场经营并不能确定，这时零售商在管理上更可能采取谨慎的态度和风险较低的进入方式。

11.4 中国零售企业国际化经营的战略思考

外资进入中国零售业,虽然给中国零售企业带来严峻的挑战,但是在客观上促进了中国零售业的现代化进程,逐步与国际零售行业接轨,在激烈的竞争中提升了企业的核心竞争力,为中国大型零售企业走出国门参与国际化竞争打下坚实的基础。

11.4.1 创造规模优势为进入国际市场提供拉动力

1. 扩大企业的规模

中国零售企业与国外大型零售商的最大差距在于规模上的差距,2000年中国百强零售企业销售总额还不及沃尔玛销售额的1/8,但是在2005年中国百强零售企业的销售总额已经接近沃尔玛销售额的1/3。组建集团军,壮大企业规模,增强与强手抗衡的能力是零售企业国际化经营的必由之路。国内零售企业可以通过资产重组、资产并购、强强联合、建立战略联盟、组建企业集团等有效形式,实现资本的快速集中与企业规模的迅速扩张,实现资源的优化配置和企业优势互补,壮大企业规模与综合实力;也可以加强与外贸企业、生产企业的联合,获得更为强大的综合互补优势,从而最终提升企业群体竞争能力;还可以与海外企业发展不同形式的联合经营,利用合资合作伙伴的国际营销渠道,使中国的零售商业和商品打入国际市场,实现双向交流、互惠互利、共同发展。

百联集团与沃尔玛的差距不单表现在规模上,还表现在获利能力等方面。因此,扩大规模的同时还要提高自身素质,增强企业的竞争能力。零售企业还要在经营机制、管理技术、营销方式等各方面继续深化改革,不断提高企业的组织化程度和现代化水平,积极地吸收、借鉴国外大型零售商业企业先进的管理经验和高效的经营方法,增强企业的竞争能力。目前商品质量竞争是完全平等的,而商品价格的竞争也接近极限,但服务手段、服务质量、服务水平的竞争仍有广阔的空间和巨大的潜力,因此,零售企业要努力改善服务质量,提高服务水平。

2. 完善连锁经营体系

随着商品流通和生产的国际化,各国市场需求呈现多样化、国际化趋势。消费者不仅仅满足于本国的商品和服务的供给,对具有他国文化的商业服务也产生广泛需求,这为零售企业的跨国营销提供市场需求条件。同时国内市场空间有限,经营成本上升,利润下降,随着国际大型零售企业也实现了组织化和规模化,必然要求冲破本国市场局限向外拓展。根据我国连锁经营协会统计,以连锁经营为主要特征的现代零售企业,已经成为我国主要的零售组织形式和经营方式,并在以惊人的速度增长。2005年开展特许经营的企业中零售企业增长最快,占到全部特许体系的49%,较前一年度增长16个百分点。零售企业中又以便利店、超级市场和各类特色商品专卖店增幅最为明显。

3. 完善多业态管理的模式

进入20世纪90年代后期,我国大型零售企业开始向多业态经营发展,逐步实现大型零售企业多业态互补的经营模式。目前,我国大型零售企业所采用的业态有百货商店、超

第 11 章 国际零售

级市场、专业商店、购物中心等，原以百货商店为主的企业在向超级市场、便利店等发展，原以超级市场为主的企业积极发展便利店等新型业态。与单一业态的零售企业相比，多业态经营的零售企业的盈利能力明显强于前者。根据 2002 年零售业上市公司的数据进行比较，从事多业态经营的零售类上市公司平均总资产比单一业态零售企业仅仅高出 62.58%，但是其平均主营业务的收入较单一业态零售企业高出 117%，如表 11-3 所示。

表 11-3 2002 年多业态和单一业态零售上市公司的比较

财务指标	多业态经营零售类上市公司	单一业态经营零售类上市公司
平均总资产/万元	167817.39	103219.36
平均主营业务收入/万元	151995.04	70086

(资料来源：商业规划与零售企业的发展．中国营销传播网，2003-08-29)

11.4.2 技术创新是向国外市场扩张的重要推动力

1. 应用新技术提升企业的核心竞争力

随着国际知名零售资本进入我国市场，给我国零售企业带来了连锁经营、代理制、配送制等现代流通业的经营理念，带来了超级市场、货仓商场、便利店、专业(卖)店等现代零售业态，以及利用高新技术提升零售企业核心竞争力的理念和前期经验。现阶段，我国零售业基本上普及了收款机、条形码等硬件设施的开发和利用，伴随着大型超级市场连锁店的发展，要求高层次利用现代信息技术，不断提高商品管理、财务管理、物流管理、信息管理以及整个商业的技术含量。现代零售连锁经营的物流配送、店铺的运营、资金管理等重要零售环节都依托信息技术，信息技术的发展又必须以实体物流采购及其商品管理为依托。新技术的使用，使单店商业模式得以大量成功复制，企业规模化、连锁化经营迅速发展。据有关机构统计，我国大型零售企业有 90%不同程度采用计算机管理，其中绝大多数是实行连锁的零售企业；有 80%的连锁零售企业系统开发前台 POS 销售时点系统和 MIS/ERP 管理系统；有 50%进入商业自动化技术、现代通信技术和网络信息化技术相结合的数字化管理系统集成阶段。信息化给我国大型零售企业发展带来巨大的成效，我国连锁百强企业的前十名都是大型零售企业，它们每年的销售规模都在不断增长。此外，减少采购、配送、通信等人工直接费用达 40%，提高管理绩效、减少库存积压、提高商品资金周转率节约的间接费用达 50%。

将新技术运用到零售企业的业务流程再造过程中，能够有效地提高企业的核心竞争力。在零售企业的价值链中，业务流程就是以顾客为中心从开始到结束的连续活动。业务流程重组的目标是顾客满意，即通过降低顾客成本，实现顾客价值最大化；可以把零售企业具体活动细分为货源服务组织指挥流程、计划决策流程、营销流程、信息采集与控制流程、资金筹措流程等。业务流程重组就是通过重新审视零售企业的价值链，从功能成本的比较分析，确定零售企业在哪些环节具有比较优势，在此基础上进行价值链的分解和整合，改造原有流程路径、工作环节和步骤划分，最终实现流程最优化。

2. 加快人才培养，全面提高员工素质

现代商业的竞争，说到底是人才的竞争，这已成为人们的共识。零售企业应用新技术，包括信息技术、物流技术和商品管理技术等，无一不需要配备专业的技术性人才。零售企业应用新技术提升企业核心竞争力的关键就是对专业人才的引进、培训和激励。零售企业纷纷采取行之有效的人力资源计划，对于人才的选拔、培训和职业生涯的规划都给予相当程度的重视。2007 年，百联集团就提出在未来三年中采取有针对性的措施，引进和培养决策性人才、专业性人才和执行性人才三类紧缺人才，实现新增各类人才 3300 人。

由于跨国营销需要大量的既掌握零售经营管理技巧又熟悉国际商业操作规则的综合管理人才，而我国的大型零售企业仍处于人才紧缺的状况。要扭转这个局面，就必须成立专门的人才机构，负责对各类人才进行系统组织、指导协调和综合规划。零售商业企业领导要把人才培养列入议事日程，纳入责任制指标，根据营销发展需要，择优选派中青年骨干到大专院校和科研单位参加培训，同时有目标、有重点地轮派干部到国外有关商业企业学习交流、开阔视野，还可以引进外部人才，使国外的优秀经营管理人才为我所用。此外还要加强对员工的培训，有必要通过规章和激励措施，增强员工为顾客服务的意识，提高服务水准。

应从战略层面来认识和运作人力资源管理的问题，配有战略目标和行动计划。要在人才的招聘、提拔、激励、培训以及人才结构上体现出国际化。人才来自四面八方，让人才相处好、培养好，使他们伴随企业的发展而贡献力量非常重要。吸引人才不仅仅是薪酬，还有企业的发展目标以及实现个人才华和价值。要加快人才引进、培养、考核、使用工作的创新，为集团远景目标的实现提供智力支持和人才保证。重视人才的选拔和培养，充分发挥人的创造潜能。采取引进来、送出去的方法，培养和引进企业发展急需的国际商务、金融、法律、信息和现代企业管理专才，制订与企业发展战略相适应的员工培训计划，加大对教育培训的投入，通过多元化的培训体系，定期向员工特别是管理人员传送新知识新技术，提高他们的业务能力、管理水平和劳动技能，全方位提高员工素质。

11.4.3 营造产品和服务优势

开发特色产品和服务是零售企业进入国际市场的推动力，我国零售企业可以通过营造特色产品和服务，迎合目标国市场消费者的需求，充分发挥我国商品的优势。

1. 针对目标市场的情况设计产品和服务的组合

零售企业在实施跨国营销战略之前要做好市场需求的调查研究，根据我国大型零售企业目前的状况，我国零售企业跨国经营的区位选择应主要集中在与我国经济发展水平相近或低于我国经济发展水平的国家和地区。20 世纪 90 年代以来，我国对周边国家出口贸易发展较快，边境贸易十分活跃，中国产品较受欢迎，具有一定的知名度。由于我国经济体制改革和发展比周边一些国家走得早，我国零售企业对处于改革的不同阶段和经济发展过程中表现出的消费特征有较深的认识。因此，我国零售企业在开发当地市场时，应该结合当地情况，有针对性地开展经营活动，确定适销对路的商品经营范围，商店经营的产品必须突出中国商品特色，才能取得较好的经济效益。

第11章 国际零售

我国是劳动密集型产品的出口大国,如与人们生活息息相关的食品、服装、鞋帽、玩具等产品,由于物美价廉深受各国消费者的喜爱,一些国外知名厂商(如沃尔玛)纷纷在中国设立采购基地,中国的零售企业应该充分利用这一优势,发展出口。如我国的轻工、纺织、日用品、农业机具、家电、小型机械都很适合非洲市场,哈尔滨百货商场就与哈尔滨国际经济技术合作公司合作经营,将国内市场滞销积压的库存商品运至安哥拉的保税仓库,在安哥拉开展灵活多样的批零业务,生意极为兴隆;另外,中国轻工技术合作公司在马里开设了"新华商店"经营批发和零售业务;福建外贸中心在非洲建立了"西非分拨中心"兼营批、零业务,取得了一定的成效。而一些具有浓厚民族文化特色的商品,如民族工艺品、古玩、中药等在发达国家备受青睐,也可以成为主力经营的商品。在考虑商品特色的同时,我国零售企业也不应忽视赋予服务时代性内容,融进企业文化的服务特色,赢得中外顾客的喜爱,同时也取得良好的经营成果。

2. 积极开发自有品牌

特色的商品和服务是吸引顾客光临的重要因素。在跨国经营过程中,我国零售企业应注重开发自有品牌,向国外购买者提供受欢迎的、有我国传统特色的、具有竞争优势的产品,发挥价格优势和特色优势。随着我国产品在世界上知名度的不断提高,"中国制造"已是零售业跨国经营的一大卖点。我国的零售企业历来有生产和销售自有品牌商品的传统,以北京为例,同仁堂的中成药、吴裕泰的花茶、内联升的鞋、盛锡福的帽子,很长一段时期都是自产自销的商品。创建于1937年的上海开开百货商店(现为开开集团股份有限公司)从1987年开始实施品牌战略,使开开牌产品获得名牌称号,其中开开牌衬衫荣获"中国十大名牌衬衫",开开牌羊毛衫也获得"中国名牌产品"的殊荣,这两种产品的市场占有率在同类产品中均名列前茅。北京燕莎友谊商城注册了燕莎商标,并开发了燕莎牌衬衫、箱包等自有商品,走上了自有品牌开发经营之路。但是从总体上来看,我国的大部分零售企业仍以代销制造商品牌商品为主,市场上销售的产品,几乎是制造商品牌一统天下,自有品牌的销售占全国零售商品销售额的比例很小,与西方市场相比形成巨大的反差。大型零售企业的优势集中体现在其收集消费者信息的能力和营销能力上,我国零售企业根据目标市场的动态对商品的质量、规格、类型、原料、包装、结构等方面进行设计,然后委托生产企业按照具体生产要求制造。当零售企业具备充足的人力和合理的人力结构,从策划、设计到生产、销售都有相应的专业人才(如我国的连锁中药店北京同仁堂),那么企业就可以自己设计开发并生产加工自己品牌的商品。在跨国营销过程中,开发自有品牌商品,营造有特色的产品和服务,使大型零售企业的这种优势能够得到有效发挥,直接面对目标国市场的消费者,能够迅速了解国际市场需求动态,并及时做出反应,无形中也增强了企业的国际竞争力。

11.4.4 培养国际市场适应能力

在不断变化的国际市场环境中,及时发现市场机会和可能存在的威胁,调整跨国营销战略计划和措施,这需要零售企业对国际市场环境具有适应能力。

1. 把握国际市场动态，做好发展战略规划

细致深入的国际市场调研，是把握市场动态和实现跨国营销目标市场战略的前提。由于我国大型零售企业缺乏开发国际市场的经验，更需要对国际市场动态和目标市场的具体情况进行深入研究和实地调查。例如，我国的国美家电为进入东南亚市场，用了三年的时间进行市场调研，并对东南亚多个城市进行实地考察。零售企业可以在经济发展相对落后的国家和地区找到市场机会，利用在本国成熟的理念、经营业态和技术优势，例如沃尔玛、家乐福等国际零售巨头选择在中国经营；也可以在经济发展同样发达的国家和地区寻找到企业特别优势发挥利用的市场空间，例如英国马狮百货公司选择在法国等欧洲国家开设分店；甚至还可以在一些经济发展比较发达的国家找到具有发展潜力的市场，例如我国最大的零售企业百联集团，看准了欧洲的华人市场，并实施一系列的战略规划。

2. 培养和谐型企业文化

我国零售企业开展跨国营销，应采取逐步扩张、长期积累的战略对策，而培养和谐型企业文化制度，正符合我国传统文化的要求。在长期"和为贵"的儒家文化影响下，企业员工具有高度的群体意识。在中庸主义影响下，企业的管理人员处事不偏不倚，尊重客观规律、自然规律，遵循零售业的发展规律的同时，能够发挥主观能动性。以"仁"为核心思想，既培养管理者协调人际关系的能力，也使得员工以群体利益为重。培育我国传统文化特色为基础的企业文化，在不同的环境下进行适度创新，与当地文化相融合，建立起独特有效的跨国文化，是零售企业跨国经营成功的有力保证，同时也增强了企业的国际适应能力。提高零售企业的国际竞争力，是中国零售业现阶段最重要的任务。

技 能 实 训

【实训目的】

通过案例讨论零售商业如何国际化。

【实训主题】

零售商业的国际化选择。

【实训时间】

本章课堂教学内容结束后的双休日和课余时间，为期一周。或者指导教师另外指定时间。

【背景材料】

家电连锁巨头百思买弃中国市场

百思买是全球最大家用电器和电子产品零售商，总部位于美国。2011年年初，由于经营不善，百思买关闭在上海的百思买零售总部及其在中国大陆地区的全部9家百思买门店，将在华的剩余资产和业务全部交予五星电器。

仅过半年，百思买便开始酝酿以"实体店+电子商务"两种路径重新杀回中国市场，并最终于2012年6月借道"百思买移动"重返中国市场。

"百思买重回中国，表明它们深刻认识到中国的战略意义。但是，当百思买决定重返中国的时候，我们只看到了百思买对中国市场的期待,而没有看到百思买做好了哪些准备。"早在百思买重返中国时,资深家电行业观察家刘步尘就曾对百思买在华前景表示担忧,在其看来,百思买的再度退出,恐怕只是时间早晚的问题。

不出所料,这一次的卷土重来百思买只坚持了两年。而最新一次的退出,显然也更加决绝。

"这一次百思买根本没有可能再回来了。"刘步尘认为,此番退出之后,百思买不但没有卷土重来的必要,也确实没有卷土重来的资本了。

至于原因,分析认为主要来自两方面:"第一,中国市场发生变化,中国家电连锁市场对百思买而言已经没有机会了;第二,它自己也发生变化了,过去一说百思买就是全球家电连锁的第一巨头企业,但是现在它的竞争优势正在逐渐弱化,从全球市场来看,它处在一个收缩战线的态势中。"

事实的确如此。这个昔日的全球家电连锁巨鳄,如今正在下滑通道中挣扎。

【实训过程设计】

(1) 指导教师布置学生课前预习阅读案例。

(2) 将全班同学平均分成小组,按每组5~6人进行讨论。实训组收集所在城市的国外大型零售企业,结合案例材料,分析国外大型零售企业如何在中国立足,这些对中国零售企业走出去有何启示。

(3) 各实训组对本次实训进行总结和点评,撰写作为最终成果的《零售管理实训报告》。

(4) 各小组提交填写"项目组长姓名、成员名单"的《零售管理实训报告》,优秀的实训报告在班级展出,并收入本课程教学资源库。

综 合 练 习

一、名词解释

多国战略 全球化战略 跨国战略 有机增长 并购 特许经营

二、单项选择题

1. 零售业中宜家(IKEA)、路易威登(Louis Vuitton)和玩具反斗城(Toys "R" Us)都是采用(　　)战略。

   A. 全球化   B. 多国   C. 跨国   D. 自由贸易区

2. 零售商运用自己的资源从其他零售商处购买现有场地,或者从零开始,这种进入海外市场的方式称为(　　)。

   A. 并购   B. 特许经营   C. 有机增长   D. 战略联盟

三、多项选择题

1. 国际零售的风险主要有(　　)。

   A. 竞争风险   B. 政府政策限制
   C. 社会文化差异   D. 经济衰退
   E. 资本市场动荡

2．国际零售进入海外市场的方式有（　　）。
   A．并购　　　　B．特许经营　　C．有机增长
   D．战略联盟　　E．合资

四、问答题

1．比较零售企业国际基本战略的适应条件和优缺点。

2．在什么条件下，零售企业选择使用特许经营方式进入海外市场？

3．为什么零售企业在进入一个经济水平略低于母国的海外市场时，更多会选择高成本、高控制的进入方式？

4．影响零售企业选择海外市场进入方式的主要因素有哪些？

网上零售管理

学习要点

- 掌握电子商务的定义
- 了解网上零售应注意的问题
- 了解网上零售的内涵及网上零售品牌的塑造
- 掌握网上商店的建立方法
- 掌握网上商店零售的营销技巧

案例导入

摩西网扩大运营品类 满足消费者海淘需求

对于摩西网,大多数宁波人并不陌生。作为第一批宁波跨境贸易电子商务试点企业,同时是第一家进行试运行的企业,摩西网在半年多的尝试中获得不俗的成绩。购买过跨境贸易商品的消费者提到摩西网,最先想到的是保温杯,这可是他们的爆款。

据悉,摩西网2014年5月份新上架的商品有男士运动鞋、铁三角耳机、康贝婴儿车、精工女士手表、夏普空气净化器等新品,还有一批沐浴用品,准备在近期正式推出。这是今年摩西网扩大商品种类的一种尝试。"我们的进口商品种类还会更加丰富。"摩西网的CEO张红辉表示。他的这份信心来自最近的一份文件。

海关总署最近下发了一份关于跨境贸易电商试点的文件,其中关于试点商品范围这样表述:"试点商品应为个人生活消费品,国家禁止和限制进口物品除外。"宁波海关相关负责人表示,这个说法实际上就是开出了一份负面清单,禁止之外都能做,对今后发展是利好消息。而原来,宁波跨境贸易电商试点,只限8大类商品。

"摩西网商品种类越来越多,现在已经开始做母婴产品、家电、家居用品和进口食品,之后还会尝试化妆品等,由单一向多种类发展,更好地满足国内消费者的需求。"张红辉介绍说。

据介绍,在购买金额和数量方面,每人每年消费金额不能超过2万元。单件商品可超1000元,一次消费超过2件以上,商品总额要在千元以下。应征进口税税额在人民币50元(含50元)以下的,海关予以免征。

从宁波海关了解到,到2014年5月为止,宁波跨境贸易电子商务共完成商品备案12大类750多种,其中439种商品已进入跨境贸易电子商务专用仓库,商品备货货值超过2000万元。

(资料来源:http://www.ebrun.com/20140620/102183.shtml)

思考:电子商务的发展给你的生活带来了哪些变化?

网络的普及与运营,不仅改变着人们的生活方式,也对经济的发展起着至关重要的作用。互联网的深入和电子商务的完善,对零售业有着极深的影响力。电子商务与零售业的相互结合,产生了网上零售这种新的零售方式,并且取得了成功。例如,美国亚马逊和eBay的成功,我国很多专门从事销售的网站的成功,如当当、京东、淘宝等,都说明网上零售有着良好的发展前景。

12.1 网上零售概述

电子商务在经济中正在发挥着不可估量的作用,已经开始深入国民经济的各个部门和各个环节当中。当电子商务渗透到零售业时,改变了传统零售企业的信息流、资金流等方面,也就产生了新的零售方式——网上零售,而这种新形式正展现着蓬勃的发展生机。

12.1.1 网上零售的概念和类型

1. 网上零售的概念

网上零售是指消费者通过网络购买商品或享受服务,购买者可浏览网上商品目录,比较、选择满意的商品或服务,通过网络订单,进行网上付款或离线付款、卖方处理订单、网上送货或离线送货,完成整个网上购物过程。

网上零售,从零售商的角度看,称作"在线互动零售"更为准确。因为网上零售可以通过互联网进行企业和消费者的相互动态的联系,零售商可以清晰地了解到消费者的消费偏好和对商品的看法。

不过,目前网上零售的现状与几年前的预测存在很大差异。除亚马逊和eBay外,多数大型网上零售商并非互联网初创企业,而是传统商店或是邮购集团。它们把自己的投资实力和获得信任的品牌运用到互联网零售领域,增强了公众的信心。许多零售商将网上销售纳入"多渠道"战略,即结合网站、商店和邮购目录。

贝恩管理咨询公司(BainCo)的全球零售实践主管里格比说:"有一阵,大家都认为互联网将会抢走商店的生意。但相反的情况正在发生,多渠道零售如今已成为现实。事实上,许多传统零售商比亚马逊更早实现网上业务的盈利。"

2. 网上零售企业的类型

网上零售企业的类型主要有以下两大类。

(1) 按企业所提供的网上零售服务种类，网上零售企业通常可分为以下五类。

① 经营着离线商店的零售商，他们有自己的店面，网上零售作为他们开拓市场的一条渠道，他们并不依靠网上销售生存，如北京的翠微大厦等。

② 目录零售商，也就是通过电话、电视进行销售的零售商，此类零售商一般承诺48小时送货，可以销售任何商品。

③ 没有离线商店的虚拟零售商，这类虚拟零售商是电子商务的产物，他们没有实体的店面(即进行无店铺销售)，网上销售是他们唯一的销售方式。

④ 商品制造商，采取网上直销的方式销售其产品，不仅给顾客带来了价格优势上的好处及商品客户化，而且减少了制造商库存的积压。

⑤ 网络购物服务公司，专门为多家商品销售企业开展网上销售服务。

(2) 按企业所经营的商品种类，网上零售企业可分为以下两类。

① 综合类网上零售商店，一般销售多种商品，这种商店多是由经营离线商店的企业和目录零售商建立的。

② 专门类网上零售商店，仅销售适合网上销售的商品，如网上书店、光盘店、酒店、鲜花店、礼品店等。这种专门类网上零售商店风险小，所销售的商品符合网络的特点。这类商店多是一些没有离线商店的虚拟商和商品制造商建立的。

【案例12.1】

网购家电"不重视不行"

尽管国美、苏宁两大电器巨头都认为传统企业发展电子商务将是发展不可阻挡的趋势，但对于市场蛋糕到底有多大，还存在分歧。

国美电器副总裁何阳青上周三在广州接受媒体采访时表示，电子商务渠道已成为家电产品销售不可或缺的渠道之一，保守估计，网购未来将占中国家电总销售额的5%。

国美得出的结论来自美国家电市场的成功模型。目前在美国3C家电市场中，实体店为主的百思买和沃尔玛分别占据了29.1%和19.2%的比例，而销售规模最大的电子商务平台亚马逊的占比只有3.9%，作为传统连锁搞电子商务最成功的百思买，其2010财年500多亿美元的销售规模中，来自电子商务的比例只有5%。

中怡康数据显示，2010年全年国内家电市场零售额规模超过1万亿元。若以5%计算，中国家电网购市场潜力至少在500亿元以上。

苏宁发布的目标更为"大胆"——10年后苏宁易购的年销售规模将达到3000亿元，实现再造一个与苏宁实体店等量齐观的网上苏宁。不过，库巴网CEO王治全认为，电子商务需要庞大、细致和系统化的工作，短期内要达到那么大的规模并不太现实。

业内人士称，聪明的商家会秋备冬衣，现在网购可能没有这么大规模，但这个趋势已经不可逆转。如果现在两大巨头不布局，恐怕就会错失机会，将来需花更大的代价来弥补。

苏宁的孙为民表示，现在苏宁大力发展网购，也并非就是看好它。"就商业模式而言，现在来看，网上业务还不能产生利润，未来如何还要打一个问号。而实体店面对苏宁的贡献仍是最大份额，而且还在增长。""我们重视网购,是因为消费者选择网购,我们不重视不行。我们只好不管赚钱与否,成本也不算计,硬着头皮来迎合市场。""现在我国有 4.5 亿网民,而网购这个渠道是每周 7×24 小时进行销售,现在正是一个新渠道形成的过程,网购将成为一种新的购物'军种',同线下并行。"

(资料来源: http://ec.iresearch.cn/shopping/20110301/133817.shtml)

12.1.2 网上零售运作中需要注意的问题

网上零售相对于传统零售而言,只有消费者整个购买行为结束之后才能够看到商品实物,因此,在网上购物过程中消费者面临着很大的不确定性。这种不确定性表现在很多方面,都在制约着网上零售的发展与成长。

网上零售的问题主要表现在以下几个方面。

1. 对网上零售的认识不足

电子商务虽然已在我国形成热潮,但大多数零售企业却采取观望态度,一个重要原因就是认识问题。目前,多数零售企业还钟情于业已熟悉的传统商务模式,看不到电子商务给企业带来的巨大商机。同时,我国城乡居民已经习惯了进商场看货购物的传统购买方式,对于在网上购物和电子支付的方式不熟悉,甚至有排斥感,这在很大程度上阻碍了零售业电子商务的发展。

2. 网上零售的诚信问题

网上零售过程中物流、资金流、人力流、信息流都要以诚信为前提。中国企业经营中的诚信缺失问题由来已久,整个社会的诚信链条十分脆弱。网上零售这种新型的商务交易方式为信用失衡提供了滋长的空间,近年来,各种网络诈骗案件层出不穷,零售企业对在网上进行大量的商务活动心存疑虑,消费者也对网上购物顾虑重重,诚信缺失已成为零售业发展电子商务的重大障碍。

3. 网上零售的安全问题

零售企业开展电子商务最担心的是安全问题,如何保证电子商务活动的安全,一直是电子商务的核心研究领域。作为一个电子商务系统,必须具备安全可靠的通信网络,以保证交易信息(尤其是电子货币的支付)安全迅速地传递,还必须保证数据库服务器绝对安全,防止黑客闯入网络盗取信息。

4. 网上零售的物流问题

电子商务的最终成功还要依赖于高度发达的物流体系。商品实物能否顺利、及时地到达客户手中,还看是否有高度发达的物流。电子商务高效率和全球化的特点,要求物流也必须达到这一目标。现代物流在我国总体上才刚刚起步,业务量低,效率低下,装备标准化、规范化程度低,无法达到经济配送规模,不能及时与用户完成实物交割,已经成为网上零售的"瓶颈"。

5. 网上零售的法律问题

电子商务的法律法规滞后影响着我国零售业电子商务的发展，作为一种崭新的商务活动方式，电子商务不可避免地会带来一系列法律问题，如电子合同和数字签名的法律效力问题、网上交易的经济纠纷问题、税收征缴问题、计算机犯罪问题等。现如今，我国电子商务的法律法规仍不健全，网络成为缺乏有效监管的信息公路，缺少协作和管理，这也使得零售企业在发展电子商务问题上犹豫不决。

12.2 网上零售企业品牌的塑造

品牌起着甄别不同产品，提高企业、产品形象的重要任务，还可以借用品牌来提高消费者的忠诚度。因此网上零售店也应该进行品牌塑造。

12.2.1 网上零售企业品牌概述

1. 网上零售企业品牌(简称网络品牌)的概念

传统企业品牌中的品牌是指一种名称、术语、标记、符号或图案，或是它们的相互组合，用以识别某个销售者或某群销售者的产品或服务，并使之与竞争对手的产品和服务相区别。

网络品牌没有一个明确的定义，网上零售企业注册了域名、建立了网站，或者注册了网络实名，并不等于拥有了网络品牌。

网络品牌有两个方面的含义：一是通过互联网手段建立起来的品牌，网上零售企业的域名和实名只是网络品牌构成的因素之一；二是互联网对网下既有品牌的影响。两者对品牌建设和推广的方式和侧重点有所不同，但目标是一致的，都是了为企业整体形象的创建和提升。

2. 网络品牌的特点

(1) 网络品牌是网络营销效果的综合表现。网络营销的各个环节都与网络品牌有直接或间接的关系，因此，可以认为网络品牌建设和维护存在于网络营销的各个环节，从网站策划、网站建设，到网站推广、顾客关系和在线销售，无不与网络品牌相关，网络品牌是网络营销综合效果的体现，如网络广告策略、搜索引擎营销、供求信息发布各种网络营销方法等均对网络品牌产生影响。

(2) 网络品牌的价值只有通过网络用户才能表现出来。正如科特勒在《营销管理》一书中所言，"每一个强有力的品牌实际上代表了一组忠诚的顾客"，网络品牌的价值也就意味着企业与互联网用户之间建立起来的和谐关系。网络品牌是建立用户忠诚的一种手段，因此对于顾客关系有效的网络营销方法对网络品牌营造同样是有效的，如集中了相同品牌爱好者的网络社区，在一些大型企业如化妆品、保健品、汽车行业、航空公司等比较常见，网站的电子刊物、会员通信等也是创建网络品牌的有效方法。

(3) 网络品牌体现了为用户提供的信息和服务。Google 是最成功的网络品牌之一，当我们想到 Google 这个品牌时，头脑中的印象不仅是那个非常简单的网站界面，更主要的是它在搜索方面的优异表现，Google 可以给我们带来搜索效果的满意。可见有价值的信息和服务才是网络品牌的核心内容。

(4) 网络品牌建设是一个长期的过程。与网站推广、信息发布、在线调研等网络营销活动不同，网络品牌建设不是通过一次活动就可以完成的，因此企业不能指望获得立竿见影的效果，从这个角度也可以说明，网络营销是一项长期的营销策略，对网络营销效果的评价用一些短期目标并不能全面衡量。

3. 网上零售商品牌的作用

网络本身具有虚拟性，尤其作为纯粹的网上零售商，如何提高消费者对本网络零售商的信心尤其重要。在此前提下，网络零售商品牌的培养和维护是必不可缺的。培养网络品牌的好处在于：网上零售商的品牌同样可以起到区分众多网络竞争者，通过质量与信誉的支持来达到培养顾客忠诚度的目的，从而使网上零售商能在众多的竞争者中脱颖而出。这无疑增强了消费者最终选择商家的机会。

另外，网上零售商可以通过品牌来提高消费者对网站的信赖程度，从而加强网上零售商的商业信誉并且能够形成电子支付的安全保障。

12.2.2　网络品牌塑造误区

企业在网络品牌塑造以及品牌实践过程中存在着一些误区，为了在网络虚拟环境下塑造品牌，应对网络品牌塑造的误区有明确的认识。

1. 网络品牌就是网络形象

不只是网络空间的品牌，传统的品牌塑造也往往把更多的精力放在品牌形象的设计上。品牌并不等于形象，而只是以形象为载体，使这一品牌区别于另一品牌。因此仅仅拥有这些标识并不等于就拥有品牌，品牌的塑造者需要源源不断把品牌最核心的价值提供给消费者，把品牌满足消费者需求的独特理念植入消费者心中，以此赢得消费者的青睐甚至钟爱，并通过始终如一的形象加深消费者对品牌的印象。

2. 网络品牌就是网站建设

网站是在网络空间传递品牌信息或品牌价值的重要渠道，但并不是一个网络品牌塑造的全部。即使一个非常完善的品牌网站也需要通过种种网络推广手段，以使更多的消费者认知和了解品牌，并保持与消费者的良好关系与互动。网络空间的品牌需要企业更加深入地理解网络客户，想尽办法利用各种机会与目标客户取得联络，深入交流，以使品牌获得更多消费者的认知和喜爱。

互联网上的品牌塑造和传统品牌塑造一样，需要时间、精力和持续的投入，即便是已经很强势的网络品牌，也需要时刻对品牌进行定位与评估，以确保品牌的地位。

3. 网络品牌就是大规模投入的推广

大规模的宣传推广能够扩大网上零售店的知名度，然而品牌的塑造，仅仅靠品牌的知名度是不行的，还要依赖品牌的美誉度，也就是消费者对网上零售的最终满意度。满意程度来源于多方面，如产品的因素、服务因素、管理因素等。

4. 网络品牌的效果和价值无法评价

正好相反，网络不仅提供了一个品牌与消费者互动的完美空间，还为品牌塑造提供了一个可监控的环境。通过网络手段，企业可准确地对品牌的目标客户进行监测，对品牌的推广效果及品牌的网络表现进行评估，还可以根据消费者的反馈或品牌的市场表现随时对网络品牌的定位及品牌的网络表现加以调整。网络使品牌塑造真正进入"可视化"阶段，并且也使得品牌真正成为消费者主导的品牌，而不再是媒体主导的品牌或者企业主导的品牌。

在网络品牌塑造过程中，存在着上述的认识误区，因此，网上零售的经营者和管理者应该注意这些问题，以防在网络品牌塑造过程中出现偏差。

12.2.3 网上零售品牌培养途径

网上零售品牌的塑造者应该把最核心的价值提供给消费者，把品牌理念植入消费者心中，赢得消费者对该品牌的忠诚度。为此，网上零售者应从以下几个方面来提高品牌的知名度与美誉度。

1. 通过搜索引擎来提高网上零售的知名度

直到现在，仍然有大量网站没有发挥任何网络营销的作用，"网络营销"从网站建设开始，但不意味着网站建设完成之后网络营销就已经结束。

假定一个企业只追求视觉效果而不重视网站的运营效果，造成用户根本无法通过搜索引擎检索到企业的任何信息，这已经成为影响企业形象的一个因素，也会影响消费者对该企业的了解程度。

利用搜索引擎提升网络品牌的基本方法包括：尽可能增加网页被搜索引擎收录的数量；通过网站优化设计提高网页在搜索引擎检索结果中的效果(包括重要关键词检索的排名位置和标题、摘要信息对用户的吸引力等)，获得比竞争者更有利的地位；利用关键词竞价广告提高网站搜索引擎可见度；利用搜索引擎固定位置排名方式进行品牌宣传；多品牌、多产品系列的分散化网络品牌策略等。这些方法实质上都是为了增加网站在搜索引擎的可见度，因此提高网站搜索引擎可见度成为搜索引擎提升网络品牌的必由之路。

2. 提高商业信誉，形成信用体系

网上零售相对于传统零售而言缺乏感知性，消费者对网上购物有一定的不确定性。如何让消费者放心、安心地在网上购物，这是网上零售应该考虑的问题。因此要培养好的网络品牌，必须提高消费者对网络品牌的信心，通过各种手段，提高网上零售的商誉。

3. 利用具有特色的整合营销策略吸引消费者购买

(1) 产品策略。在网上零售中，消费者占主导地位，而消费者呈现出个性化的特征，不同的消费者可能对产品要求不一样，因此提供的产品必须满足消费者这种个性化消费需求，应时刻注意潜在消费者的需求变化，保持网站向消费者需要的方向发展。对产品的大致要求为：总体上，产品分类清晰，单个产品信息详细；细节上，为了有别于其他网站的商品，应能够提供有特色的、时髦的、正在流行的、凸显个性化的产品，且产品无质量问题。

(2) 价格策略。消费者喜欢进行网上购物，不仅因为产品品种丰富，更重要的是低价格的吸引。如何通过适当的价格策略来吸引消费者尤为重要。

① 竞争定价策略。以竞争对手为主要参考，进行商品的合理定价。网站的服务体系和价格等信息是公开的，这就为注意竞争对手的价格策略提供了方便。随时掌握竞争者的价格变动，调整自己的竞争策略，时刻保持产品的价格优势。

② 个性化定价策略。消费者往往对产品外观、颜色、样式等方面有具体的内在个性化需求，个性化定价策略就是利用网络互动性和消费者的需求特征，来确定商品价格的一种策略。网络的互动性能即时获得消费者的需求，使个性化营销成为可能，也使个性化定价策略成为网络营销的一个重要策略。这种个性化服务是网络产生后营销方式的一种创新。

③ 自动调价、议价策略。根据季节变动、市场供求状况、竞争状况及其他因素，在计算收益的基础上，设立自动调价系统，自动进行价格调整。同时，建立与消费者直接在网上协商价格的集体议价系统，使价格具有灵活性和多样性，从而形成创新的价格。这种集体议价策略已在现在的一些中外网站中采用。

④ 折扣定价策略。在实际营销过程中，网上商品可采用传统的折扣价格策略，主要有以下两种形式。

● 数量折扣策略。企业在网上确定商品价格时，可根据消费者购买商品所达到的数量标准，给予不同的折扣。购买量越多，折扣也就越多。在实际应用中，其折扣可采取累积和非累积数量折扣策略。

● 现金折扣策略。由于目前网上支付的欠缺，为了鼓励买主用现金购买或提前付款，常常在定价时给予一定的现金折扣。随着网上支付体系和安全体系的健全，这种定价策略将逐步消失。

⑤ 特有产品特殊价格策略。这种价格策略需要根据产品在网上的需求来确定产品的价格。当某种产品有它特殊的需求时，不用更多地考虑其他竞争者，只要制定自己最满意的价格就可以。这一策略往往分为两种类型：一种是创意独特的新产品，利用网络沟通的广泛性、便利性，满足那些品位独特、需求特殊的顾客的心理；另一种是纪念物等有特殊收藏价值的商品，如古董、纪念物或其他有收藏价值的商品，世界各地的人都能有幸在网上一睹其"芳容"，这无形中增加了许多商机。

(3) 渠道策略。在传统营销渠道中，中间商是其重要的组成部分，因为中间商能够在广泛提供产品和进入目标市场方面发挥重要的作用。但互联网的发展和商业应用，使得中间商凭借地缘原因获取的优势被互联网的虚拟性所取代，同时互联网高效率的信息交换，改变了过去传统营销渠道的诸多环节，将错综复杂的关系简化为单一关系。互联网的发展改变了营销渠道的结构。

与传统营销渠道一样，以互联网作为支撑的网络营销渠道也应具备传统营销渠道的功能。营销渠道是指与提供产品或服务以供使用或消费这一过程有关的一整套相互依存的机构，它涉及信息沟通、资金转移和事物转移等。一个完善的网上销售渠道应具有三大功能：订货功能、结算功能和配送功能。

① 订货系统。它为消费者提供产品信息，同时方便厂家获取消费者的需求信息，以求达到供求平衡。一个完善的订货系统，可以最大限度地降低库存，减少销售费用。

② 结算系统。消费者在购买产品后，可以有多种方式方便地进行付款，因此厂家(商家)应有多种结算方式。目前国外流行的几种方式有信用卡、电子货币、网上划款等。而国内付款结算方式主要有邮局汇款、货到付款、信用卡等。

③ 配送系统。一般来说，产品分为有形产品和无形产品。对于无形产品如服务、软件、音乐等产品可以直接通过网上进行配送；对于有形产品的配送，要涉及运输和仓储问题。国外已经形成了专业的配送公司，如著名的美国联邦快递公司(FedEx)，它的业务覆盖全球，可实现全球快速的专递服务，因此从事网上直销的 Dell 公司将美国货物的配送业务都交给它完成。专业配送公司的存在是国外网上商店发展较为迅速的一个原因所在，在美国就有良好的专业配送服务体系作为网络营销的支撑。

(4) 促销策略。网络促销是指利用现代化的网络技术向虚拟市场传递有关产品和服务的信息，以启发需求，引起消费者的购买欲望和购买行为的各种活动。它突出地表现为以下三个明显的特点。

① 网络促销是通过网络技术传递产品和服务的存在、性能、功效及特征等信息的。它是建立在现代计算机与通信技术基础之上的，并且随着计算机和网络技术的不断改进而改进。

② 网络促销是在虚拟市场上进行的，这个虚拟市场就是互联网。互联网是一个媒体，是一个链接世界各国的大网络，它在虚拟的网络社会中聚集了广泛的人口，融合了多种文化。

③ 互联网虚拟市场的出现，将所有的企业，不论是大企业还是中小企业，都推向了一个世界统一的市场，传统的区域性市场的小圈子正在被一步步打破。

网络促销策略主要包括以下几种：网上折价促销；网上变相折价促销；网上赠品促销；网上抽奖促销；积分促销和网上联合促销。

对于网上零售促销的方式，将在 12.4 节中进行详细介绍。

4. 通过邮件列表联系顾客，扩大消费者对网络品牌的认知

公司可以通过邮件列表直接将产品信息发送到顾客的电子邮箱中，主动联系消费者，从而扩大品牌的影响度，以达到培养品牌的目的。在与顾客联系时，应该注意以下两点。

(1) 怎样设计产品信息，让消费者乐于接受，以免消费者把邮件当成垃圾邮件处理。

(2) 应及时回复消费者的信息咨询，能够做到与消费者互动。

12.3 网上商店的建立

电子商务系统建设是网上零售正常运行的保障，是一个包括商务、技术、支付、物流等许多角色与要素的系统工程。因此网上商店要想获得成功，必须具有一个完善的电子商务系统。因此在建立网上商店时，必须充分研究涉及电子商务系统与零售业相关的所有因素，进行全面分析、统筹规划，形成尽可能完善的电子商务系统设计方案来支持和完善网上零售。

12.3.1 网上商店的定位

进行商务分析,确定网上商店的定位,是实现电子商务在零售业应用计划的第一步。这一阶段的工作主要是进行充分的商务分析,主要包括需求分析(企业自身需求、市场需求以及客户需求等)和市场分析(市场环境分析、客户分析、供求分析和竞争分析等)两个方面,通过商务分析,来确定零售企业的经营重点、网上零售店的定位。

网上零售店的定位包括两方面的定位——商品定位与网上消费者的定位。两个定位应该做到相辅相成,即以什么样的适当商品满足哪一类消费者的需要。此时要详细考虑和分析消费者:这些消费者关心的是什么问题?他们愿意在网络上购物而不是在传统零售店购物的目的与动机何在?这些问题都关系到顾客的切身利益和网络营销宣传策略的制定,因此必须明确。

当网上商店确定其经营定位之后,就应围绕其定位进行网站的其他设计与开发。

12.3.2 网上商店整体规划设计阶段

在完成网上商店定位的基础上,在掌握电子商务最新技术进展的情况下,充分结合商务和技术两方面的因素,提出电子商务系统的总体规划、系统角色以及电子商务系统的总体格局,即确定电子商务系统的商务模式,以及与商务模式密切相关的网上品牌、网上商品、服务支持和营销策略四个要素。电子商务系统设计工作可以由此展开,即从子系统、前台、后台、技术支持、系统流程、人员设置等各个方面全面构架电子商务系统。此阶段工作完成的好坏,将直接关系到后续电子商务系统建设和将来电子商务系统运行和应用的成功与否。

12.3.3 网上商店建设实施阶段

1. 获取 Internet 的域名,建立 Web 服务器与零售企业的连接

Internet 是通过一系列计算机通信(传输)协议来进行信息沟通的。因此,获得网址并建立 Web 网页,是零售企业利用 Internet 进行营销的先决条件。

域名是接入国际互联网用户在网上的名称,是一个企业或机构在国际互联网上的识别表示。在网上人们通过域名来查找入网企业的网络地址,互联网域名在世界范围内是唯一的,这样,域名实际上与商标有类似的意义,成为网上零售企业形象的一部分,于是网络上时常发生域名抢注、重金购买事件。目前国际域名的申请是由"Internet 特别委员会"即"Internet NIC"指定的注册中心受理,而国内的二级地址与域名注册由中国互联网信息中心(CNNIC)负责。

网络营销域名的注册安排一般有两种:一是以零售企业的名称作为域名,以借助于原有的知名度(此类主要指传统零售业开辟网上零售的情况),进一步在互联网上树立零售企业的良好形象;二是独立域名注册(主要指专门的网上零售企业),展现网上零售的特色,培养、尊重和强化消费者的忠诚度。

网络域名决定后,就需要构建零售企业的 Web 服务器,使用一套在 Internet 上使用的符合 WWW(World Wide Web)标准的计算机系统。WWW 系统主要提供的是多媒体信息的浏览与发布，也支持多点间的计算机相互通信和资源访问。零售企业构建 Web 服务器，通常有两种做法：一是自建，适用于交易规模大、潜在顾客地理分布广、人数多的零售企业。尽管自建服务器投资较大，建站周期长，需要网上零售企业拥有较高水平的计算机网络系统维护队伍，运行成本高，但这种方式建立的网上零售企业的服务器与运行系统，企业有自主权和调配权，网络速度快、效果好，有利于发挥系统功能。二是托管，即租用 Web 服务器提供的系统存储空间，建立虚拟服务器托管方式，成本低、费用低、管理简单。但因为采用的是一种在网络寄附生存的形式，用户访问速度慢，查询困难，因而只适应交易规模不大的企业。

2. 提供恰当的营销信息内容

开展网络营销，零售企业必须认真考虑在网页上安排的营销信息内容是否具有吸引力，只有富有吸引力的网页内容，才能使网页具有生命力，才能完成营销目标。一般来说，设计的主页应包括以下几个方面的内容。

(1) 公司介绍。包括公司背景、发展历史及组织结构。

(2) 产品目录。提供公司产品和服务的电子目录，最好设一个搜寻器，方便客户透过网站搜查有关产品及品牌，在适当地方还应列出有关产品、服务的一些技术性资料。

(3) 联络资料。列出公司地址、电话、传真及电邮地址等联络资料，有助于促进和外界，特别是和潜在客户的沟通。

(4) 公司动态。企业透过网站介绍公司动态，借以推介公司的新产品、服务，提供公司发展的最新情况，以建立公司形象。

(5) 客户服务资料。为公司提供线上即时客户服务，可包括热门答问(FAQ)、付款等。可考虑提供线上查询服务，或建立数据库，方便客户搜寻资料。

3. 将信息转变为 HTML 格式，以便计算机识别

完成上网信息编写后，这些上网中文信息必须转换为互联网所能阅读的格式，这种格式就是 HTML。这种转换需要借助编辑程序来完成，而编辑程序可以委托程序设计员完成。

4. 将做完的信息资料在互联网上发布

首先，要将准备与互联网链接的文件信息复制到一台与互联网链接的计算机中，然后，用 FTP 软件将编写的信息传送到网络服务商的服务器上，当网络服务器显示信息输送完毕，并经过上网者的检查，上网信息的任务就算完成了。

5. 网上商店的商品销售

网上商店将商品销售出去的方法通常有三种。第一种，在网上显示网上商店的订货电话号码，这是因为一些用户喜欢采用电话订货或邮寄支票订购的老方法，为了迎合这些顾客的需求，销售商需要在主页和订货子页中显示地址、电话号码和传真号码。第二种，可以使用电子邮件订货。第三种，使用一般的在线订货方式订货。在销售商的主页上可以有包括所有产品的价目表，在每一项产品描述后面，可以增加一个"订货"的选项。用户选择这一项，他们会看到一个订货表格，用户填写表格并发送后，就可以完成订货过程。这张表格可以由 HTML 制作后并链接到主页上。

6. 网上付款

在网上商店进行网上购物时，消费者面对的是虚拟商店，对产品的了解只能通过网上介绍完成，交易时消费者需要将个人重要信息(如信用卡号、密码和个人身份信息)通过网上传送。由于互联网的开放性，网上信息存在被非法截取和非法利用的可能，存在一定的安全隐患。同时，在购买时消费者将个人身份信息传送给商家，可能被商家掌握消费者的个人隐私，有时这些隐私信息被商家非法利用，因此网上交易还存在个人隐私被侵犯的危险。

随着技术的发展和网上交易的规范，现在出台了一系列网上交易安全规范，如 SET 协议，它通过加密技术和个人数字签字技术，保证交易过程信息传递的安全和合法，可以有效防止信息被第三方非法截取和利用。电子现金的出现是一种有效的匿名电子支付手段，它的原理很简单，就是用银行加密签字后的序列数字作为现金符号。这种电子现金使用时无须消费者签名，因此在交易过程中消费者的个人身份信息可以不被泄露，从而保护个人隐私。

12.3.4 网上商店整合运行阶段

网上零售商店建设完成之后，在进行实际运作的过程中往往会表现出它的不足之处，因此需要经过必要的调整和改进。因此网上商店的建设不是一劳永逸的事情，必须在系统应用的过程中，根据企业商务和网络技术等各方面的变化，不断创新、改进、完善，从而确保和提高网上商店的竞争能力。

12.4 网上零售技巧

12.4.1 网上零售店推广技巧

电子商务营销模式，已成为企业运营的重要手段。如何让企业得到客户的认知，是企业生存的首要任务。归纳起来，网上零售提高认知度可采用以下几种方法。

1. 搜索引擎推广方法

搜索引擎推广是指利用搜索引擎、分类目录等具有在线检索信息功能的网络工具进行网站推广的方法。由于搜索引擎可分为网状蜘蛛形搜索引擎(简称搜索引擎)和基于人工分类目录的搜索引擎(简称分类目录)，因此搜索引擎的推广方法也相应分为基于搜索引擎的方法和基于分类目录的方法。前者包括搜索引擎优化、关键词广告、竞价排名、固定排名、基于内容定位的广告等多种形式，后者主要是在分类目录合适的类别中进行网站登录。

从目前的发展趋势来看，搜索引擎在网络营销中的地位依然重要，并且受到越来越多企业的认可，搜索引擎营销的方式也在不断发展演变，因此应根据环境的变化选择搜索引擎营销的合适方式。

2. 电子邮件推广方法

电子邮件推广方法以电子邮件为主要的网站推广手段，常用的方法包括电子刊物、会员通信、专业服务商的电子邮件广告等。

基于用户许可的 E-mail 营销与滥发邮件(Spam)不同,许可营销比传统的推广方式或未经许可的 E-mail 营销具有明显的优势,如可以减少广告对用户的滋扰、增加潜在客户定位的准确度、增强与客户的关系、提高品牌忠诚度等。根据许可 E-mail 营销所应用的用户电子邮件地址资源的所有形式,可以分为内部列表 E-mail 营销和外部列表 E-mail 营销,或简称内部列表和外部列表。内部列表也就是通常所说的邮件列表,是利用网站的注册用户资料开展 E-mail 营销的方式,常见的形式如新闻邮件、会员通信、电子刊物等。外部列表 E-mail 营销则是利用专业服务商的用户电子邮件地址来开展 E-mail 营销,也就是用电子邮件广告的形式向服务商的用户发送信息。许可 E-mail 营销是网络营销方法体系中相对独立的一种,既可以与其他网络营销方法相结合,也可以独立应用。

3. 资源合作推广方法

资源合作推广方法通过网站交换链接、交换广告、内容合作、用户资源合作等方式,在具有类似目标网站之间实现互相推广的目的,其中最常用的资源合作方式为网站链接,即利用合作伙伴之间网站访问资源合作互为推广。

每个企业网站均可以拥有自己的资源,这种资源可以表现为一定的访问量、注册用户信息、有价值的内容和功能、网络广告空间等,利用网站的资源与合作伙伴开展合作,实现资源共享、共同扩大收益的目的。在这些资源合作形式中,交换链接是最简单的一种合作方式,调查表明其也是新网站推广的有效方式之一。交换链接或称互惠链接,是具有一定互补优势的网站之间的简单合作形式,即分别在自己的网站上放置对方网站的 LOGO 或网站名称并设置对方网站的超级链接,使得用户可以从合作网站中发现自己的网站,达到互相推广的目的。交换链接的作用主要表现在以下几个方面:获得访问量、增加用户浏览时的印象、在搜索引擎排名中增加优势、通过合作网站的推荐增加访问者的可信度等。交换链接还有比是否可以取得直接效果更深一层的意义,一般来说,每个网站都倾向于链接价值高的其他网站,因此获得其他网站的链接也就意味着获得了合作伙伴和相同领域内同类网站的认可。

4. 信息发布推广方法

信息发布推广方法是将有关的网站推广信息发布在其他潜在用户可能访问的网站上,利用用户在这些网站获取信息的机会实现网站推广的目的。适用于这些信息发布的网站包括在线黄页、分类广告、论坛、博客网站、供求信息平台、行业网站等。信息发布是免费网站推广的常用方法之一,尤其在互联网发展早期,网上信息量相对较少时,往往通过信息发布的方式即可取得满意的效果。不过随着网上信息量爆炸式的增长,这种依靠免费信息发布的方式所能发挥的作用日益降低,同时由于更多更有效的网站推广方法的出现,信息发布在网站推广常用方法中的重要程度也明显下降,因此依靠大量发送免费信息的方式已经没有太大价值,不过一些针对性、专业性的信息仍然可以引起人们极大的关注,尤其当这些信息发布在相关性比较高的网站。

5. 病毒性营销方法

病毒性营销方法并非传播病毒,而是利用用户之间的主动传播,让信息像病毒那样扩散,从而达到推广的目的。病毒性营销方法实质上是在为用户提供有价值的免费服务的同时,附加一定的推广信息,常用的工具包括免费电子书、免费软件、免费 Flash 作品、免费贺卡、免费邮箱、免费即时聊天工具等,可以为用户获取信息、使用网络服务、娱乐等带来方便。如果应用得当,这种病毒性营销手段往往可以以极低的代价取得非常显著的效果。

6. 快捷网址推广方法

快捷网址推广即合理利用网络实名、通用网址以及其他类似的关键词网站快捷访问方式来实现网站推广的方法。快捷网址使用自然语言和网站 URL 建立其对应关系,这对于习惯于使用中文的用户提供了极大的方便,用户只需输入比英文网址更加容易记忆的快捷网址就可以访问网站,用自己的母语或者其他简单的词汇为网站"更换"一个更好记忆、更容易体现品牌形象的网址。例如选择企业名称或者商标、主要产品名称等作为中文网址,这样可以大大弥补英文网址不便于宣传的缺陷,因而在网址推广方面有一定的价值。随着企业注册快捷网址数量的增加,这些快捷网址用户数据也可相当于一个搜索引擎,这样,当用户利用某个关键词检索时,即使与某网站注册的中文网址并不一致,同样存在被用户发现的机会。

12.4.2 网上零售营销策略技巧

在制定网上零售营销策略技巧时,应注意以下细节。

1. 完整的产品信息和公司信息

零售商选择大型的电子商务平台后,需要上传产品信息和公司信息,尽量让自己的信息完善,因为信息越完善,给别人的感觉可信度越高。虽然网络是虚拟的,但是人与人交往和商业交往等,需要比网下的交往更认真、更真诚,让会员去掉网络的虚拟感,对企业更信任。信息完善,也是被动宣传的一种方式,信息越多,浏览者可以了解的内容越多,对产品的兴趣也越多。同时,信息越完善,说明企业对网络客户的态度越认真,从而可以赢得更多网络目标客户的青睐。所以信息越完整,对销售产品越有帮助。

2. 积极刷新信息

在网络宣传方面,前期不宜投入过多的资金进行宣传,而是需要抓住电子商务网站的特点,尽量使用免费的办法宣传。为了对积极的会员给予回报,很多电子商务网站把刷新的信息排列在前面,更容易让目标顾客看到。所以零售商在发布产品信息后,更需要积极登录网站,及时更新和刷新自己的信息,尽量使自己的信息保持在前面。

3. 及时回复会员的留言和询价

当发布产品信息后,企业可能会收到一些会员的留言和询价,对于这些上门的目标顾客,绝对不能怠慢,及时回复会员的留言和询价是对顾客认真负责的态度,可以留住更多的目标顾客,同时还可以通过他们的留言和在线沟通等,了解网络目标顾客更多的反馈。

4. 积极寻找网络目标客户

发布信息后,不能坐等客户上门,而是需要积极地寻找网络目标客户。也许目标客户就在身边、眼前，但是如果不主动去寻找，也很难发现。主动出击寻找网络目标客户，可以让产品更快地销售出去。在电子商务平台，一般利用搜索功能搜索目标客户企业，他们可能在电子商务平台里是供应商或是采购商。所以不能片面地认为采购商或那些发布采购信息的企业才是企业的目标顾客，其中很多发布销售信息的企业也有采购需求，它们当中很可能也有企业所需要的目标客户。

5. 在论坛里寻找目标客户

企业在加入电子商务平台后，需要融入电子商务网站里，需要在网站里找到同行业圈子里的人，通过这些人可以找到更多的目标顾客，因为仅靠自己的力量，很难找到自己的目标客户。而网站的论坛能够方便商人寻找同行业的朋友，并提供交流和沟通。所以我们需要好好利用论坛的作用，不仅要在论坛里发帖子，吸引同行业和目标客户的注意力，同时还需要积极地回复同行业朋友的疑难问题，帮助他们解决更多的专业知识。

6. 采用特殊的渠道策略，让网上零售接近消费者

(1) 开展网络会员制。会员网络是企业在建立虚拟组织的基础上形成的网络团体，通过会员制，促进顾客相互之间的联系和交流，以及顾客与企业的联系与交流，以便企业依据与会员的交易记录、会员的消费偏好提供相应的产品和服务，培养会员顾客对企业的忠诚度，并把顾客融入企业整个营销过程中，使会员网络的每个成员都能互惠互利，共同发展。

(2) 设立虚拟商店橱窗，使顾客如同进入实际的商店一样。同时商店的橱窗可以因季节、促销活动、经营战略的需要迅速地改变设计。虚拟橱窗不占空间，可 24 小时营业，服务全球顾客，并由营销人员回答任何专业性问题，及时进行买卖的沟通与成交。

(3) 设立虚拟市场和交换网络。虚拟市场提供虚拟场所，任何符合条件的产品都可以在网站中任意选择和购买。

7. 开展特色促销

(1) 网上折价促销。折价亦称打折、折扣，是目前网上最常用的一种促销方式。在同等价位下，网民在网上购物的热情可能远低于商场、超市等传统购物场所，因此网上商品的价格一般都要比传统方式销售时低，以吸引人们购买。由于网上销售商品不能给人全面、直观的印象，也不可试用、触摸等，再加上配送成本和付款方式的复杂性，很容易造成网上购物和订货的积极性下降。而幅度比较大的折扣可以促使消费者进行网上购物的尝试并做出购买决定。目前大部分网上销售商品都有不同程度的价格折扣。

折价券是直接价格打折的一种变化形式，有些商品因在网上直接销售有一定的困难性，便结合传统营销方式，可从网上下载、打印折价券或直接填写优惠表单，到指定地点购买商品时可享受一定优惠。

(2) 网上变相折价促销。变相折价促销是指在不提高或稍微增加价格的前提下，提高产品或服务的品质数量，较大幅度地增加产品或服务的附加值，让消费者感到物有所值。由于网上直接价格折扣容易降低产品或服务品质的可信度，利用增加商品附加值的促销方法会更容易获得消费者的信任。

(3) 网上赠品促销。赠品促销目前在网上的应用不算多，一般而言，在新产品推出试

用、产品更新、对抗竞争品牌、开辟新市场情况下,利用赠品促销可以达到比较好的促销效果。

赠品促销的优点:可以提升品牌和网站的知名度;鼓励人们经常访问网站以获得更多的优惠信息;能根据消费者索取赠品的热情程度而总结分析营销效果和产品本身的反应情况等。

赠品促销应注意赠品的选择:不要选择次品、劣质品作为赠品,这样做只会起到适得其反的作用;明确促销目的,选择适当的能够吸引消费者的产品或服务;注意时间和时机,注意赠品的时间性,如冬季不能赠送只在夏季才能用的物品,另外在危机公关等情况下也可考虑不计成本的赠品活动以度过危机;注意预算和市场需求,赠品在能接受的预算内,不可过度赠送赠品而造成营销困境。

(4) 网上抽奖促销。抽奖促销是网上应用较广泛的促销形式之一,是大部分网站乐意采用的促销方式。抽奖促销是以一个人或数人获得超出参加活动成本的奖品为手段进行商品或服务的促销,网上抽奖活动主要附加于调查、产品销售、扩大用户群、庆典、推广某项活动等。消费者或访问者通过填写问卷、注册、购买产品或参加网上活动等方式获得抽奖机会。网上抽奖促销活动应注意以下几点。

① 奖品要有诱惑力,可考虑大额超值的产品吸引人们参加。

② 活动参加方式要简单化,网上抽奖活动要策划得有趣味性和容易参加,太过复杂和难度太大的活动较难吸引匆匆的访客。

③ 抽奖结果的公正公平性。由于网络的虚拟性和参加者的广泛地域性,对抽奖结果的真实性要有一定的保证,应该及时请公证人员进行全程公证,并及时通过 E-mail、公告等形式向参加者告之活动的进度和结果。

(5) 积分促销。与传统营销方式相比,积分促销在网络上的应用更简单和容易操作。网上积分活动很容易通过编程和数据库等来实现,并且结果可信度很高,操作起来相对简便。积分促销一般设置价值较高的奖品,消费者通过多次购买或多次参加某项活动来增加积分以获得奖品。

积分促销可以增加上网者访问网站和参加某项活动的次数;可以增加上网者对网站的忠诚度;可以提高活动的知名度等。

现在不少电子商务网站"发行"的"虚拟货币"应该是积分促销的另一种体现。网站通过举办活动来使会员"挣钱",同时可以用仅能在网站使用的"虚拟货币"来购买本站的商品,实际上是给会员购买者相应的优惠。

(6) 网上联合促销。由不同商家联合进行的促销活动称为联合促销,联合促销的产品或服务可以起到一定的优势互补、互相提升自身价值等效应。如果应用得当,联合促销可起到相当好的促销效果,如网络公司可以和传统商家联合,以提供在网络上无法实现的服务。

以上六种促销活动是比较常见又比较重要的方式,其他如节假日的促销、事件促销等都可以与这几种促销方式进行综合应用。但要想使促销活动达到良好的效果,必须事先进行市场分析、竞争对手分析以及网络上活动实施的可行性分析,与整体营销计划结合,创意地组织实施促销活动,使促销活动新奇、富有销售力和影响力。

8. 手机营销

手机营销也称移动营销，是指以手机作为视听终端、网络作为平台，以分众为传播目标，直接向分众目标受众定向和精准地传播个性化信息，以实现营销目标的一种新型营销模式。手机营销是移动商务的一部分，它的理论基础是现代市场营销中的"数据库营销"和"4I 模型"理论，现实基础是企业拥有强大的数据库，在此基础上，利用手机开展"一对一"的互动营销，从而达到提升企业品牌或产品知名度、收集客户资料、增加顾客参与企业活动的机会、提高顾客对企业的信任度和增加企业收入。所谓手机营销的"4I 模型"是指个体识别(Individual Identification)、即时信息(Instant Message)、互动沟通(Interactive Communication)、"我"的个性化(I)。手机营销"一对一"的互动性，使得企业的客户关系发生了质的改变，客户关系的管理也变得更加精准，营销效果可进行量化监测，因而展现了全新的营销模式。

9. 网络游戏营销

网络游戏营销就是把网络游戏作为推广媒介，把网络游戏的众玩家作为目标顾客，把企业品牌、产品信息、活动信息与网络游戏通过各种方式结合起来，从而提升目标顾客对企业或产品的认知，达到营销目标的营销活动。

10. 即时通信营销

即时通信营销又称 IM 营销，是指企业利用即时通信工具进行营销推广活动。IM 营销是网络营销的重要手段之一，是企业开展产品和品牌宣传推广、进行客户关系管理的有效方法，是继搜索引擎营销、E-mail 营销后的一种重要网络营销方式。借助信息传递高效、快速和精准的即时通信工具平台，无论是品牌推广还是常规广告活动，或者是客户关系服务，IM 营销都可以取得巨大的效果。

11. 微博营销

微博营销是指通过微博这个平台进行宣传推广，以达到营销目的的活动。随着微博的流行，这种"一对众"的实时信息传播渠道，使信息以一种"前所未有"爆炸性的速度形成核裂变式的传播，这使得微博具有极高的营销价值。

12. 微信营销

微信是腾讯公司于 2011 年 1 月 21 日推出的一款即时通信应用，是目前比较热门和流行的手机通信软件，其功能包括发送语音短信、视频、图片和文字，可以群聊。微信"一对一"的互动交流方式具有良好的互动性，精准推送信息的同时更能形成一种朋友关系。网民们纷纷从别的社交平台转向微信，至 2012 年 9 月 30 日微信开通不到两年的时间里，其用户已达 3 亿，并呈现不断增加趋势。2012 年 8 月微信的公众平台上线并允许媒体、企业、商家及名人进行账户认证，同时给认证用户提供更多的手段向其"粉丝"推送信息。于是，众企业纷纷抢滩登陆微信，一时间，微信成了各企业除官方微博以外的另一大互联网营销热地。

13. 漂流瓶营销

漂流瓶在中世纪是人们穿越广阔大海进行交流的有限手段之一。随着网络的发展,各种网络版的漂流瓶也日渐增多,如百度漂流瓶吧、百度漂流瓶俱乐部、QQ 邮箱漂流瓶、网络漂流瓶等。

网络漂流瓶一般发出后,由网络自动分配,不定收件人。双方是完全陌生的,更容易把信息发给客户,减少销售广告的成本。这也是网络漂流瓶的一大特色。QQ 漂流瓶是随机的,对很多人来说收到漂流瓶会觉得很有缘分,只要你的广告具有吸引力,一般人会点开你的网站看一看,只要点开网页流量就会上来,交易机会就大了。漂流瓶的推广让更多人了解到漂流瓶营销,比如做网站建设的就用交往瓶,只做本地的,就用同城瓶,如此一来,大大提高推广的准确率。漂流瓶是不会被投诉的,别人顶多就不看,所以不会被屏蔽,也不会被删除;而且内容随意,也没有审核,可以任意组织,数量没有限制。

【案例 12.2】

苏宁线上线下商品同价,欲摆脱"掐架"窘境

《楚天金报》2013 年 6 月 3 日(记者杨彦夫)报道,网上商城商品价格比线下店商品便宜,这种市场现象和消费心态,有可能被苏宁终结。

昨日,苏宁发布重要消息称,从 6 月 8 日起,全国所有苏宁门店、乐购仕门店销售的所有商品,将与苏宁易购实现同品同价。据了解,这是全国首例大型零售商全面推行线上线下同价。

据了解,苏宁非首次喊出线下线上同价。去年 8 月,苏宁在北京以 3C 品类为突破口,试点线上线下同价。

苏宁云商总裁金明表示,此次同价扩至全品类,不是一次简单的促销,而是苏宁长期的基本经营方针,势必对国内零售业的发展趋势产生较大的影响。"线上线下同价,会对市场产生两个较明显的影响。"金明称,线上线下同价首先将会改变人们的购物消费行为。目前实体零售普遍存在周末和假日促销现象,造成周中、周末和假日,商品价格不等、消费不均、销售不平衡现象。线上线下同价能够真正实现零售业日常促销的常态化,促进零售运营从价格导向的促销,向顾客经营导向的服务转变,引导消费者关注商品综合价值而非价格和促销。

其次,将颠覆消费者之前认为网上东西一定比实体店便宜的购物心理。金明表示,在同价之前,消费者大多会在实体店体验,之后在网上进行比价。一旦线上线下同价之后,消费者则会在购买前省去比价带来的不便。

既拥有线下实体店面,又拥有网上商城,一直被苏宁看作是自己强于其他电商的优势所在。不过,线上线下价格不同,让苏宁易购和自己的苏宁线下门店,一直以来处于相互竞争的境地。

业内人士认为,线上线下全品类同价,表面上意味着苏宁线上与线下两大平台不会"互掐",但能否做到真正统一协调,要看这次苏宁对线下平台如何定位调整,对线下利益如何分配,线下是否能做到百分之百支持线上。

技 能 实 训

【实训目的】
通过案例讨论加深对网上零售管理的认识。

【实训主题】
网上商店对零售商业发展的影响。

【实训时间】
本章课堂教学内容结束后的双休日和课余时间,为期一周。或者指导教师另外指定时间。

【背景材料】

2014 年"双十一"淘宝销售额 571 亿元

2014 年"双十一"淘宝销售额最终会到多少个亿呢?2014 年 11 月 12 日凌晨消息,阿里巴巴刚刚公布了"双十一"全天的交易数据:天猫淘宝"双十一"全天成交金额为 571 亿元,其中在移动端交易额达到 243 亿元,物流订单 2.78 亿,总共有 217 个国家和地区被点亮,新的网上零售交易纪录诞生。从 2009 年到 2014 年,"双十一"已经从天猫扩散到全电商平台,从国内扩展到全球。"双十一"正逐渐从单一的电商营销日,变为全球消费者的购物狂欢节。

(资料来源:http://www.fashangji.com/news/show/3212)

【实训过程设计】
(1) 指导教师布置学生课前预习阅读案例。
(2) 将全班同学平均分成小组,按每组 5~6 人进行讨论。
(3) 根据"阅读资料",对天猫"双十一"现象进行讨论。
(4) 根据讨论,谈谈网上商店对零售商业发展会带来哪些影响。
(5) 各实训组对本次实训进行总结和点评,撰写作为最终成果的《零售管理实训报告》。
(6) 各小组提交填写"项目组长姓名、成员名单"的《零售管理实训报告》,优秀的实训报告在班级展出,并收入本课程教学资源库。

综 合 练 习

一、名词解释

电子商务 网上零售 微博营销 微信营销 漂流瓶营销

二、单项选择题

1. 关于网络品牌表述正确的是(   )。
   A.网络品牌就是网络形象
   B.网络品牌就是网站建设

C．网络品牌就是大规模投入的推广
D．网络品牌是网络营销效果的综合表现

2．以下（　　）不属于网络广告。
A．画中画广告　　　　　　　　B．赞助式广告
C．户外竖牌广告　　　　　　　D．竖边广告

3．网络广告的策划步骤是（　　）。
①确立网络广告目标　②确定网络广告预算　③确定网络的目标受众
④网络广告媒体选择　⑤网络广告制作　　　⑥网络广告效果评估
A．①②④⑤⑥　　　　　　　　B．⑤②①③④⑥
C．③⑤④①②⑥　　　　　　　D．①④⑤②③⑥

4．以下（　　）不属于网络资源合作方式。
A．广告互换　　　　　　　　　B．免费下载
C．数据流量互换　　　　　　　D．网络活动合作

三、多项选择题

1．下面关于网上零售和传统零售的关系表述正确的是（　　）。
A．网上零售将完全替代传统零售
B．网上零售是更新、改造、提升传统零售的平台
C．网上零售是对传统零售的有益补充
D．网上零售将对传统零售形成冲击
E．网上零售会成为趋势

2．按经营商品种类可将网上零售商店分为（　　）。
A．综合类　　　　B．专门类　　　　C．目录零售商
D．网络服务公司　E．网上营销公司

四、问答题

1．网上零售存在哪些问题？
2．网络品牌有哪些特点？
3．网络品牌建设中可能存在哪些误区？

参 考 文 献

[1] [英]罗玛丽·瓦利，莫尔曼德·拉夫. 零售管理教程[M]. 胡金有，译. 北京：经济管理出版社，2011.
[2] 吴佩勋. 零售管理[M]. 北京：格致出版社，2009.
[3] 侣玉杰，邵正芝. 零售管理[M]. 北京：中国人民大学出版社，2010.
[4] 李桂华. 零售营销[M]. 北京：机械工业出版社，2012.
[5] 刘春梅. 零售学[M]. 上海：立信会计出版社，2010.
[6] 曾庆均. 零售学[M]. 北京：科学出版社，2012.
[7] 孙晓燕. 现代零售管理[M]. 北京：科学出版社，2012.
[8] [美]罗伯特·F. 勒斯克，等. 零售管理[M]. 7版. 杨寅辉，陈娜，译. 北京：清华大学出版社，2011.
[9] 陈文汉. 中国流通企业开拓国外市场的途径与策略[J]. 广西商业高等专科学校学报，2004(1).
[10] 陈文汉. 国际市场营销学[M]. 北京：清华大学出版社，2013.
[11] 武庆新. 开店创业指南[M]. 北京：中国商业出版社，2012.

北京大学出版社本科财经管理类实用规划教材（已出版）

财务会计类

序号	书名	标准书号	主编	定价	序号	书名	标准书号	主编	定价
1	基础会计	7-301-24366-4	孟铁	35.00	22	中级财务会计	7-301-23772-4	吴海燕	49.00
2	基础会计(第2版)	7-301-17478-4	李秀莲	38.00	23	中级财务会计习题集	7-301-25756-2	吴海燕	39.00
3	基础会计实验与习题	7-301-22387-1	左旭	30.00	24	高级财务会计	7-81117-545-5	程明娥	46.00
4	基础会计学	7-301-19403-4	窦亚芹	33.00	25	高级财务会计	7-5655-0061-9	王奇杰	44.00
5	基础会计学学习指导与习题集	7-301-16309-2	裴玉	28.00	26	企业财务会计模拟实习教程	7-5655-0404-4	董晓平	25.00
6	基础会计	7-301-23109-8	田凤彩	39.00	27	成本会计学	7-301-19400-3	杨尚军	38.00
7	基础会计学	7-301-16308-5	晋晓琴	39.00	28	成本会计学	7-5655-0482-2	张红漫	30.00
8	信息化会计实务	7-301-24730-3	杜天宇	35.00	29	成本会计学	7-301-20473-3	刘建中	38.00
9	会计学原理习题与实验(第2版)	7-301-19449-2	王保忠	30.00	30	税法与税务会计实用教程(第2版)	7-301-21422-0	张巧良	45.00
10	会计学原理(第3版)	7-301-26239-9	刘爱香	35.00	31	初级财务管理	7-301-20019-3	胡淑姣	42.00
11	会计学原理	7-301-24872-0	郭松克	38.00	32	财务会计学	7-301-23190-6	李柏生	39.00
12	会计学原理与实务(第2版)	7-301-18653-4	周慧滨	33.00	33	财务管理学实用教程(第2版)	7-301-21060-4	骆永菊	42.00
13	初级财务会计模拟实训教程	7-301-23864-6	王明珠	25.00	34	财务管理理论与实务(第2版)	7-301-20407-8	张思强	42.00
14	初级会计学习题集	7-301-25671-8	张兴东	28.00	35	财务管理理论与实务	7-301-20042-1	成兵	40.00
15	会计规范专题(第2版)	7-301-23797-7	谢万健	42.00	36	财务管理学	7-301-21887-7	陈玮	44.00
16	会计综合实训模拟教程	7-301-20730-7	章洁倩	33.00	37	公司财务管理	7-301-21423-7	胡振兴	48.00
17	预算会计	7-301-22203-4	王筱萍	32.00	38	财务分析学	7-301-20275-3	张献英	30.00
18	会计电算化	7-301-23565-2	童伟	49.00	39	审计学	7-301-20906-6	赵晓波	38.00
19	政府与非营利组织会计	7-301-21504-3	张丹	40.00	40	审计理论与实务	7-81117-955-2	宋传联	36.00
20	管理会计	7-81117-943-9	齐殿伟	27.00	41	现代审计学	7-301-25365-6	杨茁	39.00
21	管理会计	7-301-21057-4	肜芳珍	36.00	42	财务会计	7-301-26285-6	李巧巧	38.00

管理类

序号	书名	标准书号	主编	定价	序号	书名	标准书号	主编	定价
1	管理学	7-301-17452-4	王慧娟	42.00	14	统计学	7-301-24750-1	李付梅	39.00
2	管理学	7-301-21167-0	陈文汉	35.00	15	统计学	7-301-25180-5	邓正林	42.00
3	管理学	7-301-23023-7	申文青	40.00	16	统计学(第2版)	7-301-23854-7	阮红伟	35.00
4	管理学原理	7-301-22980-4	陈阳	48.00	17	应用统计学(第2版)	7-301-19295-5	王淑芬	48.00
5	管理学原理	7-5655-0078-7	尹少华	42.00	18	统计学实验教程	7-301-22450-2	裴雨明	24.00
6	管理学原理	7-301-21178-6	雷金荣	39.00	19	管理运筹学(第2版)	7-301-19351-8	关文忠	39.00
7	管理学原理与实务(第2版)	7-301-18536-0	陈嘉莉	42.00	20	现场管理	7-301-21528-9	陈国华	38.00
8	管理学实用教程	7-301-21059-8	高爱霞	42.00	21	企业经营ERP沙盘应用教程	7-301-20728-4	董红杰	32.00
9	现代企业管理理论与应用(第2版)	7-301-21603-3	邱彦彪	38.00	22	项目管理	7-301-21448-0	程敏	39.00
10	新编现代企业管理	7-301-21121-2	姚丽娜	48.00	23	项目管理	7-301-24823-2	康乐	39.00
11	统计学原理(第2版)	7-301-25114-0	刘晓利	36.00	24	公司治理学	7-301-22568-4	蔡锐	35.00
12	统计学原理	7-301-21061-4	韩宇	38.00	25	企业经营ERP沙盘模拟教程(第2版)	7-301-26163-7	董红杰	45.00
13	统计学原理与实务	7-5655-0505-8	徐静霞	40.00					

市场营销类

序号	书名	标准书号	主编	定价	序号	书名	标准书号	主编	定价
1	市场营销学	7-301-21056-7	马慧敏	42.00	4	市场营销学(第2版)	7-301-19855-1	陈阳	45.00
2	市场营销学：理论、案例与实训	7-301-21165-6	袁连升	42.00	5	市场营销学	7-301-21166-3	杨楠	40.00
3	市场营销学实用教程(第2版)	7-301-24958-1	林小兰	48.00	6	市场营销理论与实务(第2版)	7-301-20628-7	那薇	40.00

序号	书名	标准书号	主编	定价	序号	书名	标准书号	主编	定价
7	市场营销学(第2版)	7-301-24328-2	王槐林	39.00	14	消费者行为学	7-5655-0057-2	肖 立	37.00
8	国际市场营销学	7-301-21888-4	董 飞	45.00	15	客户关系管理实务	7-301-09956-8	周贺来	44.00
9	营销策划	7-301-23204-0	杨 楠	42.00	16	客户关系管理理论与实务	7-301-23911-7	徐 伟	40.00
10	营销策划	7-301-26027-2	张 娟	38.00	17	社交礼仪	7-301-23418-1	李 霞	29.00
11	市场营销策划	7-301-23384-9	杨 勇	40.00	18	商务谈判(第2版)	7-301-20048-3	郭秀君	49.00
12	广告策划与管理：原理、案例与项目实训	7-301-23827-1	杨佐飞	48.00	19	消费心理学(第2版)	7-301-25983-2	臧良运	40.00
13	现代推销与谈判实用教程	7-301-25695-4	凌奎才	48.00	20	零售学(第2版)	7-301-26549-9	陈文汉	39.00

工商管理类

序号	书名	标准书号	主编	定价	序号	书名	标准书号	主编	定价
1	企业文化理论与实务(第2版)	7-301-24445-6	王水嫩	35.00	10	创业基础：理论应用与实训实练	7-301-24465-4	郭占元	38.00
2	企业战略管理实用教程	7-81117-853-1	刘松先	35.00	11	公共关系学实用教程(第2版)	7-301-25557-5	周 华	42.00
3	企业战略管理	7-301-23419-8	顾 桥	46.00	12	公共关系学实用教程	7-301-17472-2	任焕琴	42.00
4	生产运作管理(第3版)	7-301-24502-6	李全喜	54.00	13	公共关系理论与实务	7-5655-0155-5	李泓欣	45.00
5	运作管理	7-5655-0472-3	周建亨	25.00	14	东方哲学与企业文化	7-5655-0433-4	刘峰涛	34.00
6	运营管理实验教程	7-301-25879-8	冯根尧	24.00	15	跨国公司管理	7-5038-4999-2	冯雷鸣	28.00
7	组织行为学实用教程	7-301-20466-5	冀 鸿	32.00	16	企业战略管理	7-5655-0370-2	代海涛	36.00
8	质量管理(第2版)	7-301-24632-0	陈国华	39.00	17	跨文化管理	7-301-20027-8	晏 雄	35.00
9	创业学	7-301-15915-6	刘沁玲	38.00					

人力资源管理类

序号	书名	标准书号	主编	定价	序号	书名	标准书号	主编	定价
1	人力资源管理(第2版)	7-301-19098-2	颜爱民	60.00	5	员工招聘	7-301-20089-6	王 挺	30.00
2	人力资源管理实用教程(第2版)	7-301-20281-4	吴宝华	45.00	6	人力资源管理：理论、实务与艺术	7-5655-0193-7	李长江	48.00
3	人力资源管理原理与实务(第2版)	7-301-25511-7	邹 华	32.00	7	人力资源管理实验教程	7-301-23078-7	畅铁民	40.00
4	人力资源管理教程	7-301-24615-3	夏兆敢	36.00					

服务管理类

序号	书名	书号	编著者	定价	序号	书名	书号	编著者	定价
1	会展服务管理	7-301-16661-1	许传宏	36.00	4	服务性企业战略管理	7-301-20043-8	黄其新	28.00
2	非营利组织管理	7-301-20726-0	王智慧	33.00	5	现代服务业管理原理、方法与案例	7-301-17817-1	马 勇	49.00
3	服务营销	7-301-21889-1	熊 凯	45.00					

经济、国贸、金融类

序号	书名	书号	编著者	定价	序号	书名	书号	编著者	定价
1	宏观经济学(第2版)	7-301-19038-8	蹇令香	39.00	6	外贸函电(第2版)	7-301-18786-9	王 妍	30.00
2	西方经济学实用教程	7-5655-0302-3	杨仁发	49.00	7	国际贸易理论与实务(第2版)	7-301-18798-2	缪东玲	54.00
3	管理经济学(第2版)	7-301-24786-0	姜保雨	42.00	8	国际贸易(第2版)	7-301-19404-1	朱廷珺	45.00
4	管理经济学	7-301-24573-6	钱 津	42.00	9	国际贸易实务(第2版)	7-301-20486-3	夏合群	45.00
5	矿业经济学	7-301-24988-8	李 创	38.00	10	国际贸易结算及其单证实务(第2版)	7-301-25733-3	卓乃坚	42.00

序号	书名	书号	编著者	定价	序号	书名	书号	编著者	定价
11	政治经济学原理与实务(第2版)	7-301-22204-1	沈爱华	31.00	24	货币银行学	7-301-21345-2	李 冰	42.00
12	政治经济学	7-301-24891-1	巨荣良	38.00	25	国际结算(第2版)	7-301-17420-3	张晓芬	35.00
13	国际商务(第2版)	7-301-25366-3	安占然	39.00	26	国际结算	7-301-21092-5	张 慧	42.00
14	国际贸易实务	7-301-20919-6	张 肃	28.00	27	金融工程学	7-301-18273-4	李淑锦	30.00
15	国际贸易规则与进出口业务操作实务(第2版)	7-301-19384-6	李 平	54.00	28	金融工程学理论与实务(第2版)	7-301-21280-6	谭春枝	42.00
16	国际贸易实训教程	7-301-23730-4	王 茜	28.00	29	国际金融	7-301-23351-6	宋树民	48.00
17	国际经贸英语阅读教程	7-301-23876-9	李晓娣	25.00	30	国际商务函电	7-301-22388-8	金泽虎	35.00
18	中国对外贸易概论	7-301-23884-4	翟士军	42.00	31	保险学	7-301-23819-6	李春蓉	41.00
19	国际贸易理论、政策与案例分析	7-301-20978-3	冯 跃	42.00	32	财政学(第2版)	7-301-25914-6	盖 锐	39.00
20	证券投资学	7-301-19967-1	陈汉平	45.00	33	财政学	7-301-23814-1	何育静	45.00
21	金融风险管理	7-301-25556-8	朱淑珍	42.00	34	兼并与收购	7-301-22567-7	陶启智	32.00
22	证券投资学	7-301-21236-3	王 毅	45.00	35	东南亚南亚商务环境概论(第2版)	7-301-25823-1	韩 越	42.00
23	货币银行学	7-301-15062-7	杜小伟	38.00					

法律类

序号	书名	书号	编著者	定价	序号	书名	书号	编著者	定价
1	经济法原理与实务(第2版)	7-301-21527-2	杨士富	39.00	4	劳动法和社会保障法(第2版)	7-301-21206-6	李 瑞	38.00
2	经济法	7-301-24697-9	王成林	35.00	5	国际商法	7-301-20071-1	丁孟春	37.00
3	国际商法理论与实务	7-81117-852-4	杨士富	38.00	6	商法学	7-301-21478-7	周龙杰	43.00

如您需要更多教学资源如电子课件、电子样章、习题答案等，请登录北京大学出版社第六事业部官网 www.pup6.cn 搜索下载。

如您需要浏览更多专业教材，请扫下面的二维码，关注北京大学出版社第六事业部官方微信(微信号：pup6book)，随时查询专业教材、浏览教材目录、内容简介等信息，并可在线申请纸质样书用于教学。

感谢您使用我们的教材，欢迎您随时与我们联系，我们将及时做好全方位的服务。联系方式：010-62750667，wangxc02@163.com，pup_6@163.com，lihu80@163.com，欢迎来电来信。客户服务 QQ 号：1292552107，欢迎随时咨询。